Uta Klaedtke

Betriebssport in der DDR

Uta Klaedtke

BETRIEBSSPORT IN DER DDR

Phänomene des Alltagssports zwischen physischer Reproduktion und politischer Anpassung am Beispiel des Stahl- und Walzwerkes Brandenburg 1950 – 1990

Sport & Co Fachliteratur- Verlag
Hamburg 2007

Impressum

Die Deutsche Bibliothek- CIP- Einheitsaufnahme:
Betriebssport in der DDR
Uta Klaedtke
Hamburg, Verlag Sport & Co, 2007
Zugl.: Potsdam, Univ., Diss., 2005.
Ein Titeldatensatz für diese Publikation ist bei der Deutschen Bibliothek erhältlich

ISBN-10: 3-9811094-1-4
ISBN-13: 978-3-9811094-1-2

Druck:
Books on Demand, Norderstedt
bei Hamburg.
Printed in Germany
Umschlaggestaltung, Layout:
Lorenz Kleiber

Vorbemerkung

Die vorliegende Arbeit wurde 2005
von der humanistischen Fakultät der Universität
als Dissertation angenommen.
Das Thema der Dissertation entstand
im wissenschaftlich kreativen Arbeitskreis
um Prof. Dr. Hans Joachim Teichler
und knüpft an Ideen von Lorenz Pfeifer an.

Bedanken möchte ich mich
bei der Friedrich-Nauman-Stiftung
für die großzügige Förderung während der Promotionsphase.
Ebenfall bedanken möchte ich mich bei den
MitarbeiterInnen folgender Archive:
SAPMO Berlin, BStU Potsdam,
Brandenburgisches Landeshauptarchiv Bornim,
Industriemuseum Brandenburg / Havel, Stadtarchiv Brandenburg / Havel, und dem Nachfolgeverein SG Stahl Brandenburg.

Mein besonderer Dank gilt jedoch Prof. Dr. Rita Morrien
für ihre kritische Begleitung bei der Entstehung der Arbeit.
Desweiteren möchte ich mich für hilfreiche Anregungen bei
Prof. Dr. Ulrich Bröckling, Dr. Stefan Vogt und Dr. Martina Ölke
bedanken.

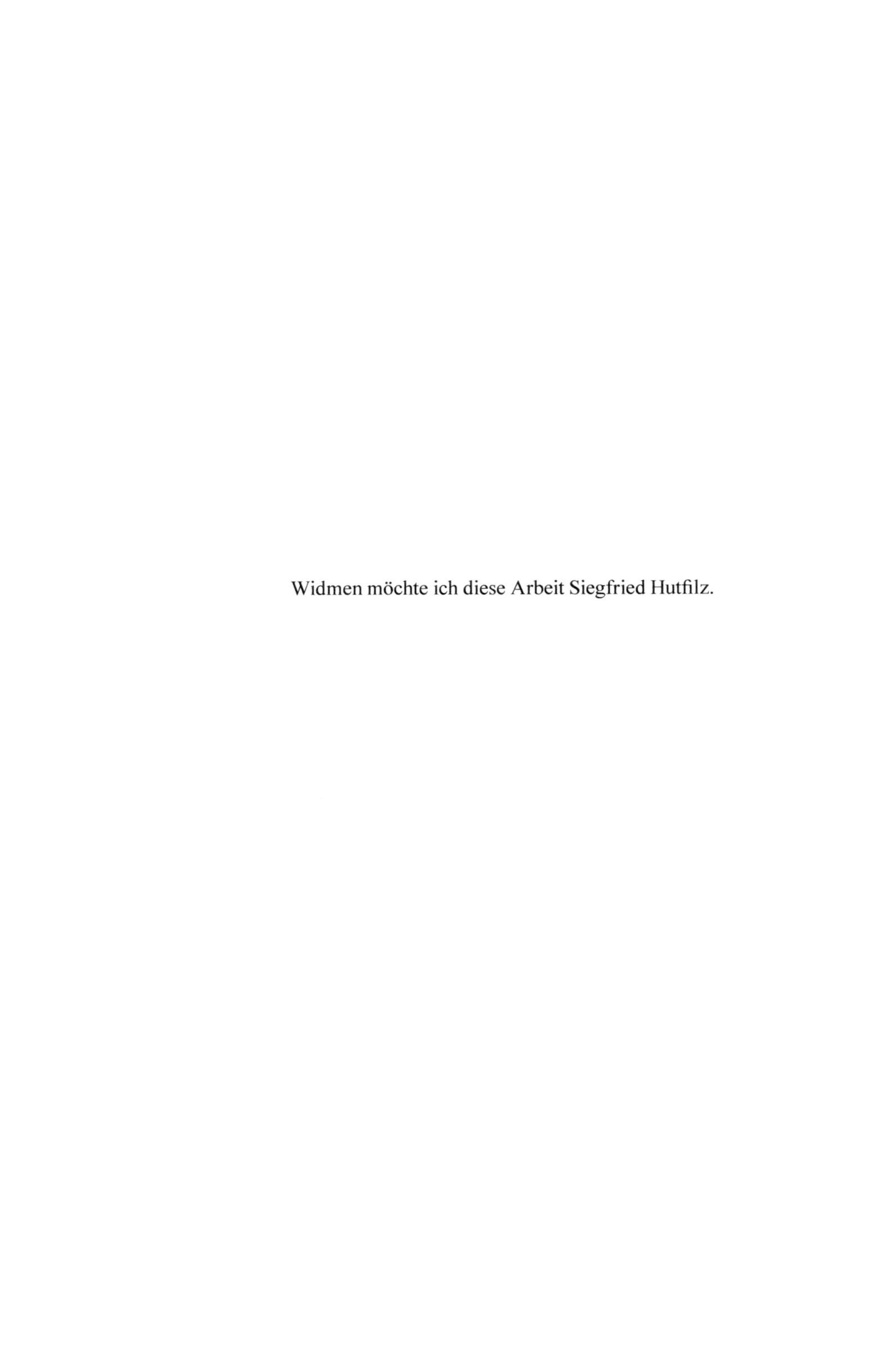

Widmen möchte ich diese Arbeit Siegfried Hutfilz.

Inhaltsverzeichnis

VI Die politische und gewerkschaftssportliche Praxis

VII Die Variationsbreite des betrieblichen Sports im Verhältnis zur Leistungsorientiertheit des DDR Sports

VIII Fazit

IX Abkürzungsverzeichnis

X Literaturverzeichnis

XI Dokumentenverzeichnis

XII Anlage

XIII Fußnoten

I Einleitung

„Um die Beziehungen zwischen der Struktur und dersozialen Funktion des Sports sowie den anderen Aspekten der Gesellschaft ans Licht zu bringen, muß man eine Langzeitperspektive wählen – den Blick auf den Prozeß richten – und aufhören den Sport einfach als ein Faktum zu behandeln, dessen Existenz nicht weiter erklärt zu werden braucht; man muß sich fragen, wie und warum er entstand.“ [1]

Norbert Elias

1 Betrieblicher Sport als Teil der DDR-Alltagskultur

Sport diente in der DDR neben der individuellen Freizeitgestaltung nicht nur zur weltweit nationalen Repräsentation, sondern auch zur optimalen Reproduktion der Arbeitskraft, als auch der Ausbildung militärischer Fähigkeiten. Beeinflusst durch die Folgen des Zweiten Weltkrieges entwickelte sich der Sport parallel zum Wiederaufbau ganzer Industriekomplexe. Nach einer kurzen Phase der Orientierung, in der sich Sportgruppen sowohl kommunal als auch betrieblich und innerhalb der Freien Deutschen Jugend organisierten, erfolgte unter der politischen Einflussnahme der Sowjetischen Militäradministration (SMAD) und der SED ab 1950 die Reorganisation des Sports auf Produktionsbasis, welche die Gründungen von Betriebssportgemeinschaften forcierte.[2] Gebunden an einen Trägerbetrieb hatte der betriebliche Sport einen wesentlichen ökonomischen Vorteil gegenüber dem kommunal organisierten Sport und den FDJ-Sportgruppen (Interessengemeinschaften). Der betriebliche Sport wurde bis zur Gründung des DTSB 1957 hauptsächlich über die Industriegewerkschaften organisiert. Dabei entwickelte sich der Betriebssport nicht gänzlich neu, sondern knüpfte an bereits Tradiertes an. Sport hatte sich im betrieblichen Umfeld bereits in den 1920er Jahren in der Alltagskultur von Arbeitern etabliert und erfuhr in der nationalsozialistischen Betriebspolitik durch die Deutsche Arbeitsfront (DAF) und ihrer Organisation Kraft durch Freude (KdF) eine staatssportliche Gleichschaltung.[3]

Durch die stete strukturelle Ausrichtung des betrieblichen Sports nach SED-politischen Vorgaben über FDJ- und Gewerkschaftsleitung, sowie GST und DTSB galt der betriebliche Sport in der DDR als Garant für kontrollierbaren Sport. In seiner historischen Entwicklung zeichnet der betriebliche Sport seismographisch die unterschiedlichen Etappen SED-politischer Vormundschaft für die Massenorganisationen (FDJ, FDGB, GST, DTSB und DAV)[4] nach, welche in den betrieblichen Sport involviert waren.

Die Rekonstruktion des Alltagsbewußtseins im Zusammenhang mit der Verankerung des Sports im Arbeitsalltag und die Analyse des Sports als Alltagserfahrung der Arbeiter, Arbeiterinnen, Sportler und Sportlerinnen legen dabei gesellschaftliche Zusammenhänge offen. Die spezifische DDR-Sozialisation wird regional untersucht und am Beispiel des betrieblichen Sports im industriellen Umfeld des Stahl- und Walzwerkes Brandenburg dargestellt. Um die sportlichen Alltagserfahrungen nicht auf totalitäre Erklärungsmuster zu reduzieren, ist es erforderlich, Ausprägungen des betrieblichen Sports prozesshaft, sowie als einzelne Phänomene zu beschreiben. Dieser Teil des DDR-Sports – eingeengt vom Leistungssport, Bruchstück regionaler Lebenswelt – wird unter Berücksichtigung der konkreten gesellschaftlichen Rahmenbedingungen analysiert. Durch die besondere Eigenschaft des Sports, sich vielfältigen Bedingungen anzupassen, spiegelt gerade der betriebliche Sport unverstellt die unterschiedlichen Facetten des DDR-Alltags innerhalb der Industrieprovinz wider, wohingegen der Leistungssport die Überlegenheit des sozialistischen Gesellschaftssystems, sowohl politisch, als auch ökonomisch nach Innen und Außen demonstrieren sollte und sich durch seine repräsentative Funktion dem Alltäglichen entzog. Der betriebliche Sport der DDR entwickelte sich ebenso wie der übrige DDR-Alltag innerhalb der Wirkmechanismen „Fortschritt, Norm und Eigensinn". Phänomene des betrieblichen Sports lassen sich ebenso wie andere Alltagserscheinungen durch diese drei „den Alltag bestimmenden Pole" analysieren. [5] Aufgrund dessen nimmt bei der Rekonstruktion des betrieblichen Sports im Alltag der DDR das Konzept des „Eigen-Sinns" eine zentrale Position ein. [6] So galten Initiativen, wie z.B. der Aufstieg in die Oberliga, das Etablieren der Trendsportarten Bodybuilding oder Popgymnastik, welche unabhängig von parteipolitischer Impulsgebung erfolgten, als eigensinnig, jedoch wirkten sie systemstabilisierend, da sie unter dem erklärten sportpolitischen Ziel „Sport für alle" beispielgebend subsumiert werden konnten.

Der hohe Stellenwert des Sports wurde in allen Bereichen des Alltags – auch im DDR-Betriebssport – spürbar und wurde in den sich entfaltenden, durch die „Sozialistische Einheitspartei" dominierten machtpolitischen Strukturen der Gewerkschaft und Jugendorganisation sowie in den Strukturen des Sports jeweils berücksichtigt. Dabei ist zu beachten, dass der DDR-Betriebssport sich nicht in der strukturellen Formation der Betriebssportgemeinschaft erschöpft hat, sondern in vielfältige, teilweise rudimentäre Formen, aber auch spezifisch ausgeprägte z.B. paramilitärische Formen Einzug fand. Belange des betrieblichen Sports fielen in den Verantwortungsbereich der Arbeits- und Lebensbedingungen des Betriebes. Unter dem Postulat, die Arbeits- und Lebensbedingungen ständig verbessern zu wollen, diente die körperliche Ertüchtigung innerhalb der Betriebssportgemeinschaften, der Gewerkschaftsgruppen und der Brigaden einer optimalen psychischen und physischen Reproduktion der Arbeitskraft und erhöhten Wehrfähigkeit. Folglich wurde der betriebliche Sport mittels erzieherischer Vorgaben als eine notwendige Voraussetzung für den avisierten „wissenschaftlich-technischen Fortschritt" und für die Landesverteidigung propagiert. Dabei wurde die starre Normgebung der Wirtschaftsjahrespläne auf Bereiche des Sports übertragen und kumulierte innerhalb des betrieblichen Sports beispielsweise in der Zielsetzung, beständig mehr DTSB-Mitglieder zu werben und mehr Menschen zum Ablegen der Normen für das Sportabzeichen zu mobilisieren. Insgesamt repräsentiert der Komplex des betrieblichen Sports in der DDR neben machtpolitischen Einflüssen, der Installation von Gedenkkultur, Vision und Realpräsenz sozialistischer Lebensweise, Gesundheitsvorsorge und Reproduktion der Arbeitskraft, Geselligkeit und Leistungsverhalten, regionale Besonderheiten sowie moderne und überkommene Einflüsse

2 Untersuchungsgegenstand

Unter dem Motto „Jeder Mann an jedem Ort – einmal in der Woche Sport!“ [7] wurde versucht, die Arbeiter für den Sport zu gewinnen. Wie wurden hierbei die betrieblichen Machtstrukturen genutzt, um solchen Aufforderungen Rechnung zu tragen? Wie entwickelte sich der betriebliche Sport, was hemmte und was erwies sich als förderlich, inwieweit beruhten das Bedürfnis nach sportlicher Betätigung und seine Umsetzung auf Eigeninitiativen? Welchen alltagskulturellen Bestandteil Sport im Bedingungsgefüge eines volkseigenen Betriebes der DDR verkörperte, ist Gegenstand der folgenden Untersuchung. Analysiert wird das Verhältnis von Sport und Arbeit unter den gesellschaftlichen Verhältnissen der ehemaligen DDR am Beispiel des Stahl- und Walzwerkes Brandenburg. Untersucht werden hierbei die sozialen Orte und die Art der Geselligkeit bei Brigadeunternehmungen, in der Betriebssportgemeinschaft, bei Ausflügen, Besuchen von Sportveranstaltungen. Die kulturellen Bedürfnisse werden zwar besonders aus dem Blickwinkel Sport untersucht, doch lässt sich Sportliches nicht generell vom übrigen Freizeitverhalten isolieren.

Die vorliegende sporthistorische Arbeit untersucht einen Zeitraum von vierzig Jahren. Dieser Zeitraum wird begrenzt durch die Neugründung (1950) und die Abwicklung (1990) des Stahl- und Walzwerkes Brandenburg. Ausgewählt wurde das Stahl- und Walzwerk Brandenburg mit seinen nahezu 9.000 Beschäftigten (1980), da es seit seiner Gründung 1950 in der Region die größte wirtschaftliche Relevanz besaß, zudem gewann es in den 80er Jahren eine zentrale Bedeutung für die DDR-Wirtschaft. Eine Untersuchung des betrieblichen Sportes bietet sich an, da von ca. 95.000 Einwohnern Brandenburgs offiziell jeder Zehnte Mitglied im Deutschen Turn- und Sportbund war und 35% der Werkangehörigen regelmäßig sportlich tätig wurden. [8]

Einen weiteren Schwerpunkt in der Untersuchung bildet das Engagement von Partei (SED), Gewerkschaft (FDGB), Massenorganisationen (DSF [9], DFD [10], DTSB [11], GST [12], FDJ [13]) und Brigaden für den Betriebssport. Ziel ist es, den Verflechtungsgrad dieser Körperschaften mit dem betrieblichen Sport nachzuzeichnen, um die wirksam gewordenen Herrschafts- und Machtstrukturen bezüglich des betrieblichen Sports mit ihren Begleiterscheinungen aufzeigen zu können. Es soll geprüft werden, inwieweit der betriebliche Sport in seiner Kontinuität und mit seinen Widersprüchen, die in der DDR-Gesellschaft wirkenden Kräfte und Problemlagen spiegelt. [14] Es soll ein Rückblick auf die Gründung von Werk und Betriebssport/gemeinschaft unter Betrachtung der sich herauskristallisierenden Sport fördernden oder hemmenden Strukturen des wirtschaftlich bedeutenden Werkes der Stahlindustrie erfolgen. Hierbei ist zu fragen, inwieweit in der DDR an Arbeitersport oder Gewerkschaftssport angeknüpft und somit der „Volkssportgedanke“ der KdF [15] modifiziert und von leistungssportlichen Dogmen überlagert bzw. zurückgedrängt wurde.

Da die BSG mit ihren vielfältigen Sektionen nicht das gesamte Spektrum des betrieblichen Sportes abbildete, sind Beispiele einzelner Sektionen ausgewählt worden, welche paradigmatisch und stellvertretend für den BSG-Sports stehen. So arbeitete z.B. die Sektion Handball der BSG Stahl modifiziert, wie die Sektion Fußball, nach ausgeprägt leistungssportlich ausgerichteten Vorgaben. Beim Handball lassen sich deutliche Parallelen zum Fußballsport erkennen, da beide Mannschaften der DDR-Oberliga angehörten. Die eher volkssportlich orientierten und zur DTSB-Klassifizierung gehörenden „Sportarten II“ werden durch das Kegeln und das Billardspiel repräsentiert. Die Variationsbreite des betrieblichen Sports umschloss allerdings auch Sportarten wie Akrobatik [16], Fechten [17], Federball [18] und Bogenschießen [19], die es nicht geschafft haben, sich dauerhaft in den betrieblichen Sportstrukturen bzw. BSG-Strukturen zu verankern, wie auch die erst im Herbst 1988 gegründete Sektion Familiensport[20] oder die 1989 gegründete Sektion Karate. Um die TZ-Strukturen der „Sportarten I“ darzustellen, wurden neben Fußball, die Sportarten Boxen, Ringen und Kanusport ausführlich analysiert, welche sich mehr und mehr auf den Kinder- und Jugendsport konzentrierten. Verzichtet wurde in diesem Fall auf die ausführlich Darstellung der sich wiederholenden Strukturen der Sektion Leichtathletik. Ebenfalls vernachlässigt wurde die Sektion Rugby der BSG Stahl, die 1963 von der BSG Motor Nord komplett übernommen wurde. Zuvor hatte im betrieblichen Umfeld des SWB keine Rugby-Sparte existiert. Als Beispiel für die Übernahme einer kompletten Sektion, ist die familiär konstituierte Sektion Billard ausgewählt worden. Desweiteren wurde nicht auf die Sektion Volleyball der BSG eingegangen, die mit ihrem volkssportlichen Charakter und als reine Frauengruppe erst 1976 aus dem Schatten anderer Sportarten trat.[21]

3 „Sport für alle“ – Termini des Alltagssports

Hinter den Begriffen Freizeitsport, Breitensport, Massensport, Normalsport[22], Alltagssport[23], Basissport[24] bzw. Volkssport verbergen sich identische Aktivitäten auf dem Sektor des Sports. Jedoch werden im jeweiligen Sprachgebrauch unterschiedliche Aspekte des ‚gemeinten‘ Sports avisiert. Allen Begriffen gemeinsam ist, dass es sich, im Gegensatz zum Leistungssport[25], um „Sport für alle“ handelt. Unterschiede gibt es bei der zeitlichen Verwendung der Begriffe und hinsichtlich der erwünschten Konnotation. So hatte jeder Begriff seine eigene sprachliche Konjunktur. Der Begriff des Volkssports wurde ca. 1968 allmählich durch den Begriff des Freizeit- und Erholungssports ersetzt. Vorangegangen war ein neuer Wissenschaftsdiskurs der Freizeitforschung.[26] Nach der Implosion der DDR wurde dieser im Rahmen der DDR-Sportforschung durch weitere Termini, wie z.B. Alltagssport und Basissport, ergänzt. Da betrieblicher Sport gleichsam als Bestandteil von Freizeit-, Breiten- und Volkssport etc. gilt, sollen nachfolgend die unterschiedlichen Bezeichnungen kurz charakterisiert und hinsichtlich ihrer Relevanz für die vorliegende Arbeit beurteilt werden.

So wird etwa bei dem Terminus Freizeitsport unterstrichen, dass es sich um Sport außerhalb der Arbeitszeit handelt. Das Reproduktionsverhältnis von Arbeit und Freizeit hat sich in seiner funktionalen Bedeutung sinngebend eingeschrieben. Sport wird dabei als eine Form der Freizeitgestaltung angesehen – als Hobby. Zumeist wurde der Freizeitsport der DDR in der Sprachkombination „Freizeit- und Erholungssport“ verwendet, was den Charakter der Wiederherstellung der Arbeitskraft mittels Sport in der arbeitsfreien Zeit, nach getaner Arbeit, am Wochenende oder im Urlaub, betont.

Der Normalsport hingegen, so *Rittner*, orientiert sich am Leistungs- bzw. Spitzensport und dessen Leistungsprinzipien. Er definiert die „Leistung als selbstverständliche Norm“. Der Normalsport verkörpert somit sowohl Sportlichkeit als auch Leistungsfähigkeit. *Rittner* charakterisiert beide Eigenschaften im beruflichen Kontext als erwünscht.[27] Da sich die Bezeichnung Normalsport in bisherigen wissenschaftlichen Texten nicht durchgesetzt hat, findet dieser zwar treffende, jedoch für den DDR-Sport ungebräuchliche Begriff in der vorliegenden Arbeit keine Anwendung.

Häufige Verwendung findet hingegen der Terminus Breitensport. Dieser gilt als ungenauer Begriff, der unterschiedlich definiert wird.[28] Mit dem Breitensportbegriff handelt es sich um die Vorstellung sowohl eines breit gefächerten Angebots sportlicher Möglichkeiten als auch einer breiten Masse Sporttreibender – einer Sportbewegung. In der Wortkombination Freizeit- und Breitensport ist er eine westdeutsche Variante zum DDR-Begriff Freizeit- und Erholungssport. Die Bezeichnung Breitensport ist eine modifizierte Ausdrucksweise für den inzwischen häufig negativ konnotierten Begriff Massensport. Der Massensport repräsentierte in den 1920er Jahren den Sport der Arbeiter und verstand sich als Gegenbewegung zum elitären bürgerlichen Sport. Der Massensport stellte sich gegen das bürgerliche Erfolgsstreben und somit gegen den Spitzensport.[29] Durch Gleichschaltung und Militarisierung konnte der Massensport trotz des widerständigen Potentials der Arbeiter für kriegerische Zielsetzungen ausgenutzt werden.[30] Der Begriff Massensport findet daher häufig im negativen Kontext seine Verwendung.

Der Begriff der „Masse" in Bezug auf den Sport gilt als umstritten und mehrdeutig. Zunächst erklärt „Masse" eine vorhandene, beschränkte, evtl. übersichtlich strukturierte Ansammlung von Menschen in gemeinsamer Aktion auf sportlichem Gebiet, z.B. innerhalb der Sportfesttradition. Aufgrund von Gemeinsamkeiten handelt es sich um eine aktivierbare Menge von Menschen, welche durch enorme Anpassung zeitweise entindividualisiert agieren.[31] Das wiederum impliziert notwendigerweise eine weisungsberechtigte Elite und schafft somit Voraussetzungen für die Funktionalisierung von Sport. Hinzu kommt der Moment der Ablenkung, welcher auf dem suggestiven Charakter des Sports beruht. „Der Sport als Massenerscheinung, organisiert zur Zwangsläufigkeit eines geregelten Spiels, lenkt Triebe ab, welche sonst dem Apparat gefährlich würden. Die Freizeit ausfüllend schafft er eine Beruhigung der Massen."[32] *Jaspers* weist darauf hin, dass die Zufriedenstellung der Menschen durch Sport eine bewusste Ablenkung von Problemen sein kann. Diese erfolgt unter den Bedingungen des „Ausfüllens von Freizeit" – durch die inhaltliche Reglementierung des Budgets an freier Zeit, welche den einzelnen zwischen den Arbeitstagen zur Verfügung steht. Die Bezeichnung „Massensport" erweist sich in seiner Bedeutung als Synonym für das inzwischen gebräuchlichere Wort „Freizeitsport". Das Interesse der durch das Diktat der SED dominierten, in die Organisation des Sports involvierten Sportfunktionäre, sich gerade dieser Funktionalisierungsmechanismen des Sports zu bedienen, erzeugte u.a. solche Zielvorstellungen, wie die „weitere Ausprägung des Massencharakters von Körperkultur und Sport".[33]

Ebenfalls synonym und häufig in einer Vielzahl von Texten verwendet wurde der Begriff Volkssport. Durch ihm werden Gemeinsamkeiten beim Sporttreiben national aufgewertet, hinzu kommt, dass durch die Vorsilbe „volks-" auf etwas Tradiertes – traditionell Gewachsenes – aber auch beim Volk Beliebtes verwiesen wird. Der sportliche Leistungsgedanke weicht hier einem geselligen Miteinander. Als typische Sportarten des Volkssports in der DDR galten z.B. Kegeln, Tischtennis und der klassische Volkslauf, wie z.B. der Rennsteiglauf, der auf einer Strecke von 75 Kilometern neben der körperlichen Leistungsfähigkeit die Schönheit des Thüringer Waldes zeigen sollte.[34]

Mit dem Begriff Alltagssport, in der neueren Forschungsliteratur eingeführt durch *Hinsching*, werden soziologisches und geschichtliches Forschungsinteresse am Sport miteinander verknüpft.[35] Die interdisziplinäre Herangehensweise an den Forschungsgegenstand ermöglicht es, provinziellen Sport im Alltag der Menschen breitgefächert zu untersuchen. Gerade weil Sport im Alltag aus dem Realitätsbewusstsein herausfällt, ist es Aufgabe der Wissenschaft, dieses Phänomen sowohl geschichtlich als auch soziologisch zu untersuchen. Das Forschungsinteresse am Alltagssport in der DDR leistet hierzu einen wertvollen Beitrag für die Beschreibung des alltäglichen Zusammenlebens und der Alltagskultur.

Bisher selten verwendet wurde in der Sportforschung der Begriff Basissport. Dieser wurde u.a. von *Tegelbeckers* synonym für SG-Sport verwendet.[36] Sowohl praxisbezogen als auch auf der Bedeutungsebene stellt Basissport jedoch die Grundlage bzw. Voraussetzung für den Leistungssport dar. Basis als Synonym für Grundlage stellt direkt einen Zusammenhang mit dem Terminus Grundlagentraining her und verweist somit auf die für die DDR charakteristische langfristige, systematische sportliche Ausbildung innerhalb des Nachwuchstrainings mit dem Ziel, künftige Leistungssportler auszubilden.[37] Der Begriff Basissport stellt mit seiner spezifischen Auslegung eine Einschränkung bei der Betrachtung des provinziellen Sports bzw. Alltagssports im Allgemeinen dar. Für die thematische Einordnung des betrieblichen Sports in das DDR-Sportgefüge kann er daher keine Verwendung finden.

Eine gedankliche Klammer um alle synonym verwendeten Begrifflichkeiten ermöglicht die Wortkombination „Sport für alle“. Die Idee „Sport für alle“ ist eng verknüpft mit dem Schaffen von Voraussetzungen in der Öffentlichkeit zu turnen (Berliner Hasenheide). Das Jahnsche Turnen des 19. Jh. integrierte Leibesübungen in die Vorstellung von „Volkserziehung“.[38] Diese ursprüngliche Idee der Vitalisierung und Militarisierung des Volkes durch Sport als eine Art Erziehungsinstrument lässt sich bei der Propagierung der „sozialistischen Persönlichkeit“ wiedererkennen.

4 „Betriebssport“ – eine Begriffsbestimmung

Beim betrieblichen Sport handelt es sich um einen Teilbereich der sechs synonym verwendeten Bezeichnungen Freizeit-, Breiten-, Volks-, Massen-, Normal- und Alltagssport. Unter Betriebssport versteht man in unserer heutigen Gesellschaft vielfältige Formen sportlicher Betätigung, die im direkten, aber auch indirekten Umfeld eines Wirtschaftsunternehmens jedweder Größenordnung initiiert werden.[39] Idealtypisch handelt es sich bei der Organisationsform um eine Betriebssportgemeinschaft (BSG). Allerdings klammert *Dürrwächter* auf dem Berliner Symposium „Freizeit- und Breitensport 1985“ „betriebsnahe Sportvereine“ wie z.B. Bayer Leverkusen oder Post- und Eisenbahner-Sportvereine aus. Als Begründung führt er an, dass diese nicht im Betriebssportverband organisiert seien, sich zum Leistungssport hin entwickelt hätten oder nur zu Werbezwecken am ursprünglichen Namen festhielten.[40] Für meine Arbeit bietet es sich an, die enge Definition des Betriebssports als BSG-Sport zu erweitern. Um Missverständnissen vorzubeugen, werde ich in meiner Arbeit bevorzugt von „Sport im betrieblichen Umfeld“, „betrieblichem Sport“ oder vom „DDR-Betriebssport“ sprechen. Hierbei schließe ich mich *Luhs* Definitionsversuch an, unter „Betriebssport“ einen Sammelbegriff „für die epochenspezifischen Bezeichnungen wie Fabrikturnen, Werkssport, Firmensport, Betriebssport und Behördensport [...], zudem aber auch als Synonym für die Bezeichnung Werks- und Firmensport“ zu verstehen.[41] Diese „Verallgemeinerung“ ist einer späteren Differenzierung geschuldet, die sowohl die BSG mit leistungssportlicher Orientierung als auch Dienstsport, Lehrlingsport, sportliche Aktivitäten von Brigaden, aber auch sport-kulturelle Aktivitäten im Umfeld des Stahlwerkes einschließt, um die Facetten des betrieblichen Sports in der DDR am Beispiel des Stahl- und Walzwerkes Brandenburg aufzeigen zu können. Die Erweiterung des Begriffs „Betriebssport“ zum Sammelbegriff wird ebenfalls notwendig, da BSGen in der DDR sich wesentlich von Betriebssportvereinen in der BRD unterschieden haben.[42] *Luhs* Eingrenzung des Betriebssports „zwischen Arbeitgeberinteressen und Arbeitnehmerbedürfnissen“ sind nicht direkt auf den DDR-Betriebssport übertragbar, da die Kategorien Arbeitgeber und Arbeitnehmer nicht greifen. Betriebssport in der DDR erfolgte in Abhängigkeit sportlich-kultureller Bedürfnisse der Arbeiter und der Beeinflussung bzw.

Gängelung durch ökonomisch-politische Interessen. Hinzu kommt die regional individuell unterschiedliche Ausprägung des betrieblichen Sports „zwischen politischer Anpassung und betrieblichem Eigensinn“.[43] Betriebssport als begleitendes Phänomen der Arbeitsgesellschaft wird durch vorherrschende Leitbilder innerhalb der Gesellschaft immer wieder neu charakterisiert. Die Kultur des betrieblichen Sports spiegelt innerhalb des Freizeitkontextes unter Beeinflussung durch die jeweiligen politischen und ökonomischen Rahmenbedingungen sowohl Tradiertes als auch Gegenwärtiges wider. Wenn sich, so lautet meine Hypothese, die Rahmenbedingungen im Freizeitgefüge ändern, passt sich die Kultur des betrieblichen Sports neuerlich an.

5 Ergänzende Begriffserklärungen

In der ehemaligen DDR wurden breitensportlich orientierte Sportgruppen mit teilweise ungeklärtem Status als „Allgemeine Sportgruppen“ bezeichnet. Die Mitte der 1970er entstandenen „Allgemeinen Sportgruppen“ waren dadurch gekennzeichnet, dass sie nicht explizit wettkampforientiert waren.[44] Die „Allgemeinen Sportgruppen“ hatten für den DTSB statistische Relevanz, da man sich gerade in diesen Sportgruppen bemühte, neue Mitglieder für den DTSB zu gewinnen, indem versucht wurde, sich herauskristallisierende Sportbedürfnisse zu tolerieren bzw. zu unterstützen. Es handelte sich hierbei um freizeitsportlich orientierte Gruppen (z.B. Popgymnastik, Lehrlingssport, Versehrtensport, Volkslauf, Sportspiele), deren Status eine Mischform aus DTSB-Mitgliedern und Nicht-Mitgliedern war. Sie konnten aber auch eine organisatorische Vorform einer Sektion bzw. einer Betriebssportgemeinschaft sein. Gleichzeitig war es möglich, als „Allgemeine Sportgruppe“ diverse Interessengemeinschaften zu bilden. Die strengen Zuordnungen zu bestimmten Sportarten konnten dabei zugunsten der Vielseitigkeit aufgebrochen werden. Wesentliches Merkmal „Allgemeiner Sportgruppen“ war, dass sich sportliche Interessen und Leistungsanspruch aus der Gruppe heraus formierten. Sport für jede Generation, Geselligkeit, Spaß und Vielseitigkeit ergänzten das sportliche Spektrum. Der DTSB versprach sich von der Propagierung von „Allgemeinen Sportgruppen“ eine Sogwirkung auf bisher inaktive, z.B. auch ältere Menschen, welche der Übungs- und Wettkampfbetrieb (ÜTW) der Betriebssportgemeinschaften, ausgerichtet nach leistungssportlichen Idealen, bislang vom Sport abgeschreckt hatte. Mit den „Allgemeinen Sportgruppen“ wurde versucht, wieder mehr auf die Bedürfnisse der arbeitenden Bevölkerung einzugehen, bei gleichzeitiger Forcierung des Organisationsgrades des DTSB im betrieblichen Umfeld, bemühte man sich, die noch nicht sportlich Organisierten für den DTSB zu gewinnen oder zum Ablegen des Sportabzeichens zu bewegen.[45]

Um mehr Sportwillige zu gewinnen wurde beständig auf die Einhaltung der „sozialistischen Lebensweise“ verwiesen. Die „sozialistische Lebensweise“ war in der sozialistischen Staatengemeinschaft ein propagiertes Lebensideal, welches dem Grundsatz „Sozialistisch denken – ständig lernen –rationell arbeiten – kulturvoll leben“[46] folgte. Alle Verhaltensweisen sollten den sogenannten gesellschaftlichen Erfordernissen untergeordnet werden, welche mittels totalitärer Machtstrukturen den Menschen aufoktroyiert wurden. Formuliertes Ziel war es, so Helmut Thiele, Sekretär des Bundesvorstandes des FDGB, eine „gesunde, optimistische und schöpferische Lebensweise des Volkes herauszubilden“[47]. Sport galt nach offizieller Maßgabe als „untrennbarer Bestandteil der Arbeits- und Lebensbedingungen der sozialistischen Nationalkultur und des einheitlichen sozialistischen Bildungssystems“[48] und sollte „fest verankert in der Politik der SED und des sozialistischen Staates“[49] werden. Mit Hilfe des Sports sollten Voraussetzungen für eine

„gesunde Lebensführung“ [50] in den Arbeitskollektiven und Brigaden geschaffen werden. Ziel des Erziehungskonzeptes der „Sozialistischen Persönlichkeit“ war es, die gesellschaftlichen und privaten Interessen in Übereinstimmung zu bringen. Die Idee „vom Ich zum Wir“ durchzog dabei alle gesellschaftlichen Bereiche. Die sportliche Betätigung innerhalb des Arbeitskollektivs galt als „klassenmäßige Erziehung“, als Beitrag „das sozialistische Bewusstsein der Bürger zu festigen“, um „Heimatliebe und Stolz auf die sozialistischen Errungenschaften“ zu fördern, als „echten Anteil an der allseitigen Stärkung“ der „sozialistischen DDR“, um nur einige der gebräuchlichsten Floskeln zu verwenden. [51]

Die Bezeichnung Arbeitskollektiv ist eine typische Nachkriegsbezeichnung nach sowjetischem Vorbild für eine durch berufliche Interessen verbundene Arbeitsgemeinschaft in der DDR. [52] Als Arbeitskollektive wurden Arbeitsgruppen bezeichnet, die in einem verstaatlichten Betrieb in einem definierten Arbeitsbereich zusammenarbeiteten und sich miteinander abstimmten. Rechte und Pflichten wurden schriftlich in Betriebskollektivverträgen und Brigadeverträgen fixiert. In ihnen befanden sich auch Festlegungen zu sportlichen Aktivitäten und Initiativen. Dokumentiert wurden freiwillige Arbeitseinsätze in den Sportstätten als auch die Teilnahme an sportlichen Wettbewerben sowie gemeinsamen Unternehmungen wie z.B. Radtouren, Wettangeln, Kegelabenden in den Brigadetagebüchern der Arbeitskollektive.

Eine Brigade ist ein aus der Militärsprache entlehnter Begriff, französischen Ursprungs, der eine kleine militärische Gruppeneinheit meinte. Der Begriff wurde seit 1920 im russischsprachigen Raum in der Phase der Kollektivierung der Landwirtschaft auf kleine Arbeitsgruppen übertragen. Nach 1945 ist diese Bezeichnung in der SBZ für Arbeitskollektive übernommen worden. [53] Nach Schüle erfolgte die Bildung von Brigaden stufenweise. 1949/50 entstanden sogenannte Produktionsbrigaden. Mit Beschluss des Bundesvorstandes des FDGB im März 1950 wurde diese Art der Arbeitsbrigaden in allen volkseigenen Betrieben forciert. Die Brigade stellte hierarchisch gesehen die unterste Einheit in einem Betrieb dar. Der Brigadier wurde als „Vorarbeiter“ von der Betriebsleitung legitimiert. Die Gründung und Zusammenarbeit mit der Betriebsleitung wurde durch einen Brigadevertrag besiegelt und vereinbart. Er enthielt neben Arbeitsverpflichtungen auch „Verpflichtungen politischer Art“. [54]

II Forschungsüberblick und methodische Herangehensweise

1 Einbettung in die DDR-Forschung

Um dem Anspruch, die spezifische DDR-Sozialisation anhand des betrieblichen Sports darzustellen, gerecht zu werden, wurde ein modifizierter Ansatz der Totalitarismusforschung gewählt, der sich nicht in der Polarisierung von staatlicher Repression und politischem Widerstand (*Schröder*[55]) erschöpft, sondern sich bewusst den bisherigen Deutungshoheiten zu entziehen sucht (*Lindenberger/ Sabrow*[56]). Die Notwendigkeit einer neuen Totalitarismusforschung ergänzt durch Demokratietheorien wird insbesondere durch Wippermann aufgezeigt, der die bisherige Totalitarismusforschung als ideologiegeschichtlich charakterisiert.[57]

Um sich den DDR-Alltag historisch neu anzueignen, müssen die Wirkmechanismen des Alltags berücksichtigt werden. Abgesehen von einer unübersichtlichen Vielzahl populärwissenschaftlicher Texte zum Thema „Alltag in der DDR“[58], beteiligt sich insbesondere die Geschichtswissenschaft an der Rekonstruktion als auch der Beschreibung des Alltags in der ehemaligen DDR. So ist etwa *Wolles* „Heile Welt der Diktatur“[59] erzählte Geschichte und zugleich ein persönlicher Rückblick auf Phänomene des DDR-Alltags, der, folgt man seiner Chronologie, mit dem „Untergang“[60] enden musste (*Jarausch/ Sabrow*)[61]. Ergänzend kommt weitere Forschungsliteratur hinzu, welche DDR-Alltag in Verknüpfung mit politischer Repression darstellt (*Weil*[62], *Mertens*[63], *Vollnhals*[64], *Behrens*[65]). Beispielhaft für die Dokumentation und Analyse des DDR-Alltags mittels „Oral History“ ist das 1987 begonnene Forschungsprojekt (*Niethammer/ Plato/ von Wierling*[66]) über die ostdeutsche Industrieprovinz. Aus erzählten Lebensgeschichten erstellte das Forscherteam unter Anwendung sozialhistorischer Methoden eine „biographische Alltagsgeschichte der DDR“.[67]

Mit der Erforschung des betrieblichen Sports als Phänomen des DDR-Alltags wird ebenfalls eine kulturelle Facette der europäischen Industriegesellschaft beschrieben. Die Offenlegung von Gegensätzlichkeiten und paradox wirkenden Phänomenen gehört zum wesentlichen Kern der vorliegenden Arbeit. Neben der Darstellung von Merkmalen der „durchherrschten Gesellschaft“ *(Kocka*[68]*/ Meuschel*[69]*)* durch SED-politische Maxime im Umfeld des betrieblichen Sportes gehören Zäsuren im Wirkungsbereich notwendiger Anpassung zum entworfenen Bild. Eigensinniges Handeln erscheint nicht nur konträr zum SED-Dogma, so meine zentrale These, sondern erweist sich als überraschend konstitutiv für die Systemgemeinschaft[70] DDR, wie sich anhand des betrieblichen Sportes beweisen lässt.

In den letzten zehn Jahren sind zahlreiche Studien zum DDR-Leistungssport-System veröffentlicht worden.

Obwohl gerade die politische Führung mittels Sport repräsentierte, kaschierte und dominierte wurde, fehlte der Sport in Kompendien der „DDR-Aufarbeitungsforschung“.[71] Um diesen

Umstand zu ändern, auf den u.a. *Kleßmann* [72] aufmerksam machte, hat die Sportgeschichtswissenschaft umfangreiche Arbeitsmaterialien vorgelegt, so etwa „Schlüsseldokumente zum DDR-Sport“ *(Spitzer/ Teichler/ Reinartz)* [73], „Die Sportbeschlüsse des Politbüros. Eine Studie zum Verhältnis von SED und Sport mit einem Gesamtverzeichnis und einer Dokumentation ausgewählter Beschlüsse.“ *(Teichler)* [74], „Archive und Quellen zum Sport in der SBZ/DDR“ *(Teichler/ Buss/ Peiffer)* [75] und die kommentierte Bibliographie „Zum Forschungsstand der Geschichte von Körperkultur und Sport in der DDR“ *(Peiffer/ Fink).* [76] Die „Stiftung Aufarbeitung der SED-Diktatur“ unternahm mit ihrem Forschungsüberblick „Bilanz und Perspektiven der DDR-Forschung“ *(Eppelmann/ Faulenbach/ Mählert)* [77] den Versuch, den DDR-Sport in den Gesamtkomplex „Politikfelder und ihre Zielgruppen“ einzuordnen. Bislang nicht erfolgt ist die Einordnung des betrieblichen Sports der DDR in sowohl soziologische als auch historische Analysen des DDR-Alltags.

2 DDR-Sport

Nach der Implosion der DDR erfolgte innerhalb der „DDR-Sport-Forschung“ eine sehr deutliche Ausrichtung auf das „Segment Leistungssport“ [78]. Begrifflichkeiten wie „Aufarbeitung“ [79] standen im Vordergrund und reduzierten den Forschungsgegenstand DDR-Sport häufig auf seine politische Rolle im deutsch-deutschen Systemkonflikt. [80]

Dabei geriet der Aspekt des Sports als sozial bedeutsame Komponente des Alltags von DDR-Bürgern aus dem Blickfeld. Da die Zeitgeschichtsforschung tendenziell durch politik- und ideengeschichtliche Forschungsarbeiten repräsentiert wird, [81] verwundert es nicht, dass zunächst jene Aspekte des DDR-Sport herausgearbeitet wurden, welche die Stellvertreter-Funktion des Sports innerhalb des politischen Klimas des Kalten Krieges bestätigten.

Neueste Publikationen vor dem politischen Hintergrund des Kalten Krieges sind die zwei aufeinander abgestimmten Beiträge von *Balbier* und *Braun* in „Sport in der DDR. Eigensinn, Konflikte, Trends.“ [82] Mit der chronologischen Darstellung der von einander abhängiger Teilentwicklungen und „Konfliktlinien der innerdeutschen Sportpolitik“ wird der gesamtdeutsche Kontext berücksichtigt. Beide Beiträge sind für die Einordnung der ost-west Sportaktivitäten der Betriebssportgemeinschaft Stahl Brandenburg vor dem Hintergrund der deutsch-deutschen Politik bezüglich des Sportaustausches maßgeblich.

3 Betriebssport

Hajo *Bernett* plädiert als einer der ersten in den von ihm herausgegebenen Texten, Quellen und Dokumenten zu „Körperkultur und Sport in der DDR“ dafür, den DDR-Sport nicht nur an den Erfolgen des Hochleistungssports zu messen, sondern den Breitensport und den Schulsport mit einzubeziehen. *Bernett* hat grundlegende sportliche Dokumente des Hochleistungssports, des Wehrsports, des Breitensports und des Schulsports in seinem Band „Körperkultur und Sport in der DDR“ aufgenommen. [83]

Weitestgehend ausgespart blieb der betriebliche Sport in der DDR als separater Wissenschaftsgegenstand. Trotz des Vorrangs des Leistungssports hat es jedoch in der DDR-Sportwissenschaft zahlreiche Publikationen zu Breitensport, Freizeit- und Erholungssport und Betriebssport gegeben. Erschwerend kommt allerdings hinzu, dass sich die DDR-Wissenschaft, welche durch einen orthodoxen SED-Marxismus gegängelt wurde, als nicht kompatibel mit westdeutschen Forschungsresultaten erwies. Viele in der DDR entstandenen wissenschaftlichen Arbeiten müssen zunächst relativiert, Leerstellen rekonstruiert und Forschungsgegenstände neu bestimmt und analysiert werden. Dennoch darf nicht gänzlich auf wissenschaftliche Arbeiten, welche in der DDR entstanden sind, z.B. „Die Förderung von Körperkultur und Sport als staatliche Leitungsaufgabe" *(Musiolek/ Rühmann / Schmück)* [84] verzichtet werden. Vielmehr ist der Versuch zu unternehmen, diese als wesentliche Zeitdokumente zu betrachten und in die Forschungsarbeit erneut miteinzubeziehen. In der vorliegenden Arbeit finden daher sowohl Diplomarbeiten als auch vor 1990 veröffentlichte DDR-Forschungsbeiträge Berücksichtigung. [85]

Vor 1990 findet sich allgemein zum Thema „Betriebssport" innerhalb des jeweiligen Forschungsrahmens in beiden deutschen Staaten eine Vielzahl unterschiedlich aufbereiteter wissenschaftlicher Beiträge: „Sport im Betrieb" (*Müller* [86]), „Grundlagen bürgerlich-reformistischer Freizeitsporttheorie" (*Henning* [87]), Sport und marxistische Persönlichkeit (*Wopp* [88]), Sport als Mittel zur Reproduktion von Arbeitskraft (*Schönberg* [89]). Hinzu kommt Sportforschung aus philosophisch-soziologischer Perspektive. Zum Standardwerk avancierte dabei *Bero Rigauers* „Sport und Arbeit, Soziologische Zusammenhänge und ideologische Implikationen" [90], aus dem Jahre 1969. Mit „Sport und Arbeitsteilung" [91] greift 1976 *Karin Rittner* die Diskussion, ob Sport sich im gegensätzlichen Verhältnis zur einseitigen Beanspruchung durch Arbeit befinde (u.a. *Plessner* [92]/ *Habermas* [93]/ *Lenk* [94]), erneut auf. [95] Sie verweist dabei auf Ähnlichkeiten und Wesensunterschiede im Verhältnis von Sport und Arbeit. [96] Auch in diesen Arbeiten findet der betriebliche Sport in der DDR keine Berücksichtigung.

Herbert Stündls Analyse hingegen beschäftigt sich explizit mit dem Forschungsgegenstand des „Freizeit- und Erholungssport in der DDR." [97] Für die Jahre 1946 bis 1976 vergleicht *Stündl* Realität und Zielausrichtung des Freizeit- und Erholungssports in der DDR. Er kommt zu dem Schluss, dass der erwünschte doktrinäre Zugriff auf den Freizeitbereich der in der DDR lebenden Menschen daran scheitert, dass die arbeitende Bevölkerung unter Freizeit „einen privaten, von öffentlichen Anforderungen freien Bereich" versteht. Ob sich der hier schon angedeutete „Eigen-Sinn" bezüglich des Freizeitverhaltens an dem von mir ausgewählten konkreten Beispiel ebenfalls bestätigen lässt oder Disparitäten aufweist, soll in der vorliegenden Einzelfallstudie des betrieblichen Sports im Stahl- und Walzwerk Brandenburg aufgezeigt werden. Zu den maßgeblichen DDR-Autoren zum Thema „Freizeit- und Erholungssport" gehören u.a. *Buggel* [98], *Ehrler* [99], *Dickwach* [100] und *Wonneberger* [101], die sich auf die Reproduktion der Beschlusslagen und entsprechend wissenschaftlich aufbereiteten Empfehlungen zur Umsetzung beschränken. Wissenschaftsbeiträge der Arbeitsgruppe Freizeit- und Erholungssport an der DHfK [102] Leipzig erschienen regelmäßig in den fortlaufenden Ausgaben von „Körperkultur" und „Theorie und Praxis der Körperkultur". Erkennbare Schwerpunkte der Forschung waren Urlaubs- und Familiensport (*Buggel* [103]/*Wonneberger* [104]), theoretische sowie praktische Konzepte des betrieblichen Sports (*Köhler* [105]/ *Ehrler* [106]), Organisationsformen des betrieblichen Sports (*Henning* [107]/ *Kirchner u. Teubner* [108]) und regionale Studien (*Liebe* [109]/ *Jaschek* [110]).

Nach 1990 nähert sich *Klaus W. Tofahrn* [111] dem Thema Betriebssport in der BRD mit soziologischen Methoden und verweist dabei indirekt auf den notwendigen interdisziplinären Charakter der Sport-Forschung. Mit empirisch abgesicherten Untersuchungsergebnissen schließt er sich den Entideologisierungsbemühungen der Arbeitgeberinstitutionen und Arbeitnehmerorganisationen und des Deutschen Sportbundes an. *Tofahrns* Forschung nimmt hierbei jedoch die Perspektive der Unternehmen ein, die durch entsprechende Sportangebote zur „Humanisierung der Arbeitswelt" beitragen können. [112] Der Gegensatz zur sportpolitischen Praxis in der ehemaligen DDR wird zwar dem Komplex des Staatssport zugeordnet, jedoch nicht weiter ausgeführt. [113] Analysen, die diese noch vorhandenen Leerstellen, wie das Verhältnis der Industriegesellschaften in der DDR zum betrieblichen Sport, müssen ergänzt werden, um ein vollständiges Bild des Betriebssport in Deutschland bis 1990 zu erhalten. Der von *Tofahrn* im Ergebnis dargestellte Kausalzusammenhang zwischen wachsender Kapitalausstattung, wachsender Mitarbeiterzahl und betriebssportlicher Aktivität lässt sich dabei auf die Verhältnisse in volkseigenen Betrieben der DDR übertragen.[114] Ergänzende Erfahrungsberichte sportlicher Alltagskultur sind die unterschiedlichen Beiträge *Hans-Jürgen Schulkes* aus den Jahren 1974 bis 1988, die sich an ein breites Publikum wenden und sich auf essayistische Weise dem Phänomen des Alltagssports nähern. *Schulke* beschreibt u.a. internationale Organisationssrukturen des Breitensports verzichtet aber gänzlich auf Betriebs- und DDR-Alltagssport. [115] Zu den bereits vorhandenen regional verorteten Darstellungen betrieblichen Sports zählen sowohl *Sebastian Fasbenders* „Zwischen Arbeitersport und Arbeitssport" [116] (1997) als auch *Bernhard Grohas* kurze Beiträge (2001) zur Geschichte des Dortmunder Sports im Rahmen einer Dokumentation des Stadtsportbund Dortmund e.V., die die regionale Entwicklung des betrieblichen Sports skizzieren. [117]

Ergänzt werden diese richtungsweisenden Arbeiten durch unterschiedlich aufbereitete Thematiken des Betriebssports. Zu den handlungsorientierten Analysen und Ratgebern zur Verbesserung der Vitalität durch Sport im Verhältnis zur Beanspruchung durch Arbeit gehören *Günter Mitterbauers* „Modell Bewegungspause am Arbeitsplatz" (1992) sowie „Neue Wege für den Betriebssport" (1994) [118], die kurzen Präsentationen der Sektion „Gesundheitssport in Verein und Betrieb" der dvs-Tagung am 22.-24.09.1993 (*Altenberger, Seeba, Beier, Mai, Wirth, Mayer, Schulz, Hartmann, Regelin, Kähler*) [119], *Ulrich Hilsers* „Kollegenspaß beim Doppelpaß" (1993)[120], *Claudia Kratsels* „Powerpausen" (1999) [121] u. a.

Nach 1990 wurde Betriebssport in der DDR bislang kaum wissenschaftlich untersucht. Nur wenige Beiträge berücksichtigten bzw. streiften bisher diesen Themenschwerpunkt. *Gertrud Pfister* verweist 1993 auf die Unterschiede bei der Organisation des betrieblichen Sports vor dem Hintergrund unterschiedlicher historischer Kontexte. Eine Reihe offener Fragen sollte künftig durch intensive Recherchen und Forschung, so *Pfister* auf der dvs-Tagung in Potsdam (22.-24-04.1993) zum Thema „Sport in Schule, Verein und Betrieb", beantwortet werden, wie etwa „das Gesundheitsversprechen", „der Wandel der Legitimationsstrukturen" als auch „die Diskrepanz zwischen Ideologie und Realität". [122] Diese bisher noch offen gebliebenen Fragen bezüglich des betrieblichen Sports in der DDR werden in der vorliegenden Arbeit berücksichtigt und am konkreten Beispiel des ehemaligen Stahlwerkes Brandenburg analysiert.

Alltagssport und betrieblicher Sport in der DDR rückten erst Ende der 90er Jahre (*Hinsching* [123]) in das Forschungsspektrum histographischer Analysen. Die Dominanz der „DDR-Leistungssportforschung" wurde nach der Vielzahl der Veröffentlichungen augenfällig und man versucht nun Lokalstudien in die DDR-Sport-Forschung miteinzubeziehen (*Teichler* [124]).

In „Alltagssport in der DDR" [125], herausgegeben von *Jochen Hinsching*, wird das Spektrum des „Freizeit- und Erholungssports der DDR" aufgezeigt und in seinen unterschiedlichsten Ausprägungen dargestellt. Berücksichtigt werden politische Einflüsse, deren Resultate in unterschiedlichsten „Sportkampagnen" Niederschlag fanden (*Hennig* [126] / *Priller* [127]), die Sportfesttradition als repräsentatives Zeichen von Macht (*Weber* [128]), das „Sportabzeichen“ als Rudiment bürgerlicher Sporttradition inmitten sozialistischer Einheitspolitik (*Ehrler/ Dickwach* [129]) und andere Facetten ein und desselben Phänomens „FES“ [130]. Erstmalig verweist *Hinsching* in einem Exkurs explizit auf Probleme des Betriebssports in der DDR. Er setzt dabei mediale Berichterstattung und sportliche Praxis ins Verhältnis, jedoch bleibt er den Beweis für seine Grundannahmen, die geplante sportive Praxis würde unterlaufen und äußere sich in ambivalenten Verhaltensmustern, schuldig. [131]

Allgemein auf den Breitensport der ehemaligen DDR beziehen sich die Veröffentlichungen von Edelfried Buggel [132] und Ingeburg Wonneberger [133]. Dabei weist Wonneberger besonders darauf hin, dass der DDR-Sport als Ganzes ohne die noch ausstehenden regionalen Untersuchungen zu Betriebs- und Landsport nicht zu verstehen sei. Die hierfür notwendigen Untersuchungen seien erfahrungsgemäß zeit- und ausgabenintensiv und stünden noch aus. [134] Die zeitintensiven Recherchen, Gespräche und Nachforschungen der nun vorliegenden Untersuchung des betrieblichen Sports im Stahl- und Walzwerk Brandenburg bestätigt diese Prognose hinreichend.

In das Thema „Betriebssport in der DDR“ führt Hinsching in einer weiteren Arbeit knapp ein und wagt erneut einen Problemaufriss. [135] Die Studie Gertrud Pfisters „Frauen und Sport in der DDR“ [136] ergänzt den 1999 veröffentlichten Sammelband „Betriebssport zwischen Arbeitnehmerinteressen und Arbeitnehmerbedürfnissen“ [137] durch Aspekte der Frauenforschung. An der Oberfläche bleibt die Dissertation von Chung-ho Park „Analyse der politischen Netzwerke und politischen Strategie im Bereich des Breitensports in der Deutschen Demokratischen Republik“. Seine Patchworkarbeit, das Aneinanderreihen von Meinungen und Erkenntnissen, ist einem differenten Zugang zur Forschung geschuldet. Park unternimmt den Versuch, den Breitensport der DDR systemtheoretisch zu analysieren. [138] Im „Handbuch Freizeitsport“ (Dieckert/ Wopp [139]) wird das Phänomen Freizeitsport definitorisch und übersichtlich in seine Aufgabenfelder und Wirkungsbereiche aufgegliedert. Auf die spezielle Ausprägung des Freizeit- und Erholungssports in der einstigen DDR (Dieckert [140]) wird unter „Geschichte und Entwicklungen“ jedoch nur kurz und referenziell eingegangen. Mit einem Beitrag zum Wissenschaftsgegenstand „BSG“ (Kremer [141]), veröffentlicht in „Breitensport in Ostdeutschland“ [142], rückt der Bereich des betrieblichen Sports merklich in das Zentrum des Interesses. Zuvor erschienen „Wie eine BSG arbeitete“ (Schneider) als Beitrag zur „Geschichte des DDR-Sports“ [143] – Resümee eines BSG-Vorsitzenden über das idealtypische Bedingungsgefüge einer Betriebssportgemeinschaft. Ergänzt wird dieser Beitrag durch den konzeptionell als Erfahrungsbericht angelegten kurzen Exkurs „Betriebssportaktivitäten“ einer Autorengemeinschaft (Wonneberger, Westphal, Oehmigen, Fiebelkorn, Simon, Skorning). [144] Dieser sehr oberflächlich gehaltene Beitrag verweist selbstredend auf den Mangel umfassender regionaler Studien zum Thema Betriebssport der ehemaligen DDR. Zum Forschungsgegenstand Betriebssport in der DDR findet sich in der Habilitationsschrift von Andreas Luh (1998) bislang ein knapper historischer Abriss, der bis zur Wiedervereinigung der beiden deutschen Staaten reicht. Jedoch wird in dieser Arbeit der Betriebssport der DDR im Kontext seiner Auflösung, aber nicht in seiner Entstehung und Entwicklung betrachtet. Zudem wird auf 90 Seiten hauptsächlich der Betriebssport der Bundesrepublik analysiert, während der betriebliche Sport der DDR auf wenige Seiten „komprimiert“ in einer Reihe von Gesetzesentwürfen und namentlichen Aufzählungen abgehandelt wird. Luhs weitere Darstellung gilt dem Transformationsprozess des deutsch-deutschen Sportes. An Luhs Untersuchung kann bezüglich des Vergleichs von Betriebssportstrukturen mit einer Fokussierung des betrieblichen Sports in der DDR jedoch angeknüpft werden. [145]

Neben der soziologischen Schwerpunktsetzung bereits vorhandener Arbeiten sind mit den Studien und Auswertungen von Michael Vester, Thomas Schwarzer, Kerstin Schweigel, Astrid Segert und Irene Zierke zu ostdeutschen Milieus wichtige Vorleistungen für eine mikrosoziologische Studie in Brandenburg/Havel erbracht worden. [146] Nach Vester gab es noch 1991 in Ostdeutschland ein dreifach größeres traditionsbewusstes Arbeiter- und Bauernmilieu (27%) als in Westdeutschland. Die unterschiedlichen Milieuschichtungen in Ost und West sind bezüglich des Sports bei Vergleichen bisher außer Acht gelassen worden. Als relevant wurden nur die unterschiedlichen machtpolitischen Strukturen des deutsch-deutschen Sportes am Beispiel des Leistungssportes angesehen. Das regionale Bedingungsgefüge hatte bei der Untersuchung des Sports in der DDR bisher noch keine Rolle gespielt.

Eine späte ostdeutsche Studie (1989) der Hochschule für Architektur und Bauwesen in Weimar zu Stadtentwicklung und Wohnmilieu wurde ausgewertet, da sie detailliert das Problem „Kulturbedürfnisse und Stadtgestaltung“ für die Stadt Brandenburg im industriellen Bedingungsgefüge aufzeigt.

Erste Bemühungen, regionale Sportentwicklungen innerhalb der DDR in den Vordergrund zu stellen, werden bei der Arbeit Klaus Gallinats „Der Aufbau und die Entwicklung von Körperkultur und Sport in der SBZ/ DDR am Beispiel regionaler Entwicklungen im Land Brandenburg (Mai 1945 - Juli 1952)“ sichtbar. Die 1997 erschienene sporthistorische Arbeit Gallinats ist aufgrund ihres gewählten Zeitrahmens nur bedingt für die vorliegende Arbeit relevant. Für das Verständnis der episodenhaft wirkenden FDJ-Sportgruppen , welche auch im Stahl- und Walzwerk Brandenburg gegründet wurden, ist jedoch Gallinats Kapitel über den FDJ-Sport allerdings unerlässlich. [147]

Es bedarf weiterer regionaler Studien, welche den Alltagssport in seinem spezifischen Umfeld erfahrbar machen und die gesellschaftlichen Wirkmechanismen an konkreten Beispielen aufzeigen. Weitere Forschungsarbeiten zu ausgewählten Themen mit spezifischer Fragestellung seien an dieser Stelle erwähnt. Zum einen handelt es sich dabei um die Diplomarbeiten von Nele Poll zum Boxsport [148], von Jeanette Schäfer zum Wasserfahrsport in der Region Brandenburg [149] und von Karsten Heine zur Situation der Fußballer der BSG Stahl vor dem Aufstieg in die Oberliga im Jahr 1984. Heine stützt sich in seiner Arbeit besonders auf die Fußballbeschlüsse 1983 [150] und wendet diese auf die Situation seiner BSG-Fußballmannschaft an, in der er damals selbst aktiv war.[151] Zum anderen beschäftigte sich Ludwig W. Tegelbeckers im Rahmen des Forschungsprojektes „Konfliktlinien im DDR-Sport zwischen Herrschaftsinteresse und Eigensinn“ u.a. mit demographischen und wirtschaftlichen Fragen des SG-Sports in Potsdam. Ein Verdienst Tegelbeckers ist es, dass zum ersten Mal (exemplarisch für das Jahr 1987) die Finanzierung des Sports auf der Ebene der DTSB-Bezirksorganisation Potsdam dokumentiert wird. Jedoch geht Tegelbeckers in seinem Forschungsansatz davon aus, dass Basissport und Leistungssport zwei grundlegend entkoppelte Bereiche darstellen. [152]

Die Ausdifferenzierung beider Sportstrukturen legt zwar diese Ansicht nahe, jedoch hätte der DDR-Leistungssport ohne Nutzung der gesamten vorhandenen Infra- und Organisationsstruktur, also auch der des Alltagssports und der daraus resultierenden Bezogenheit beider Sportsysteme aufeinander, so nicht funktionieren können. Der DTSB machte sich insbesondere die ökonomische Basis der BSGen für seinen Repräsentativsport zu nutze, indem er vorrangig in den SGen und BSGen sportliche Talente im Bereich des Kinder- und Jugendsports in Trainingszentren förderte. Am Beispiel des betrieblichen Sports im Stahl- und Walzwerk Brandenburg, das die Sportentwicklung über einen Zeitraum von vierzig Jahren darstellt, lassen sich sowohl Tendenzen der Entflechtung (nach 1957) als auch eine erneute Annäherung (nach 1980) von Alltags- und Leistungssport feststellen. Hinterfragt werden muß zudem, trotz optimistischer DDR-Statistiken, die Feststellung *Tegelbeckers*, dass DTSB-Mitgliederrückgänge „faktisch verboten" gewesen seien. [153] In der vorliegenden Arbeit wird sowohl auf Mitgliederschwankungen in den einzelnen Sektionen als auch innerhalb der BSG eingegangen, die durchaus Rückgänge verzeichneten. An diesem Befund wird einmal mehr deutlich dass DDR-Statistiken, welche der Repräsentation nach Außen dienten, nur bedingt wissenschaftlich verwertbar sind.

Drei weitere Diplomarbeiten zur Betriebssportgemeinschaft Stahl Brandenburg aus den Jahren 1968, 1980 und 1984 zeugen sowohl vom wissenschaftlichem Interesse (*Jorra* [154]/ *Götze* [155]) als auch dem Wunsch nach noch größerer politischer Einflußnahme (*Gacon* [156]) auf den Betriebssport in der DDR.

In zahlreichen Beträgen wurde bislang auf das Ausstehen regionaler Analysen zum Thema Betriebssport in der DDR aufmerksam gemacht und auf die Notwendigkeit differenzierter Forschung (u.a. Pfister/ Teichler/ Buggel/ Wonneberger) verwiesen.

4 Methodische Herangehensweise

Für die zeitgeschichtliche Erforschung des Sports postulieren *Buss*, *Güldenpfennig* und *Krüger* (1999) die Notwendigkeit einer „De-Politisierung" und „De-Soziologisierung" der Forschung.[157] Mehr Gewicht müssten statt dessen Aspekte der „Re-Kulturalisierung" des Sports erhalten. Dies gelte insbesondere auch für die Erforschung des DDR-Sports. [158]

Dem ist entgegenzuhalten, dass, um „Sport als kulturelle Erscheinungsform in ihrem Eigenrecht und Eigengewicht" [159] im Umfeld eines Stahlwerkes umfassend darstellen zu können, der zeitgeschichtliche Zugang sehr wohl durch alltagssoziologische Perspektiven ergänzt werden muss. Das heißt, dass Phänomene des Alltagssports erkannt und beschrieben werden sollen, bevor die politische Dimension verhandelt werden kann, und zwar unter Berücksichtigung der eigenen sozial und kulturell konstituierten Befangenheit der Autorin. [160] Da der Alltagssport ein Teil realsozialistischer Lebenswelt war, erscheint eine „De-Soziologisierung" als auch eine „De-Politisierung" nicht sinnvoll.

Im Sinne *Kracauers* [161] sollen Wechselverhältnisse zwischen Alltagssport und der politischen, sozialen und ökonomischen Realität sichtbar gemacht werden. Es handelt sich hierbei um die Rekonstruktion dessen, was die im Stahl- und Walzwerk Brandenburg Beschäftigten im Zeitraum von 1950-1990 als gegeben vorfanden, Routiniertes, Selbstverständliches, als unproblematisch Empfundenes, all das, was sich im Zusammenleben als Alltagsbewusstsein im Rahmen des betrieblichen Sports konstituierte und manifestierte. Durch die quellenkritische und in Ergänzung kontextanalytische Arbeitsweise wird der sportliche Alltag im Stahl- und Walzwerk Brandenburg rekonstruiert, es werden aber auch Grenzen und Widersprüche herausgearbeitet. Bei der vorliegenden Arbeit handelt es sich deshalb sowohl um eine wissenschaftliche Analyse der „Re-Kulturalisierung" als auch der „Re-Soziologisierung", um den betrieblichen Sport im Stahl- und Walzwerk Brandenburg als prozesshaftes Geschehen unter realsozialistischen Bedingungen, welche als normativ und konstituierend für den Alltagssport gelten, angemessen und wirklichkeitsnah zu beschreiben.

Aufgrund des interdisziplinären Forschungsansatzes verwendet die vorliegende Arbeit verschiedene Methoden, die sowohl einer quellenkritischen Bearbeitung von Zeitdokumenten verpflichtet sind, aber auch damaligen Akteuren mit ihren individuellen Erlebnissen Raum geben, so dass Lücken bei der Rekonstruktion lebensweltlicher Kontexte durch Erinnerungen geschlossen bzw. auch gegensätzliche Erfahrungen offengelegt und so das Phänomen des betrieblichen Sports in seiner Komplexität erschlossen werden kann. Die Form der „Geschichte von unten" mittels „Oral History" hat sich dabei bereits in unterschiedlichen Forschungsprojekten zum DDR-Alltag bewährt. [162]

Die Suche nach geeigneten Zeitzeugen erfolgte im Raum Brandenburg/Havel, Berlin und Potsdam. Es werden Personen, welche unterschiedlich innerhalb des betrieblichen Sports positioniert waren, befragt. Der Nachfolgeverein hatte sich zur Unterstützung des Projektes entschlossen. Es wurde gezielt versucht, ehemalige und amtierende Sektionsleiter und Sportfunktionäre sowohl telefonisch als auch brieflich mit beigelegtem Fragebogen zu erreichen. Zum Teil mussten jedoch Adressen exponierter Sportler und betrieblicher bzw. sportlicher Leiter auf Umwegen recherchiert werden. So konnte z.B. bei der Recherche nach der Adresse des ehemaligen Werkdirektors und späteren Ministers für Schwermaschinen- und Anlagenbau der DDR keine Adresse in Erfahrung gebracht werden. Die Kontaktaufnahme erfolgte hier auf Umwegen über mehrere Personen. Zur Kontaktaufnahme mit Sektionsleitern der ehem. BSG Stahl wurden standardisierte Fragebögen verwendet. Gleiches gilt für die Befragung der Fußballspieler der ehemaligen BSG Stahl. Hier wurden bei einem Jubiläumsspiel speziell für diesen Anlass erstellte Fragebögen verteilt. Die Fragebögen waren so aufgebaut, dass sie in erster Linie dazu dienten, zu einem späteren Zeitpunkt einen Gesprächseinstieg zu ermöglichen. Dabei ging es im Wesentlichen um das Abfragen von persönlichen Koordinaten wie Alter, Beruf, Sportart und Funktion innerhalb des Sportbetriebs. Hinzu kam eine offene Frage zur Einschätzung möglicher Problemfelder.

Zu den Gesprächen wurden Erinnerungsprotokolle auf Basis der jeweiligen Gesprächsnotizen erstellt. Diese Vorgehensweise begründet sich in erster Linie thematisch, da es sich um Berichte über Alltagserfahrungen im Zusammenhang mit Sport handelte. Weil sich Aspekte der Alltagsgeschichte selten isoliert erinnern lassen, fiel die Wahl trotz umstrittener Anerkennung dieser Quellen in der historischen Forschung auf die freie Gesprächsform. Zuvor ist von mir eingeschätzt worden, dass die Gesprächspartner einer freien Gesprächsführung eher zustimmen würden. Vor dem Gesprächstermin wurde anhand des bereits vorhandenen Quellenmaterials ein Leitfaden erstellt, der wichtige Fragen fixierte. Diese Fragen wurden zwar möglichst chronologisch gestellt, ermöglichten aber dem Befragten / der Befragten Exkurse entsprechend ihrer Erinnerung und Darlegungsweise.

Unter Einbeziehung vielfältigster Quellen kann ein Ausschnitt der spezifischen sozialen Identität eines im Stahlwerk Beschäftigten am Beispiel des betrieblichen Sports sichtbar gemacht werden. Im Mittelpunkt steht dabei die Identität des Einzelnen im Verhältnis von Körperertüchtigung, Arbeitswelt und sozialistischem Erziehungsanspruch. Die sozialistische Erziehung war einer kollektiven Identität verpflichtet und diente der SED als Instrument der Machterhaltung. Der betriebliche Sport wird als Form kulturellen Austauschs betrachtet – im Spiegel gesellschaftlicher Prozesshaftigkeit und ihrer Konflikte. Rekonstruiert wird, inwieweit sich individuelle sportliche Bedürfnisse bei den Beschäftigten des Stahlwerks entwickelt haben und wie sie im dichten SED-dominierten Organisationsgeflecht in die Tat umgesetzt worden sind. Eine besondere Rolle spielte hierbei die Ausdifferenzierung des Sports, die sich nur zum Teil an den persönlichen Interessen der Beschäftigten orientierte: Wichtige Strukturmerkmale waren die dualen Förderkriterien des Freizeit- und Erholungssports als Sport der Erwachsenen und ihrer Familien und der Kinder- und Jugendsport als unterste Förderstufe des Leistungssports, sowie regional und traditionell bevorzugte sportliche Aktivitäten bzw. auch militärische Ausrichtungen innerhalb des Sports im betrieblichen Umfeld.

Um die Vielfältigkeit des betrieblichen Sports als individuelle Alltagserfahrung aufzuzeigen, wurden drei biographische Ausschnitte ausgewählt. Dabei handelt es sich um den stärksten Lehrling des SWB, eine engagierte Versehrtensportlerin der Betriebssportgemeinschaft und einen Sportorganisator des Werkes. Desweiteren werden besondere betriebssportliche Phänomene, wie Installation von Gedenkkultur, Sport in der Brigade, Nachahmung leistungssportlicher Prinzipien und Auswirkungen von Trends und regionalen Besonderheiten, wie z.B. Angelsport, ausführlicher untersucht, da gerade sie die Alltäglichkeit des betrieblichen Sports repräsentieren.

III Archive und Quellenlage

1 Überregionale Archive

Im Bundesarchiv Stiftung Archiv der Partei- und Massenorganisationen der DDR (SAPMO) wurde der Bestand der FDGB-Akten gesichtet, welche sich mit dem BSG-Sport und der gewerkschaftlicher Einflussnahme auf den betrieblichen Sport beschäftigten. Die gefundenen Dokumente sind unsystematisch aber vielfältig. Es war großer Aufwand von Nöten die den betrieblichen Sport betreffenden Dokumente zu sichten und zu erfassen. Es handelt sich u.a. den Sport betreffend um Informationen der SV-Stahl (1953), gemeinsame Sportprogramme mit DTSB (1970) und FDJ (1975), Vorlagen, Berichte, Ergebnisse der gemeinsamen Sportprogramme, Materialien zum Freizeit- und Erholungssport, Lehrlingssport, Briefwechsel, Beschlüsse, Wettbewerbe, Programme, Initiativen, Statistiken von 1953 bis 1989.

Die in der GESIS-Außenstelle Berlin erfolgte Recherche erbrachte eine relevante Datenerhebung zur „Stadt- und Regionalforschung der DDR". Die beim Datengeber Hochschule für Architektur und Bauwesen Weimar in Auftrag gegebene Studie „Stadtentwicklung und Wohnmilieu – Brandenburg 1987" konnte hier eruiert werden. Diese Studie ermöglicht einen umfassenden Blick auf städtebauliche Entwicklungen und das Entstehen von Sportstätten im Kontext der regional dominierenden Schwarzmetallurgie unter den Bedingungen regionaler Besonderheiten Brandenburgs z.B. der Havellandschaft.

Dem Ersuchen, weitere Geschäftsunterlagen des ehemaligen VEB Stahl- und Walzwerkes Brandenburg einzusehen, um die Investitionen für den betrieblichen Sport zu analysieren, wurde elf Jahre nach der Einstellung der Stahlproduktion des einstigen Stahlgiganten Ende 1993 von der Bundesanstalt für vereinigungsbedingte Sonderaufgaben und der DISOS GmbH nach erneuter Nachfrage nicht stattgegeben. Zitat: „Uns ist nicht bekannt, dass wir Ihnen mitgeteilt haben, dass die betroffenen Unterlagen nach einer archivarischen Aufbereitung in der DISOS GmbH für eine allgemeine und wissenschaftliche Nutzung zur Verfügung stehen." [163]

Im Institut für Zeitgeschichte des Sports an der Universität Potsdam wurden systematisch die vorhandenen Jahrgänge der DDR-Sportzeitungen „Deutsches Sportecho" sowie „FuWo" [164] gesichtet, um die Berichterstattung über die Brandenburger Fußballmannschaft Stahl-Brandenburg auszuwerten. Bei der Durchsicht der Jahrgänge des „Deutschen Sportechos" wurden zusätzlich Berichte über betrieblichen Sport und Nachrichten, die den Brandenburger Regionalsport betrafen, zusammengetragen. Eingesehen werden konnte eine Diplomarbeit aus dem Jahr 1980 des Aussenstützpunktes Magdeburg der DHfK von Uwe Neubauer zum Thema „Der FDGB – Triebkraft bei der Heranführung der Werktätigen an Körperkultur und Sport in der DDR" sowie das Handbuch für den Sportorganisator in der sechsten Auflage von 1981. [165]

2 Regionale Archive bzw. Sammlungen des Landes Brandenburg

In der Potsdamer Außenstelle der Bundesbeauftragten für die Stasi-Unterlagen wurden exemplarisch Personenrecherchen zum Umfeld der Brandenburger Stahl-Fußballer durchgeführt. Die Quellenlage umfasst unterschiedlichste Dokumente: OPK-Akten (Einleitung der operativen Personenkontrolle, Ermittlungsberichte, Einschätzungen, Kontrollberichte, Vernehmungsprotokolle, Abhörberichte, Wohnungsdurchsuchung), IM-Vorgänge (Einschätzungen der Lage in der Mannschaft, Informationen zu Spielern, Reiseberichterstattung, Tonbandabschriften, Auskunftsberichte, Bericht zur Kontaktaufnahme, Berichte von Sicherheitsüberprüfungen). Die dokumentierten „Vorgänge" lassen sich zeitlich von Sommer 1985 bis Ende 1987 einordnen, eine Ausnahme bildet eine ergänzende „Einschätzung" aus dem Jahre 1974. Die untersuchten „Vorgänge" ermöglichen durch ihre Dichte eine genaue Rekonstruktion von Anwerbungen und Arbeitsweise des MfS [166] im BSG-Fußballsport, u.a. im Falle einer UEFA-Cup-Qualifizierung.

Im Brandenburgischen Landeshauptarchiv wurde insbesondere Aktenmaterial aus dem Bestand des Stahl- und Walzwerkes Brandenburg gesichtet. Es wurden hinreichend Dokumente aus der Abteilung des Werkdirektors gefunden, die die Rolle des Werkdirektors für den betrieblichen Sport nachzeichnen konnten.

Im Sportbund Potsdam konnten Exemplare der Zeitschrift der DTSB-Bezirksorganisation Potsdam „DTSB-Sportrundschau" von August 1974 bis November 1989 durchgesehen werden. In ihnen wurde sowohl von den Erfolgen im Spitzensport, vom Kinder- und Jugendsport als auch vom Freizeit- und Erholungssport der Arbeiter regelmäßig berichtet.

3 Städtische Archive der Stadt Brandenburg/Havel

Im Brandenburger Stadtarchiv wurde die Tagespresse „Märkische Volksstimme" von 1950 bis 1990 durchgesehen. Im Resultat entstand dabei eine Chronologie des regionalen Sports, die es erleichterte, die Bedeutung des Stahl- und Walzwerkes Brandenburg für den Sport vor Ort zu zeigen. Ergänzend mit gleichem Ziel wurden systematisch Jahrgänge des „Kulturspiegels" durchgesehen. Mit Hilfe eines Adressbuchs aus dem Jahre 1938/39 konnte exakt nachvollzogen werden, welche Betriebssportgemeinschaften vor 1945 in Brandenburg bereits existiert haben.

Eingesehen wurde hier auch die Diplomarbeit Hermann Gacons „Analyse der Arbeit der Betriebssportgemeinschaft im Stahl- und Walzwerk Brandenburg und Verallgemeinerung für den Rat der Stadt Brandenburg in der Entwicklung von Körperkultur und Sport", eingereicht 1980 an der Fachschule für Staatswissenschaften „Edwin Hoernle" Weimar. [167]

Im Industriemuseum des Stahl- und Walzwerkes Brandenburg e.V. konnten sämtliche Betriebszeitungen „Stahlwerk im Aufbau" (01.05.1950-03.08.1951), „Stahl für den Frieden" (11.08.1951-25.10.1952), „Stahl für den Aufbau des Sozialismus" (03.11.1952-20.06.1953), „Stahl für den Frieden" (30.06.1953-20.01.1954), „Brandenburger Stahlwerker" (06.02.1954-08.02.1957), „Roter Stahl" (15.02.1957-1990) eingesehen werden. Die fortlaufenden Artikel im Sportteil ermöglichen es, den betrieblichen Sport aus Sicht der Berichterstatter (Sportfunktionäre, Trainer und Sportler) zu rekonstruieren. Weiterhin konnten ein Buch zur Anleitung des betrieblichen Sports für Funktionäre des FDGB „Handbuch für den Sportorganisator" (1973) und Informationsbroschüren über die Geschichte des Stahl- und Walzwerkes Brandenburg bzw. Kombinats eingesehen werden. Ebenfalls eingesehen wurde der Bestand an Brigadetagebüchern des SWB.

Vom Nachfolgeverein „SG Stahl Brandenburg e.V." wurden sämtliche noch vorhanden Protokolle von Sportler-Aktivtagungen, BSG-Leitungssitzungen, Rechenschaftsberichten und Delegiertenkonferenzen des Zeitraumes 1954 bis 1990 durch Horst Seehawer (V 2003) zur Verfügung gestellt. Weiterhin vermittelte Seehawer wesentliche Kontakte zu Gesprächspartnern im Umfeld der ehemaligen BSG Stahl. Für den betrieblichen Sport im SWB sind für den Zeitraum von 1950-1964 kaum Dokumente gefunden worden, da es in der Sportstätte der Stahlwerker 1964 zu einem Brand kam, der die frühen Dokumente der BSG, die in dieser Halle aufbewahrt wurden, vollständig vernichtete. [168]

Desweiteren wurden teilweise Dokumente von Privatpersonen zur Verfügung gestellt: Schriftverkehr, Berichte, Fotos, Sportartikel, der Stadionkurier, private Chroniken, etc.

Aufgrund des umfangreichen Materials der Archive SAPMO und Brandenburgisches Landeshauptarchiv konnten gewerkschaftliche (FDGB) und parteiliche Strukturen (SED) unter Berücksichtigung weiterer Körperschaften (DTSB, FDJ, GST [169], DAV [170], BSG und DFD [171]), die den betrieblichen Sport beeinflusst haben, herausgearbeitet werden. Durch Einsicht in betriebliche Akten im Brandenburgischen Landeshauptarchiv sowie in die vorhandenen Bestände der Betriebszeitung des Industriemuseums Stahl- und Walzwerk Brandenburg und in den Nachlass der Betriebssportgemeinschaft BSG Stahl Brandenburg, der SG Stahl Brandenburg e.V. und durch Befragung von Zeitzeugen konnte eine umfassende Darstellung des sportlichen Alltags im Stahl- und Walzwerk Brandenburg vorgenommen werden. Neben Interviews mit Zeitzeugen (Stahlwerkern, Sportlern, Organisatoren, Funktionären) und regionalen und überregionalen Sportberichten wurden Dokumente mit herangezogen, die die Sportspraxis im betrieblichen Umfeld wiedergeben, wie zum Beispiel Brigadetagebücher und andere Selbstzeugnisse.

Hinzugezogen wurden Akten (SAPMO, Brandenburgisches Landeshauptarchiv, BStU-Potsdam, Stadtarchiv Brandenburg, Sportbund Potsdam) mit lokalen und regionalen Bezügen des ehemaligen Bezirkes Potsdam und des Stadtkreises Brandenburg/ Havel sowie Akten, die in direktem Zusammenhang zum betrieblichen Sport des Stahl- und Walzwerkes Brandenburgstanden.

IV Regionale Besonderheiten und Vorbedingungen für die Wiederbelebung des Sports nach 1945

1 Zur historischen Entwicklung von Turnen und Sport in der Stadt Brandenburg

Eine Besonderheit Brandenburgs ist die für Erholungszwecke reizvolle Lage der Stadt. Denn Brandenburg ist umgeben von ineinander mündenden Seen und Kiefernwäldern. Die Havel dominiert von je her das Flair der Stadt. Das viele Grün der Stadt machte sie attraktiv und gefällig gegenüber Städten wie Magdeburg und Berlin. Das Land Brandenburg ist das wasserreichste Bundesland im wiedervereinigten Deutschland. Wassersportarten wie Segeln, Kanu, Rudern, Motorwassersport und Angeln sind hier besonders beliebt. [172]

Durch die seit 1883 entstandenen Sportstätten lassen sich die historischen Entwicklungen des Städtebaus in Bezug auf den Wert von Freizeit und Erholung in der Havelstadt dokumentieren. Mit den Anfängen des Sports fanden sich in Brandenburg ebenso wie in anderen Städten Deutschlands Anhänger des populär werdenden Körperkultes und des Wettkampfes. Zu dem an der Wilhelmsdorfer Landstraße gelegenen Sport-Park zählte um 1900 eine Radrennbahn mit Lehrbahn, eine Promenadenbahn, Tennis-Plätze, Turn- und Spielplätze und ein Teich für Wasser- und Eissport. [173] Neben der inzwischen in Vergessenheit geratenen Radsporttradition kann man in Brandenburg auf eine lange Tradition des Wassersports blicken. Ältester Wassersportverein Brandenburgs ist der am 25. September 1883 gegründete „Brandenburger Ruder-Klub e.V.", der ein Jahr später sein erstes Bootshaus einweihen konnte. Dreizehn Jahre später kam ein zweiter Ruderclub hinzu, der Ruder-Club Havel Brandenburg e.V. In den 20er Jahren kamen vier weitere Kanu-Clubs hinzu. [174] Abgesehen davon ist Brandenburg eine Stadt der Angler. Regional-Hymne und Fritze-Bollmann-Springbrunnen [175] verweisen auf die lange Tradition dieser Leidenschaft der Brandenburger.

Die turnerische Tradition Brandenburgs geht wie auch andernorts auf „Turnvater" Jahn zurück, durch dessen Auffassung „Sport für alle" die militärische Körperertüchtigung in der märkisch-preußischen Garnisonsstadt Fuß fasste. Zur turnerischen Ausbildung zählten auch verschiedene „Kriegsspiele, mit Kundschaften, Anschleichen, Überfallen und Gegenattacken". Als Turnplätze wurde nahes Wald- und Wiesengelände genutzt. [176] Mit zunehmender Industriealisierung – erste Tuchfabriken waren ca. um 1827 entstanden – wurden auch andere Sportarten in Brandenburg populär, allen voran Fußball und Handball.

Unter Leitung Hermann Rochows entfernte sich der Männerverein „Brandenburger Turnverein Vater Jahn" 1891 vom bürgerlich geprägten Sport. Am 26. Juni 1892 wurde auf Initiative des Brandenburger Turners Otto Gartz der „Märkische Arbeiter-Turnerbund" gegründet. In Mengerts

Volksgarten in Brandenburg traten die Männerturnvereine Brandenburg und Velten sowie Fichte Berlin und Turnerschaft Luckenwalde bei. Auf dem 1. Bundesturntag in Berlin im September 1892 wurde auf Grund der enormen Resonanz beschlossen, den Märkischen Arbeiter-Turnerbund deutschlandweit auszudehnen. Pfingsten 1893 wurde daraufhin in Gera der Arbeiter-Turnerbund (ATB) gegründet, in dem zunächst 4000 Turner organisiert waren. [177]

In den 1920er Jahren hatte sich Brandenburg den Ruf als „Gartenstadt" erworben. Städtebaulich wurde die landschaftlich reizvolle Lage mit einbezogen und so entstand seit 1925 zwischen Altstadt und Dominsel am Grillendamm ein Sport- und Erholungszentrum. Hierfür musste das Überschwemmungsgebiet künstlich erhöht werden, um darauf Spiel- und Sportstätten zu errichten. Am Ufer des Beetzsee eröffnete ein Freibad und nebenan fand ein Segelverein Platz für seine Boote. [178]

Mit den erfolgreichen Gewerkschaftskämpfen für den 8-Stundenarbeitstag wuchs die Zahl der Sportwilligen rasch. „Überall entstanden neue Vereine, die keine grundsätzliche Trennung zwischen Turnen und Sport anerkannten." [179] Im Jahre 1938 gab es in Brandenburg zehn offizielle Betriebssport gemeinschaften [180] im Rahmen der im Mai 1933 gegründeten Massenbetreuungsorganisation Deutschen Arbeitsfront (DAF) anstelle der entmachteten Gewerkschaften. Die DAF erweiterte die soziale Betreuung der Arbeitnehmerschaft auch auf den Freizeitbereich. Das hierfür verantwortliche Amt war die im November 1933 wirksam werdende DAF-Organisation „Kraft durch Freude". Zu den KdF-Ämtern gehörte infolge das für den betrieblichen Sport zuständige „Sportamt". DAF und KdF knüpften jedoch nachweislich an „soziale betriebsorganisatorische Rationalisierungsstrategien" der Weimarer Zeit an. [181]

Nach Recherchen Dieter Wetzels, FC Stahl Brandenburg, wurde 1930 der Sportclub Walzwerk in der Gaststätte „Behrs" unter dem Vorsitz von Hugo Hallmann und Otto Karger gegründet. 1933 schloss sich der Sportclub Walzwerk mit den Sportlern Neuendorf 1921 zum Brandenburger Sportverein 21 (BSV 21) zusammen. [182] Die in der BSV 21 organisierten Stahlwerker wurden nach Aussagen Franz Kotlowskis [183] (1952 Leiter der BSG Stahl Brandenburg) durch das Stahlwerk nicht unterstützt. Die Sportler konnten lediglich ein nahegelegenes Gelände für ihre Spielstätten vom Arbeitgeber, dem Flick-Konzern, pachten. [184] Die BSV 21 hatte zwei Sparten, eine Boxsparte und eine Fußballsparte. [185] Der Sport in den Werksportvereinen wurde durch den Ausbau eines Sportkurssystems der KdF ergänzt. Durch die Sportkurse der einzelnen KdF-Betriebsstützpunkte sollten inaktive Arbeitnehmer für die regelmäßige sportliche Betätigung gewonnen werden. [186]

2 Nachkriegsbedingungen für Kultur und Sport

Die Stadt Brandenburg blieb aufgrund der Nähe zu Berlin und der dort nach dem Ersten Weltkrieg vorrangig betriebenen Rüstungsindustrie im Zweiten Weltkrieg von englischen als auch von amerikanischen Luftangriffen nicht verschont. Jeder Sechste hat den Krieg nicht überlebt, fast alle Brücken der an der Havel gelegenen Stadt und 70% aller Produktionsbetriebe waren bei Kampfhandlungen zerstört worden. Wohnraum, Kulturstätten und Straßen waren zumeist durch angloamerikanische Luftwaffen zerbombt. Nun galt es, hinter 300 000 Kubikmeter Trümmermassen ein neues Leben zu gestalten. [187]

Trotz der katastrophalen Lebenssituation wurde teilweise versucht, gewohnte Freizeitaktivitäten wieder aufzunehmen. Das Theater fand eine provisorische Heimstätte in den „Adlerterrassen" [188], das Freibad Grillendamm, die Volksbücherei und die beiden Kinos „Metropol" und „Konzerthaus" nahmen wieder den Betrieb auf.

Oberbürgermeister Max Herm, der durch den damaligen Militärkommandanten Oberst Wolkow im

Amt bestätigt wurde [189], veranlasste den Wiederaufbau von Sportstätten und die Inventarisierung von Sportgeräten. Im Frühjahr und Sommer 1945 wurden erste Spiele und Sportfeste auf der „Musterwiese", dem heutigen Werner-Seelenbinder-Sportplatz, ausgetragen. Die Turnhalle am Dom und der Sportplatz am Turnerheim wurden wieder hergerichtet. Auf der Havel wetteiferten wieder die Wassersportler. Dem neu erwachten Bedürfnis nach kulturellem Erleben konnte bereits im Sommer 1945 Rechnung getragen werden. Auf persönliche Initiative des Oberbürgermeisters Max Herm nahmen das Theater und die Lichtspielhäuser den Spielbetrieb wieder auf. Für die Spielzeit 1945/46 konnte die Gaststätte „Adler-Terrassen" [190] genutzt werden. Bevorzugtes Genre des Spielplanes waren Operetten. In den beiden Lichtspielhäusern „Metropol" und „Konzerthaus" konnten im Juni 1945 wieder Filme gezeigt werden. Die Stadtleitung der KPD versuchte über eine breit angelegte politisch motivierte Massenarbeit die Menschen von der politischen Linie der KPD zu überzeugen, im Zuge dessen öffnete die städtische Bücherei wieder ihre Pforten, ein Antifa-Chor wurde gegründet und im Freibad Grillendamm an der Havel konnte wieder gebadet werden. Allein im Juli 1945 wurden hier 9500 Badelustige gezählt. [191] Im August 1945 traten Brandenburger erstmalig wieder gegen eine auswärtige Fußballmannschaft aus Berlin Schöneberg an [192] und am 1. September fand bereits das erste Schulsportfest am Grillendamm statt. [193] Die Ortsgruppe der KPD Brandenburg/Havel beauftragte am 19.05.1945 Fritz Lüdemann, im Amt für Volksbildung eine eigene Abteilung für den Kommunalsport einzurichten. Nur zwei Tage zuvor hatte Walter Ulbricht in einem Schreiben an Georgi Dimitroff angekündigt, „bei der Abteilung Volksbildung einen Sportausschuß einzurichten" zu wollen. [194] Im August 1948 gründete Lüdemann den ersten Kreissportausschuss in Brandenburg. [195]

Die Zweckdienlichkeit des organisierten Sports und Wertvorstellungen des Körperimages hinsichtlich Attraktivität, Gesundheit, Gemeinschaftlichkeit und Lebensfreude konnten nach 1945 fraglos neu belebt werden. Besondere Sportereignisse waren seit dem Sommer 1948 die ersten Nachkriegs-Profi-Radrennen auf der Radrennbahn Brielower Brücke. [196] Nach Gründung des Deutschen Sportausschusses am 1.10.1948 unter Leitung Waldemar Bordes [197] (SED) wurde darauf orientiert „starke Sportgemeinschaften" zu gründen. Diese Sportgemeinschaften entstanden zumeist aus den vorhandenen kommunalen bzw. FDJ-Sportgruppen. Im August 1949 wurden auf Initiative der SED aufgrund ungenügender Förderung durch Betriebsleitungen und mangelnde SED-politische Arbeit sowie mangelnde technische Ausstattung in den Sportgemeinschaften vorübergehend etwa 1600 Sportler der vier Brandenburger Sportgemeinschaften, BSG Traktor, BSG Konsum, BSG Motor Nord und Sportgemeinschaft „Freier Wassersport" im Bootshaus Hammerstraße zu einer Sportgemeinschaft, der „Zentral-Sportgemeinschaft Werner Seelenbinder" vereinigt. [198] Neben dieser neu gegründeten Sportgemeinschaft war noch eine Polizei-Sportgemeinschaft in Brandenburg aktiv. [199]

Am 3.04.1950 beschloss das Sekretariat des DS die „Reorganisation des Sportes auf Produktionsbasis" nach sowjetischem Vorbild. Die Betriebssportgemeinschaften unterstanden nunmehr den Industriegewerkschaften des FDGB und ihrer eigens für den Sport berufenen überregional organisierten Zentralen Sportvereinigungen. Bestehende betriebliche Sportgruppen wurden entsprechend ihrer übergeordneten SV benannt. [200]

Im Frühjahr 1950 gab es in Brandenburg bereits wieder sieben eigenständige Betriebssportgemeinschaften mit 42 Sparten und 2142 Mitgliedern. [201]

3 Die Neugründung des Stahl- und Walzwerkes Brandenburg

Die ehemaligen Brandenburgischen Rüstungsbetriebe [202] waren durch Reparationsleistungen an die ehemalige UdSSR fast vollständig demontiert worden. Im März 1948 wurden in Brandenburg nach Beendigung der Sequestration durch die sowjetische Besatzung etwa 70 Vermögensobjekte an vorgeblich volkseigene Betriebe übergeben. Im Zuge des Neuaufbaus im Osten Deutschlands sollte eine metallurgische Basis für die Umsetzung des Zweijahresplans 1949/50 – Wiederherstellung und Entwicklung der Wirtschaft – geschaffen werden. Auf den noch vorhandenen Fundamenten des ehemaligen Stahl- und Walzwerkes des Flickkonzerns, die SED Funktionäre des Kreisvorstandes am 19.05.1949 begutachteten, sollte nach Meinung der städtischen Funktionäre (Rat der Stadt und SED-Kreisleitung) ein neues Stahlwerk entstehen. [203] Mit der Anerkennung des Bauvorhabens auf der Sitzung des Ministerrates am 15. Dezember 1949 konnten endlich wieder Arbeitsplätze an einem der ‚traditionellen' Standorte für Stahlindustrie geschaffen werden. [204] Das Bauvorhaben wurde durch die Landesregierung in Potsdam unterstützt und durch die Deutsche Wirtschaftskommission genehmigt. Bereits im Dezember 1949 waren ca. 500 Männer und Frauen mit den Enttrümmerungsarbeiten beschäftigt. [205]

Im Frühjahr 1950 wurde auf dem alten Gelände des früheren Rüstungsbetriebes des Flickkonzerns am Quenz das Stahl- und Walzwerk Brandenburg in Betrieb genommen. „Das Stahl- und Walzwerk entwickelte sich zum beherrschenden Faktor der Stadt" [206], aus der bisherigen „Stadt der Aktivisten" [207] wurde die „Stadt des Stahls".

> „Das Brandenburger Stahl- und Walzwerk sollte ein Musterbetrieb der sozialistischen Wirtschaftsentwicklung werden. Deshalb wurden beim Aufbau der Werksanlagen auch sogleich kulturelle und soziale Einrichtungen errichtet." [208]

Zu den ersten sozialen und kulturellen Einrichtungen gehörten Werkküchen, Speisesäle, Betriebsverkaufsstellen, Getränkestützpunkte, das Betriebsambulatorium in der Gustav-Nachtigall-Strasse, das die bisherige Sanitätsstelle ablöste, ein Kinderdorf mit 20 Kinderkrippenplätzen, 30 Kindergartenplätzen und Kinderhort, Erholungsheime, das Pionierlager „Bruno Kühn" in Bollmannsruh und ein Volleyballplatz. [209] Im Februar 1951 wurde mit 170 Lehrlingen das KuBa[210]-Ensemble gegründet und im Juli 1951 wurde mit dem Bau der Betriebspoliklinik auf dem Gelände des Stahlwerkes begonnen. [211]

Von einer anfänglichen Stammbelegschaft von 160 Stahlwerkern entwickelte sich das SWB bis 1988 zu einem Werk mit einer Belegschaft von 9051 Arbeitern und Angestellten sowie 566 Lehrlingen. [212] Auch für den Sport wurde das Stahl- und Walzwerk mit seiner großen Belegschaft tonangebend. Schon wenige Monate später gründete sich die Betriebssportgemeinschaft Stahl Brandenburg.

V Die BSG als kulturelles Konstrukt sozialistischer Produktionsweise

1 Zur Rolle des FDGB und der FDJ für die Erneuerung des Sports

Im Juli 1948 beschloss der Freie Deutsche Gewerkschaftsbund auf seiner 7. Tagung des FDGB-Bundesvorstandes Aufgaben der Volkssportbewegung, die, so machte man glaubend, durch Mitglieder des FDGB, der FDJ und aktive Sportler vorgeschlagen wurden. Dem vorangegangen waren zum Teil heftige Diskussionen im Parteivorstand der SED am 14./15. April und 12./13. Mai 1948 über die künftige Organisation des Sports.[213] Formuliertes Ziel war die „Herbeiführung einer einheitlichen demokratischen Sportbewegung". Die Gewerkschaften sollten nunmehr auch der Körperkultur und der sportlichen Betätigung im Betrieb Aufmerksamkeit schenken. Am 01.08.1948 riefen Bundesvorstand und Zentralrat der FDJ zur Gründung einer neuen „demokratischen Sportbewegung" auf:[214]

> „In den friedlichen Wettkampf, den das deutsche Volk auf wirtschaftlichem Gebiet führen muß, um sich eine sichere Lebensgrundlage zu schaffen, soll die Möglichkeit kommen froh wetteifern – in Sport und Spiel die Kräfte zu messen.[215] Wir rufen auf, in allen Dörfern, Städten und Großbetrieben Sportgemeinschaften ins Leben zu rufen, an deren Spitze die besten und bewertesten [sic!] antifaschistischen Sportler treten sollen."[216]

Mit diesen Worten wurde der Sport als friedliche Alternative nach den Erfahrungen des zweiten Weltkrieges, den Deutschland zu verantworten hatte, proklamiert. Gemeinsam sollten FDGB und FDJ in allen Kreisen und Ländern Sportausschüsse bilden. Unterzeichnet wurde seinerzeit der Aufruf von Erich Honecker (FDJ-Zentralrat) und Hans Jendretzky (FDGB-Bundesvorstand).[217] Dem vorangegangen waren im Frühjahr 1948 Diskussionen innerhalb des Parteivorstandes der SED über die Organisationsmöglichkeiten des Sports. Hier wurde angeregt, dass die Reorganisation des Sports auf Basis kommunaler Verwaltung oder in Zusammenarbeit mit den vorhandenen Massenorganisationen zu verwirklichen sei.[218] In einer zweiten Zusammenkunft wurde erörtert, dass die FDJ zwar Interesse, aber nicht die Kraft habe, die Verantwortung für den gesamten Sport zu übernehmen. Jedoch wurde die SED von der SMAD gedrängt, die Verantwortlichkeit für den Jugendsport in die Hände der FDJ zu legen.[219] Die SED einigte sich darauf, Sportgemeinschaften der FDJ zu gründen. Um den Sport finanziell abzusichern, wurde eine Kommission berufen, die aus Vertretern des Jugendsekretariats, der Abt. Kultur und Erziehung (SED), der Organisationsabteilung der FDJ, des FDGB, der Deutschen Verwaltung des Innern und Walter Ulbricht bestand.[220] Am 01.10.1948 konstituierte sich im Haus der Jugend (Ost-Berlin) der Deutsche

Sportausschuss. Der führende FDJ-Funktionär, Erich Honecker, sah damals in der Entwicklung des Sports besondere Reserven:

> „Ziel sollte es sein, den Sport in einer Weise zu entwickeln, daß er der Gesunderhaltung des Körpers und der Leistungssteigerung im Betrieb dient und damit Freude, Frohsinn und Entspannung schafft.“ [221]

Im April 1950 beschloss der FDGB seinerseits weitere Vorgehensweisen zur „Reorganisation des Sports“, wobei den Industriegewerkschaften Bergbau, Chemie, Metall und Eisenbahn eine Vorreiterrolle beim Aufbau zentral organisierter Sportvereinigungen zukam. [222] Die entstehenden Betriebssportgemeinschaften blieben sowohl finanziell als auch materiell-technisch an Trägerbetriebe gebunden, die sich entsprechend nach Wirtschaftszweigen überregional organisierten.

Mit dem Leitspruch „Jeder Sportler ein FDJler – jeder FDJler ein Sportler“ [223] trat die Freie Deutsche Jugend offiziell an die Seite der Gewerkschaften, um den betrieblichen Sport mitzugestalten und mitzutragen. Jedoch ließ sich im Vergleich zu den gewerkschaftlichen Bemühungen nicht viel von den damaligen Aktivitäten recherchieren. Dass jeder Sportler auch FDJler sein müsse, wurde mit Gründung der BSG dogmatischer Tatbestand, denn wer Sport treiben wollte und nicht das 25. Lebensjahr überschritten hatte, sollte in beiden Organisationen Mitglied werden. Gallinat spricht in diesem Zusammenhang von einer „Kollektivmitgliedschaft“ der BSG-Sportler. [224] Der von der FDJ propagierte Umkehrschluss, dass jeder FDJler auch Sportler sei, wurde keine Wirklichkeit. Hier hatte sich die Jugendorganisation überschätzt. Die FDJ-Sportgruppe entsprach jedoch, laut persönlicher Erinnerung Honeckers, nur einem vorübergehenden Modell. [225] Nichts desto trotz wurde im Stahl- und Walzwerk Brandenburg versucht, FDJ-Trainingsgruppen zu bilden, um vornehmlich das Sportabzeichen „Bereit zur Arbeit und zur Verteidigung des Friedens“ abzulegen. Im April 1951 verpflichteten sich zunächst die Funktionäre der Zentralen Betriebsgruppe der FDJ bis zum 1. Mai das Sportabzeichen zu erwerben. [226] Im Frühjahr 1952 gründete die FDJ-Betriebsgruppe des SWB mehrere Interessengemeinschaften für Sport. Hier wurden attraktive Angebote gemacht, die sich vom bisherigen Betriebssport abhoben, u.a. gab es im Frühjahr 1952 eine Interessengemeinschaft der FDJ für Motor- und Wasserfahrsport und Segelfliegen. Die IG Wasserfahrsport bestand aus dreizehn jungen Stahlwerkern von Ofen V. Auf dem ersten FDJ-eigenen Segelkutter konnten die Stahlwerker segeln lernen und Segelscheine erwerben. Zu diesem Zeitpunkt wurden vom FDJ-Zentralrat noch drei weitere Segelkutter in Aussicht gestellt und die FDJ-Betriebsgruppe warb um weitere Interessenten. [227] Neben der Verpflichtung im April gleichen Jahres die beste FDJ-Betriebsgruppe Brandenburgs zu werden, beschlossen die FDJ-Funktionäre des SWB, zu Ehren des IV. Parlaments der FDJ eine eigene Volleyballmannschaft zu gründen. [228] Die Verknüpfung politischer Intentionen mit sportlichen Belangen wird hier augenfällig. Weiterreichende Konsequenzen hatte die als FDJ-Initiative propagierte Stiftung des Sportabzeichens der DDR. Nach 1957 änderte sich der Status einer Mitgliedschaft in der FDJ bis hin zur gewohnheitsmäßigen Mitgliedschaft für Jugendliche, bis auf wenige Ausnahmen. Aufgrund vorteilhafter ökonomischer Bedingtheiten konnte das Modell der Betriebssportgemeinschaften gegenüber dem kommunal organisierten Sport und den FDJ-Sportgruppen dominieren. Die Anbindung an einen Trägerbetrieb mit seinen nach sozialistischen Prinzipien ausgerichteten Strukturen, gemeint sind hier Partei-, FDJ- und Gewerkschaftsleitung, galt als Garant für kontrollierbaren Sport, im Gegensatz zum selbstkontrollierten, bürgerlichen Vereinswesen und dem Arbeitersport vor 1933. [229] Das nationalsozialistische Konzept

„Kraft durch Freude“, dessen Vorbild die italienische „Dopolavoro“ war, löste im November 1933 gewaltsam die bestehenden Strukturen ab und ersetzte sie durch politische Strukturen der NSDAP und der Deutschen Arbeitsfront (DAF). Die damalige Massenorganisation der Kulturarbeit der Nationalsozialisten zielte insbesondere auf territorialen und betrieblichen Einfluss ab. Wettbewerbsgedanke und Betriebssportfeste in der DDR verweisen teilweise auf Konzepte jener Kulturpolitik (Produktionssteigerung durch Reproduktion, Entspannung und Sport für alle, militärische Vorbereitung), die jedoch durch Vorgaben des SMAD nach 1945 neu strukturiert wurden. Unter dem Einfluss sowjetischer Kulturoffiziere fanden die sozialdemokratischen Ansätze der 1920er Jahre, welche von der Sowjetunion übernommen worden waren, auf Umwegen wieder Anwendung.[230]

2 Gründung der BSG Stahl Brandenburg

Mit der Inbetriebnahme des ersten Siemens-Martin-Ofens im künftigen Stahl- und Walzwerk Brandenburg am 20.07.1950 regten sich neben den elementaren Alltagskämpfen, „Aus Stahl wird Brot“[231], der Phase industrieller Reorganisation auch sportliche Bedürfnisse. In der Stadt gab es 1950 bereits sieben Betriebssportgemeinschaften mit 42 Sektionen und 2142 Mitgliedern[232], so dass nach offizieller Maßgabe des FDGB und der FDJ auch für das Stahlwerk eine eigene BSG in Betracht kam. Am 7. April 1950 nahmen der FDGB und im Juni die FDJ ihre Arbeit im Werk auf.[233] Dennoch wurden FDGB und FDJ, die sich laut Selbstaussage als „Grundpfeiler des demokratischen Sports“ sahen, nicht aktiv. Ein Artikel der Betriebszeitung mit dem Titel „Was tut die BGL[234] für den Sport?“[235] machte auf das Manko der sich zum Aufbau der demokratischen Sportorganisation berufen fühlenden Massenorganisationen aufmerksam. Erst durch Einzelinitiativen wie die des Leichtathleten Rudolf Burgdorf wurde eine BSG-Gründung angeregt. Noch im Jahr der Inbetriebnahme des Stahlwerkes wurde die BSG-Stahl Brandenburg gegründet, ohne dass SED, FDGB oder FDJ die Initiatoren waren. Die junge BSG suchte sich bald in die überregionale, in Länder unterteilte Gewerkschaftsstruktur der „Sportvereinigung Stahl“ einzufügen. Die nachträglich in die Pflicht genommenen Funktionäre von Gewerkschaft und Freier Deutsche Jugend sagten der BSG erwartungsgemäß ihre Unterstützung zu.[236]

Erste Schwierigkeiten der BSG Stahl-Brandenburg wurden von Anfang an durch ‚Leitungskritik‘ der überregionalen „SV-Stahl“ begleitet, z.B. als die Brandenburger sich nicht an den Herbstwaldlaufmeisterschaften der „SV Stahl“ ihrer Industriegewerkschaft beteiligten.[237]

Aber auch in der Betriebszeitung konnte man von den Sorgen und Nöten und ersten Erfolgen der noch jungen BSG lesen. Allein die zwei unterschiedlichen Gründungsdaten der BSG verwirren und zeugen vom Ringen um Einfluss, bzw. gesellschaftlich gewürdigtes Auftreten von Gewerkschaft und Jugendorganisation. Während auf der Gründungssitzung am 02.09.1950 BSG-Leiter (Blaschke), Sportleiter (Sommer), Agitator und Propagandist (Kensler), Kassenwart (Ewert), Sportberichterstatter (Henning) und Schriftführerin (Schulze) benannt wurden[238], wurde eineinhalb Monate später der tatsächliche Beginn des Trainingsbetriebs erwartet.[239] Am Samstag dem 25. November fand allerdings erst die ‚offizielle‘ Gründung der schon vorhandenen BSG statt, auf der nun die Funktionäre von Werkleitung[240], FDJ, BGL, Volkspolizei und Landessportausschuss ihren Repräsentationspflichten nachkamen. Die Trägerorganisationen (FDGB, FDJ) des Sports, die den „politisch denkenden und handelnden Sportler“ propagierten wurden offiziell anerkannt.[241]

2 „Betriebssport, die Grundlage zum Volkssport“[242]- Anfänge der BSG Stahl Brandenburg

> „Die Entwicklung des Sportes unter den Werktätigen muß eine unserer größten Aufgaben sein, um die Erfüllung unserer Volkswirtschaftspläne zu garantieren.“[243]

Die Reorganisation des Sports auf Produktionsbasis in der DDR hatte ursprünglich nicht die Intention, als medaillenträchtiges Land im ‚Systemvergleich‘ zwischen Ost und West, im Klima des Kalten Krieges, stellvertretend Überlegenheit zu erlangen. In dem Leitmotiv „Jeder Sportler ein Aktivist“[244] der Gründungsfeierlichkeiten der BSG Stahl Brandenburg spiegelte sich die politisch anvisierte Verknüpfung von sportlicher Betätigung und sozialistischer Arbeitsmoral wider – eine utopisch anmutende Wunschvorstellung, die das Idealbild des körperlich ertüchtigten arbeitenden Körpers nach sowjetischem Vorbild beförderte. Das bereits vor dem Zweiten Weltkrieg vorhandene „Körperimage“ erfuhr unter sozialistischen Verhältnissen eine neuerliche Aufwertung, indem die militärische Körperertüchtigung zunächst aus den Argumentationen verschwand und durch das Bild des gesunden, sportlichen und leistungsfähigen Arbeiters ersetzt wurde.

Mit Vehemenz grenzte man sich von der körperlichen Ertüchtigung zu Kriegszwecken ab.[245] Allerdings befand sich die anti-militärischen Argumentationslinie konträr zu den Bedingungen des „Sportleistungsabzeichen der DDR“, die sowohl in den Pflicht- als auch Wahlübungen in militärischen Disziplinen vorgaben.[246]

> „Wir wollen nicht mehr wie früher, Sportkanonen züchten, wir wollen auch nicht mehr den Sport dazu benutzen, die Menschen körperlich zu ertüchtigen, um sie dann zu Kriegszwecken, zur Vernichtung, zu verwenden, sondern wir wollen einen Sport betreiben, der getragen wird von der breiten Masse der werktätigen Kollegen.“[247]

Diese anti-militärische Agitation ist vergleichbar mit Positionen des Arbeitersports vor dem Ersten Weltkrieg, als zur Gegenwehr gegen das Sportpflichtgesetz aufgerufen wurde. Mit den zunehmenden nationalsozialistischen Übergriffen durch SA und SS setzte der ATSB ebenfalls auf militärische Prävention durch Körperertüchtigung und Bewaffnung[248] und wich somit vom selbst verordneten Pazifismus der 1. Internationalen Arbeiter-Olympiade (1925)[249] ab.

Erste florierende Sparte der BSG Stahl Brandenburg waren die Kegler. Einmal in der Woche, und zwar jeden Mittwoch, trafen sich die kegelfreudigen Kollegen im Hotel „Zum Bären“, um nach der Arbeit Entspannung zu finden. „Ein lustiges Völkchen trifft sich dort. Und schon rollen die Kugeln Zug um Zug. Nachdem die Mannschaften aufgestellt sind, beginnt der Kampf.“[250]

Im Januar 1951 wurden lediglich die Sparten Kegeln, Handball und Schach als „bestehend“ von der Betriebszeitung bezeichnet. Als Grund für die ‚in der Luft hängenden‘ Sparten führte man an, der Kreissportausschuss habe Zusagen, welche die Besorgung von Sportgeräten betrafen, nicht eingehalten. Zudem zeigten sich die Fußballer von Anfang an ‚verwöhnt‘ und warteten darauf, Turnschuhe von der BSG gestellt zu bekommen.[251] Ein unscheinbarer Verweis auf generelle Versorgungsschwierigkeiten der Schuh- und Bekleidungsindustrie lässt sich hier erkennen.[252] Nach Kritik an den Fußballern reagierten diese prompt und warben um Zuschauer für ihr erstes Spiel, ein Freundschaftsspiel gegen die BSG-Städtische Krankenanstalten auf dem Werner-Seelenbinder-Sportplatz.[253] Bei den Schachspielern flaute die anfängliche Begeisterung schnell ab, bzw. es ergab sich eine große Differenz zwischen behaupteter Bereitschaft und tatsächlichem Erscheinen. Auch in anderen inzwischen ins Leben gerufenen Sparten wurde Ähnliches konstatiert, ausgenommen die Spielsportarten Handball, Fußball und Kegeln.[254]

Per Ministerratsverordnung vom 26.04.1951 wurden Kollektivverträge zwischen Unternehmen (Betriebskollektivverträge) und Arbeitnehmern sowie zwischen Industriezweigen (Rahmenkollektivverträge) vereinbart. Im gleichen Zug wurde der Verantwortungsbereich Sozialversicherung und Entlohnung auf den FDGB übertragen. Der Betriebskollektivvertrag (BKV) galt nunmehr als „Hebel der Planerfüllung".[255] Alle Betriebspläne sollten dabei die Konzeption der Volkswirtschaftspläne strikt berücksichtigen.[256] Der BKV fixierte alles, was zum Bereich Verbesserung der Arbeits- und Lebensbedingungen gehörte. Im Gegenzug galten die Planzahlen des Betriebes als verpflichtend. Sportliches wurde dabei neben kulturellen Maßnahmen integriert. Im September 1951 wurde deshalb vom Stahlwerk ein Sportlehrer eigens für den Betriebssport eingestellt. Um den BKV im Betrieb publik zu machen, wurde in der Betriebszeitung unter der Überschrift „Wie wird unser Betriebskollektivvertrag realisiert?" u.a. mitgeteilt, dass Sportgeräte und Sportbekleidung für Sportwillige zur Verfügung stünden. Gleichzeitig wurde für das am 23. September stattfindende Betriebssportfest auf dem Gördensportplatz geworben.[257]

Noch im November 1951 wurde vom Deutschen Sportbausschuss (DS) eine Statutenkommission gebildet. Mit Gründung des Staatlichen Komitees für Körperkultur und Sport im Jahre 1952 wurde die Arbeit des Deutschen Sportausschusses übernommen und der DS strebte seiner seiner eigenen Auflösung entgegen. Der DS behielt lediglich im Rahmen der Westarbeit zum DSB seine Schlüsselstellung bei.[258] Infolge der Verordnung über die Schaffung des Staatlichen Komitees auf der II. Parteikonferenz der SED im Juli 1952 wurden die gesamten sportlichen Aktivitäten der Länder, Kreise bzw. Städte durch regionale Komitees des Stako, wie z.B. durch das Kreiskomitee für Körperkultur und Sport der Stadt Brandenburg/Havel, von staatlicher Seite angeleitet und kontrolliert.[259] Die bisherigen Landes- und Kreissportausschüsse wurden aufgelöst.[260]

Mit der indirekten Einflußnahme durch die SED auf die Statuten der überregionalen Sportvereinigungen der einzelnen Industriegewerkschaftszweige wurden Aufbau und Organisation der „Sportvereinigungen" einander angepasst.[261] So wurden nach Gründung des Staatlichen Komitees für Körperkultur und Sport in den Statuten die jeweils gleichen, jedoch nach Industriezweig variierenden „Grundsätze und Ziele" formuliert. Zum Beispiel Punkt 1. des Statuts der „Sportvereinigung Stahl"[262]:

> „Die Sportvereinigung Stahl ist eine selbständige Organisation. Sie organisiert auf freiwilliger Grundlage die Werktätigen aller volkseigenen Betriebe im Organisationsbereich ihrer Industriegewerkschaft Metallurgie zur Ausübung von Körperkultur und Sport. Die Grundlage ihrer Arbeit bilden die Verordnungen und Beschlüsse des Ministerrats der Deutschen Demokratischen Republik sowie die Anweisungen und Beschlüsse des staatlichen Komitees für Körperkultur und Sport beim Ministerrat der Deutschen Demokratischen Republik, die Beschlüsse des Bundesvorstandes des FDGB und die Beschlüsse des Zentralvorstandes der Industriegewerkschaft Metallurgie."[263]

Mit Einführung der Statuten wurde der betriebliche Sport weit vor Gründung des DTSB (1957) politisch normiert und angepasst. So gehörte es ebenfalls zu den Grundsätzen, dass die Mitglieder der Sportvereinigung „Stahl“ die Arbeiterklasse und ihre Partei (SED) als „führende Kraft“ anerkannten und jederzeit bereit waren, „die Heimat“ und den „friedlichen Aufbau vor allen Angriffen der Imperialisten zu schützen“. [264]

Eine weitere Maßnahme war die Ausgabe der neuen Mitgliedsausweise der SV Stahl. Sie sollte für jeden Sportler den Kurswechsel im Umgang mit Sport fühlbar werden lassen. Bei aufkommenden Diskussionen waren die Funktionäre angewiesen, den Sportlern verständlich zu machen, es ginge darum, den Mitgliederstand zu erhöhen und die Aktivitäten der Sportler zu festigen. Nicht bestätigt werden kann, dass es sich um eine ideologisch motivierte Säuberung unter den BSG-Sportlern des SWB ging. In der Betriebszeitung hieß es zur Ausgabe der neuen Mitgliedsbücher, es sei eine „Maßnahme zur organisatorischen und ideologischen Festigung der Betriebssportgemeinschaften und Sportvereinigungen“... „[a]lle Vorbereitungen und die Durchführung der Ausgabe der Mitgliedsbücher dürfe keinesfalls Ausschluß oder Streichungen von Mitgliedern zur Folge haben.“ [265]

Bei der Einführung der neuen Mitgliedsbücher handelte es sich nicht um Initiativen der inzwischen nach Industriezweigen organisierten „Sportvereinigungen“, sondern um das Eingreifen der Sozialistischen Einheitspartei Deutschlands, im Resultat der „Entschließung des Zentralkomitees der SED“ vom 17. März 1952 . [266] In dem Dokument hieß es:

> „Jetzt kommt es darauf an, die Sportvereinigungen, welche selbständige Organisationen des Sports der jeweiligen Industriegewerkschaft bzw. Gewerkschaft geworden sind, organisatorisch und ideologisch zu festigen.“ [267]

Hier wird deutlich dass die SED ihren Einfluss geltend machen wollte und von ihr beschlossene Organisationsstrukturen bezüglich des Sports sowohl den Gewerkschaften als auch der FDJ aufoktroyierte, um das Ressort Sport, „ideologisch gefestigt“, dem Praxisbereich der „Sportvereinigungen auf Produktionsbasis“ [268] überlassen zu können. Von Seiten der BSG-Leitung war man fest davon überzeugt, dass mit der Ausgabe neuer Mitgliedsbücher die Sportler um so fester mit ihrer Gewerkschaft verbunden seien. Der Besitz dieses Dokuments käme der Verpflichtung gleich, „Leistungen im Sport und in der Produktion zu verbessern und zu steigern“. Zudem wurden die Sportler aufgefordert, sich in Arbeitsgewerkschaftsgruppen delegieren und dann wählen zu lassen, um das sportliche Miteinander beeinflussen zu können. [269]

4 Einführung von Wahlen in den BSGen der „SV-Stahl“

Mit der Einführung von Wahlen in den BSGen der „SV-Stahl“ (1953) ging eine relativ willkürliche Verteilung von Leitungspositionen innerhalb des betrieblichen Sports zu Ende. [270]

Nunmehr wollte man offiziell dem demokratischen Charakter der „Sportvereinigung“ entsprechen und Wahlen durchführen. Die zukünftigen Kader sollten befähigt werden, mit unliebsamen Nebenwirkungen des Sports aufzuräumen, „mit allem Bürokratismus, Arbeitsbummelei und Schlendrian“. [271] Ein neuer Typus des Sportfunktionärs wurde angestrebt. Auch bei der BSG Stahl in Brandenburg wurde am 30.05.1953 eine neue BSG-Leitung gewählt. Sportfunktionär Sommer, der in der ersten BSG-Leitung bereits als Sportleiter fungiert hatte, löste nach Begründer Burgdorf den am 15.12.1950 ernannten Vorsitzenden Blaschke ab. Sommer war Mitglied der Betriebsgewerkschaftsleitung des SWB und entsprach wohl mehr den gewerkschaftlichen Vorstellungen eines Leitungskaders.[272] Im Informationsblatt der „SV-Stahl“ konnte man diesbezüglich lesen:

> „Es kommt für uns nicht darauf an, einen Funktionär als Kandidaten vorzuschlagen, der sich großer Beliebtheit erfreut, weil er keine eigene Meinung vertritt, sondern allen nach dem Mund redet und Recht gibt, ab und zu vielleicht ein Auge zudrückt oder es mit einer Runde Bier nicht so ernst nimmt. Für solche Menschen haben wir in den Leitungen unserer BSG‘en keinen Platz mehr.“[273]

Die Wahlen erfolgten in offener Abstimmung im Block. Zentralisiertes Lenken und Leiten lösten die Spontaneität des bisherigen betrieblichen Sports ab und wurden von politisch-organisatorischem Duktus überformt. Mehrfach wurde zuvor die alte BSG-Leitung (1950-1953) durch Sommer kritisiert. So wurde versucht, den BSG-Vorsitzenden mit der Schlagzeile in der Betriebszeitung: „Schläft Kollege Blaschke?“[274] wachzurütteln. Der spätere BSG-Vorsitzende Sommer reagierte zu einem anderen Zeitpunkt mit besonderem Unverständnis, als der amtierende BSG-Vorsitzende anlässlich eines Sportfestes, an dem auch Westberliner Sportler teilnahmen, lediglich unter den Zuschauern gesehen wurde und der technische Leiter, statt sich für die Organisation zuständig zu fühlen, selbst Fußball spielte und sich zudem am 100-Meter-Lauf beteiligte, so dass die Siegerehrungen verschoben werden mussten. Auch beklagte Sommer an anderer Stelle das generelle Desinteresse der Funktionäre gesellschaftlicher Organisationen an den Sportveranstaltungen der BSG.[275] Allerdings war die BSG Stahl trotz dieser Kritik 1952 kreisbeste BSG der Stadt Brandenburg geworden. In wettbewerbsrelevanten Zahlen ausgedrückt hieß das: 641 neue Mitglieder, 229 Sportleistungsabzeichenträger, 20 Abnahmeberechtigte und 40 Übungsleiter.[276] Auf der Sportler-Aktivtagung der BSG beratschlagten 78 ‚Sportfreunde‘ über die bestmögliche Struktur innerhalb der BSG. Anwesend waren Vertreter des FDGB-Bezirksvorstandes, des Kreiskomitees für Körperkultur und Sport, der BGL und der Werkleitung. Aber auch unter BSG-Leiter Sommer wurde der BSG eine „schlechte Arbeit ohne Verbindung zu den Arbeitern in der Produktion bescheinigt“.[277]

Mit einer neuerlichen Wahl 1954 begann für die BSG die Phase enger betrieblicher Anbindung, denn der Genosse der SED Kotlowski vom Direktorat für Arbeits- und Lebensbedingungen wurde zum BSG-Leiter gewählt. Schwächen der Arbeit des Kreiskomitees für Körperkultur und Sport, wurden erkannt, der Aufbau starker Sektionsleitungen und deren regelmäßige Anleitungen durch BSG und Betriebsgewerkschaftsleitung (BGL) wurden beschlossen. Dass dies erhebliche Verbesserungen mit sich brachte, wurde durch das Erringen der Wanderfahne des Kreiskomitees für Körperkultur und Sport 1956 unterstrichen.[278] Auch in den Folgejahren des Bestehens der BSG reflektierte die BSG in ihrer Leitung spürbar die Präsenz der SED. 1978 wurde z.B. Heinz Domke auf Empfehlung der Betriebs-Parteileitung (BPL) der SED als hauptamtlicher Sportfunktionär des Betriebes eingesetzt. Er war seit 1966 BSG-Vorsitzender gewesen. Seine Stelle in der Leitung der BSG übernahm auf Anraten der Partei- und Werkleitung Horst Menzel. Menzel wurde auf der Delegiertenkonferenz 1978 zum Vorsitzenden „gewählt“.[279] Menzel war im SWB Direktor für Ökonomie. Seine Wahl zum BSG-Vorsitzenden sollte „eine noch bessere Zusammenarbeit mit der staatlichen Leitung des Trägerbetriebes“ gewährleisten.[280]

5 Zur überregionalen Arbeitsweise der „SV-Stahl“

Man versprach sich durch überregionale Verbindungen in Sport und Produktion synergetische Effekte - ‚fest zusammenschmelzende Kollektive‘, die durch überregionale Planungsabsprachen die Stahlproduktion zu optimieren suchten. Der betriebliche Sport wurde zum Bestandteil dieser Bemühungen erklärt:

> „Bei der Steigerung der Produktion und ihrer ständigen Vervollkommnung auf der Basis der höchst entwickelten Technik in unseren metallurgischen Betrieben ist Körperkultur und Sport ein äußerst wichtiger Faktor. Nur gesunde, kräftige, willensstarke Menschen werden in diesen Betrieben in der Lage sein, ihre Aufgaben zu erfüllen. Die Entwicklung einer sozialistischen Körperkultur aber erfordert eine höher entwickelte Arbeitsmethodik der anleitenden Organe unserer Sportvereinigung.“ [281]

Bereits im Jahre 1952 wurde konstatiert, dass die Industriegewerkschaften und ewerkschaften mit ihren „Sportvereinigungen“ die „Grundpfeiler der sozialistischen Körperkultur in der DDR“ bildeten, da diese die „volle Verantwortung“ für den Sport in den „volkseigenen“ Betrieben übernommen hatten. [282] In Betrieben ohne Betriebssportgemeinschaft sollte ersatzweise durch die Betriebsgewerkschaftsleitung eine Sportkommission gebildet werden. In allen Betrieben sollte die Entwicklung des Sports in den Betriebskollektivverträgen verankert werden. Zudem wurde der Einsatz von Sportlehrern und Sportinstrukteuren in den „Sportvereinigungen“ zwischen dem Staatlichen Komitee für Körperkultur und Sport beim Ministerrat der DDR und dem Bundesvorstand des FDGB vereinbart. [283] Dem vorangegangen war die Anweisung Nr. 2 des Staatlichen Komitees für Körperkultur und Sport beim Ministerrat der Regierung der DDR vom 24. Juli 1952 über die Durchführung von Maßnahmen zur Verbesserung der Sportarbeit in der DDR. [284]

Von der Verbesserung der Sportarbeit versprach man sich die Mobilisierung möglichst aller Werktätigen für den Sport. Dabei wurde den „Sportvereinigungen der Gewerkschaften“ die volle Verantwortung übertragen. Diese konstituierten sich infolge der Entschließung des Zentralkomitees der SED vom 17. März 1951, um eine breite Volkssportbewegung zu schaffen. Die zentrale Leitung der SV Stahl erarbeitete monatliche Arbeitspläne für die Sportarbeit der Industriegewerkschaft Metallurgie. [285] Von Seiten der Betriebe wurde nicht nur finanzielle Unterstützung für den Sport gefordert, u.a. für den Bau von Sportanlagen, Freistellungen von Sportlern für Wettkämpfe, sondern auch praktische Unterstützung wie organisatorische Hilfe für Wettkämpfe auf betrieblicher Ebene und Möglichkeiten zum Ablegen des Sportabzeichens und die Gründung von Sport-Zirkeln, der Vorform der „allgemeinen Sportgruppen“, in denen die Beteiligten nicht Mitglied in der BSG sein mussten. [286]

Erste Sportschulen entstanden für Kinder und später Jugendliche (Ministerium für Erziehung und Volksbildung), wie zum Beispiel die Kinder- und Jugendsportschule in Brandenburg. [287] Etwa zeitgleich wurden auf Beschluss des Sekretariats des FDGB im Oktober 1953 Sportschulen der Gewerkschaft gegründet. Hier wurden auf Lehrgängen Aktive und künftige Funktionäre organisatorisch, politisch und sportpraktisch angeleitet. [288] Die Parallelität der Ereignisse verweist auf das ernste Bemühen der politischen Führung, durch unterschiedliche organisatorische Instanzen die sportliche Betätigungen bei Jung [289] und Alt zu fördern.

Die Anleitungslehrgänge an den eigens eingerichteten Gewerkschaftssportschulen fanden zunächst nicht den erwarteten Anklang. So wurden die BSGen der „SV-Stahl“ Henningsdorf, Kirchmöser, Freiberg und Brandenburg kritisiert. Aus vorgeblichem Kadermangel hatte kein Verantwortlicher dieser BSGen am Funktionärslehrgang teilgenommen und sich nicht bei der zentralen Leitung entschuldigt.[290]

Die Funktionärslehrgänge an den gewerkschaftlichen Sportschulen wurden zur Schnittstelle staatlicher Koordination. Teilweise wurden die Lehrgänge in Mitteilungsblättern, aber auch im „Sport-Echo“[291] angekündigt, während das Gewerkschaftsorgan „Tribüne“ über Arbeit und sportliche Höhepunkte einzelner BSGen berichtete.[292] Die betrieblichen bzw. gewerkschaftlichen Sportstrukturen blieben den staatlichen untergeordnet. Oberstes Organ war das Staatliche Komitee für Körperkultur und Sport beim Ministerrat der DDR, dem direkt die Bezirks-, Kreis- und Stadtkomitees unterstellt waren. Die einzelnen BSGen waren sowohl den Kreiskomitees als auch ihrer übergeordneten „SV-Leitung“ rechenschaftspflichtig.[293] Die monatliche Herausgabe eines Mitteilungsblattes der „SV Stahl“ für ihre BSG-Leitungen erhöhte die Koordination und förderte die Vorbildwirkung und den Wettbewerb der BSGen untereinander.

Die überregionale „SV Stahl“ führte ebenfalls jährlich Landesspartakiaden durch. Am Wochenende des 26./27. Juni 1951 fand zum ersten Mal in Brandenburg die Landesspartakiade der Länder Berlin, Mecklenburg und Brandenburg der „Sportvereinigung Stahl“ in den Sportarten Leichtathletik und Volleyball statt.[294] In beiden Sportarten qualifizierten sich wiederum die Besten für die DDR-Spartakiade der „Sportvereinigung Stahl“ am 06. Juli 1951 in Chemnitz. Der „sozialistische Wettbewerb“ als leistungsstimulierendes Instrument machte auch vor den BSGen nicht halt. 1951 vertrat Stahl Brandenburg die SV Stahl des Landes Brandenburg. Als diese trat sie in den Wettbewerb mit der SV Stahl, Land Sachsen-Anhalt. Als einzelne BSG stand Stahl Brandenburg im Wettbewerb mit der BSG Stahl Fürstenberg. Zur Durchführung von Wettbewerben wurden 1952, im Rahmen von weiteren Maßnahmen des FDGB zur Verbreiterung des Betriebssportes, folgende Kriterien herangezogen: „Bildung von Sportgruppen für allgemeine körperliche Erziehung, Erwerb des Sportabzeichens, Bau von Sportanlagen, Werbung für die Volkspolizei und Dienst für Deutschland“[295]. In einen Zusammenhang gestellt wird augenscheinlich, dass mittels betrieblichen Sport und begleitende Propaganda sowie Werbung für bewaffnete Organe, systematisch eine Remilitarisierung angestrebt wurde. „Die Kameraden der Volkspolizei müssen willensstark, gesund und körperlich gewandt sein!“ Mit diesem Aufruf, wurde in der Betriebszeitung des SWB wurde versucht junge Männer für sportliche Betätigung und für die Kasernierte Volkspolizei zu werben.[296]

Vom 18.-20. November 1952 fand im Kulturhaus der Stahlwerker in Brandenburg die erste Sportkonferenz der „SV Stahl“ statt.[297] Hier wollte man im Meinungsaustausch von den Erfahrungen der anderen Stahl-BSGen profitieren, um neue Impulse für die „breiteste Entwicklung des Massensports“ in den einzelnen BSGen und ihren Sektionen zu erhalten.[298]

Zuvor war der Betriebskollektivvertrag (BKV) 1952 des SWB zwischen Belegschaft und Werkdirektor Peter Grötzel[299] im Deutschen Sportecho von der zentralen Leitung der Sportvereinigung Stahl kritisiert worden. In lediglich zwei von vierzehn Punkten zum Thema Förderung der Kultur- und Sportarbeit ging es um Sport. Im ersten Punkt sicherte der Werkdirektor eine finanzielle Unterstützung für den Bau eines Sportplatzes von 60.000 DM zu, die wiederum von staatlicher Seite bereits dafür bereit gestellt worden war. Desweiteren erklärte man sich bereit, geeignete Kollegen für die sportliche Betreuung zu qualifizieren. Allerdings lag hierzu schon eine Verordnung der Regierung vor, so dass mit dem Betriebskollektivvertrag lediglich eine

Bereitschaft zur Anerkennung der staatlichen Vorgaben vorlag und keine Eigeninitiative. Auch die BGL geriet ins Feuer der Kritik, als sie ebenfalls den Beschluss als Selbstverpflichtung im BKV fixierte, einen Teil der Rücklaufgelder der FDGB-Beitragskassierung, die in den Kultur- und Sozialfonds zurückflossen (K- und S-Fonds), für den Sport zur Verfügung zu stellen. Gelobt wurde hingegen die FDJ, die sich zu 2000 Aufbaustunden verpflichtete, um für ihre Interessengemeinschaft Wasserfahrsport einen Bootsplatz zu bauen. Der BSG Stahl dagegen warf man mangelnden Ernst an der Erarbeitung der Kollektivverträge vor.[300] Im Lehrlingssport wurde der BSG Stahl Brandenburg Vorbildwirkung bescheinigt, wohingegen in anderen BSGen der Lehrlingssport vernachlässigt wurde. Im Elektrochemischen Kombinat Bitterfeld etwa gab es für ca. 900 Lehrlinge keinen Übungsleiter.[301] Die Brandenburger Lehrlinge des SWB konnten hingegen für einzelne Sektionen der BSG geworben werden, so dass eigene Übungsleiter nicht notwendig wurden.[302] Mit dem Ausbau der Sportanlagen erstarkte der BSG-Sport. Der Sport in den einzelnen Sektionen der BSG Stahl florierte. Ringer, Kegler, Fußballer und Boxer u.a. nahmen an DDR-Meisterschaften teil. Der Ausbau der Sportanlagen wurde mit Unterstützung des Betriebes und den vielen freiwilligen NAW-Stunden der Sportler und Betriebsangehörigen fortgesetzt. 1954 wies der Kultur- und Sozialplan des Betriebskollektivvertrags aus, im Stadion der Aktivisten eine Aschenbahn und zwei weitere Trainingsplätze anzulegen, die Fabrikhallen an der Gördenbrücke der BSG Stahl zur Verfügung zu stellen, so dass dort eine Turnhalle, eine Sporthalle und zwei Kegelbahnen errichtet werden konnten. Hinzu kamen zwei Bootsschuppen für die Wasserfahrsportler.[303] Trotz verbesserter materiell-technischer Basis konnte nicht der durch die SV Stahl vorgegebene Perspektivplan – in den Sektionen Fußball und Handball in die höhere Spielklasse aufzusteigen – erfüllt werden. Lediglich die Kegler waren hier erfolgreich. Wenig Verständnis hatte man für die Delegierung des besten Ringers, Eduard Lange, und der besten vier Boxer zum Sportklub der SV Stahl nach Riesa.[304] 1955 waren in der BSG Stahl Brandenburg ca. 880 Sportler in zehn Sektionen organisiert.[305] Während BSG-Leiter Franz Kotlowski einschätzte, seine BSG-Sportler würden sich ungenügend an gesellschaftlicher Arbeit beteiligen[306], wurde von staatlicher Seite den Sportlern ungenügendes politisches Bewusstsein bescheinigt, wie der Bericht der Kommission zur Überprüfung der Arbeit der Demokratischen Sportbewegung 1954 auch für die BSG Stahl Brandenburg ausweist.[307]

Mit dem Aufbau einer eigenen Nationalmannschaft der DDR unter Leistungszwang geraten, sollte eine einheitliche, parteilich ausgerichtete Sportstruktur geschaffen werden, die alle Ressourcen zu bündeln und zu kontrollieren verstand. Dagegen ließen sich der Deutsche Sportausschuss[308], die SV der Gewerkschaften und das Staatliche Komitee für Körperkultur und Sport beim Ministerrat der DDR[309] mit seinen regionalen Komitees auf Kreis- und Bezirksebene, bisher machtpolitisch nicht koordinieren, wie die Abteilung Leitende Organe der Partei- und Massenorganisationen feststellte.[310]

> „Das Staatliche Komitee und die gewerkschaftlichen Sportorgane bemühen sich wenig, die Organisierung der Sportarbeit mit der Erläuterung der politischen Grundfragen und Tagesereignisse zu verbinden, wobei auch FDGB und FDJ nicht helfen. Die Sportleitungen vernachlässigen – angefangen vom Komitee – die ideologische Arbeit und der FDGB und die FDJ den Sport.“[311]

Durch die Organisation des Sports über die Industriegewerkschaften hatten die Arbeiter noch direkten Einfluss auf die Entwicklung des betrieblichen und im erweiterten Sinne auch auf die Entwicklung des regionalen Sports.[312] Seit 1954 wurde jährlich der Wettbewerb um den Titel „beste Sportorganisation des FDGB“ ausgetragen. Dieser sollte zur „Entfaltung einer großen Initiative in den gewerkschaftlichen Sportorganisationen“ beitragen. Die Wettbewerbskriterien waren u.a. Organisationsgrad in der Sportorganisation, in Sportgruppen, Anzahl abgelegter Sportabzeichen und Sportklassifizierungen und geleistete VMI-Stunden[313] zum Aufbau von Sportstätten.[314] 1956 konnte keine Sportorganisation die Planvorgaben des Perspektivplans erfüllen. Der Titel „Beste Sportorganisation des FDGB“ wurde daher nicht verliehen.

„Während sich im Laufe der Jahre die Hilfe für den Sport ständig vergrößerte, stagnierte demnach die Arbeit auf dem Gebiete des Massensports, ja wurde sogar schwächer, zeigte eine fallende Erfolgskurve.“[315] Als Ursache dieser Negativbilanz benennt der Sportjournalist Fiebelkorn „die zum organisatorischen Wirrwarr führende Dreiteilung der Sportleitungen“ sowie „die Dreiteilung der sportlichen Organisation.“ Gemeint sind die Organisationsstrukturen des Staatlichen Komitees, der Sportvereinigungen der Industriegewerkschaften und die Betriebssportgemeinschaften mit ihren unterschiedlichen Sektionen und den zuständigen Präsidien, Bezirks- und Kreisfachausschüssen. Im unübersichtlichen Organisationsgeflecht kam es aufgrund massiver Kompetenzschwierigkeiten zu Streit und Verwirrung.[316]

Im Oktober 1956 wurde das Ende der gewerkschaftlichen Sportvereinigungen besiegelt. Das Büro des Sekretariats des FDGB bestätigte, dass „die Existenz der Sportvereinigungen nicht mehr notwendig“[317] sei. Aufgabe des FDGB bliebe es jedoch, die gesundheitliche Bedeutung des Sports weiterhin zu propagieren. Die BSGen, Sportklubs und Gewerkschaftssportschulen in Bad Blankenburg und Werdau etc. wurden 1957 dem DTSB übergeben.[318]

6 Resümee

Die strukturelle Überformung der individuellen sportlichen Bedürfnisse begann mit der Normierung der BSGen und ihrer Leitungen auf Beschluss des Deutschen Sportausschusses, der den BSG-Sport durch die Sportvereinigungen der Industriegewerkschaften zu reglementieren suchte. Mit der Gründung des Staatlichen Komitees und ihrer einzelnen Organe auf Stadt-, Kreis- und Landesebene sicherte sich die SED dauerhaften Einfluß auf die Belange des Sports. Der Typus des BSG-Leiters entstand. Dieser war ein Kader, welcher sich im Gefüge von Gewerkschaft, Betriebsleitung, FDJ und in der Institution BSG, ihrer industriegewerkschaftlich übergeordneten SV und dem Kreissportausschuss parteipolitisch, argumentativ und wirkmächtig positionieren sollte. Das sportliche Miteinander, der Spaß und die Freude wurden den Richtlinien des Staatlichen Komitees für Körperkultur und Sport untergeordnet. Die mit der Gründung des Staatlichen Komitees für Körperkultur und Sport eingeläutete erste Staatssportphase von 1952 bis 1957 endete mit Gründung des Deutschen Turn- und Sportbundes der DDR. Das individuell motivierte Sporttreiben entwickelte sich zur normgerechten und SED-politisch korrekten Lebensweise. Der für die Organisation des Betriebssports eigens geworbene Leitungskader verkörperte im Idealfall den Typ des SED-Funktionärs. Im Fall Sommer ist zu vermuten, dass er als Kader von außen sowohl in die Betriebsgewerkschaftsleitung als auch als sportlicher Leiter (1950) in den BSG-Betrieb des Stahlwerks eingeführt wurde, denn zuvor war Sommer Leiter einer anderen BSG, der BSG-Anton-Saefkow. Anhand der öffentlichen Kritik, wie sie in der Betriebszeitung – dem Organ der Betriebsparteileitung – dokumentiert ist, wird deutlich, dass seine Beanstandungen an der bestehenden BSG-Leitung der eigenen Inthronisierung (1952) dienen sollten.

Weiter verbessert werden konnte der Typus des BSG-Leiters nur durch jemanden aus den eigenen Reihen mit Anbindung an die Betriebsstrukturen, was mit dem Genossen der SED Franz Kotlowski, Direktorat für Arbeits- und Lebensbedingungen (1954), gelang. Die Einbettung der sportlichen Leitungstätigkeit der BSG-Stahl Brandenburg in den Kontext der überregionalen Sportvereinigung Stahl der Industriegewerkschaft Metallurgie besiegelte den zunehmenden Verlust der Autonomie des BSG-Sports. Mit der Gründung des DTSB 1957 entmachtete die SED die gewerkschaftlichen Sportstrukturen und übernahm die bis dahin geschaffene materiell-technische Basis des Sports und ihre BSGen. Der Aufbau von Kultur- und Sportstätten mit Hilfe der vielen VMI-Stunden spielte eine wesentliche Rolle bei der Schaffung einer materiellen Basis für den Sport. Da es um den Bau eigener Sportanlagen ging, stieß man bei den Betroffenen auf Zustimmung. Von 1950 bis 1958 wurden ca. 11 Millionen freiwillige unbezahlte Aufbaustunden geleistet.[319] Die Wettbewerbspraktik war hierbei Mittel zum Zweck, um die Ressource der freiwillig geleisteten Arbeitsstunden weiter zu forcieren.

VI Die politische und gewerkschaftssportliche Praxis

1 „Jedermann an jedem Ort, jede Woche mehrmals [oder doch nur einmal] Sport“ – zur politischen Dimension des betrieblichen Sports

Die Gründung des DTSB und die Erklärung der FDJ zur „sozialistischen Jugendorganisation“ waren Bestandteil ostdeutscher Souveränitätsbestrebungen und spiegelten in gewisser Weise strukturell die Zentralisierungstendenzen Ulbrichts wider. Im politischen Klima unterdrückter „Entstalinisierung“ und infolge der Slansky-Prozesse [320] antwortete Ulbricht seinen politischen Gegnern ebenfalls mit Schauprozessen. Politische Restriktionen gehörten zur Tagesordnung, um Ulbrichts Macht rücksichtslos weiter auszubauen. Politisch Unbequeme wurden wegen „konterrevolutionärer Machenschaften“ verurteilt und aus ihren Ämtern entfernt. [321] Die Zementierung der SED-Vormachtstellung unter Ulbricht seit dem 17. Juni 1953 [322] läutete die Phase der Unmündigkeit des Volkes ein. Zeitgleich wurde die Einflussnahme der SED in Betrieben und Wohngebieten verstärkt. [323]

Der viel zitierte und in den 60er Jahren legendär gewordene Aufruf Walter Ulbrichts „Jeder Mann an jedem Ort – jede Woche einmal Sport“ stand, so lange es die DDR gab, für seine „nationale“ Sportbegeisterung. Allerdings fällt auf, dass Uneinigkeit bei der Zitierweise geherrscht haben muss. Ebenso divergieren die entsprechenden Quellenangaben des Ausspruchs. So verwies Köhler im Fachblatt der DHfK „Theorie und Praxis für Körperkultur und Sport“ darauf, dass Ulbricht im Juni 1959 auf einer volkssportlichen Veranstaltung in Berlin, wo man ihn selbst beim Volleyball erleben konnte, den Ausspruch „Jeder Mann an jedem Ort, jede Woche einmal Sport“ zum ersten Mal proklamierte habe. [324] Dieses von Ulbricht geprägte Motto wurde in den Folgejahren zum Leitspruch des Volkssports in der DDR und erwies sich von da an als agitationstauglich. Dies unterstreichend, erschien im gleichen Jahr ein Beitrag von Ulbricht selbst im Fachblatt „Sozialistische Sportbewegung“ mit dem Titel „Für jedermann an jedem Ort, in der Woche einmal Sport“. [325]

Auch in anderen Veröffentlichungen dieser Zeit, in denen es um den Volkssport ging, wurde dieser Wortlaut zitiert. [326] Das konkrete Ziel des Ulbrichtschen Aufrufes von 1959 war der Ausbau des Netzes der Sporteinrichtungen mit vielen Kleinsportanlagen – „für jedermann“. Um die Bevölkerung für die notwendigen zusätzlichen Aufbaustunden zu mobilisieren, musste dem Sport ein volkssportlicher Charakter verliehen werden. Die geleistete Arbeit wurde unter der Bezeichnung „Nationales Aufbauwerk“ (NAW) als zusätzlicher Wirtschaftsfaktor in das freizeitliche Leben der Arbeiter entsprechend dem Siebenjahrplan integriert und durch Wettbewerbe zusätzlich forciert. [327]

Ein Jahrzehnt später jedoch wurde der inzwischen populär gewordene Ausspruch in veränderter Form veröffentlicht. Die Korrekturfassung des Ulbrichtschen Ausspruches ging nun auf den Grundsatz des Staatsratsbeschlusses vom 20. September 1968 durch den Sekretär des Bundesvorstandes des FDGB, Helmut Thiele, zurück.[328] Auch Wonneberger und Schmuck beriefen sich bei dieser Variante auf die Forderung des Staatsrates 1968.[329]

> „Aus dem Programm des Sozialismus erwächst das neue Ziel: Jedermann an jedem Ort – jede Woche mehrmals Sport. Körperkultur und Sport werden in den Städten und Gemeinden, in den Schulen und Genossenschaften immer mehr zur Sache des ganzen Volkes, zu einem Anliegen der ganzen Gesellschaft."[330]

In seiner Eröffnungsansprache auf der 11. Sitzung des Staatsrates am 20. September 1968 wies Ulbricht auf die „Weiterentwicklung" der Losung aus der Zeit der Vorbereitung des III. Deutschen Turn- und Sportfestes hin.

Mehrmals in der Woche Sport entspräche somit der Verwirklichung der Verfassung der DDR auf dem Gebiete der Körperkultur und des Sports. Dass der Staatschef dabei nicht mehr auf das damalige volkssportliche Ereignis verweisen wollte, sondern den Ausspruch in die Nähe des wiederkehrenden sportlichen Massenereignisses verortet wissen wollte, bestätigt vielmehr die avisierte Zielrichtung – Funktionalisierung des Sports bei gleichzeitiger Abwendung vom spontanen sportlichen Erlebnis. Der „planbare Sport" entwickelte sich nach 1968 aus einer politischen Idee heraus und wurde zur praktikablen Möglichkeit politischer Einflussnahme. Voraussetzung hierfür war der im April 1968 fest verankerte Führungsanspruch der SED in der „Verfassung der DDR".[331] Mit dem Beschluss des Staatsrates DDR über „Aufgaben der Körperkultur und des Sports bei der Gestaltung des entwickelten gesellschaftlichen Systems des Sozialismus" im September 1968 wurde eine „Art ideologische Leitlinie für alle Bereiche des Sports" festgelegt.[332] So lässt sich konstatieren, dass sich der „gestiegene Anspruch" an den Freizeit- und Erholungssport samt Bemühen verantwortlicher Organisationen und der Staatsführung in diesem bekannten Motto durch dessen Abwandlung eingeschrieben hat. Unter dem kaum merklich veränderten Motto wurde gerechtfertigt, dass sich alle Leitungsebenen von Politik und Wirtschaft mit Sport befassen sollten und dass in allen vorhandenen sportlichen Strukturen von DTSB, GST, DAV, FDGB und FDJ eine parteipolitische Bevormundung akzeptiert werden musste.

> „... the principles of the planned economy were applied to sport, too, and possibly even to sport in particular. The key concepts of GDR's sports policy were planning, management and control."[333]

So hieß es, dass sich die „Verantwortung der Organe der Staatsmacht für die physische Vervollkommnung des Volkes und die Förderung der regelmäßigen sportlichen Betätigung der Bürger" erhöht habe. Der mehrmalige Sport pro Woche sollte „bis ins hohe Alter zu den Lebensprinzipien des Menschen der Epoche des Sozialismus" gehören.[334] Diesen utopisch anmutenden Forderungen bezüglich sportlicher Agilität kamen in den Folgejahren die meisten Mitglieder des Politbüros selbst nicht nach, wie jährliche Dokumentationen über den Gesundheitszustand der Politbüromitglieder bewiesen.[335] Sport wurde lediglich als Mittel zur idealen Ressourcenverwaltung,

Vitalisierung und Gesunderhaltung benutzt. Zusätzlich konnten ideelle Inhalte mittels emotionaler Einbindung in sportliches Geschehen durch breite Massen adaptiert werden.

Vor diesem Hintergrund wurde regelmäßige sportliche Betätigung als erzieherisches Mittel und als selbstverständlicher Bestandteil „sozialistischer Lebensweise“ propagiert.

> „Ein humanistisches Verhalten in der Freizeit, das der Vervollkommnung der eigenen Persönlichkeit dient und der sozialistischen Gemeinschaft förderlich ist, bleibt ein erstrangiges persönliches Bedürfnis, es ist aber zugleich ein Problem von allgemeinem Interesse, ein Bestandteil jeder Leitungstätigkeit, ein gesellschaftliches Erfordernis.“ [336]

Unter „sozialistischer Lebensweise“ wurde eine neue Qualität der Lebensgestaltung verstanden, die der „ständigen Steigerung der Arbeitsproduktivität“ bei gleichzeitiger „Senkung der Kosten“, z.B. im Gesundheitswesen, gewachsen sein sollte. [337] Mit dem Slogan „sozialistisch arbeiten, lernen und leben“ wurden Arbeitskollektive zur „sozialistischen Lebensweise“ aufgerufen. Die „sozialistische Lebensweise“[338] galt als ein Resultat, welches durch „Erziehung und Selbsterziehung“ innerhalb der Kollektive erreicht werden konnte. [339]

Die Kristallisation eines Erziehungskonzeptes deutete sich bereits vor dem Beschluss des Staatsrates über die „Aufgaben der Körperkultur und des Sports bei der Gestaltung des entwikkelten gesellschaftlichen Systems des Sozialismus“ an, so stellte der Leiter des Instituts für Pädagogik an der DHfK Leipzig, Röblitz, fest:

> „Im ganzen ist die deutliche Tendenz zu erkennen, den Wirkungsbereich der pädagogischen Führung über die Kinder- und Jugendzeit hinaus auszudehnen und zumindest während der Berufstätigkeit andauern zu lassen.“ [340]

Mit der Erziehung der Menschen über die Jugend hinaus wurde im Grunde die bisherige Grenze der Souveränität des Einzelnen überschritten. Das setzte die Selbsterhöhung derjenigen voraus, die die Erziehungsposition einnahmen. Bei der Betrachtung des betrieblichen Sports bzw. der Maßnahmen, den Einzelnen hierbei zu funktionalisieren, wird der totalitäre Ansatz der SED-Diktatur deutlich. Dieser „erziehungsdiktatorische“ Ansatz wurde frühzeitig, insbesondere in den 50er Jahren, erkennbar.

2 Agitation und Propaganda – SED-Politik und betrieblicher Sport

Wie politisch gewollt der Massensport war, zeigten zum zweiten die Bemühungen, dem neuen Sportorgan, „Deutsches Sportecho“, Absatz und Aufmerksamkeit zu sichern. Die BSG-Sportler wurden dazu aufgefordert, zu Abonnenten zu werden und wiederum neue zu werben.

Die Sportpresse sollte neben sportpolitischen Themen politische Inhalte und Anliegen zu möglichst vielen Lesern transportieren. Drittens sollten möglichst viele Werksportler in der frühen Phase des innerdeutschen Sportverkehrs von 1950 bis 1957, Wiederbelebung des innerdeutschen Sportverkehrs bis zur Gründung des DTSB, Kontakt zu westdeutschen Sportlern aufbauen bzw. pflegen, um diese sozusagen subversiv und auf persönlichem Wege auf die sportlichen Ideale der DDR einzuschwören und von der „sozialistischen Idee“ zu begeistern.[341] Diese Form der politischen Beeinflussung unterstützen sollte zusätzlich die Versendung des „Deutschen Sportechos“ an diese Sportsfreunde. Im Grunde war dies die sportliche Variante des deutsch-deutschen Dialogs, von Ost nach West, der sich regional bis zum Mauerbau am 13. August 1961 für eine einheitliche Sportbewegung und ein geeintes Land einsetzte. Der Auftakt zum Abbruch der deutsch-deutschen Sportbegegnungen allerdings erfolgte mit Gründung des DTSB, wobei das Schlagwort „Wiedervereinigung“ gänzlich aus den Argumentationslinien nationaler Sportpolitik der DDR verschwand.[342]

Bis 1957 hatte man jedoch versucht innerhalb der BSGen durch Agitatoren bzw. Propagandisten ideologische Erziehungsinhalte nach SED-Konzepten zu vermitteln.

> „Mit Hilfe der Propaganda und Agitation ist die politsch-moralische Erziehungsarbeit verstärkt unter unseren Sportlern durchzuführen [...] Unter den Trainern, Übungsleitern und Sportlern ist ein konsequenter Kampf gegen die schädlichen Tendenzen des Nursportlertums und des Sozialdemokratismus im Sport zu führen.“[343]

Innerhalb des BSG-Sports beteiligten sich aus diesem Grund „Agit.-Prop.-Funktionäre“ an speziellen Schulungen bzw. Weiterbildungen. Diese wurden vom Kreiskomitee für Körperkultur und Sport organisiert. Das Handlungsspektrum des „Agit.-Prop.-Funktionärs“ innerhalb der BSG erscheint aus heutiger Sicht sehr reglementiert. Im Informationsblatt für BSG-Leiter (1953) hieß es dazu, dass politische Anleitungen dem Sportbetrieb vorangehen müssten und „ab [dem] 25. eines jeden Monats – also im Anschluss an seine eigene Schulung im Kreiskomitee – das gleiche Seminar in der BSG-Leitung“ durchzuführen sei.[344] Als Maßstab für die als notwendig erachtete politische Erziehungsarbeit innerhalb der Sportgemeinschaften galt der Arbeitersport und dessen Verknüpfung von gemeinsamer sportlicher Unternehmung mit politischer Weiterbildung. Sportive Freizeitaktivitäten wurden in den Jahren politischer Verfolgung (1933-1945) auch als Tarnung genutzt.[345] Der Dominanzanspruch des Politischen innerhalb des DDR-Sports erscheint, wenn man von einer bewussten Fortführung der Arbeitersporttradition ausgeht, nicht verwunderlich. Neben dem für die gesamte BSG zuständigen Agitator und Propagandisten (in einer Person) sollte zudem jede Sparte ihren eigenen „Agit.-Prop.“ wählen. Auftreten und Wirken dieser Funktionäre wurde durch einen politisch-moralischen Duktus bestimmt.

Dokument: Entschließung. In: Stahl im Aufbau. 01.06.1951 (Abschrift)

1. Entschließung

Wir Sportfreunde der Fußballsparte haben erkannt, daß nur im Frieden eine Massensportbewegung gedeihen kann. Wir werden alle unsere Kraft für die Erhaltung des Friedens einsetzen und verpflichten uns, am Sonntag, dem 3. Juni 1951, bis 10 Uhr unser „Ja" gegen Remilitarisierung und für denAbschluß eines Friedensvertrages mit Deutschland im Jahre 1951 abzugeben.
Voigt, Agit-Prop., Fußballsparte

Um die sozialistische Körperkultur in den Status einer gewollt politischen Kultur zu heben, wobei „Nursportlertum, Vereinsideologie und Pazifismus" als angeblich „sportfeindliche Auffassungen überwunden werden soll[t]en", wurden die Parteileitungen der Bezirke und Kreise dazu aufgefordert, die „Sportorgane bei der politisch-moralischen Erziehungsarbeit unter den Sportlern, Trainern und Sportfunktionären" zu unterstützen und diese zu kontrollieren.[346] In der Zeit vom 8. Februar bis 1. März 1954 wurden fünfzehn BSGen, zu denen auch die BSG Stahl Brandenburg gehörte, durch eine „Kommission zur Überprüfung der Arbeit der Demokratischen Sportbewegung" nach festgelegten Kriterien überprüft. Berichtet wurde u.a. über Stimmung und Lage, politisch-moralische Erziehung, Kaderpolitik und Arbeit der SED unter den Sportlern. Desweiteren wurde im gleichen Zusammenhang das Kreiskomitee für Körperkultur und Sport, die Kreisleitung der SED Brandenburgs, überprüft.[347] In dem zusammenfassenden Bericht wurden FDGB und FDJ kritisiert. Insbesondere wurde die Koordination sportlicher Initiativen beider Organisationen mit dem Staatlichen Komitee für Körperkultur im Bereich des Massensports bemängelt. Beanstandet wurde, dass die Gegebenheiten vor Ort, z.B. im Betrieb, nicht genügend berücksichtigt würden. Gefordert wurde größere Aufklärung und Überzeugungsarbeit darüber, dass Sport aufgrund seiner stabilisierenden und vitalisierenden Eigenschaften als „Wirtschaftsressource" in allen Leitungsebenen zu berücksichtigen sei. Dem Agit.-Prop.-Funktionär kam letztendlich auch die Aufgabe zu, Sport als politisch begründeten und moralisch notwendigen Bestandteil des Alltags zu propagieren. Den Trainern und Übungsleitern wurde dabei per se die nötige politische Qualifikation abgesprochen, da ihnen noch die alte Tradition bürgerlicher Vereine anhaften würden.[348]

Da infolge der Überprüfung auch Kritik an den SV-Strukturen formuliert wurde, ist die Arbeit der „Kommission zur Überprüfung der Arbeit der Demokratischen Sportbewegung" als Vorbedingung für die Genese des Deutschen-Turn- und Sportbundes anzusehen.

2.1 Innerdeutsche Sportbegegnungen

Bis zum „Mauerbau" am 13. August 1961 diskutierten BSG-Sportler nicht nur untereinander, da sie letztlich zu einem systemkonformen Konsens gelangen sollten,[349] sondern leisteten auch Überzeugungsarbeit in Gesprächen mit westdeutschen Sportlern, aber auch in Briefen, zu deren Inhalt sie von ihren „Agit.-Prop.-Funktionären" angeleitet wurden. Die Stahl-Sportler erfüllten offiziell ihren politischen Auftrag, während sie der sportlichen Begegnung den Vorrang gaben.[350] Etliche Beiträge, Kommentare und Aufrufe in der Betriebszeitung stammen aus der Feder der Agit-Prop.-Funktionäre. Auch im kleinen Rahmen des SED-Organs der Betriebszeitung wurden politische Leitlinien und Stimmungsbilder bewusst inszeniert. Neben der Vermittlung politischer Vorgaben übernahm der „Agit.-Prop.-Funktionär" innerhalb des BSG-Sports zusätzlich eine Initiatorrolle im „sozialistischen Wettbewerb".

> „Sportfreunde! Nachdem wir nun den ersten Platz innerhalb unseres Kreises errungen haben, müssen wir es alle als unsere Pflicht betrachten, diesen Platz weiterhin beizubehalten. Verstärkt eure Arbeiten innerhalb des Wettbewerbes, werbt Mitglieder, Abonnenten des „Sport-Echos", erringt das Sportleistungsabzeichen, nehmt den Briefwechsel mit den westdeutschen Sportfreunden in erhöhtem Maße auf!"[351]

Balbier zeigt für den Zeitraum 1952 bis 1965 auf, dass es eine Diskrepanz zwischen öffentlichen Wortmeldungen und tatsächlicher Sportpraxis gegeben hat.[352] Politisch motivierte Entschließungen und Selbstverpflichtungen der Sportler gehörten zu den Resultaten SED-gesteuerten agitatorischen Wirkens, die zum Teil zu bloßen „Pflichtübungen" gerieten. Warum z.B. gerade die Ringer der BSG Stahl Brandenburg politisch intendierte Aktionen offensichtlich eins zu eins erfüllten, wird im Kapitel „Kampfsport - Männersport" separat ausgeführt werden.

Das Profil eines im Stahlwerk wirkenden „Agit.-Prop.-Funktionärs der SED" fand innerhalb des BSG-Sports seine sport-politische Entsprechung. Vergleichbare politische Aktivitäten – politisch anleitend und informierend – spiegeln die Verknüpfung von Arbeitswelt und Freizeit wider. Das Ringen um politische Einflussnahme, das Werben für die Politik der SED und die tagtägliche Konfrontation mit Andersdenkenden, nicht nur im Arbeitsumfeld, rief Agitatoren auf den Plan. In Briefen an Freunde, Bekannte und nicht zuletzt Verwandte sollte Überzeugungsarbeit geleistet werden. So stand u.a. die Lehrwerkstatt des SWB im Briefwechsel mit Kollegen in Westdeutschland.[353] Die Betriebszeitung des SWB diente dabei als Anleitung und Forum.

> „Wir Frauen sollten ohne Ausnahme gern die Gelegenheit wahrnehmen, bei Briefen an unsere Verwandten und Bekannten in Westdeutschland für die große Idee des Friedens zu werben und die Lügen, welche über unser aller Leben in der DDR verbreitet werden – speziell die Märchen vom Eisernen Vorhang und von der Hungersnot – aufzudecken. Wenn wir bei jedem Brief erwähnen, wie es hier sichtbar aufwärts geht, dann wird es den Menschen in Westdeutschland wie Schuppen von den Augen fallen, mit welchen infamen Lügen gegen uns in der DDR gearbeitet wird."[354]

Diese Art der Agitation war allerdings nur eine vorübergehende Erscheinung, da das Briefeschreiben nach Maßgabe der Einheitsrhetorik und mit Propagierung der „Drei-Staatentheorie" ab 1958, welche West-Berlin als eigenständige politische Einheit definierte, als unerwünscht galt.[355] Das Beispiel verweist auf die Definitionsgewalt der SED und zeigt die zunehmende Entmündigung der Menschen in der DDR.

Im Sport kam es vor 1961 zu einer Vielzahl sportlicher Begegnungen mit Sportlern aus Westdeutschland. Die Brandenburger Stahl-Sportler standen über ihre gewerkschaftssportliche

Verankerung im Austausch mit westdeutschen Mannschaften, so zum Beispiel mit den Boxstaffeln anderer Hüttengebiete in Westdeutschland. Mit unterschiedlichen Sektionen pflegte die BSG Stahl rege Kontakte zu Vereinen[356] im Raum Osnabrück, ausgehend von den Sportbeziehungen zum Sportverein der Georgsmarienhütte Osnabrück „Victoria 08" e.V.[357] Ein besonders herzliches Verhältnis hatten die Handballer zur Berliner Bezirksklassen-Elf VfL Humboldt (West-Berlin)[358] und zur Mannschaft des FT Adler Kiel[359], hier wurden sowohl Hin- als auch Rückrunden gespielt. Die Ringer des SV Goliath (Hamburg)[360] waren bei den Stahl-Sportlern zu Gast und diese starteten erstmalig in Westdeutschland beim VfL Hüttenheim in Duisburg[361]. Die Leichtathleten begrüßten Westberliner Sportler vom SC Rehberge[362] und die Rasenkraftsportler von Germania Karlsruhe[363]. Die Boxer fuhren nach Iserlohn (Westfalen)[364], kämpften gegen Braunschweig-Süd[365] etc., um nur einige deutsch-deutsche Begegnungen zu nennen. Die innerdeutschen Sportbeziehungen der Stahl-Sportler illustrieren die durch Balbier beschriebene Phase der Wiederbelebung sportlicher Begegnungen.[366] Auf sowjetischen Druck hin wurde von der SED-Führung die „rhetorische Wiedervereinigungsoffensive" genutzt, um die Politik der Konsolidierung und ostdeutschen Separierung medial abzuschwächen. Mit dem Slogan „Deutsche an einen Tisch" wurde ebenso um Wählerstimmen für die Kandidaten der Nationalen Front geworben als auch um Vertrauen in die sich inzwischen als doppelbödig erweisende Politik. Bis hin zum Tag des Mauerbaus wurde der Anschein erweckt, die deutsche Einheit politisch durchsetzen zu wollen, statt dessen galt es, eine zu große Abwanderung zu verhindern und das persönliche Interesse der Ostdeutschen und auch Westdeutschen an der Deutschen Einheit auszunutzen, um es in Bekenntnisse für die DDR zu kanalisieren.

> „Unsere Jugendlichen diskutierten eifrig mit den Westberlinern, die bestätigten, daß unsere Sportarbeit durch die Förderung unserer Regierung eine großartige Sache ist und es nur zu begrüßen wäre, wenn sie im Westen auch auf dieser Grundlage an ihre Sportarbeit herangehen könnten. Die BSCer [Rehberge/ Westberlin] bekräftigten, daß die Einheit Deutschlands endlich herbeigeführt werden muß."[367]

Es war also politisches Programm, entsprechend von den „Agit.-Props." vorbereitet, dass die westdeutschen Sportler gebührend empfangen und dass im Anschluss an die Begegnung in der örtlichen Presse und in der Betriebszeitung gemeinsam Stellung genommen wurde, indem „sie sich zu Frieden und Freiheit und einem wiedervereinigten Deutschland" bekannten.[368] Gleichzeitig wurde zu sportpolitischen Fragen Stellung genommen, die den deutsch-deutschen Konflikt auf der Ebene des Sports aufzeigten. Unter dem Motto „Wir kennen als Sportler keine Trennung Berlins. Wir kennen nicht Ost- und Westberlin, sondern wir kennen nur ein einheitliches Berlin"[369] bekannten sich die Brandenburger Stahl-Sportler, vermutlich gern und ohne Vorgabe, zur Einheit Deutschlands und des deutschen Sports. Dennoch sollte „keine innerdeutsche Sportbegegnung [...] ohne das vorgeschriebene propagandistische Beiwerk" durchgeführt werden.[370] In der Betriebszeitung der Brandenburger Stahlwerker wurde 1952 über die Begegnung der Ringer der BSG Stahl mit den Hamburger Ringern der SV Goliath unter der Überschrift „Hamburger Ringer zu Ehren des Geburtstages Stalins in Brandenburg" in diesem Sinne beispielhaft berichtet.

> „Die Hamburger Ringer haben trotz der Zonengrenzen, trotz der Drohungen

des westdeutschen Athletenbundes den Weg zu uns in die DDR gefunden, um das Weihnachtsfest hier mit uns in friedlichem Wettstreit zu verbringen. Trotzdem die westdeutsche Verräterregierung mit allen Mitteln versucht, den Sportverkehr und das Zustandekommen eines gesamtdeutschen NOK zu unterbinden, werden die Hamburger Ringer sich für eine gesamtdeutsche Vertretung des NOK einsetzen. Die Hamburger Sportfreunde haben auf ihrem Weg durch die DDR die Wahrheit über unsere Demokratische Sportbewegung erhalten. So wird sich trotz aller Hindernisse eine gesamtdeutsche Sportbewegung durchsetzen. Wir Sportler fordern die Einheit im deutschen Sport.“ [371]

Mit den „Oberweseler Beschlüssen“ vom 21.09.1952 reagierte der Deutsche Sportbund auf die Politisierung der deutsch-deutschen Sportkontakte durch die DDR-Propaganda. [372] Man suchte diese Art der Sportbegegnungen nun zu unterbinden. Der Abbruch der Sportbeziehungen durch den DSB wurde noch im gleichen Jahr durch das West-Berliner Abkommen vom 12.12.1952, in dem sich die Ost-Seite verpflichtete, auf politische Agitation bei deutsch-deutschen Sportbegegnungen zu verzichten, abgewendet. [373] Dass die DDR-Politik nicht auf die „Botschafter im Trainingsanzug“ verzichtete, sondern hier nur tendenziell ihre Agitation abschwächte, ist dagegen erwiesen. [374] Seit 1954 waren die BSGen gegenüber dem Bezirkskomitee des Deutschen Sportausschusses in Sachen „Westarbeit“ rechenschaftspflichtig. Deutsch-deutsche Sportbegegnungen waren agitatorisch vorzubereiten und einzureichen. Um die Arbeit zu verbessern, wurde beim Staatlichen Komitee für Körperkultur und Sport der DDR eine eigene Abteilung Agitation und Propaganda ins Leben gerufen. Jedoch erschien diese „Koordinierungsstelle“ zu weit weg vom tatsächlichen Geschehen und wird von Balbier als ineffektiv charakterisiert. Allerdings zeigt sich die Beeinflussung der Sportkontakte dahingehend deutlich, dass die Begegnungen zu 70% auf dem Boden der Deutschen Demokratischen Republik stattfinden sollten. [375] Die BSG-Stahl hielt sich offensichtlich an diesen Schlüssel. Der ideologische Impetus wird auch hier offensichtlich – Repräsentation und Angst vor Abwerbung.

Aus dem Rahmen sportlicher Begegnungen der BSG fiel die vom Staatlichen Komitee für Körperkultur angesetzte Begegnung der Fußballer RAA Helsinborg aus Schweden mit Stahl-Fußballern in Brandenburg. Eigens hierfür wurde eine Auswahlmannschaft der besten Fußballer aus den BSGen Riesa, Freital, Thale, Merseburg, Brandenburg und Stalinstadt, also der gesamten „SV-Stahl“, zusammengestellt. Die DDR-Stahl-Auswahl bereitete sich extra mit einem Trainingslager in Stalinstadt, heute Eisenhüttenstadt, vor. Die Schwedische Elf gewann dennoch 1:0. Im gleichen Rahmen fand auch ein Spiel gegen die französische Gewerkschaftsauswahl statt.[376] Hier zeigt sich schon im Ansatz eine spätere Tendenz des Sportaustauschs mit Mannschaften „nicht-sozialistischer“ Länder, das Bündeln aller vorhandenen Talentressourcen, um Stärke bzw. Überlegenheit demonstrieren zu können. [377]

Im Jahre 1956 verschlechterten sich die deutsch-deutschen Sportbeziehungen für die Brandenburger BSG-Sportler. Das geplante Fußballturnier mit den Mannschaften von SV 04 Düsseldorf, SG Urdenbach (Düsseldorf) und Vineta Andorf (Kiel) konnte nicht stattfinden, da diese durch ihren Sportverband keine Erlaubnis zur Reise nach Brandenburg erhielten. [378] Danach fanden nur noch wenige Begegnungen mit westdeutschen Sportlern statt. [379] Auf internationale Anerkennung insistierend, wurde von den in Westdeutschland startenden ostdeutschen Sportlern ab 1959[380] verlangt, mit DDR-Emblem, statt mit Vereinsemblem, zu starten, wobei „sich [zudem] die Mannschaften im Sinne der Zweistaaten-Theorie als Mannschaften der DDR zu betiteln hätten".[381]

Das führte auch für die Brandenburger Stahl-Sportler zu Komplikationen. Bei einem geplanten Rückspiel der Handballer in Osnabrück 1960 musste der gastgebende Verein den Brandenburgern absagen, da die Brandenburger mit Staatswappen spielen wollten und die Osnabrücker Spieler deshalb von ihrem Verband keine finanzielle Unterstützung erhalten würden.[382] Dennoch kam es im Juni 1960 im Osnabrücker Raum zwischen Stahl und SV Viktoria 08 Osnabrücker Georgsmarienhütte und Vfl Klein-Oesede zu Fußballbegegnungen. Dabei kam es zur Konfrontation mit dem Verfassungsschutz. Die Stahl-Fußballer wurden aufgefordert, nicht in DDR-Trikots zu spielen. Mit Hilfe der Osnabrücker Sportler konnten die Spiele dennoch stattfinden.[383] Bemerkenswert ist, dass es nach diesem Vorfall zu einer Vereinbarung zwischen dem Sportverein Georgsmarienhütte und der BSG Stahl Brandenburg kam, worin festgehalten wurde, dass der Sportverkehr auch 1961 fortgesetzt würde, jedoch „bei der Durchführung des Spiel- und Sportverkehrs entsprechend den Vorschlägen des Präsidiums des DTSB das Vereinswappen getragen wird."[384] Das Revidieren des Wappenerlasses durch den DTSB[385] ist letztendlich Resultat sportpolitischen Ringens um den Erhalt des deutsch-deutschen Spiel- und Sportverkehrs.[386]

Die Spiel- und Sportverkehr-Vereinbarung zwischen den Vereinen der Georgsmarienhütte und dem SWB 1960[387] zählte zweifelsohne zu den Wiederbelebungsversuchen im deutsch-deutschen Sport. Der DTSB als sportpolitisches Instrument der SED hatte mit Wappenerlass und diversen Indoktrinierungsversuchen den deutsch-deutschen Sportverkehr für die Anerkennung der DDR zu benutzen versucht.

Zweifelsohne spiegelte sich der Zeitgeist jener Jahre zwischen Gründung der DDR (07.10.1949) und „Mauerbau" (13.08.1961) auch im Sport wider. Die Doppelbödigkeit der Ulbrichtschen Politik wurde durch seinen inzwischen viel zitierten Satz vom 15.06.1961 „Niemand hat die Absicht, eine Mauer zu errichten!" nur zu deutlich. Viele DDR-Bürger glaubten lange lediglich an eine vorübergehende Teilung Deutschlands und die Anhänger der SED waren der Meinung, dass mit Agitation und Propaganda die Menschen im anderen Teil Deutschlands vom Sozialismus überzeugt werden könnten. Auf der anderen Seite wurde kurz vor dem Mauerbau z.B. der Fernwettkampf um die „Goldene Fahrkarte" im Luftgewehrschießen eingeführt.[388] Daneben gab es in der BSG-Stahl vielfältigste Bemühungen, um sich neben sportlichen Wettbewerben für ein geeintes Deutschland einzusetzen. Unter dem Motto „Quer durch Berlin" demonstrierten Läufer aus Ost und West in einem internationalen Rennen über 25 Kilometer gegen die politische und wirtschaftliche Separierung der einzelnen Berliner Sektoren. Die Brandenburger Stahl-Sportler waren hier durch Willy Lietzmann (Sieg in der Altersklasse D) erfolgreich vertreten.[389] Die letzten Vergleiche der BSG Stahl mit westdeutschen Vereinen überhaupt fanden im April 1961 statt. Brandenburger Stahl-Tischtennisspieler und Fußballer spielten noch einmal gegen ihre Gäste aus Osnabrück.[390] Nach dem 13. August 1961 kam für die Sportler der BSG-Stahl der deutsch-deutsche Sportaustausch zum Erliegen. Anleitungen durch Agitatoren wurden im Bereich des betrieblichen Sports fast überflüssig. Agitatorische Komponenten – sprachlicher Duktus und offizielle Parteivorgaben – wurden weiterhin aus der DDR-Presse übernommen und blieben bis 1990 in offizieller Rahmengebung erhalten. Zumeist stellte jeder Sportfunktionär Direktiven und Parteivorgaben an den Anfang seiner Redebeiträge bzw. Berichterstattung, wie beispielhaft in den beiden folgenden Protokollen der BSG-Leitungssitzungen aus den 1980er Jahren zu sehen ist.[391]

3 „Unserem Werner zum Gedenken“ [392] – Tradition versus Installation von Gedenkkultur

Während Literatur und Kunst selbst Botschaften inne wohnen, kann Sport diese nur transportieren. Wenn Sport eine neue Wertorientierung junger Menschen bewirken soll, muss ihm diese „fehlende“ Botschaft implantiert werden. Im DDR-Sport wurden Leitbilder installiert, die sich am propagierten Muster des positiven Helden orientierten (Ulbricht). [393] Ihre Funktion innerhalb des sportlichen Geschehens war eine erklärt politische, denn die so installierten Leitbilder galten als „günstige Mittlerrolle zur Verinnerlichung weltanschaulicher und moralischer Werte“ [394].

Im Sommer 1952 wurden das Bezirkskomitee für Körperkultur und Sport in Potsdam und das Kreiskomitee für Körperkultur und Sport in Brandenburg geschaffen. Beide Institutionen lösten somit die entsprechenden Sportausschüsse ab und unterstanden dem wenige Wochen zuvor berufenen Komitee für Körperkultur und Sport beim Ministerrat der DDR. Die staatlichen Komitees auf Kreis-, Bezirks- und DDR-Ebene galten künftig als Leitungs- und Koordinierungsorgane für den Sport.

Das neu geschaffene Kreiskomitee für Körperkultur und Sport in Brandenburg stiftete noch im gleichen Jahr den „Werner-Seelenbinder-Wanderpreis“, der jährlich den besten Ringern überreicht werden sollte. [395] In Verbindung mit sportlichen Wettbewerben fanden daher seit 1953 in jedem Jahr am Tag der Hinrichtung des beliebten Arbeitersportlers in Brandenburg Gedenkveranstaltungen statt.

> „Entsprechend der Würdigung des Lebens und Wirkens Werner Seelenbinders sollten in jedem Kreis unter Führung der Kreisvorstände im Zusammenwirken mit anderen gesellschaftlichen Organisationen und Institutionen repräsentative Veranstaltungen vorbereitet und durchgeführt werden.“ [396]

Der 1904 in Stettin geborene und in Berlin aufgewachsene Ringer, Werner Seelenbinder, zählt zu den bekanntesten Arbeitersportlern. 1928 trat er, nach der Teilnahme an der Spartakiade in Moskau, in die KPD ein, wie biographische Texte der DDR ausweisen. Jedoch, so Martina Behrendt, Leiterin des Sportmuseums Berlin, gibt es bislang keine Quelle, die das zweifelsfrei belegt. [397] Er war nacheinander im Arbeiterathletenclub Eiche, Arbeitersportclub Berolina und in der Kampfgemeinschaft für Rote Sporteinheit Berlins aktiv. Nach der Auflösung des Arbeitersports und der Gleichschaltung der Sportvereine im Jahr 1933 [398] startete Seelenbinder für die Sportvereinigung Ost und wurde 1934 Deutscher Meister im Halbschwergewicht. Als er bei der Siegerehrung den „Hitlergruß“ verweigerte, wurde Seelenbinder aus der „Sportvereinigung Ost“ ausgeschlossen. [399] Nach sechzehn Monaten Trainings- und Wettkampfsperre wurde Seelenbinder 1935 erneut Deutscher Meister und bereitete sich auf die Olympischen Spiele 1936 in Berlin vor. Zu seiner großen Enttäuschung errang er nur Platz 4. Allerdings ist auch vorstellbar, so Karl Binder, ein Zeitzeuge, der bei den Wettbewerben als Zeitnehmer fungiert hatte, dass Seelenbinder Zweifel gekommen seien, ob er für die Nazis eine Medaille erringen solle.

Als Mitglied der Widerstandsgruppe um Robert Uhrig, der er sich 1938 anschloss, wurde er am 2. Februar 1942 verhaftet [400] und am 05.09.1944 als „ungeständig“ wegen Unterbringung eines von den Nazis verfolgten Kameraden als „Hochverräter“ zum Tode verurteilt. Am 24. Oktober 1944 wurde er im Zuchthaus Brandenburg-Görden enthauptet. [401]

1948 erschien im Sportecho in 45 Folgen eine Artikelserie, die „schon vieles Legendenhafte[s]" veröffentlichte. [402] Nicht nur im Sport, auch in der angewandten Kunst oder in der Literatur der DDR fand der legendär gewordene Ringer seinen Platz. Statuen wurden nach seinem Bild modelliert[403] und ebenso ging er als literarischer Held in die DDR-Lyrik und Prosa ein. [404] Die den Sport beherbergende Architektur der DDR trug nicht selten den Namen des Widerstandskämpfers. In Brandenburg erhielten die ehemalige „Musterwiese", ein Sportplatz im Stadtteil Nord, und eine zentrale Straße des gleichen Stadtgebietes, das in den 60er und 70er Jahren errichtet worden war, seinen Namen. [405] Trotz der zahlreichen Umbenennungen 1990/91 behielt die „Werner-Seelenbinder-Straße" ihren Namen bei. Das sich ebenfalls im Stadtgebiet Nord befindliche Mahnmal für die „Opfer des Faschismus" [406] am Marienberg trägt ebenso die stolzen, kraftstrotzenden Züge des einstigen Olympioniken wie die „Seelenbinder-Büste" auf dem jetzigen Gelände des Brandenburger Sportclubs Süd 05 e.V. In einem Schriftzug im rechten Winkel zum Mahnmal werden Anton Saefkow[407], Theodor Neubauer[408], Bernhard Bästlein[409] und Werner Seelenbinder separat geehrt.

Durch vielfältige Facetten praktizierter Gedenkkultur – Namensgebung, Plastiken und Schriftzüge – wurde das Erinnern an den einstigen Ringer unterstützt. [410] Der Platz auf dem Marienberg in Brandenburg wurde auch zum Ort persönlichen Andenkens Erich Honeckers, der nicht selten bei Festakten der Befreiung des Zuchthauses Brandenburg-Görden anwesend war, in dem er – und das hatte er mit dem populären Sportler gemeinsam – inhaftiert worden war. [411] Für Erich Honecker war Brandenburg ein Ort des Überlebens und seines politischen Triumphes. 1946 fand hier das I. Parlament der FDJ statt. In Brandenburg wurde der damals bereits vierunddreißigjährige FDJler Erich Honecker als Vorsitzender der FDJ vorgestellt. In seinen Erinnerungen machte Honecker selbst auf die von ihm empfundene Besonderheit des Ortes aufmerksam:

„Mit dieser Stadt verbanden sich für mich nicht gerade die angenehmsten Erinnerungen, lag doch vor ihren Toren das Zuchthaus Brandenburg-Görden. Doch in den Pfingsttagen 1946 zeigte sie sich von ihrer besten Seite. Viele Einwohner hatten ihre Häuser mit den roten Fahnen der Arbeiterklasse und den blauen Bannern der FDJ, mit Girlanden und Transparenten geschmückt."[412]

Was Honecker auch noch unangenehm gewesen sein könnte, ist die Tatsache, dass er im Gegensatz zu Seelenbinder gegenüber der Gestapo geständig gewesen war. [413] Angemerkt werden muss jedoch an dieser Stelle, um Mißverständnisse zu vermeiden, dass Honecker nicht denunziert werden soll, sondern die offensichtliche Stilisierung antifaschistischer Helden im Kontext SED-politischer Funktionalisierung betrachtet werden soll.

Als Walter Ulbricht 1950 mit dem ersten Jugendgesetz den Sport in das FDJ-Leben als wesentlichen Bestandteil integrierte, verstand es Honecker sich in die Arbeitersporttradition des Arbeiterturn- und Sportvereins „Fichte" und des Touristenvereins der Naturfreunde einzupassen, ohne seine geringen sportlichen Ambitionen leugnen zu müssen. [414]

Um seine führende Rolle im propagierten Sportland DDR rechtfertigen zu können, musste er sich eines sportlichen Stellvertreters bedienen, auch um das Ringen von DDR-Sportlern nach sportlichem Ruhm und nationalen Ehren auf internationalem Terrain legitimieren zu können. Im Kapitel seiner Erinnerungen „Mit dem Sport verbunden" verweist Honecker daher auf seinen „Stellvertreter", den Olympioniken Werner Seelenbinder, statt Auskünfte zu eigenen sportlichen Aktivitäten zu geben. [415]

So ist es nicht verwunderlich, dass Honecker gerade bei Festakten in Brandenburg vom Ruhm desjenigen profitieren konnte, der den Arbeitersport wie kein anderer verkörperte, mit all den in der

DDR geltenden neuen und alten Idealen von Freundschaft zur Sowjetunion, Streben nach olympischen Medaillen, beharrlichem Training, kommunistischem Widerstand und „Märtyrertod".

> „Weder vor der Folter noch vor dem Tod fürchtete er sich. Sein Glaube an die bessere Zukunft des deutschen Volkes, sein großes Vorbild Ernst Thälmann, der seit 1933 mit ungebrochener Haltung in faschistischen Kerkern gefangen gehalten wurde, und nicht zuletzt das harte sportliche Training gaben ihm die physischen und psychischen Kräfte, um Folterungen, von denen noch heute ein blutbeflecktes Hemd zeugt, zu trotzen."[416]

Seelenbinder wurde für die gesamte politische Elite der DDR zum idealen Stellvertreter für das Gedenken an eine schwere Zeit, die Helden hervor gebracht hatte, welche es zu ehren galt, um die eigene Herrschaft zu legitimieren.[417] Der zum politischen Vorbild stilisierte Seelenbinder „hätte sich die Verehrung seiner Person verbeten", so Martina Behrendt anlässlich des 100. Geburtstages Werner Seelenbinders. So wurde seine Rolle im Widerstand überbewertet, Widersprüchliches wurde geglättet, u.a. wurde in biographischen Beschreibungen weggelassen, dass Seelenbinder Gnadengesuche an die Gestapo gestellt hatte. Zudem wird aufgrund von Zeitzeugenaussagen vermutet, dass die in unterschiedlichen Längen zitierten Abschiedsworte u.a. „Der Sozialismus ist das Gute – für das Gute kämpft!"[418] literarisch-propagandistisch überarbeitet worden sind.[419]

Die am 22.10.1950 gegründete Deutsche Hochschule für Körperkultur und Sport in Leipzig widmete sich in zahlreichen Publikationen der medialen Installation des einstigen Olympioniken von 1936 als Sportidol. 1952 befasste sich die Diplomarbeit Helmuth Westphals mit der Eignung Seelenbinders zum Vorbild der Jugend. Darin heißt es:

> „Es gab viele deutsche Sportler, die zu jener Zeit durch Erfolge in der Welt bekannt wurden, doch keiner von ihnen war wie er zugleich ein Weltklassesportler und aktiver Kämpfer gegen den Faschismus. Werner Seelenbinder ist in der internationalen Sportwelt der Repräsentant des friedliebenden, demokratischen Deutschland. Gerade deshalb lohnt es, sich mit dem Leben dieses großen Sportlers zu beschäftigen, zumal sein politischer Kampf und seine sportliche Laufbahn der deutschen Jugend wichtige Lehren vermitteln."[420]

In der ehemaligen DDR galt der hingerichtete Werner Seelenbinder, gerade weil er als Sportidol der 20er und 30er Jahre einer großen Öffentlichkeit bekannt war, als ‚Prototyp' eines Kämpfers gegen die Nazibarbarei. Mit seiner sowohl sportlichen als auch politischen Karriere eignete sich Seelenbinder als Identifikationsfigur für die heranwachsende Sportgeneration in der DDR. Durch seine Teilnahme an der Allunions-Spartakiade 1928 in Moskau eignete sich die Person Seelenbinders ebenfalls als Symbolträger für die propagierte Freundschaft mit der Sowjetunion. Nach Beendigung der Wettkämpfe soll Seelenbinder in einer kleinen Rede an seine Sportkameraden gesagt haben:

> „Bei uns in Deutschland müßte es genauso sein, die Arbeiter müßten die Macht in den Händen haben. [...] Mein erster Schritt in Deutschland wird sein, in die Kommunistische Partei einzutreten."[421]

Dies bestätigen auch spätere Veröffentlichungen, etwa die von Mattausch in „Sozial- und Zeitgeschichte des Sports“ 1988.[422] Die Sektion Ringen der BSG Stahl Brandenburg sah sich in direkter Traditionslinie zu Werner Seelenbinder, da dieser, für die 1. Ringermannschaft des „Sportclubs Berolina“ (Berlin-Neukölln) startend, des öfteren in Brandenburg gegen die Mannschaft der „Brandenburger Sport-Club 05 e.V.“[423] der Arado Flugzeugwerke antrat und sowohl freundschaftliche als auch konspirative Kontakte zu Ringern in Brandenburg unterhalten haben soll.[424] Sein „lebendiges Erbe“ galt es durch sportliche Erfolge zu ehren und zu pflegen, so der junge Sektionsleiter Christian Schmidt in einem kurzen Statement zu Journalisten des „Deutschen Sportechos“ im Jahre 1988.[425] Die Selbstverständlichkeit, mit der junge Menschen, besonders die sportlichen unter ihnen, mit dem Ermordeten auf ‚Du und Du‘ waren, stellt sich als Resultat einer politisch gelenkten Erziehungspraxis innerhalb der Schule (Geschichtsunterricht 9. Klasse) und im Freizeitbereich dar. In einem Beitrag für die pädagogische Zeitschrift „Körperkultur“ von 1973 zeigt der DDR-Wissenschaftler Siegfried Forbrig die vielseitigen Verwendungsmöglichkeiten des Helden Seelenbinder von August bis Oktober jeden Jahres auf. So sollte man am 22. August den Jahrestag der 1. Weltspartakiade 1928 in Moskau festlich begehen und die Basis der deutsch-sowjetischen Freundschaft mit dem aus historischer Sicht einzigen deutschen Weltspartakiadesieger Seelenbinder illustrieren. Am 10. September sollte er wiederum als Opfer des Faschismus ins Zentrum des Gedenkens gestellt werden. Zudem galt, wie schon erwähnt, sein Todestag, der 24. Oktober, als sportlicher Anlass für Turniere und andere sportliche Massenwettkämpfe. Forbrigs Aufsatz erweist sich als genaue Anleitung für die propagandistische Verwendung des Olympioniken mit folgenden Erziehungsinhalten:

> „Herausbildung solcher moralischen Qualitäten wie Diszipliniertheit, Beharrlichkeit und Standhaftigkeit im Kampf um das Neue“, „Überzeugung von Sieghaftigkeit des Sozialismus“, „Liebe und Treue zur Arbeiterklasse und ihrer marxistischen-leninistischen Partei; Erkenntnis, daß die führende Rolle der Arbeiterklasse und ihrer Partei ständig wächst“, „Marxismus-Leninismus als feste Grundlage für klassenbewusstes Denken und Handeln“, „Liebe zu all den Menschen, die für den Sozialismus kämpfen; Freundschaft und Verbundenheit mit der Sowjetunion; tätige internationale Solidarität“ und „Haß gegen Imperialismus“.[426]

Forbrig führt detailliert aus, welche biographischen Daten Seelenbinders sich für das eine oder andere Thema besonders eignen und welche Hilfsmittel (Wandzeitung, Roman[427], Broschüre[428] oder Film[429]) zur Anwendung kommen sollten.[430] Forbrig zeichnet auch verantwortlich für den jährlichen Traditionskalender, der Übungsleitern und Lehrern wahlweise den Geburtstag Werner Seelenbinders zum Anlass historischer Traditionspflege anbietet.[431]

Neben den Ringern Stahl Brandenburgs[432] schlossen sich auch andere Sportarten dieser in den 70er Jahren forcierten Gedenktradition nach und nach an. Internationale Gedenkturniere wurden nicht nur von der Sektion Ringen, sondern u.a. auch von Leichtathleten, Tischtennisspielern, Keglern und Boxern am Todestag des Olympioniken (nicht nur in Brandenburg) organisiert und durchgeführt.[433] Die Brandenburger Leichtathleten organisierten gemeinsam mit ihrem Kreisfachausschuss (KFA) alljährlich einen DDR-offenen Werner-Seelenbinder-Gedenk-Crosslauf im Gördenwald. 1974 beteiligten sich an diesem Gedenklauf über 300 Sportler.[434] Eine ähnlich hohe Beteiligung gehörte bei den Stahl-Ringern schon lange zur Tradition. Auf Initiative des DTSB-Bezirksvorstandes wurde jährlich ein Komitee zur Planung sämtlicher Seelenbinder-Veranstaltungen unter der Leitung der Kreisorganisation des DTSB mit Unterstützung der SED Kreisleitung berufen.[435] Unter der Losung „Werner Seelenbinder ehren – heißt unsere Deutsche Demokratische Republik stärken“ merkte die DTSB-Rundschau, Organ der Bezirksorganisation Potsdam, an:

> „Als unsere wichtigste Aufgabe betrachten wir es, unseren Mitgliedern das revolutionäre Erbe durch würdige Veranstaltungen und Gedenkturniere in den BSG und KFA sowie TZ nahezubringen [sic].“[436]

So wurden Kränze von FDJlern, Pionieren, Soldaten der Sowjetarmee, der Nationalen Volksarmee, Sportlerinnen und Sportlern der BSG Stahl, der Kinder- und Jugendsportschule Brandenburg und Sportfunktionären des In- und sozialistischen Auslands in der Hinrichtungsstätte Brandenburg-Görden niedergelegt. In der Kultur- und Sporthalle des Stahl- und Walzwerkes wurde die zentrale Ehrung Seelenbinders in Brandenburg durch sportliche Wettkämpfe und kulturelle Vorführungen fortgesetzt.[437]

Im Allgemeinen gedachte man der „Opfer des Faschismus“ in der DDR am 8. Mai, dem von der DDR-Führung zum Feiertag bestimmten „Tag der Befreiung“. Dieser Tag stand stets im Gedenken an eine Vielzahl ermordeter Widerstandskämpfer, unter ihnen auch Arbeitersportler und Arbeitersportfunktionäre wie Willi Sänger, Heinz Steyer, Kurt Wabbel, Franz Mett und Werner Seelenbinder, jedoch wurde dabei selten auf Holocaust-Opfer verwiesen. Auch am 8. Mai wurde unter der Überschrift „Schüler erschließen sich Leben und Kampf Werner Seelenbinders“ der anvisierten frühen politischen Orientierung von Thälmann-Pionieren Rechnung getragen.[438]

Zuweilen richtete man sich nicht nach den üblichen Gedenktagen[439], sondern das sportliche Ereignis an sich wurde in das Gedenken Seelenbinders gestellt, wie zum Beispiel die Einweihung der Regattastrecke am Brandenburger Beetzsee im Juli 1969, an deren Bau sich neben vielen anderen Brandenburger Betrieben auch das SWB beteiligt hatte. Einen Tag vor dem 1. Rudertreffen vom 18.-20. Juli fand daher, wie sonst am Todestag Seelenbinders, auf dem „Werner-Seelenbinder-Sportplatz“ (Motor Süd) an der Büste des Widerstandskämpfers eine Kranzniederlegung der Ruderer statt.[440] Als sich die Gedenkpraxis im Jahres-Sportkalender (Sachsenhausen-Gedenklauf[441], Willi-Sänger-Gedenklauf[442], Werner-Seelenbinder-Gedenkturniere, Ernst-Thälmann-Gedenklauf[443], Ravensbrücker Gedenklauf[444]) etabliert hatte, wurde sie auch flexibler gehandhabt. So wechselte jährlich die „bezirkliche Ehrung“ Seelenbinders und fand, neben den Veranstaltungen in Brandenburg[445], auch in anderen Kreisstädten des Bezirkes statt, wie etwa 1982 in Kyritz[446] und 1983 in Neuruppin.[447]

Im starken Kontrast zur Gedenkpraxis der DDR, die Arbeitersportler und insbesondere Widerstandskämpfer einschloss, stand das (Nicht-)Erinnern an jene Opfer, die in der DDR keines Gedenkkultes für würdig erachtet wurden. So erfuhren Kinder und Jugendliche Brandenburgs z.B. nichts über die Vernichtungsaktion „Euthanasie T-4“, bei der inmitten der Stadt 9.000 Menschen vergast wurden.[448]

Während in der ehemaligen DDR/SBZ der Ehrung und Würdigung des Widerstandskämpfers und Arbeitersportlers Werner Seelenbinder enorme politische Bedeutung zukam, verweigerte die Bundesrepublik in strikter Abgrenzung vom kommunistischen Widerstand und ostdeutscher

Erinnerungspraxis weitestgehend das Gedenken an das einstige Sportidol der 20er und 30er Jahre.[449] Dass es sich dabei um eine politisch motivierte Entwicklung handelte zeigt die Rücknahme der Bezeichnung des 1945 in Werner-Seelenbinder-Kampfbahn umbenannten Sportplatzes in Berlin-Neukölln. Am 8. September 1945 sprach hier der Berliner Oberbürgermeister Arthur Werner vor 50000 Menschen, um der Opfer des Faschismus zu gedenken.[450] Nach Gründung der BRD 1949 wurde dieser Ort jedoch wieder schlicht als Sportpark-Neukölln bezeichnet. Auf Bemühungen der Berliner Ringer und mit Unterstützung der Neuköllner Baustadträtin Stefanie Vogelsang (CDU) wurde anlässlich des 60. Todestages Seelenbinders am 24.10.2004 der Sportpark an der Oderstrasse erneut in Werner-Seelenbinder-Stadion umbenannt.[451]

4 Das Sportleistungsabzeichen – vom Versuch, sich „Heimat" mittels Klassenauftrag zu konstruieren

Große Bedeutung wurde von Seiten der Sportagitatoren der ehemaligen DDR dem Ablegen des Sportabzeichens beigemessen. Auf allen Betriebssportfesten wurden die Betriebsangehörigen dazu angehalten, dieses Abzeichen abzulegen, galt es doch als „wesentliches Mittel, die Bürger an regelmäßige sportliche Betätigung heranzuführen".[452]

Im Jahr der BSG-Gründung (BSG Stahl Brandenburg) 1950 wurde das Sportabzeichen in der DDR eingeführt. Es hatte das sowjetische Modell „Gotov k Trudu i Oboronije SSSR", was in der Übersetzung heißt: „Bereit zur Arbeit und Verteidigung der UdSSR", zum Vorbild. Das Sportabzeichen der DDR „Bereit zur Arbeit und zur Verteidigung des Friedens", welches vom Staatssekretariat für Körperkultur und Sport der DDR verliehen wurde, folgte jedoch ebenso der deutschen Tradition des Sportabzeichens seit 1913 durch seinen Initiator Carl Diem.[453] In Vorbereitung auf das 1. Jugendgesetz der DDR am 8. Februar 1950 zur Förderung der Jugend wurden u.a. Maßnahmen beraten, die der „Förderung der Sport- und Wanderbewegung" dienen sollten. Neben der Schaffung von Sportanlagen, Jugendherbergen und Erholungsheimen und der avisierten Steigerung der Produktion von Sportmaterialien sollte das Sportabzeichen als staatliche Auszeichnung in drei Stufen, Gold, Silber und Bronze, eingeführt werden.[454] Das zunächst für die Jugend ersonnene Projekt, sportliche Motivationen zu erzeugen, wurde auf alle Bürger der DDR übertragen.

Eine entscheidende Rolle bei dieser Zielsetzung spielte der 1957 gegründete DTSB der DDR, der diesbezüglich im Jahre 1970 die Forderung erhob, dass alle seine Mitglieder das Sportabzeichen ablegen müssten.

> „Für alle Mitglieder des DTSB muß es Norm werden, jährlich die Bedingungen für das Sportabzeichen der DDR ‚Bereit zur Arbeit und zur Verteidigung der Heimat' und für die Sportklassifizierung in den Sportarten zu erfüllen."[455]

Die Sportvereinigung „Stahl" forderte bereits 1954 in ihrem Statut, dass jedes BSG-Mitglied die Pflicht habe:

> „regelmäßig die Übungs- und Trainingsstunden mindestens einer Sportsektion seiner Grundorganisation zu besuchen, durch intensives und planmäßi-

> ges Training die Bedingungen zum Erwerb des Sportleistungsabzeichens zu erfüllen und die Einreihung in eine Klassifizierungsstufe anzustreben“.[456]

Die Realität allerdings konnte den ehrgeizigen Plänen des DTSB nicht gerecht werden. Die BSG-Sportler wurden von ihren Übungsleitern lediglich dazu angehalten, wenigstens einmal während ihrer gesamten sportlich aktiven Zeit die Bedingungen für das Sportabzeichen zu erfüllen. Die Werksportler erwiesen sich als nicht so politisch interessiert, wie es von den BSG-Funktionären erhofft wurde. Ein Beispiel hierfür ist die immer wiederkehrende Kritik in den Rechenschaftslegungen der BSG. 1974 wurde z.B. von der Leitung kritisch angemerkt, dass sich die Sektionsleitungen zu sehr um sportlichen Erfolge bemühten, statt ihr Augenmerk ebenfalls auf „Wettbewerbskriterien wie zum Beispiel der Ablegung der Bedingungen für das Sportabzeichen und der Eigenfinanzierung“ zu lenken.[457]

Das Sportabzeichen wurde Bestandteil der angestrebten Politisierung der Sportler, die in der BSG Stahl in drei parallelen Bereichen erfolgte. Zum einen sollten möglichst viele Menschen das Sportabzeichen ablegen, das in dem Sinne als Anerkennung der SED-Politik galt, dass diese Auszeichnung als „Grundlage der gesamten körperlichen Erziehung“[458] anerkannt wurde.

> „Aufgabe und Inhalt der Demokratischen Sportbewegung ist die Heranbildung und Erziehung von Menschen, die bereit sind zur Arbeit und zur Verteidigung des Friedens. Deshalb muß die demokratische Sportbewegung stärker als bisher zu einem entscheidenden Faktor im gesellschaftlichen Leben unseres Volkes werden.“[459]

Das Sportabzeichen „Bereit zur Arbeit und zur Verteidigung des Friedens“, welches sich ab 1956 „weniger militärnah“[460] war, galt als Gradmesser und Spiegel für die Erfolge der SED-Politik.

> „Anstatt es zu einem wertfreien Prüfstein körperlicher Leistungsfähigkeit zu machen, wurde daraus ein ganzes Programm mit weltanschaulichem Anspruch und politisch-erzieherischer Bedeutung.“[461]

Nach Gründung des DTSB informierte das Deutsche Sportecho unter der Rubrik „In Sachen Sportabzeichen“ darüber, wieviel Sportabzeichen im Verhältnis zum Jahresplan abgelegt wurden und welches die prozentual schlechtesten Stadtkreise waren.[462] Wie sich die fortlaufende SED-Politik nicht nur in das sich verändernde Sportabzeichenprogramm einschrieb, sondern direkt in sein Zeichen, soll im folgenden exemplarisch gezeigt werden. Eine erste Korrektur des Sportabzeichens erfolgte bereits 1952.[463] Aus der Büste des deutschen Banner tragenden Paares wurde 1952 ein Banner tragendes Läuferpaar. In dieser Veränderung wird eine bewusste Hinwendung zur Repräsentation durch Sport deutlich.

Während die UdSSR ihren Staatstitel in der Bezeichnung des Sportabzeichens führte, entschied man sich in der ehemaligen Deutschen Demokratischen Republik statt „DDR“ oder weiterhin „Frieden“ für das Wort „Heimat“ – so dass das Sportabzeichen in „Bereit zur Arbeit und zur Verteidigung der Heimat“ umbenannt wurde.

Zwischen der Veränderung der Textbausteine „des Friedens“ und „der Heimat“ liegen genau fünf Jahre. In diesen fünf Jahren löste sich die Ausdifferenzierung des ersten Symbols völlig auf.

Die deutsche Flagge verschwand, die beiden Sportler, ein Mann und eine Frau, Seite an Seite die Flagge gemeinsam tragend, wurden wegrationalisiert, nur der Ehrenkranz blieb übrig und schloss den Schriftzug „DDR“ ein. Das Abbild des Sportlers und der Sportlerin wurde durch drei Buchstaben ersetzt, die den kleineren deutschen Staat verkörpern sollten.[464] Der bekränzte neue Staat wurde auf diese Weise repräsentiert – die Sportler wurden hier vorweg bereits symbolisch entindividualisiert und den Staatsinteressen untergeordnet. Durch die gewählte Symbolik wird der Wille zur separaten sportlichen Selbstdarstellung der ehemaligen DDR offenkundig. „Heimat“ impliziert die subjektiven Erfahrungen innerhalb eines Raumbereichs durch Tradition und nicht zuletzt durch die sie prägende Landschaft.[465] Infolge der Teilung Deutschlands wurde nun mittels eines kleinen Abzeichens versucht, eine nationale Identität zu erschaffen, die abgekoppelt von zumindest einem Teil deutscher Landschaft funktionieren sollte. Der Begriff „Heimat“ wurde bewusst als Ersatz für die fehlende nationale Tradition der DDR genutzt. Der wegrationalisierte Begriff „Frieden“ dagegen hatte auf ein Resultat, den Zustand Deutschlands nach 1945, verwiesen, den es zu erhalten galt. Da beide Textbausteine in der sowjetischen Vorlage so nicht vorhanden sind, kann von einer gezielt zusätzlichen Bedeutungsebene für das Sportleistungsabzeichen der DDR ausgegangen werden. Da im gleichen Zeitraum in Ost und West um die Teilnahme und Überzahl in der gesamtdeutschen Olympia-Mannschaft gerungen wurde, kam der Veränderung des Sportabzeichens ebenso die Funktion zu, die verweigerte staatliche Anerkennung und die beeinträchtigte Selbstbestimmtheit zu kompensieren.

Erste Sportleistungsabzeichen, hier noch „Bereit zur Arbeit und Verteidigung des Friedens“, wurden von FDJ-Funktionären des SWB entsprechend ihrer Verpflichtung bis zum 1. Mai 1951 abgelegt.[466] Initiator war die Zentrale Betriebsgruppe der FDJ, die versuchte, über die Bildung von FDJ-Trainingsgemeinschaften das Abzeichen im Werk zu popularisieren. Um Termine und Abnahmeberechtigte kümmerte sich die Leitung der BSG.[467] Im Mai gleichen Jahres sollten sich fast alle Sportler der BSG, laut Betriebszeitung, bereit erklärt haben, das Sportabzeichen zu erwerben.[468] Zudem wurde im Juni 1951 der „Komplex des Sportleistungsabzeichens“[469] in der Betriebszeitung als „Grundlage der gesamten körperlichen Erziehung“ propagiert.[470] Allerdings legten bis September 1951 lediglich 56 Kollegen und Kolleginnen die Bedingungen für das Sportleistungsabzeichen ab[471], obwohl zu diesem Zeitpunkt bereits über hundert Mitglieder in der BSG Stahl organisiert waren.[472] Schon in dieser frühen Phase des Sportabzeichenprogramms wurde deutlich, dass der propagandistische Anspruch und seine Umsetzung divergierten. Mit einem enormen agitatorischen Aufwand wurde deshalb weiter für das Sportabzeichen geworben:

„Bereit zur Arbeit und zur Verteidigung des Friedens“ (1951)

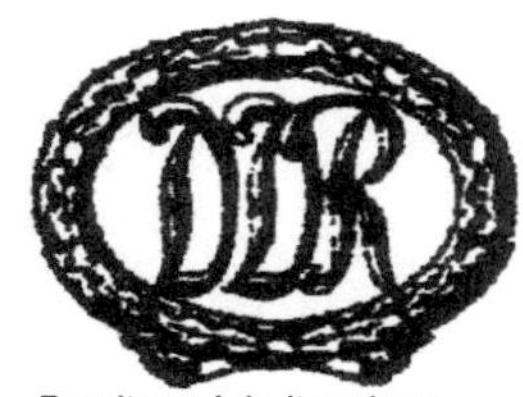

„Bereit zur Arbeit und zur Verteidigung der Heimat“ (1956)

„Unser Sport soll nicht Selbstzweck sein, sondern soll unseren Körper gesund, widerstandsfähig und leistungsstark zur Erfüllung der vor uns stehenden gesellschaftlichen Aufgaben machen. Durch ihn werden körperlich und geistig gesunde Menschen herangebildet, die bereit sind, den Fünfjahrplan zu erfüllen und die Aufbauerfolge unserer Deutschen Demokratischen Republik und die Bemühungen um die Errichtung eines einheitlichen, friedliebenden und demokratischen Deutschlands vor Anschlägen der USA-Imperialisten zu schützen.“ [473]

Mit allen Mitteln wurde fortan versucht, dem Sportabzeichen in Form von Quantität zum Erfolg zu verhelfen. Wettbewerbe der Sektionen und BSGen untereinander wurden ausgetragen, um die Zahl der erworbenen Sportleistungsabzeichen stetig in die Höhe zu treiben. [474] Von dieser forcierten „Mobilisierung der Volksmassen“ [475], die ebenso die Werbung von DTSB-Mitgliedern (seit 1957) einschloss, ging eine gewisse Genugtuung für die rechenschaftslegenden Funktionäre und SED-Machthaber aus.

Immer wieder wurden Statistiken über den Erwerb des Sportleistungsabzeichens und die BSG-Mitgliederzahlen als Maßstab für Wettbewerbe der BSGen untereinander herangezogen. So wurde z.B. im September 1951 zu Ehren des Geburtstages Josef Stalins unter dem Motto „Vorwärts zur Volkssportbewegung“ zum Wettbewerb aufgerufen. [476]

Die Hauptpunkte des Wettbewerbs sind:
Mitgliederwerbung und Erwerb des Sportleistungsabzeichens!

Kolleginnen und Kollegen, Sportfreunde! Setzt alle Kraft zur erfolgreichen Durchführung des Wettbewerbes ein. Unsere Losung muß sein:

Jeder Werktätige ein Sportler!
Jeder Werktätige
ein Träger des Sportleistungsabzeichens!

BSG Stahl, Andrejewski

Bereits der III. Parteitag der SED 1951, auf dem Walter Ulbricht forderte, den Einfluss seiner Partei auf die Kulturarbeit in allen Bereichen zu forcieren, bewies den Willen der DDR-Regierung zur uneingeschränkten Dominanz der SED über Blockparteien und jegliche Organisationsformen. Gewerkschafts-, Kultur- und Sportfunktionäre des Stahl- und Walzwerkes wurden fortan in erster Linie politisch, aber auch theoretisch und praktisch für ihre Funktionen ausgebildet. [477]

Nach Auswertung der statistischen Angaben der BSG Stahl Brandenburg über abgelegte Sportabzeichen wurde deutlich, dass es in keiner Sektion kontinuierliche Entwicklungen beim Erwerb des Sportleistungsabzeichens gab. [478]

Laut Gewerkschaftsstatistik stagnierte 1986 die Ausbildung der Abnahmeberechtigten des Sportabzeichens, keine Stadt erreichte die Orientierungszahl 100 je Kreis. [479]

Grafik: Abgelegte Sportabzeichen pro Jahr in der BSG Brandenburg. Zusätzlich zum Vergleich die Sektionen Fußball, Kegeln und Kanu.

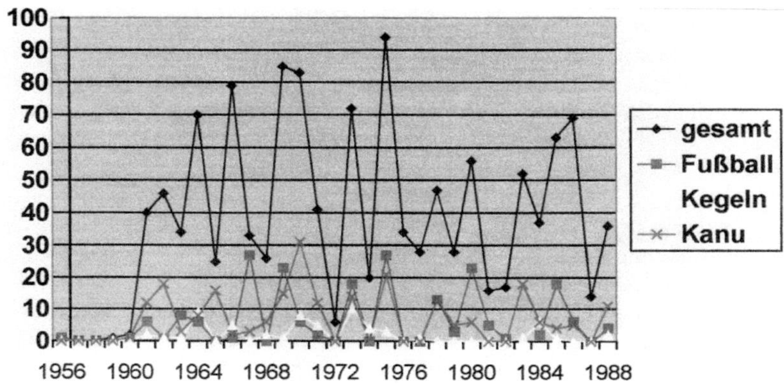

Die Zahl derer, die sich dazu motivieren ließen, das Sportabzeichen zu erwerben, schwankte von Jahr zu Jahr erheblich. Vor und nach Jahren mit hoher Bilanz zeigt sich eine regelrechte Erschöpfung. So wurden im Jahre 1964 siebzig Abzeichen errungen, während im darauf folgenden Jahr lediglich fünfundzwanzig Abzeichen erworben wurden. Ähnliches lässt sich auch nach 1966, 1973 und 1975 beobachten.

Eine Variante dieses Phänomens bilden die Jahre 1969/70 und 1985/86. 1969 erhöhte sich die Jahresbilanz von 26 auf 85 und hielt sich noch ein Jahr, bevor die Kurve nach unten ging. Das Gleiche wiederholte sich, als 1985 die Jahresbilanz von siebenunddreißig auf dreiundsechzig stieg und sich im darauf folgenden Jahr auf neunundsechzig erhöhte, um dann auf vierzehn abzufallen.

Es lässt sich in Bezug auf das Sportabzeichenprogramm innerhalb der BSG Stahl Brandenburg konstatieren, dass sich zwischen 1975 und 1985 das immer wieder hartnäckig propagierte Sportabzeichenprogramm in einer ‚Flaute' befunden haben muss. Die Bereitschaft das Sportabzeichen zu erwerben, war in hohem Maße von politischen Impulsen abhängig.

Wie auch in anderen ‚Erfolgsstatistiken' der DDR benutzte man für die Rechenschaftslegung[480] das additive Verfahren, indem man Jahr für Jahr die Zahl der erworbenen Sportabzeichen hinzu addierte und somit stets mehr Abzeichen als im Vorjahr vorweisen konnte – eine einfache Rechnung also, die darüber hinweg täuschte, dass die Beliebtheit des Sportabzeichens fragwürdig war. Besonders fiel dies beim Lesen des Rechenschaftsberichtes für das Jahr 1972 auf. Obwohl in der BSG-Statistik nur sechs abgelegte Sportabzeichen zu Buche standen, wurde wie folgt berichtet:

> „Für die Ablegung der Bedingungen des Sportabzeichens wurde die Zielstellung von 290 erreicht. Hier hätte das Ergebnis besser sein können, wenn wir uns um die notwendige Ausfüllung der Bewerbersammelkarten etwas mehr bemüht hätten."[481]

Nicht erwähnt wurde im Rechenschaftsbericht, dass die genannte Zahl mindestens einen Zeitraum von fünf Jahren repräsentierte und auf diese Art und Weise die ‚schwachen' Jahre kaschiert wurden. Es muss angenommen werden, dass sogar in einigen Sektionen die Zahlen ‚geschönt' wurden, um der sonst anstehenden Kritik der BSG-Leitung aus dem Wege zu gehen. So sollen zum Beispiel die Segler so manche(n) Träger oder Trägerin des Sportleistungsabzeichens erfunden haben.[482] So wird offenkundig, dass das Ablegen des Sportabzeichens innerhalb der florierenden BSG mehr einem Plansoll als einer beliebten und politisch einsichtigen Freizeitbeschäftigung entsprach.

> „In jedem Jahr wurde durch die BSG die Erfüllung der Sportabzeichen verlangt und musste von den Sektionen abgelegt werden. Wie in den Rechenschaftsberichten und Chroniken der Sektion nachzulesen ist, konnte die Anzahl der geforderten Abzeichen oft nicht erbracht werden. Zeitzeugen berichteten jedoch, dass in vielen Jahren die Abrechnungen manipuliert worden sind. Die Zahlen seien so hingerechnet worden, wie es die BSG-Leitung erwartet hat, bestätigen zahlreiche Interviewte."[483]

Während einige Sektionen die Zahlen zu manipulieren anfingen, wurde von der politischen Führung das Sportabzeichen 1984 als sichtbarer Ausdruck für die Erfüllung des Klassenauftrags deklariert.[484]

Ob Erich Honecker jemals das Sportabzeichen abgelegt hat, ließ sich bisher nicht mit Sicherheit feststellen. Jedoch wissen wir heute, dass allein Walter Ulbricht mit seinen, zwar inszenierten, Sportauftritten hinter seinen Worten stand und mit seiner Persönlichkeit dem Sport Gewicht verlieh. Er war Initiator und zugleich einer der wenigen politischen Vertreter, die ihre eigenen Ansichten über Körperkultur und Sport in die Praxis überführten.

Selbstverpflichtungen, wie die Verdoppelung der Mitgliederzahlen und das Ablegen von

Grafik: Abgelegte Sportabzeichen der BSG Brandenburg im additiven Verfahren. Zusätzlich zum Vergleich die Sektionen Fußball, Kegeln und Kanu.

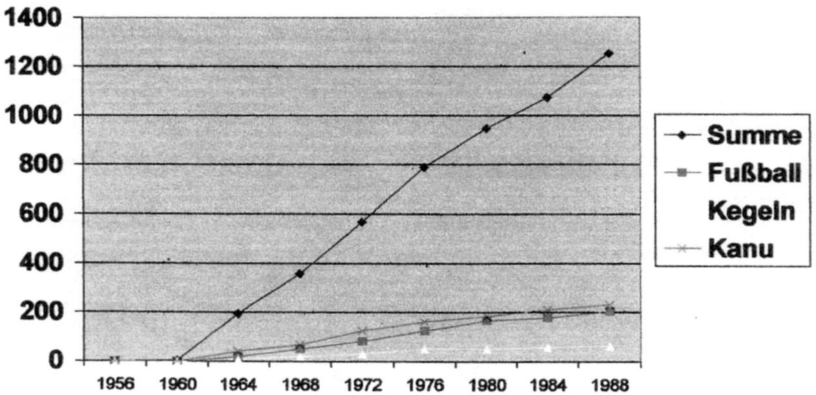

Sportabzeichen[485], wurden zu stereotypen Mustern in der Praxis der BSG und schlugen sich u.a. auch im Betriebskollektivvertrag nieder. Im Betriebskollektivvertrag wurden Vereinbarungen zwischen der BGL des SWB und der Werkleitung geregelt. Die Werkleitung verpflichtete sich, für den Betriebssport Sportgeräte und Sportbekleidung zur Verfügung zu stellen. Im Gegenzug sollte ein Betriebssportfest organisiert und das Sportabzeichen abgelegt werden. So haben mit der Einführung des BKV (1951) 56 Kollegen und Kolleginnen das Sportabzeichen „Bereit zur Arbeit und zur Verteidigung des Friedens“ erworben.[486]

War das Sportabzeichen für jeden und jede gleichermaßen Ansporn? In Brandenburg musste sich zumindest die Führungselite des Stahl- und Walzwerkes im ersten Jahr des Bestehens ihrer BSG von deren Leitung kritisieren lassen, da sie ihrer eingegangenen Selbstverpflichtung, das Sportleistungsabzeichen abzulegen, nicht nachkam:

„Wir erwarten weiter, dass auch die Werkdirektion, und zwar die Kollegen Götzl, Locherer, Pfaff, Fuge, Hecht, Seeger und Krug die Notwendigkeit des Ausgleichsportes anerkennen und sich beim Training für das Leistungssportabzeichen neue Kraft für ihre verantwortliche Arbeit holen.“[487]

Die Lebensweise der Elite im Werk wurde von der propagierten sportlich fundamentierten Politik nicht tangiert. Im Umkehrschluss verzichtete sie auf das neue Lebensgefühl, gesteigerte Arbeitskraft und körperliche Fitness. Der Massensport war für das Volk gedacht. Und wie sich gezeigt hat, wurde auch hier die Elite von der sportpolitischen Lenkung verschont. Dabei fragten sich die Aktiven: „Wo bleiben unsere Kumpel, die Kollegen der technischen Intelligenz, die Werkleitung bei den sportlichen Veranstaltungen?“[488]

Um die entstehende Kluft zwischen den Arbeitern und der Leitung bzw. Intelligenz zu überbrücken, wurde versucht, immer neue Initiativen ins Leben zu rufen und Anreize zu schaffen.[489] Allerdings hatten neue Initiativen zur Folge, dass das Interesse und die politische Einsicht in die Notwendigkeit, das Sportabzeichen abzulegen, sanken. So ließe sich zumindest das Abfallen der Zahlen (1975-1985) interpretieren. In den 80er Jahren befand sich das Sportabzeichen bereits im Schatten von attraktiveren sportlichen Betätigungsfeldern, wie „Eile mit Meile“ (Gesundheitsläufe), „Ran ans Netz“ (Volleyballturniere), „TTT“ – Tischtennisturnier der Tausenden, der Friedenslaufbewegung oder Familienwettbewerben, die durch die Gewerkschaftszeitung „Tribüne“[490] und die Wochenzeitung „Für Dich“[491] angeregt wurden. Da half es wenig, dass man das Sportabzeichen in die Laufbewegung mit einbinden wollte, wie durch die Aktion „Start mit Bronze“. Auch die Bezirksorganisationen sannen nach Kompromissen, so sollten die Bezirksfachausschüsse prüfen, ob nicht das Sportabzeichen als Voraussetzung für die Teilnahme an Wettkämpfen gelten sollte. Besonders in den 16- bis 18-Jährigen sah man eine Reserve für das Sportabzeichen. Aber auch FDJ, FDGB, Volks- und Berufsschulen sollten das Sportabzeichenprogramm mittels Selbstverpflichtungen und Ankurbelung des „sozialistischen Wettbewerbs“ erfüllen.[492] Überhaupt wurde im „sozialistischen Wettbewerb“ ein Mittel gesehen, erschlaffende Strukturen wiederzubeleben. Allerdings konnte er das mangelnde Interesse am Sportabzeichen, welches eher als ein Rudiment der frühen DDR-Sportpolitik angesehen wurde, nicht dauerhaft kaschieren. Das Sportabzeichen wurde somit ungewollt zum Barometer für die dogmatische Lenkung innerhalb des DDR-Sports, auch als das Interesse und die Einsicht in die Notwendigkeit des kleinen ‚Loyalitätsbeweises‘ nicht mehr gegeben waren.

5 Sport in der Brigade und „sozialistischer Wettbewerb“

Ab 1958 konnten Brigaden den Titel „Kollektiv der sozialistischen Arbeit“ im Vergleichskampf mit anderen Brigaden erringen. Ihr Credo „sozialistisch arbeiten, leben und lernen“ verstand sich als sozialistische Erziehungsprogrammatik nach sowjetischem Vorbild (Stachanow-Bewegung, 1935), die sich auch auf Bereiche der Freizeit ausweitete.[493] Im Brigadevertrag ebenfalls enthalten und somit bewertbar wurden sowohl kulturelle als auch sportliche Vorhaben der Brigade. Dieser Teil des Brigadevertrages wurde als „Kultur- und Bildungsplan“ bezeichnet. Die Brigade galt als kleinste Gruppe, um erziehungspraktisch und politisch wirksam werden zu können. Mittels Wettbewerb sollte u.a. um den Titel „Brigade der sozialistischen Arbeit“ gewetteifert werden.[494] Dieser Wettbewerb trug die Bezeichnung „sozialistischer Wettbewerb“ und galt als leistungsstimulierender Vergleich zwischen unterschiedlichen Produktionsbereichen. Im Wettbewerb untereinander standen nicht nur Brigaden, sondern Werke, Abteilungen und einzelne Arbeiter. Der Wettbewerb wurde auf unterschiedlichen Ebenen (Kreis-, Bezirks-, und DDR) geführt, zusätzlich unterteilt nach Betriebs-, Kombinats-, und Industriezweigen. Der „sozialistische Wettbewerb“ hatte die Aufgabe, die fehlende Dynamik des Konkurrenzkampfes des freien Marktes zu kompensieren, indem er motivierend auf die Arbeitsleistungen wirken sollte. Vorform des Wettbewerbs war die Aktivistenbewegung der 50er Jahre mit ihrem Vorzeigehelden Adolf Hennecke.[495]

Das SWB gehörte seit dem 01.10.1950 zur „Wettbewerbsgruppe eins“ der Metallurgie. Durch diese Art der Wettbewerbsstrategie sollten z.B. 1951 etwa 154 Tonnen Stahl und 9861 Tonnen Grobbleche über den Plan hinaus produziert werden. 1955 wurden die Brandenburger Stahlwerker Wettbewerbssieger und übernahmen die Wanderfahne von der Maxhütte Unterwellenborn in Thüringen.[496] Das Besondere an diesem Wettbewerb war, dass alles, was über den Plan hinaus produziert wurde, ebenfalls Zielsetzung eines weiteren Plans war, der als „sozialistischer Wettbewerb“ unter politischer Ausrichtung erfolgte, wie z.B. um die Beschlüsse des 21. Plenums des ZK der SED (1955) zu verwirklichen oder „Zu Ehren des V. Parteitages der SED“ (1958), als 3900 Tonnen Rohstahl über den Plan produziert werden sollten.[497]

Auch der Sport in der Brigade wurde durch den „sozialistischen Wettbewerb“ geprägt. Mit der Integration des „sozialistischen Wettbewerbs“ in die Brigadekultur wurden sportliche Inhalte in die Freizeitplanung der Brigaden aufgenommen. Innerhalb der Brigaden wurde Sport – neben anderen kulturellen Unternehmungen in Ergänzung zu Veranstaltungen politischer Bildung, Weiterbildung, Erfüllung und Übererfüllung von Arbeitsnormen –Bestandteil der Rechenschaftslegung. Im Kultur- und Bildungsplan der Brigaden wurde der freizeit-kulturelle Teil des „sozialistischen Wettbewerbs“ schriftlich fixiert.[498] Neben gemeinschaftlichen volkssportlichen Unternehmungen wie Wandern, Radtouren und Kegelabenden planten die Brigaden ebenso Skatturniere, Theaterbesuche, Feiern und Bildungsveranstaltungen.

Die Dokumentation von Produktionsziffern, Stückzahlen und Arbeitsleistung ist dabei auf einen Teil der Freizeit übertragen worden. Diese Art der Brigadekultur über die Arbeitszeit hinaus hatte die Funktion, einen Zusammenhalt zu erzeugen, der es den Arbeitern erleichterte, gesellschaftliche Vorgaben als persönliche Zielsetzungen zu adaptieren. Im Grunde waren dies gruppenbildende Maßnahmen, die das strenge Arbeitsklima in den Brigaden stabilisieren halfen.

Dass sportliche und kulturelle Unternehmungen verglichen und bewertet wurden, zeigt den erzieherischen Impetus des „sozialistischen Wettbewerbs“. Sport und Kultur wurden als integrale Bestandteile einer „sozialistischen Persönlichkeit“ verstanden. Der „sozialistische Wettbewerb“ entwickelte sich zu einem Auszeichnungs- und Prämiensystem, wobei materielle Stimulation und Wertschätzung oftmals ideell-politische Aspekte des Wettbewerbs in den Hintergrund treten ließen. So beteiligten sich Werktätige nicht generell an sportlichen Unternehmungen, weil sie der propagierten „sozialistischen Lebensweise“ gerecht werden wollten, sondern auch, weil sie den Wettbewerb für sich entscheiden und die Prämie kassieren wollten. [499]

1968 wurde zudem der sozialistische Wettbewerb unter dem Motto „Gesund bleiben – Sport treiben“ als „Fernwettkampf“ ausgetragen. Dieser bezog sich auf „Gewerkschaftsgruppen, sozialistische Brigaden und Arbeitskollektive“, um diese an eine „regelmäßige sportliche Betätigung“ heranzuführen. Mit der Festlegung einheitlicher Wettbewerbskriterien löste sich der teilweise duale Wettbewerbscharakter, der oftmals lediglich einem Kräftemessen nach Herausforderung glich, auf und konnte nun variabel auf alle Wettbewerbspartner angewandt werden. Bewertet wurden sportliche Aktivitäten innerhalb der Brigaden, Teilnahme an Betriebsmeisterschaften, Betriebssportfesten, Sportfesten der IG/Gew., Volkssportfesten, Lauf-Dich-gesund-Bewegung, Anzahl der Sportabzeichen, Schießabzeichen und Ausgleichsgymnastik. [500]

Der Brigadesport war sehr vielseitig und natürlich von der Zusammensetzung der Brigade je nach Alter und Geschlecht beeinflusst. Allerdings waren bei allen gemeinsame Kegelabende beliebt. Einige Brigaden veranstalteten mit ihren Patenklassen Sportnachmittage, kleine Sportfeste, Manöver oder sie brachten auch schon mal zu Wanderungen, Preisangeln, Radausflügen ihre Familie mit, forderten andere Brigaden aus anderen Bereichen zu Fußball- und Kegelduellen heraus, organisierten Turniere für ihre Abteilungen oder beteiligten sich an ihnen, nahmen an Brigadesportfesten, Betriebssportfesten und Betriebsmeisterschaften in einzelnen Sportarten, zumeist Kegeln, Fußball, Volleyball oder Schießsport, teil. Nicht vergessen werden darf hierbei das Ablegen des Sportabzeichens. [501] Auch individuelle sportliche Aktivitäten einzelner Brigademitglieder wurden zum Teil im „sozialistischen Wettbewerb“ in die Waagschale geworfen, Tätigkeiten als Übungsleiter, Schiedsrichter oder die Teilnahme an Wettkämpfen. Im Ensemble mit anderen kulturellen Aktivitäten wie Theaterbesuchen, der Teilnahme an Veranstaltungen, Frauentagsfeiern [502], Besuchen in Museen, Ausstellungen und Gedenkstätten oder der Bereitschaft zur fachlichen und politischen Weiterbildung, dem Eintreten in die DSF, pünktlicher FDGB-Beitragsmarkenkassierung, hohes Soli-Aufkommen u.a. konnten entsprechende Punktzahlen bei der Erfüllung des Kultur- und Bildungsplanes vergeben werden. Der arbeitsökonomische Teil des „sozialistischen Wettbewerbs“ hatte jedoch Priorität. Hier ging es um Selbstverpflichtungen wie „Subotniks“ [503], Neuerervorschläge, Planerfüllung oder Planübererfüllung, Einsparungsmaßnahmen und zu verringernden Krankenstand. Nicht zuletzt wurde gemäß inhaltlicher und formaler Kriterien die Führung des Brigadetagebuches mit bewertet. [504]

Mitverantwortlich für Planung und Durchführung der sportlichen Brigadeaktivitäten in der Freizeit war der Sportobmann bzw. Sportorganisator der Brigade oder, wenn es keinen gab, der Kulturobmann. [505] Wie in den Brigadetagebüchern der 1960er Jahre dokumentiert, war der Brigadesport in einigen Brigaden unterrepräsentiert. Um dies auszugleichen, wurde statt dessen das Tagebuch mit Sportartikeln und Bildern von DDR-Sport-Idolen gestaltet. [506]

Nicht alle Brigaden kämpften im „sozialistischen Wettbewerb“ um den Titel „Kollektiv der sozialistischen Arbeit“, auch beim Titelkampf um das „Kollektiv der DSF“ wurde Sportliches anerkannt. So rechnete die Brigade „Hans Marchwitza“ 1978 den Punkt Brigadeangeln als Maßnahme zur Festigung des Kollektivs ab. [507] In der Regel fanden in Brigaden, welche sich im Titelkampf befanden, zwei bis acht gemeinsame Sportveranstaltungen statt. [508] Es muss angenommen werden, dass nicht alle Brigaden gemeinsame Sportaktivitäten bevorzugten und sich von der Konzeption des „Sports für alle“ vereinnahmen ließen.

6 Zur Organisation des betrieblichen Sports nach 1957

Mit Gründung des Deutschen Turn- und Sportbundes der DDR (DTSB) am 26./27. April 1957, von der man sich die SED-Führung eine „einheitliche demokratische Sportbewegung" versprach, sind die Betriebssportgemeinschaften vom DTSB übernommen worden. Das führte zu einer Verunsicherung und Entfremdung von Betrieb und der bis dato gewerkschaftlich organisierten BSG. Während der betriebliche Sport sowohl in der BSG als auch in den einzelnen Brigaden funktioniert hatte, konstatierte das Deutsche Sportecho im Herbst 1957 „Auswüchse auf dem Gebiete des betrieblichen Massensports". [509] Da es sowohl den innerbetrieblichen Sport als auch den BSG-Sport gegeben hatte, zogen sich viele Sportler aus den BSGen zurück und schlossen sich dem gewerkschaftlich organisierten Sport im Betrieb wieder an. Teilweise sprach man von einer „zweiten Säule des Sportes". [510]

> „Die organisatorische Leitung dieses – außerhalb der Betriebssportgemeinschaft durchgeführten – Massensports liegt in den Händen der Gewerkschaftsleitung. Die überwiegende Mehrzahl der unter dieser Leitung Sporttreibenden ist nicht Mitglied des Deutschen Turn- und Sportbundes, die Betriebssportorganisation hat keinerlei Einfluß." [511]

Man warf den Gewerkschaften vor, sich mehr um den Massensport zu kümmern als um die nun zum DTSB gehörende BSG. Dass es zwischen FDGB-Vorstand und DTSB-Vorstand Reibungen gegeben haben muss, lässt sich aus der öffentlichen Forderung *Hans Degebrodts,* FDGB-Bundesvorstand „Wir erwarten, daß sich das Präsidium des DTSB mit dem Bundesvorstand des FDGB und den Vorständen der Industriegewerkschaften zusammensetzt" ablesen. Während die Industriegewerkschaften im Bereich des Sports durch den DTSB politisch entmachtet wurden, entbrannte nun das Gerangel um die Finanzierung des Sports, welche zum größten Teil von den Trägerbetrieben und ihren Gewerkschaften (Direktorenfonds u. K- u. S-Fonds [512]) getragen wurde. Man befürchtete zurecht, dass nun Abteilungsgewerkschaftsleitungen (AGL) nach eigenem Gutdünken für wenige Sportler im gewerkschaftlichen Betriebssport im Vergleich zu den vielen BSG-Sportlern zu hohe Aufwendungen erbrachten und somit der BSG-Sport unter der Verantwortung des DTSBs benachteiligt wäre. [513] Weiterhin wurde von Seiten des FDGBs auf die schlechte Zusammenarbeit mit den BSG-Leitungen verwiesen, die sich zumeist nicht für den betrieblichen Massensport verantwortlich fühlten. [514] „Es wurde eine regelrechte Organisation der Unorganisierten organisiert, die es auch fast restlos ablehnten Mitglied des DTSB zu werden." [515] So *Willi Liebold* aus Weißenfels im Forum „Für und Wider" des Deutschen Sportechos. Als Hauptgründe sah er die lästige Verpflichtung bei einer DTSB-Mitgliedschaft und dass die materielle Unterstützung von Seiten des Betriebes und nicht durch den DTSB erfolgte. [516] Zudem wurden mit der Installation des DTSB als Dachverband für den Sport neue Prioritäten für die Arbeit der BSGen gesetzt. Ziel des DTSB war es, vornehmlich, junge sportliche Talente zu entdecken und zu fördern. Der Sport, der der Vitalisierung der Arbeiter galt, wurde in den BSGen zurückgedrängt. Auch im Stahlwerk Brandenburg war man sich nach Gründung des DTSB nicht über die Zuständigkeiten für den betrieblichen Sport einig, so der damalige Sportinstrukteur des Stahlwerks *Hagedorn.*

> „Die BSG-Leitung war also der Meinung, daß die Unterstützung von den genannten Organisationen [FDJ / FDGB / SED] ausgehen sollte. In den Organisationen glaubte man aber, daß für die Fragen des Sports im Betrieb die BSG zuständig ist. Die Koordination ist nicht gegeben. Aus diesem Grunde gibt es keine gleichbleibende Kontrolle und Auswertung [für den innerbetrieblichen Sport]." [51]

Um eine zweite Sportorganisation zu verhindern und um den DTSB als einheitliche Sportorganisation zu stärken, gab es zahlreiche Initiativen des FDGB [518], die dem Sport der Arbeiter wieder mehr Gewicht verleihen sollten. Zum einen wurde Kontinuität vom Breitensport bis hin zum Leistungssport propagiert, indem man auf die Vorbildwirkung des Spitzensports für den Volkssport verwies. Zum anderen versuchte man den betrieblichen Sport parallel zur Siebenjahresplanung der Wirtschaft zu entwickeln. [519] Für den betrieblichen Sport waren sowohl der DTSB als auch weiterhin der FDGB verantwortlich. Der DTSB genoss allerdings die politische Legitimation als Dachverband.

> „Die Bildung des DTSB ist eine richtige und notwendige Fortsetzung des bisherigen Weges. Die BSG'en bleiben die wichtigste Grundorganisation der demokratischen Sportbewegung. Wichtigste Aufgabe des FDGB ist die breiteste Aufklärung über den Wert und die gesundheitliche Bedeutung der sportlichen Betätigung." [520]

Um die Zuständigkeitsbereiche besser miteinander abzustimmen, mussten Vereinbarungen getroffen werden. [521] Erst am 17.08.1964 einigten sich die Bundesvorstände des FDGB und des DTSB darauf, dass sportliche Maßnahmen künftig im Betriebskollektivvertrag verankert würden und dass Sportorganisatoren eingesetzt werden müssten. Zudem sollten bei den Bezirks- und Kreisvorständen des FDGB Sportkommissionen gebildet werden. [522] Mit dem Einsatz von Sportorganisatoren in den Betrieben wurde erst 1970 das erste gemeinsame Sportprogramm zwischen FDGB und DTSB verabschiedet. [523] Es handelte sich dabei um eine Initiative des FDGB. Der Sekretariatsvorlage des Bundesvorstandes FDGB Arbeitsgruppe Sport vom 17.02.1970 „Sportprogramm für die Werktätigen in den Betrieben und Kreisen" stimmte das Sekretariat des Bundesvorstandes des DTSB zu. [524] Weitere fünf Jahre später wurde auch die FDJ wieder in die gemeinsame Sportarbeit miteinbezogen. [525] Diese hatte sich bezüglich des betrieblichen Sports hinter der Gesellschaft für Sport und Technik zurückgezogen. In diesen achtzehn Jahren von 1957 bis 1975 versuchte man den Breitensport neu zu organisieren und weiter zu beleben, gerade weil sich der Kinder- und Jugendsport des DTSB durch seine Förderprogrammatik der Trainingszentren ab 1969 und der „Einheitlichen Sichtung und Auswahl" (ESA) ab 1973 [526] vor den betrieblichen Ausgleichs- bzw. Freizeitsport schob.

6.1 Zur Aufgabe des Sportorganisators

Um dem Nachlassen sportlicher Ambitionen der Arbeiter entgegenzuwirken, welche am reglementierten, an Jugendlichkeit orientierten DTSB-Sport weniger teilnahmen, wurde 1964 zwischen FDGB und DTSB die Installation von Sportfunktionären und die Aufnahme sportbezogener Aktivitäten in den Betriebskollektivvertrag (BKV) vereinbart.[527] Allerdings hatte es im Stahl- und Walzwerk Brandenburg schon zuvor einen Sportorganisator gegeben. Um den Organisationsaufwand zu bewältigen, den das florierende Sportgeschehen auf betrieblicher Ebene mit sich brachte, hatte das Stahlwerk bereits 1956 einen Sportorganisator unabhängig zur BSG eingestellt.[528] Die Arbeit des Sportorganisators bzw. Sportinstrukteurs hatte sich bereits im Stahlwerk und anderen Betrieben bewährt, lange bevor Sportorganisatoren gewissermaßen offiziell als Funktionsträger des FDGB eingesetzt wurden.

1967 wurden „Aufgaben und Arbeitsweise des Sportorganisators" im Betrieb für die Ebenen der Betriebsgewerkschaftsleitung (BGL) und Abteilungsgewerkschaftsleitung (AGL) durch Beschluss des Bundesvorstandes des FDGB weiter spezifiziert.[529] Der Sportorganisator der BGL, ein gewähltes Mitglied der betrieblichen Gewerkschaftsleitung, übernahm im Grunde die gleichen Aufgaben, für die bis zur Gründung des DTSB die BSG-Leitung zuständig war. Hier wird deutlich, dass sich die BSG stückweise aus ihrer Funktion, den Ausgleichssport der Arbeiter zu organisieren, entfernt hatte. Neu zur Disposition stand nun der Aufgabenbereich der Koordination des betrieblichen Sports einzelner Arbeitsbereiche und des gesamten Betriebes mit der BSG. So wurde im Jahresarbeitsplan 1962 der BSG Stahl der Einsatz von Sportorganisatoren in allen AGL-Bereichen fixiert. Diese Sportorganisatoren sollten laut Arbeitsplan der BSG monatlich theoretisch und praktisch von ihr angeleitet werden.[530] Wichtigste Aufgabe der Sportorganisatoren war es, „noch sportlich inaktive Kollegen in das Sporttreiben einzubeziehen"[531]. Diese Praxis wurde aber nicht überall angenommen. Auf der Ebene der einzelnen Abteilungen im Stahlwerk wurden nicht überall Sportorganisatoren wirksam. Die „sportliche Betätigung wurde" hier „dem Selbstlauf überlassen".[532] So berichtete der Sportorganisator der BGL des SWB Hagedorn 1967, dass er sich seine Verbindungsleute in der AGL selbst zusammen suchen musste. Aus den zweiundzwanzig unterschiedlichen AGL-Bereichen des SWB kamen lediglich zehn Sportorganisatoren zur Anleitung der Massensportkommission.[533] Die Gewerkschaft sah hierin den Grund für die unzureichende Sportarbeit dieser Abteilungen.[534] Mittels Sofortprogramm wurden 1969 Lehrprogramme für die Ausbildung von Sportorganisatoren im Freizeit- und Erholungssport erstellt.[535] Um über die Aufgaben des Sportorganisators zu informieren, beauftragte der FDGB-Bundesvorstand, Abteilung Sport, eigens Autoren, welche einen Leitfaden für die Arbeit dieser Gewerkschaftsfunktionäre erstellen sollten.[536] Dem FDGB ging es möglicherweise darum, die „Interessenvertretung der Werktätigen" gegenüber dem DTSB und den von ihm dominierten BSGen zu wahren oder zumindest zu kompensieren. Die erzieherische Komponente des Sports innerhalb der gewünschten „sozialistischen Lebensweise" sollte weiterhin erhalten bleiben, so hieß es im Handbuch für den Sportorganisator:

> „Bei der Verwirklichung der Hauptaufgabe in ihrer Einheit von Wirtschafts- und Sozialpolitik werden die Bedingungen dafür geschaffen, daß der Mensch in seiner physischen und psychischen Einheit als Gestalter der gesellschaftlichen Prozesse auftritt und all seine Anlagen voll entfaltet. Körperkultur und Sport tragen dazu mit ihren eigenen Mitteln bei. Regelmäßiges Üben und Trainieren, Spiele und Wettbewerbe, Wanderungen und andere Formen der freudvollen aktiven Erholung helfen, - die optimistische und lebensbejahende Geisteshaltung der Menschen zu formen, - Fähigkeiten und Lebensgewohnheiten auszuprägen, die es ermöglichen, die Freizeit sinnvoll und inhaltsreich zu gestalten, - Gesundheit und Leistungsfä-

> higkeit zu erhalten und zu festigen sowie Kenntnisse und Eigenschaften zu erwerben, die sich in der Tätigkeit am Arbeitsplatz, beim Lernen und in der Freizeit als notwendige Bestandteile einer sozialistischen Lebensweise erweisen.“ [537]

Noch zehn Jahre nach Gründung des DTSB gab es unterschiedliche Erwartungshaltungen und Verwirrung über die gewandelten betrieblichen Sportstrukturen und Aufgabenbereiche. So glaubte die Leitung der BSG Stahl Brandenburg, dass sie von der Betriebsgewerkschaftsleitung, der Betriebsparteileitung und der FDJ unterstützt werden müsste. Diese wiederum glaubten, dass für Fragen des betrieblichen Sports die BSG zuständig sei. [538] Offiziell wurden Probleme des durch veränderte Zielstellungen der BSGen geschwächten betrieblichen Sports kaschiert.

> „Wir sprechen zu Recht von einer gesunden Wechselwirkung: Die Ergebnisse und Placierungen [sic!] unserer besten Sportler in bedeutenden Wettkämpfen sind doch Tagesgespräch in vielen Arbeitskollektiven.“ [539]

Die ursprüngliche Intention bei Gründung der BSG Stahl, im Arbeitsumfeld für sportlichen Ausgleich im Rahmen verbesserter Arbeits- und Lebensbedingungen für die im Stahlwerk Arbeitenden zu sorgen, war zumindest jenseits der ÜTW-Aktivitäten [540] der BSG, wie z.B. die Teilnahme am traditionellen Beetzseelauf oder Tischtennisturnier, hinfällig geworden. Betroffen waren insbesondere jene, die nicht an sportlichen Wettbewerben teilnehmen oder regelmäßig trainieren wollten. Statt dessen war der für den betrieblichen Sport Beauftragte des FDGB, der Sportorganisator, zusätzlich zur BSG-Leitung für die Belange des Kinder- und Jugendsports der BSG zuständig. Er vermittelte sowohl zwischen den sporttreibenden Arbeitern als auch zwischen der BSG und den einzelnen Zuständigkeitsbereichen des Betriebes (Werkleitung, BGL, FDJ, Direktorat für Arbeits- und Lebensbedingungen etc.).

Um den Betriebsleitungen mehr Verantwortung für den betrieblichen Sport zu übertragen, beschloss der Ministerrat der DDR am 27. November 1968, in den volkseigenen Betrieben Sportkommissionen bei den Leitungen der Betriebe, zusätzlich zu den Massensportkommissionen der BGL, zu bilden. Wichtigste Aufgabe dieser Sportkommission war die Beratung der Werkleitung bei der Koordinierung sportlicher Aufgaben innerhalb des Werkes. Hierzu gehörte das Erarbeiten von Vorschlägen, Plandokumenten, Werbemaßnahmen, Wettbewerbskonzeptionen, Erarbeiten von Aus- und Weiterbildungsmaßnahmen der Sportorganisatoren und die stete Einflussnahme auf die Weiterentwicklung von Körperkultur und Sport im Betrieb. [541] Die Sportkommission hatte sowohl Initiativ- als auch Kontrollfunktion. Mittels der entstandenen Doppelstruktur, der Sportkommission bei der Werkleitung und der Massensportkommission, später Kommission für Freizeit- und Erholungssport des FDGB, wollte man den betrieblichen Sport attraktiv gestalten, um die erwünschte Beteiligung der Arbeiter am sportlichen Geschehen herbeizuführen. Im Stahl- und Walzwerk Brandenburg hielt man diesen organisatorischen Aufwand für notwendig, denn „[n]icht alle Brigaden sahen den Sport als Bestandteil ihres kulturellen Lebens“ [542]an.

1977 gab es in der DDR rund 208 610 amtierende Sportorganisatoren [543], die Jahr für Jahr versuchten, die Arbeiter zur Teilnahme an den von ihnen organisierten Betriebssportfesten oder zumindest zum Ablegen des Sportabzeichens der DDR zu motivieren. Bis 1981 gelang es mittels publizistischer Maßnahmen, rund 270 000 Sportorganisatoren, die sich um das sportliche Freizeitverhalten der Arbeiter bemühten, zu gewinnen. [544] Es ist davon auszugehen, dass es sich bei

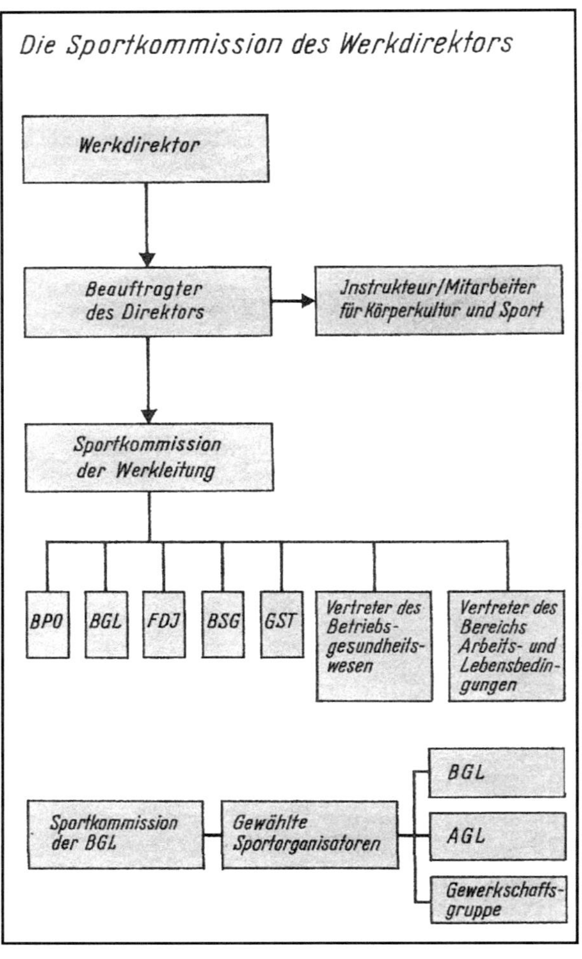

Skizze:
Struktur aus Handbuch für den Sportorganisator[548]

der gesellschaftlichen Tätigkeit des Sportorganisators der Brigaden um ein gewähltes Ehrenamt handelte.[545] Die Betriebssportkommissionen (Massen-, Volkssportkommissionen bzw. Kommissionen für Freizeit- und Erholungssport) der Gewerkschaft wurde durch diese einzelnen Sportorganisatoren der Abteilungsgewerkschaftsleitungen (AGL) der Betriebe ebenfalls gewählt.

Wohingegen sich eine zweite nichtgewählte Sportkommission bei der Werkleitung nach einem konkreten Schlüssel zusammensetzte und vom Werkdirektor selbst, einem von ihm ernannten Stellvertreter, zumeist dem Direktor für Arbeits- und Lebensbedingungen, geleitet wurde. In dieser Sportkommission sollten sich Vertreter aus allen sportbezogenen Bereichen engagieren. Neben einem hauptamtlichen Sportinstrukteur des Werkes gehörten zur Kommission Vertreter aus den Leitungen der BGL (Sportorganisator), der FDJ, der GST, der BSG sowie Vertreter aus den Bereichen Arbeitsökonomie, Arbeits- und Lebensbedingungen, Kader und Bildung, Betriebsgesundheitswesen und ein bis zwei geeignete Vertreter aus den Produktionsbereichen.[546] Diese Sportkommission kam vierteljährlich zusammen und legte Rechenschaft über ihre Arbeit ab bzw. plante das kommende Quartal. Im Jahre 1985 waren in der Sportkommission beim Leiter des SWB nachweislich sowohl der Sportorganisator der BGL als auch Vertreter der BSG I und II, des DAV, der GST sowie der Parteileitung vertreten.[547]

Einer der engagierten Sportorganisatoren der „Kommission für Freizeit und Erholungssport“ war Roger Olschowka. Olschowka hatte sich schon als junger Schichtarbeiter für die Belange seiner Jugendfußballmannschaft, der er selbst angehört hatte, eingesetzt. Die jungen Stahlwerker trainierten damals noch ohne Trainer und fuhren ohne Betreuer nach der Schicht zu Punktespielen. Sie hatten sich schon 1953 mehr Fürsorge und Aufmerksamkeit für den betrieblichen Sport gewünscht.[549] Olschowka hatte mit zu den ersten 70 Lehrlingen gehört, die im September 1950 im SWB mit ihrer Facharbeiterausbildung begonnen hatten.[550] 1974 wurde er im Namen des Betriebsdirektors Lauck mit einer Geldprämie für die Vorbereitung und Durchführung des Betriebssportfestes ausgezeichnet.[551] Von der Betriebsgewerkschaftsleitung wurde Olschowka 1985 anlässlich des 35-jährigen Bestehens der BSG-Stahl für die Auszeichnung des „Aktivisten"[552] vorgeschlagen. Zusätzlich zum Vorsitz der Kommission Freizeit- und Erholungssport war er seit 1978 „Sportinstrukteur" des SWB. Als „Sportinstrukteur" organisierte er, inzwischen herausgelöst aus dem Produktionsprozess, wo er als Schlosser und zuletzt als Kooperateur tätig gewesen war, nun auch hauptamtlich sowohl den betrieblichen als auch den BSG-Sport. Olschowka könnte durch seine Mitgliedschaft in SED, FDGB, DSF und DTSB[553] als idealtypischer Sportfunktionär der DDR auf betrieblicher Ebene gelten. Auffallend ist, dass er in die Anstellung als „Sportinstrukteur" über die ehrenamtliche Arbeit hinein gewachsen war. Mit dem gewachsenen Anspruch des Sports auf betrieblicher Ebene und dem Organisationsbedarf bei SWB und BSG wurde Olschowka aus dem bisherigen Arbeitsprozess heraus gelöst. Wichtig war dabei auch, dass er aufgrund seines Engagements für den betrieblichen Sport geschätzt und beliebt war, sowohl bei den Sportlern und Übungsleitern als auch bei den Beschäftigten des SWB.[554] Sein Beispiel steht hier exemplarisch entgegen der in der DDR üblichen Praxis, (Sport-)Funktionäre lediglich zu installieren. Allerdings wies Olschowka neben seinem Engagement für den Sport jene „qualifizierenden" Merkmale auf, wie z.B. Parteizugehörigkeit zur SED, die (Sport-)Funktionäre gemeinhin hatten.

6.2 Gewerkschaftssportliche Praxis im SWB

Das erste Betriebssportfest des Stahl- und Walzwerkes Brandenburg fand 1951 statt. Hier wurde in den Sportarten Volleyball, Fußball und Leichtathletik der sportliche Vergleich gesucht. Am Volleyballturnier beteiligten sich Werkschutz, Feuerwehr und zwei Lehrwerkstätten, wohingegen das Fußballspiel für die BSG-Fußballer reserviert wurde, die gegen die eigens eingeladene Nordwest Berliner Mannschaft 0:3 verloren. Im Folgejahr wurde das Repertoire um die Sportarten Handball, Kegeln und Tischtennis erweitert. 1953 wurden erste sportliche Präferenzen der Stahlwerker deutlich. In den Sportarten Kegeln und Fußball wurden eigene Betriebsmeisterschaften ausgetragen. Zu dieser Meisterschaft meldeten sich achtzehn Mannschaften. Um die Spiele organisieren zu können, wurde eine Kommission für die Betriebsmeisterschaft im Fußball gebildet.[555] 1955 kamen Schach, Volleyball und Tischtennis hinzu. 1956 wurde mit Hilfe vieler freiwillig geleisteter Aufbaustunden durch die im Stahlwerk Arbeitenden das „Stadion der Aktivisten" am Quenz mit Nebenanlagen fertig gestellt.[556] Bei einer Gesamtbelegschaft von 4700 Arbeitern waren ca. 40-50 Stahlwerker pro Monat sportlich aktiv.[557] Zur Tradition geworden war bei den Betriebssportfesten des SWB das Fußballturnier „die Dicken gegen die Dünnen", was zu einer Art Garant für den Spaß am Spielfeldrand wurde. 1957 spielten vor ca. 2000 Zuschauern eine 1200 Kilo schwere Mannschaft gegen eine 649 Kilo-Mannschaft, wobei sich ca. 300 Stahlwerker aktiv an weiteren Wettbewerben des Betriebssportfests beteiligt hatten.[558] Auch Tauziehen, Aalgreifen und Radrennen rund ums Werk (10 km für Frauen und 20 km für Männer) wurden im Rahmen von Betriebssportfesten veranstaltet.[559]

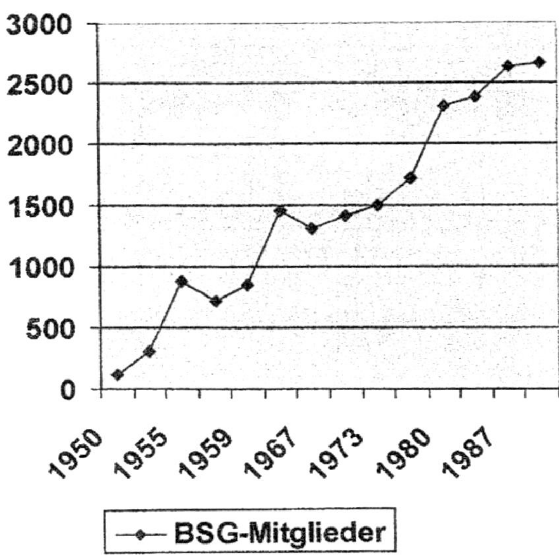

Diagramm:
Mitgliederentwicklung in der BSG Stahl Brandenburg von 1950 bis 1989 [566]

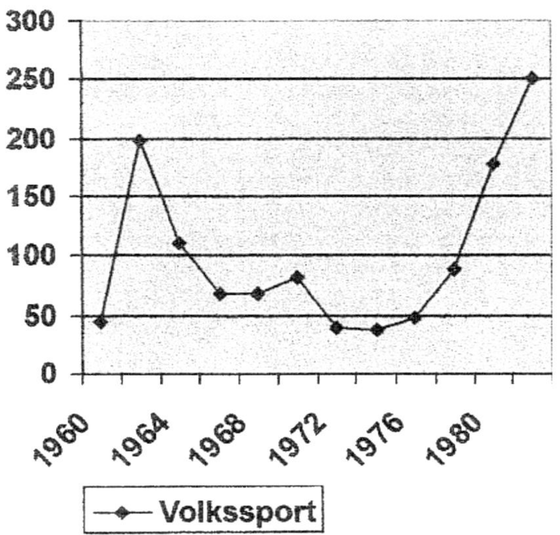

Diagramm:
Entwicklung Volkssport innerhalb der BSG von 1960 bis 1983 [567]

Durch die Vernetzung der einzelnen Kompetenzbereiche des betrieblichen Sports bestimmten zunehmend terminierte Vorgaben den Betriebssportkalender. So reihten sich betriebssportliche Veranstaltungen aneinander, Betriebssportfeste, Abteilungsmeisterschaften, Betriebsmeisterschaften in einzelnen Sportarten [560], wie Kegeln, Volleyball, Luftgewehrschießen etc., und in der Woche der Jugend wurden Sportwettkämpfe für Lehrlinge organisiert. Um die Attraktivität des betrieblichen Sports zu erhöhen, wurden Wanderpokale gestiftet. So stiftete z.B. der Betriebsdirektor am Tag des Metallurgen einen Wanderpokal für das Volleyballturnier der Betriebsmannschaften des SWB. [561] Ergänzt wurde der sportliche Alltag durch sportliche bzw. touristische Unternehmungen der Brigaden zumeist im Rahmen des jeweils erstellten Kultur- und Bildungsplanes (siehe Kapitel Sport in der Brigade und „sozialistischer Wettbewerb").

6.3 Freizeit- und Erholungssport in der BSG

Mit Gründung des DTSB 1957 verloren die überregionalen Sportvereinigungen der Gewerkschaft, mit Ausnahme z.B. von Wismut [562] und Lok [563] sowie den SV der bewaffneten Organe (ASV und Dynamo), ihre Funktion, was teilweise zum Erlahmen der individuellen sportlichen Impulse führte.

Infolge der veränderten Zuständigkeiten im Sport kam es besonders in der BSG zur Stagnation bzw. zum Rückgang der Mitgliederzahlen. Waren es 1955 noch 880 Mitglieder, so waren es 1958 nur noch 723 Sportler in der BSG Stahl Brandenburg. [564]

Um gegenzusteuern trat 1962 die BSG Stahl in den „sozialistischen Wettbewerb" im Kreismaßstab ein und führte zusätzlich einen Wettbewerb mit der BSG Aufbau Brandenburg durch. Die Wettbewerbskriterien passten sich jeweils an neue Erfordernisse an, Entwicklung des Volkssports, Gewinnung und Ausbildung von Übungsleitern, Mitgliederwerbung, Erwerb des Sportabzeichens, Gewinnung von Teilnehmern für die Sportschau des IV. Turn- und Sportfestes der DDR, Mitfinanzierung des IV. Turn- und Sportfestes. [565] Allein die Abrechnung von Sportabzeichen blieb in allen „sozialistischen Wettbewerben" eine unumstößliche Vergleichskonstante. Vorangegangen war dem „sozialistischen Wettbewerb" in der BSG der Wettbewerb um den Titel „Beste Sportorganisation des FDGB", dieser hatte sich noch an der Struktur der „SV der Gewerkschaften" orientiert.

Jedoch erholte sich die BSG Stahl erst nach 1963 durch die Eingliederung der Mitglieder der BSG Motor Nord der Thälmann-Werft, die aufgrund der Schließung der Werft aufgelöst wurde. Eine Besonderheit der BSG Stahl Brandenburg wurde infolgedessen ihre hierdurch angelegte Doppelstruktur. Da es nun zwei Kanu- und zwei Segelsektionen am Quenz und am Beetzsee gab, bot es sich an, die Sportler hinsichtlich ihrer leistungssportlichen oder freizeitsportlichen Ambitionen zu unterteilen. Neben den Aktiven wurde ebenfalls die Sportstätte am Beetzsee durch Stahl übernommen. [568] Die Zweiteilung wurde auf die gesamte BSG übertragen. Die Unterteilung in BSG Stahl I und BSG Stahl II machte es wiederum möglich, beiden sportlichen Zielsetzungen gerecht zu werden, sowohl den Kinder- und Jugendsport als auch den Freizeitsport zu entwickeln. Gleichzeitig war die weitere Ausprägung und Differenzierung ab 1969 Resultat der Zweiteilung des Sports durch den DTSB in „Sport(arten) I" und „Sport(arten) II". [569] Die BSG Stahl I bestand 1979 aus 20 Sektionen und 4 Sportgruppen und die BSG Stahl II aus 4 Sektionen und zwei Sportgruppen. In der BSG Stahl I waren mit dem BTZ [570] für Kanu-Rennsport, dem BTZ Leichtathletik und dem TZ Ringen u.a. die besonders geförderten olympischen Sportarten zusammengefasst. [571]

Ein weiterer entscheidender Impuls für die Belebung des Freizeit- und Erholungssports im betrieblichen Umfeld kam von der Betriebssportgemeinschaft Stahl. Die BSG-Stahl gründete 1974 die Sektion Volkssport. Um wieder mehr Aufmerksamkeit auf den Volkssport zu lenken, wurde ca. 1975 zudem die Bildung von „allgemeinen Sportgruppen" innerhalb der BSGen durch den DTSB angeregt. [572] Von Vorteil war dabei, dass die Freizeitsportler nicht mehr zwingend in der BSG und somit im DTSB organisiert sein mussten. Dennoch warb der DTSB zielgerichtet in den „allgemeinen Sportgruppen" um neue Mitglieder. [573] Dass das neue Konzept aufging, zeigt die positive Resonanz bei der Beteiligung am Volkssport ab 1975 (siehe Diagramm: Entwicklung Volkssport innerhalb der BSG von 1960 bis 1983).

7 „Gesund bleiben – Sport treiben" [574] – Vision und Realpräsenz sozialistischer Lebensweise

Der propagierte Sport in der DDR verfolgte zwei unterschiedliche Zielrichtungen, zum einen sollte die Souveränität des Landes durch sportliche Erfolge unterstrichen werden und zum anderen bestand weiterhin das Interesse, eine breite Masse der arbeitenden Menschen mittels Sport zu vitalisieren.

> Für Gesundheit, Erholung und Lebensfreude, für Leistungsfähigkeit und Leistungsstreben, für Frieden und Sozialismus! Treibt alle Sport! [575]

Man wollte den Bereich der Gesundheitsversorgung entlasten und Kosten einsparen. Gleichzeitig bedeutete dies eine Entlastung der Betriebspolikliniken und anderer Gesundheitseinrichtungen durch die Senkung des Krankenstandes. In der DDR wurde in der Regel kein Ersatz für erkrankte Kollegen gesucht, sondern die Arbeit wurde vom Kollektiv mit erledigt, was sich häufig negativ auf das Arbeitsklima auswirkte.

Auf der 6. Tagung der Stadtverordnetenversammlung Brandenburgs 1975 verwies der Bezirksarzt, Obermedizinalrat Dr. med. Lübs, darauf, dass Ärzte bei Krankschreibungen Nationaleinkommen verschenken würden. „1 Prozent mehr oder weniger Krankenstand beinhaltet 3 Milliarden Mark verschenktes Nationaleinkommen pro Jahr." [576]

Aus diesem Blickwinkel betrachtet entwickelte sich der „überhöhte Krankenstand" zu einem volkswirtschaftlichen Problem. Bei hohem Krankenstand war daher die Planerfüllung in Gefahr. Die avisierte sportliche Prävention galt daher weniger der Entlastung der Menschen als der Planerfüllung, zum Beispiel mussten 1982 im SWB wegen des hohen Krankenstandes 22.325 Überstunden geleistet werden. Die Verantwortung der Arbeiter für ihre Gesundheit wurde als nicht delegierbar erklärt und fand seinen Niederschlag in der weiteren Ausprägung des Erziehungskonzepts der „sozialistischen Lebensweise". Teil dieses Konzepts war die Gesundheitserziehung.

> „Haben wir es eigentlich schon erreicht, daß im Kopfe jedes Mitmenschen die Meinung der Vergangenheit überwunden ist, daß alles was mit der Gesundheit zusammenhängt, ausschließlich gesellschaftliche Bringeschuld [sic!] ist, wo praktisch der einzelne Bürger in der Rolle des passiven Konsumenten gefallen darf? [...] Wir können nicht ohne den bewußten und aktiv mitarbei-

> tenden Bürger unsere Probleme lösen. Jeder einzelne Bürger hat seine Aktie daran, wie gesund er ist.“ [577]

Man musste sich eingestehen, dass die Arbeitsunzufriedenheit mit allem, was sie evozierte, in Korrelation zum Krankenstand stand. [578] Die Förderung, Erhaltung und Wiederherstellung der Gesundheit wurde, im Sinne des von der SED auf dem VIII. Parteitag beschlossenen sozialpolitischen Programms, zum Hauptanliegen und Verfassungsgrundsatz der sozialistischen Gesellschaft erklärt. Betriebs- und Gewerkschaftsleitungen wurden aufgefordert, dem Rechnung zu tragen. [579]

Ein weiteres Problem des Gesundheitswesens ergab sich aus der ungünstigen Altersstruktur. 1982 waren 23,44 % der Mitarbeiter im SWB über 51 Jahre. Besonders betroffen, im Verhältnis zur Schwere der Arbeit, war die Gießerei des Stahlwerkes. Hier waren ca. 45, 6 % der Beschäftigten über 51 Jahre.[580] Dem Leistungsabfall im Alter sollte entgegengewirkt werden, so dass die Arbeiter den Ansprüchen ihres Arbeitsplatzes bis zur Rente gerecht bleiben würden. [581] So sollten gesunde Lebensweise und breitensportliche Betätigung direkt die Volkswirtschaft stützen. Weiterhin sollten entsprechende Sportangebote dem kulturellen Vakuum in den großen Wohnsiedlungen Nord und Hohenstücken entgegenwirken.

Sport zur Gesunderhaltung war in der DDR zwar ein propagierter, jedoch im Schatten des Leistungssports unzureichend beachteter Bereich. Hauptschwerpunkt der Freizeitkonferenz des FDGB im Mai 1968 in Brandenburg war die Freizeitgestaltung der Arbeiter. Da die Konferenz in Brandenburg stattfand, bot es sich an, den Chefarzt der Betriebspoliklinik des Stahl- und Walzwerkes Brandenburg, Medizinalrat Dr. Strauß, zur Problematik von Gesundheit und Arbeit zu Wort kommen zu lassen. Er machte in seinem Vortrag deutlich, dass für den körperlichen Ausgleich der Arbeiter mehr Möglichkeiten geschaffen werden müssten. [582] Desweiteren forderte er, dass alle Sportstätten allen Bürgern offen stehen sollten. [583] „Es ginge nicht nur darum, zukünftige Olympioniken herauszubringen – es ginge vor allem darum, durch eine Massenbetätigung die Volksgesundheit zu heben.“ [584]

So plädierte er für eine generelle Nutzung von Sportplätzen durch die Werktätigen, empfahl ruhespendende Seen (ohne Motorenlärm) und Wanderungen auf sowohl verlockenden als auch markierten Wegen zur Erholung. Seine Wortmeldung baute auf den Stand aktueller Befragungen auf, die bestätigten, dass die Mehrzahl der Bürger ihre Freizeit in der Natur, bei Sport, Spiel, Wanderungen, Gartenarbeit und Touristik, verbrachten. [585]

Anlass der Konferenz war die durch ‚Wissenschaft und Fortschritt‘ verlängerte Freizeit der Menschen. Im Wesentlichen ging es auf der Konferenz darum, sich den neu entstandenen ‚gesellschaftlichen Erfordernissen‘ anzupassen. Seit 1967 gab es in der DDR die 5-Tage-Arbeitswoche, die wöchentliche Regelarbeitszeit betrug somit nur noch 43,75 Stunden, während es 1958 noch 45 Stunden waren. [586] Ulbricht wertete die 5-Tage-Woche als „Ergebnis sozialen Fortschritts“ und „qualitativ neue Stufe sozialistischer Lebensweise“. Allerdings sollte das Bedürfnis nach körperlicher und geistiger Entspannung durch kulturell-geistige Bildung und Weiterbildung ergänzt werden. [587] So wurden Leitungsträger der Betriebe und örtlichen Organe aufgefordert, die Planung und Leitung freizeitgestalterischer Aufgaben wahrzunehmen. Die Arbeits- und Lebensbedingungen könnten, laut Auswertung der Freizeitkonferenz in Brandenburg, verbessert werden, indem neue Freizeitreserven erschlossen würden. [588] Fast unmerklich veränderte sich die Wahrnehmung der tatsächlich zur Verfügung stehenden freien Zeit, frei von betrieblichen und gesellschaftlichen Anforderungen, Zeit, über die man frei verfügen konnte. Mit Anforderungen außerhalb der Arbeitszeit wurde Freizeit gezielt reglementiert, so wie es im Kultur- und Bildungsplan der Brigaden vorgesehen war.

8 Resümee

Auch im Brandenburger Stahlwerk sah man sich durch propagierte Sportlichkeit in die Pflicht genommen. Der betriebliche Sport war seit 1952 durch die BSG Stahl und ihre überregionale Sportvereinigung der Industriegewerkschaft Metallurgie organisiert worden und konnte aus sich heraus unter der Leitung des FDGB und mit Hilfe der FDJ gute Fortschritte im Sinne der Popularisierung des Sports unter den Arbeitern leisten. Nichtangehörige des Stahlwerks sollten in der BSG damals nicht mehr als 20% betragen.[589] Der sportliche Aufschwung im Sinne einer breitensportlichen Entwicklung war durch die bereits geschaffenen Strukturen durchaus gegeben. Mit der Gründung des DTSB 1957[590] wurden die überregionalen Sportvereinigungen der Industriegewerkschaften entmachtet. Der bisherige Breitensport wurde nach leistungssportlichen Wertmaßstäben innerhalb des Übungs- und Wettkampfbetriebs (ÜTW) weiter ausgerichtet. Ihren überregionalen Einfluss verloren dagegen nicht die Sportvereinigungen der Polizei (Dynamo) und der Armee (ASV). Rudimente der SV der Gewerkschaften überlebten z.B. in der alten Namengebung, wie bei Lok, Chemie und Traktor.[591] Durch eingeführte Delegierungspflicht von Sporttalenten an Sportklubs, Errichten von Trainingsleistungszentren in allen vom DTSB geförderten „olympischen" Sportarten, den „Sportarten I" (im Gegensatz zu den weniger geförderten „Sportarten II")[592], steigende Planzahlen u.a. für DTSB-Mitgliedschaften, Sportabzeichen, Kampfrichter, Übungsleiter und Medaillen und durch abrechenbare Weiterbildungen trat der DTSB normierend in Erscheinung. Die Organisationsstrukturen des überregionalen Gewerkschaftssports wurden vom DTSB formal ersetzt. Der DTSB verstand es, die florierenden BSGen an sich zu binden. Der sich immer stärker entwickelnde Leistungsgedanke des Sports stand dem volkssportlichen Ansatz des Kraftschöpfens und Erholens als Formen bewusster Regeneration konträr gegenüber. Die proklamierte Leistungsorientiertheit wurde ungewollt zur Konkurrenz für Volks- und Gesundheitssport. Mit der Aufwertung von Spitzenleistungen wurden Vorbedingungen geschaffen, dass sich der Leistungssport aus seinem bisherigen betrieblichen Umfeld herauslösen konnte. Die Verschiebung der gesellschaftlichen Wertigkeit vom Breiten- zum Spitzensport innerhalb der Gesellschaft wurde auch durch die höhere Bewertung von Leistung an sich begünstigt. Die sich ankündigende Spaltung zwischen betrieblichem Sport und Sport nach leistungssportlichen Kriterien innerhalb der BSG durch Einführung der ESA[593], durch den DTSB, machte diesen Bruch deutlich. Als Korrektur ist das spätere Engagement des DTSB für den Freizeit- und Erholungssport zu werten.

Mitte der 70er Jahre widmete sich die BSG zunehmend der Talentsichtung, um leistungsfähigen Nachwuchs für die Sportschulen zu ‚produzieren'. Auch hier wurde mittels „sozialistischem Wettbewerb" der Sektionen und BSGen untereinander versucht, die Anzahl der Delegierungen zu den Sportklubs zu forcieren, während der betriebliche Sport mit seinen Organisationsformen des FDGB und seinen volkssportlichen Wettbewerbskriterien nach 1957 aus dem Gesichtsfeld der BSGen geriet. Die BSG wurde unter dem DTSB zu einer Institution für den Kinder- und Jugend- sowie den leistungsorientierten Sport (ÜTW-Betrieb[594]). Durch das Prestige des Leistungssports und die hierfür notwendigen Kosten wurde die BSG zunächst zum konkurrierenden System für den betrieblichen Sport. Da der DTSB gegenüber dem Volkssport bevorzugt den Kinder- und Jugendsport förderte, musste der Sport der Arbeiter mehr und mehr durch zum Teil auf unübersichtlichen Strukturen basierende gewerkschaftliche Aktivitäten und betriebliche Leitungstätigkeit kompensiert werden. Diese Tatsache versuchte man in allen gesellschaftlichen Bereichen medienwirksam durch gemeinsame Sportprogramme (seit 1970) zu kaschieren.[595]

Ihrem einstigen Anspruch, für den Freizeit- und Erholungssport der Arbeiter des Stahlwerks zuständig zu sein, kam die BSG nur noch partiell nach. Dies betraf besonders volkssportliche Aktivitäten, wie z.B. Kegeln und Popgymnastik. Um den Freizeitsport von Seiten des DTSB und mit Hilfe des FDGB anzukurbeln, wurden innerhalb der BSG „allgemeine Sportgruppen" gebildet. Aufgabe des FDGB und ihrer Sportorganisatoren war es, Beschäftigte, die in der Regel nicht wettkampforientiert waren, in Gruppen zusammenzufassen und zu regelmäßiger sportlicher Betätigung zu animieren. Um mehr Menschen für den Sport zu begeistern, wurde gerade hier oft auf sportliche Wünsche und Neuheiten eingegangen (siehe Popgymnastik).

Die in der Grafik ersichtliche Dynamik durch das Entstehen „allgemeiner Sportgruppen" zeugt von einer Sportpolitik, die seit den 1980er Jahren versucht, sensibler auf Sportbedürfnisse der in der DDR lebenden Menschen einzugehen, um die Zahl der Sporttreibenden weiter zu steigern.[597] Im Gegensatz dazu wurde weiterhin dogmatisch der Erwerb des Sportabzeichens der DDR zum Mittelpunkt der Volkssportbewegung erklärt. Bei innerbetrieblichen Sportveranstaltungen hatte die BSG nur noch unterstützende Funktion. Gewählte Sportorganisatoren der BGL hatten insbesondere

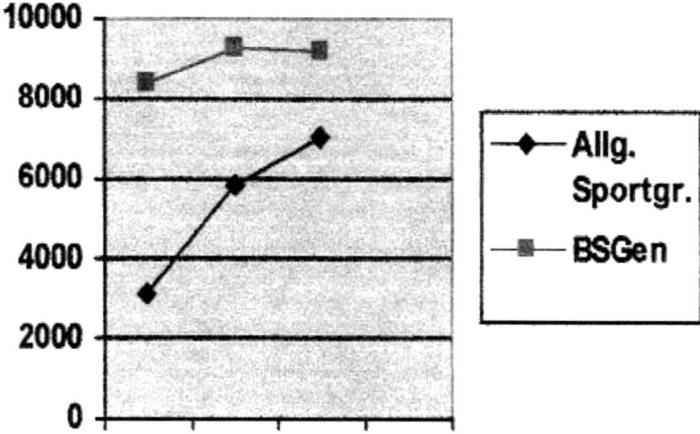

Grafik: Anstieg der Allgemeinen Sportgruppen sowie BSGen 1978 bis1981 [596]

die Aufgabe, den Kontakt zur BSG herzustellen, um in Absprache mit den dortigen Funktionären, Trainern und Übungsleitern die organisatorische und material-technische Infrastruktur mit nutzen zu können. Erst mit dem Einsatz eines Sportinstrukteurs in der BSG für die Koordinierung sowohl des betrieblichen als auch des BSG-Sports konnte der Wegfall der Arbeit der gewerkschaftlichen SV Stahl kompensiert werden.

VII Die Variationsbreite des betrieblichen Sports im Verhältnis zur Leistungsorientiertheit des DDR-Sports

1.Fußball als Zeichen ökonomischer Macht

„Wer mitbekommt, was sich im Fußball wann und wie verschiebt, ist über andere Gesellschaftsbereiche osmotisch informiert“[598], so Theweleit in seinem pünktlich zur Fußball-EM 2004 erschienenen Versuch, Fußball als Realitätsmodell vorzustellen. Seine These, dass Entwicklungen im Fußballsport auf jene gesellschaftlichen Kräfte zurück verweisen, die für sportliche Aktivitäten die Grundlage bilden, möchte ich unterstützen und im Folgenden am konkreten Beispiel des regionalen Fußballs der BSG Stahl Brandenburg aufzeigen. Es soll dargestellt werden, wie sich der Betriebsfußball „gegenüber den Trägern der Macht politisch und ökonomisch positionieren konnte“.[599]

Zu den ersten 1950 gegründeten Sektionen der BSG Stahl Brandenburg gehörte die Sparte der Werkfußballer, welche auf dem Gördensportplatz bis zur Fertigstellung eines eigenen Stadions im Jahre 1955 trainieren und spielen durften. Im Oktober 1951 erklärte sich die Werkdirektion entsprechend der kulturpolitischen Vorgaben Ulbrichts auf dem III. Parteitag der SED[600] bereit, ein geeignetes Gelände für Sportanlagen zur Verfügung zu stellen.[601] Auf jenem Parteitag hatte eine Betriebsdelegation des SWB dem Präsidenten der DDR, Wilhelm Pieck, stolz die erste Probe des ersten Abstichs überreicht. In den Folgejahren wurde neben den Siemens-Martinöfen eine neu aufgebaute Drahtstraße in Betrieb genommen. Parallel hierzu wurden für sportliche Betätigungen erste Infrastrukturen geschaffen. Im Jahre 1952 wurden Sportstätten für Volleyball und Fußball fertiggestellt. Die Zahl der Sektionsmitglieder wuchs innerhalb der BSG Stahl Brandenburg von 1950 mit anfänglichen 24 Spielern bis 1955 kontinuierlich auf 82 Sektionsmitglieder an. Der Bau eines Stadions wurde von 1952 bis 1955 realisiert.[602] Die Mitgliederzahlen der Sektion Fußball stiegen danach von 1955 (82) bis 1959 (176) um mehr als das Doppelte an.

Bauliche Maßnahmen brachten auch für den Fußballsport erheblich verbesserte Trainings- und Spielbedingungen mit sich. So wurden 1966 sowohl die Kultur- und Sporthalle der Stahlwerker eingeweiht als auch ein neuer Rasenplatz angelegt.[603] Ein Jahr später, zum FDGB-Pokalendspiel, wurde erstmalig das Zuschauervolumen des Stadions getestet. 10000 Zuschauer sahen im „Stadion der Aktivisten“ am Quenz die Entscheidung zwischen BSG Motor Zwickau und SC Hansa Rostock, wobei sich die BSG Motor Zwickau vor begeistertem Publikum zum zweiten Mal den Pokalsieg sicherte.[604]

Die Sektion Fußball entwickelte sich wie auch in anderen BSGen zur stärksten Sektion.[605]

Bis 1960 zählte die Sektion Fußball allein 252 DTSB-organisierte Sportler – rund ein Viertel aller BSG-Mitglieder.[607] Im Verlaufe des Jahres 1965 verringerte sich die Mitgliedschaft der Sektion um das „Unmutspotential“ von ca. 50 Sportlern. Das Jahr 1965 war ein Jahr der ideologi-

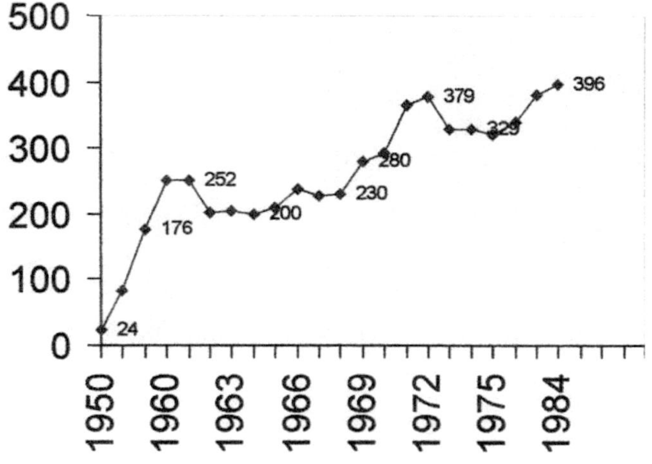

Grafik: Mitgliederentwicklung der Sektion Fußball Stahl Brandenburg [606]

schen Verhärtung, Betriebsdirektoren wurden von der SED-Parteispitze aufgrund ihrer vorrangig wirtschaftlichen und weniger ideologischen Ausrichtung gerügt. [608] Reformen wurden nur auf wirtschaftlichem Sektor zugelassen. [609] 1967 wurden erste Betriebe zu Kombinaten zusammengeschlossen. [610] Das Stahlwerk Brandenburg gehörte ab 1969 zum Kombinat Henningsdorf, dessen Leitbetrieb das VEB Stahl- und Walzwerk „Wilhelm Florin" wurde. Diese Zeit war durch ideologische Kompromisslosigkeit und Wirtschaftsreformen gekennzeichnet. Ab 1969 stiegen die Mitgliedszahlen der Sektion wieder an. Bis 1972 wuchs der Mitgliederstand kontinuierlich auf 379 Fußballsportler. 1973 sank der Mitgliederstand erneut um 50 Mitglieder. Jedoch mit den Erfolgen der I. Mannschaft nach 1977, dem Aufstieg in die 1. Liga 1982, wurde der Mitgliederzuwachs langfristig gesichert (siehe Grafik).

Der Werdegang der Stahl-Fußballer ist die Geschichte der „Entproletarisierung" der Fußballer auf regionaler Ebene. In der Anfangsphase nach 1950 ließen sich kleinere Vorteile gegenüber den übrigen Stahlwerkern und gegenüber Sportlern anderer Sportarten nachweisen. Es handelte sich dabei um das zur Verfügung stellen von Mannschaftskleidung inklusive Sportschuhe, Zusatzverteilung von Lebensmitteln, Freistellungen von der Arbeit für wichtige Spiele sowie für von der BSG oder SV organisierte erste Trainingslager.

> „Wenn bisher in der Sparte Fußball noch nicht viel geleistet werden konnte, so liegt das zum Teil an der Beschaffung der so dringend notwendigen Bekleidungsstücke für unsere Fußballer. Jetzt haben wir für den Anfang diese Bekleidung in ausreichendem Maße zur Verfügung. Sofort nach Bekanntwerden dieser Tatsache waren die ersten Interessenten bei der Kulturabteilung, um sich für die aktive Mitarbeit dieser Sportsparte zur Verfügung zu stellen." [611]

Auffallend ist, dass die Ausstattung mit Privilegien eine Voraussetzung für den Mitgliederzuwachs in der Sektion Fußball war. Nachdem die Athleten und Funktionäre dies einmal erkannt hatten, wurde die Sonderstellung des Fußballs kontinuierlich weiter ausgebaut. Als nächstes wurden Trainingsanzüge und Massagen von den Betriebsfußballern eingefordert.

> „Die nächste Trainingsstunde wurde wieder voll ausgenutzt, jedoch war die Wetterlage sehr kühl, so daß sich das Fehlen der Trainingsanzüge bei den Sportfreunden sehr bemerkbar machte. Desgleichen fehlt die gut durchgearbeitete Muskulatur. Es wäre sehr wünschenswert und sehr zum Vorteil der Gesundheit unserer Sportler, sie alle in gewissen Zeitabständen zu massieren.“ [612]

Im Jahre 1951 setzte sich die erste Mannschaft hundertprozentig aus Beschäftigten des Stahl- und Walzwerkes zusammen. Entsprechend folgender Aufstellung gehörten 81,8% der Spieler im ideologischen Sinne der Arbeiterklasse an und 72,7% von ihnen waren der Arbeitsbeschreibung

	Tor	
Verteidigung	Sperling (Stahlbauer)	**Verteidigung**
Bahrke		Wusow
(Kokillenmann)		(Brigadier, Putzbrigade)
Läufer	**Mittelläufer**	**Läufer**
Rabe	Pätzke	Spitta
(Schmelzer)	(BGL, Schulung)	(Berufsschullehrer)
Stürmer	**Mittelstürmer**	**Stürmer**
Kranz	Lyck (Kokillenmann[613])	Kotzian
(Schlackenschipper)		(Kokillenmann)
Klinke		Prillwitz
(Schmelzer)		(Kokillenmann)

nach Stahlwerker.

In den 1960er Jahren hatte die Brandenburger Stahl-Elf unter Übungsleiter Osterburg, der Generatorenschlosser im SWB [614] war, mit Misserfolgen zu kämpfen, der Abstieg aus der Bezirksliga drohte. 1965 wurde ein neuer Trainer für die Mannschaft gefunden. Der neue Trainer Löffler bat die Parteileitung (SED) des Werkes um Hilfe. Als Ursache für das schlechte Abschneiden seiner Sportler sah er die Einbindung der Spieler in den üblichen Schichtbetrieb an. Mit administrativer Unterstützung durch die Betriebsparteiorganisation wurde nach Weiterbildungsmöglichkeiten gesucht, um die Fußballer mit bestem Gewissen und mit Zustimmung ihrer Kollegen in Normalschichten integrieren zu können. Die Fußballer besuchten deshalb Lehrgänge oder die Betriebsakademie. Gleichzeitig wurde versucht, für mehr Toleranz für ihre sportlichen Aufgaben und somit für ihre Sonderstellung zu werben. Gemäß der politischen Stellung, die der Sport – besonders der Fußball – in der DDR inne hatte, wurden bei entsprechend exponierten Leistungen

Möglichkeiten für einen sozialen Aufstieg geboten. Noch 1965 waren alle Fußballspieler der BSG Stahl in Arbeitsprozesse des Stahlwerks integriert. Das spiegelte sich auch in den Berufen und Einsatzbereichen der Spieler wider. Bei zwei genannten Berufen handelt es sich bei dem zweiten

	Tor	
Verteidigung	Uwe Oechsle	**Verteidigung**
Walter Buschatzki	(Kraftfahrzeugschlosser)	Werner Krause
(Schlosser/E-Schweißer)		(Schlosser/Ofenkontrolleur)
	Mittelläufer	
Läufer	Wolfgang Bengs	**Läufer**
Hans-Jürgen Puhl	(Maurer),	Emil Philipp
(Elektriker)	Peter Holler	(Dreher/Meister, TE 20)
	(Profilwalzer/ FA Schlosser)	
	Mittelstürmer:	
Stürmer	Horst Otto Bannies	**Stürmer**
Joachim Frederich	(Dreher/Kraftfahrer)	Siegfried Steinberg
(Maurer, TH 50)	Hans-Joachim Joksch	(Maurer TH, 50)
	(Spitzendreher/Schlosser)	

Auswechselspieler: Peter Matzkow (Maler), Bernd Ehrlich (Schlosser)[615]

um die ausgeübte Tätigkeit, die zum Teil schonender bzw. nicht mehr im 3-Schichtensystem erfolgte.

Aufgrund der Fördermaßnahmen erholte sich die Sektion 1967/68 von ihrem Tief und verzeichnete 1969 sogar einen Mitgliederhöchststand.[616] Am Beispiel der Brandenburger Stahl-Fußballer kann konstatiert werden, dass verbesserte Rahmenbedingungen stets neuen sportlichen Erfolgen vorausgingen. Die Gewährung dieser Rahmenbedingungen war abhängig von den Leitungsträgern des Stahlwerkes (Direktion, Betriebsparteileitung, Betriebsgewerkschaftsleitung). Im Jahre 1967 beschlossen BSG- und Betriebsparteileitung, einen ausgebildeten Trainer einzustellen[617], um mit ihrer Fußballmannschaft in die DDR-Liga aufsteigen zu können, was ihnen 1969 nach wiederholtem Anlauf gelang. In den Staffeln B und C spielten sie bis 1982, um dann erneut eine höhere Spielklasse zu erklimmen – die höchste, die es in der DDR gab – die Oberliga.[618]

Bis Ende der 1970er Jahre entwickelte sich das SWB zum größten Rohstahlproduzenten der DDR, von Jahr zu Jahr wurden Produktionssteigerungen erbracht. Mit Inbetriebnahme des Elektrostahlwerkes im Jahre 1979 wurde der Leitbetrieb Stahl- und Walzwerk „Wilhelm Florin" von Henningsdorf nach Brandenburg verlegt. Generaldirektor des Qualitäts- und Edelstahlkombinates von 1979 bis 1986 wurde *Hans Joachim Lauck*.[619] Sein Werdegang erscheint hier idealtypisch für den Prozess der „Entproletarisierung" unter den gesellschaftlichen Bedingungen der DDR.

Der Generaldirektor (GD) des QEK gab den entscheidenden Impuls für das Entfachen des Aufstiegswillens der Stahl-Fußballer in die Oberliga der DDR. Er warb einen Trainer mit Oberligaerfahrung für seine BSG-Fußballer an und stellte ihn ein. Im gleichen Zeitraum flossen verstärkt Investitionen in das QEK mit seinen zugeordneten Betrieben. Insgesamt waren hier ca. 37000 Menschen im Industrieverbund des QEK tätig. Mit dem Bau des Elektro-Stahlwerks (1977-1980) durch die italienische Firma „Danieli“ stieg die Zahl der Beschäftigten in Brandenburg bis zum Jahr 1988 auf 9051 an. [620] Der Kompetenzbereich des GD, als Leiter dieser komplexen Industrieanlage, war umfassend. Als Angehöriger einer neuen Funktionärselite kam ihm sowohl wirtschaftliche als auch soziale und politische Verantwortung für den Industriestandort und seine Region zu. [621] Der Generaldirektor des Qualitäts- und Edelstahl-Kombinates (QEK) gehörte unter DDR-Verhältnissen vergleichsweise zu jener Expertengruppe qualifizierter, machtexponierter Angestellter und Beamter, welche in leitenden Funktionen fast unkontrolliert agieren konnten.[622] Der sportbegeisterte Generaldirektor war sich, als er den Aufstieg in die Oberliga für seine Fußball-Elf plante, der Verantwortung und Wirkmächtigkeit seiner Entscheidungen bewusst. Das Ziel, möglichst im Oberhaus bei den privilegierten Fußballklubs mitzuspielen, hatten auch andere betriebssportlich organisierte Vereine, so zum Beispiel BSG Motor Suhl, BSG Wismut Aue, BSG Chemie Leipzig, BSG Sachsenring Zwickau, BSG Energie Cottbus, BSG Fortschritt Bischofswerda oder BSG Stahl Riesa. Das durch die zehn Fußballklubs [623] repräsentierte Leistungsniveau wurde durch Nicht-Klubmannschaften innerhalb des Spielsystems ergänzt. Die zuschauerfreundliche Dynamik der Auf- und Abstiegskämpfe war aus Gründen sport- und machtpolitischer Präferenzen für die Fußballklubs fast ausschließlich den Mannschaften der BSGen vorbehalten. [624] Nicht verwunderlich ist es daher, dass am Quenz, dem Standort des Stahlwerks, versucht wurde, dieses Muster zu durchbrechen. Zudem wollte *Lauck* mit seiner BSG-Mannschaft keineswegs nach zwei Jahren wieder absteigen.

Der Generaldirektor des QEK war sich des gesellschaftlichen Stellenwertes und der Möglichkeiten des Sportes für die Region bewusst. Im Rahmen der Verbesserung der Arbeits- und Lebensbedingungen wurde Sport auch in seinem Wirkungsbereich zu einer wichtigen Komponente zur Befriedigung freizeit-kultureller Bedürfnisse. Dabei genügte es *Lauck* nicht mehr, dass seine Mannschaft nur als „Spitzenreiter der Ligastaffel B“ agierte. [625] Neben der Identifikation mit einem regional massenwirksamen Leistungsträger wurde Fußball ebenso zur Möglichkeit, positive Impulse für das Betriebsklima zu setzen. Das galt nicht nur im Bereich der Fan-Kultur. Ein Beispiel: Nach schwierigen Besprechungen hatten die Bereichsdirektoren des SWB die Möglichkeit, sich in einem Fußballmatch, das der Oberliga-Trainer *Heinz Werner* betreute, abzureagieren. [626] Gleichzeitig konnte das Medium Fußball zur Verwischung sozialer Differenzen beitragen. Die Eliten des Werkes, insbesondere die Werkleitung, der Parteiapparat, der Rat der Stadt, traten über die Sympathie und Unterstützung des Fußballs indirekt wieder in Kontakt zur Arbeiterschaft.

Der Aufstieg wurde energisch geplant und entsprechend realisiert. *Heinz Werner*, ehemals Trainer beim FC Union Berlin, bekam die Aufgabe, aus der Mannschaft eine oberligataugliche Elf zu formen, die die Kraft der Wirtschaft gegenüber den Fußballklubs zu repräsentieren wusste. Abstrakt kam es hier zu einem Kräftemessen zwischen Stellvertretern politischer Macht und der Wirtschaftselite. Allerdings kannten die Stahl-Fußballer zur Zeit des Aufstiegkampfes „ihr“ Stahlwerk bestenfalls von einer Betriebsbesichtigung. Es wurde alles daran gesetzt, für diese Elf Bedingungen zu schaffen, die den Voraussetzungen der Fußballklubs möglichst nah kamen. Das Stadion wurde erneuert, Rollrasen besorgt, die Spielerprämien erhöht, Anreize gesetzt. Dank der Erfahrung als planerisch versierter Wirtschaftsexperte wusste sich *Lauck* gegenüber den Konkurrenten mit seiner Mannschaft zu behaupten. Bei der SED-Führung wuchs das Unbehagen gegenüber dieser Mannschaft, die wie keine BSG Mannschaft vor ihr vorhandene Ressourcen zu bündeln verstand.

Die Spiele wurden für die Fans im sonst politisch reglementierten Alltag zum kulturellen Höhepunkt der Woche, zum reinigenden Fest, bei dem die Sympathien klar auf Seiten der Brandenburger lagen. Hinzu kam, dass es nach 26 Jahren endlich wieder eine Mannschaft des ehemaligen Bezirks Potsdam in die höchste Spielklasse geschafft hatte. [627] Trotz der Delegierungspflicht, fußballerische Talente an die Klubs abzugeben, konnte sich nun eine BSG-Mannschaft in dieser Region behaupten, die mittels gezielter Jugendarbeit ein Talentüberangebot zu erzeugen versuchte. Zudem wurde das TZ-Fußball kurzerhand und dogmatisch durch den DTSB-Kreisvorstand von Motor Süd Brandenburg zur BSG Stahl verlegt. Ein geschickter Winkelzug des Generaldirektors war es, die SED-Bezirksleitung in die Pläne des Klassenerhalts zu involvieren. Ebenso wurden FDJ-Bezirksleitung, FDGB-Kreisvorstand und die ZBO [628] des SWB mittels „Maßnahmeplan zur Unterstützung der BSG Stahl Brandenburg, Sektion Fußball" 1984 als Verantwortungsträger des künftigen Erfolgs der Fußballer in die Pflicht genommen. [629] So konnten Anfechtungen, die von Seiten des Machtapparates ausgingen, von vornherein abgeschwächt werden. [630] Für die sich im Oberhaus etablierende BSG-Mannschaft verbesserten sich die sportlichen Bedingungen mit jeder Saison.

Der Erfolg ließ nicht lange auf sich warten. In der Spielzeit 1985/86 rückte Stahl vom elften Tabellenplatz auf den fünften und qualifizierte sich für den UEFA-Cup. Ca. 22000 Zuschauer sahen in Brandenburg am 17. September 1986 das 1:1 gegen die Mannschaft aus Nordirland Colerain FC und am 15. Oktober die 2:0 Niederlage gegen die Schwedische Elf des IFK Göteborg. In der Rückrunde konnte Colerain durch die Brandenburger 1:0 bezwungen werden, während sie mit einem 1:1 Unentschieden gegen den späteren UEFA-Cup-Gewinner, IFK Göteborg, ausschieden. [631] Mit ihrem UEFA-Auftritt erhöhte die Stahl-Mannschaft die Werbewirksamkeit des Stahlwerkes über die Grenzen des RGW [632] hinaus. International wahrgenommen zu werden hatte seinen Preis. Die Spieler und ihre Familien wurden wegen der geplanten Auswärtsspiele im „nichtsozialistischen Wirtschaftsgebiet" (NSW) systematisch durch das Ministerium für Staatssicherheit überprüft und überwacht. Die Methoden des MfS umfassten dabei die Installation eines Führungsoffiziers und die Schaffung eines Netzwerkes „inoffizieller Mitarbeiter", was Versuche der Anwerbung bei Spielern und in deren Umfeld nach sich zog. [633] Mit Hilfe von sechs „informellen Mitarbeitern" versuchte sich das MfS darüber zu vergewissern, ob Stahl-Spieler die Absicht hatten, die Spiele zu benutzen, um die DDR zu verlassen. [634] Hierbei schreckte man vor massiven Eingriffen in die Privatsphäre der Spieler nicht zurück. Für einen Spieler endete der operative Vorgang „Elektronik" mit einem fadenscheinigen Ausschluss vom Spiel gegen Colerain am 1. Oktober 1986. Um über weitere Maßnahmen zu entscheiden, wurde dieser Spieler zusätzlich während des Spiels in seiner Wohnung abgehört, um sicher gehen zu können, dass er das MfS nicht (zu recht) verdächtigte und seinen Ausschluss als „Trainerentscheidung" akzeptieren würde. Um den Verdacht auszuräumen, durfte er in der Rückrunde gegen den IFK Göteborg in Schweden wieder dabei sein, und man stellte das Ganze als eine Erziehungsmaßnahme dar. [635]

Schon vor den 1980er Jahren konnte das Stahl- und Walzwerk es sich leisten, einige Fußballer seiner BSG bei gleichbleibendem Gehalt für einen halben Tag freizustellen. Ihre Berufsbezeichnung, welche im Einstellungsvertrag stand, war z.B. „Schlosser für Nebenanlagen". Allein die „Nebenanlagen" wiesen das neben dem Werk liegende Territorium des Stadionareals als „Arbeitsstätte" aus. [636] Die Spieler, die in der Oberliga für Stahl Brandenburg antraten, waren

Verteidigung
Ringk
(KfZ Schlosser)
Märzke
(Baumaschinist)

Tor
Zimmer (Diplomsportlehrer)

Verteidigung
Dehmut
(Gießereifacharb.)
Kräuter
(Metallurge)

Mittelfeld
Heine (Diplomsportlehrer) Gumtz (Zerspanungsfacharbeiter)

Mittelstürmer
Pfahl (Instandhaltungsmechaniker) Döbbel (Dreher)
Schulz (Facharb. f. Anlagentechnik)

Stürmer
Jeske (Werkzeugmacher)

nach formalen Kriterien weiterhin Beschäftigte des SWB. Sie erhielten ihr Gehalt nach ihrer Qualifikation, ohne eine entsprechende Arbeit auszuüben.

Dennoch wurde ihnen die Weiterqualifizierung nahe gelegt. Zum einen wurden sie nach Qualifikation bezahlt, zum anderen galt die Weiterbildung zur Legitimierung der Spielerprivilegien gegenüber den Arbeitern. Diese Regelungen des Deutschen-Fußball-Verbandes der DDR (DFV) griffen bereits in den Liga-Mannschaften der BSGen.

> „Zur Sicherung der schulischen und beruflichen Entwicklung der Sportler sind auf der Grundlage der Rahmentrainingspläne 15 Stunden pro Woche für Aus- und Weiterbildung sowie produktive Tätigkeit zu planen und zu realisieren. Der Nachweis ist durch den Sektionsleiter zu führen.“ [637]

Nach dieser Logik konnte ein in der Weiterbildung befindlicher „Arbeiter/Spieler“ im Produktionsprozess entbehrt werden. Dem Verlassen des bisherigen klassischen Arbeitermilieus wurde durch die Regelung, fünfzehn Stunden pro Woche zu arbeiten oder sich weiterzubilden, Vorschub geleistet. Bei der Option, entweder zu arbeiten oder sich weiterzubilden, wurde selbstverständlich die Kräfte sparende Variante der Fortbildung bevorzugt. Acht Spieler der Stahl-Elf machten von dieser Möglichkeit gebrauch: *Christoph Ringk*, *Ingolf Pfahl*, *Karsten Heine* und *Detlef Zimmer* studierten Sportwissenschaft, *Roland Gumtz* wurde Meister für Instandhaltung, *Winfried Kräuter* wurde im Abendstudium Technologe, *Holger Döbbel* durch Fernstudium Ingenieur und *Gerhard Kraschina* bildete sich vom Funkmechaniker zum Diplomingenieur für Instandhaltung weiter. [638]

Das tatsächliche Gehalt der Spieler setzte sich allerdings aus drei Teilbeträgen zusammen, dem Gehalt, entsprechend der Ausbildung bzw. des Berufes (max. 1088 Mark), eine als Übungsleiterentschädigung deklarierte Summe (max. 3000 Mark) und den einzelnen Prämien für Spiele und Siege.[639] Vom DFV[640] wurden dabei Gesamtsummen von 5000 bis 6000 Mark monatlich angenommen. Ein angewiesenes Prämienregulativ und eine Revision bei den Brandenburgern folgten.[641] Die „Eigenmächtigkeiten" der Brandenburger waren dem DFV/DTSB und Führungskadern der SED ein Dorn im Auge, bedrohten sie doch in gewisser Weise das installierte Klubsystem, transportierte gerade diese Mannschaft für ihre Fans symbolisch die Möglichkeit sich nicht zwingend im Kontext der SED-Diktatur anpassen zu müssen. Um hier Einhalt zu gebieten, wurden gesonderte Regeln für BSG-Mannschaften aufgestellt, um ein Leistungsgefälle zu den Klubmannschaften zu sichern.[642] Zum Beispiel konnten Fußballer nur dann durch Kombinats- oder Betriebsleiter freigestellt werden, „wenn keine Beeinträchtigung des Produktionsablaufs entsteht"[643], so die betreffende Richtlinie des DFV der DDR – ein schwacher Versuch, die BSG-Fußballer in ihr angestammtes proletarisches Milieu zurückzudrängen. Der sportliche Aufstieg in die Oberliga ermöglichte statt dessen den BSG-Sportlern den sozialen Aufstieg in die DDR-Elite, die zwar nicht politisch gewollt, aber ökonomisch durchgesetzt und verteidigt werden konnte. Während 1982 noch einige Spieler im Arbeiterwohnheim untergebracht waren, bekamen sie nur ein Jahr später großzügig Wohnraum durch die Stadt zugewiesen. Nachdem sich die Mannschaft in der Oberliga etablieren konnte, gewährte das Werk in Absprache mit dem Rat des Kreises Brandenburg einigen von ihnen sogar Unterstützung beim Bau eines Eigenheimes. Das Werk zeigte sich verantwortlich für die Beschaffung von Materialien und organisierte die notwendigen Arbeitskräfte. Die Stadtverwaltung genehmigte den Bau behördlicherseits. Desweiteren konnten „hochwertige Konsumgüter", wie beispielsweise ein Auto, durch das Netzwerk des SWB für Spieler bzw. Trainer organisiert werden, während ein Stahlwerker fünf bis zehn Jahre nach Bestellung auf sein Auto warten musste. Für die Bevorzugung bei Ferienplätzen im In- und sozialistischen Ausland zeichneten die FDJ-Bezirksleitung, der FDGB-Kreisvorstand und die zentrale Betriebsgewerkschaftsleitung (ZBGL) des SWB verantwortlich.[644]

Die Brandenburger Oberliga-Elf unterschied sich noch in einem weiteren Kriterium von der „Ursprungsmannschaft" von 1950. Denn fast alle Spieler kamen von außerhalb, waren – wie es im Fußballerjargon heißt – keine „Eigengewächse". Eine Ausnahme bildeten hier *Andreas Lindner* und *Winfried Kräuter. Lindner*, der von Motor Süd Brandenburg zunächst zum Armee-Fußball-Club Vorwärts Frankfurt delegiert worden war, kam nach seiner Ausgliederung aus dem Klub-Leistungssport 1984 zu Stahl Brandenburg zurück.[645] *Kräuter* hingegen hatte seine fußballerische Ausbildung bei Stahl Brandenburg erhalten und wurde an der BBS des Stahlwerks zum Metallurgen ausgebildet – als Stahl-Fußballer spielte er jedoch nach seiner Armeezeit zunächst bei der noch erfolgreicheren Mannschaft Stahl Henningsdorf, bevor er zu Stahl Brandenburg zurückkehrte.[646]

Im Zuge der Verlagerung der Kombinatsleitung von Henningsdorf nach Brandenburg kamen noch weitere Stahl-Spieler anderer BSGen an die Havel, so z.B. *Frank Jeske* (Stahl Henningsdorf), *Eberhard Janotta* (Stahl Henningsdorf)[647] und *Holger Döbbel* (Stahl Oranienburg). Desweiteren wurden ehemalige Klubspieler für die Mannschaft angeworben. Neben *Ringk* und *Lindner*, die für den FC Frankfurt Oder gespielt hatten, kamen *Silvio Demuth* und *Marcus Wuckel* (1. FC Magdeburg), *Karsten Heine* (Union Berlin) und *Detlef Zimmer*, der der Ersatztorwart des FC Carl-Zeiss-Jena gewesen war. Für diese, aus den unterschiedlichsten Gründen ausgegliederten Spieler wurde das Aufsteigen mit der Stahl-Elf zu einer Art „sportlicher Resozialisierung" und Selbstbehauptung. Wegen Disziplinverstößen, politischen Vorbehalten – „Westverwandschaft" oder unzureichender „politischer Tragfähigkeit" – waren sie aus dem Kader der Klubs aussortiert worden. Hierin lag auch die ungeheure Motivationskraft der Spieler, sich gegen Klubmannschaften durchsetzen zu wollen. Befragt über das Verhältnis zu den anderen Oberligamannschaften, fühlten sich die Spieler gegenüber den Klubmannschaften „benachteiligt“, „als zweitrangig“ angesehen und „unterdrückt“. *Timo Lange*, seit 1986 bei Stahl, sah das Gefälle zwischen Klub und BSG wie folgt, „als kleine [sic!] BSG-Mannschaft hat uns keiner was geschenkt.“ *Christoph Ringk*, seit 1982 in der Mannschaft, sah sich sowohl sportlich als auch moralisch gegenüber den privilegierten Klubmannschaften als Sieger, ebenso *Jan Voß*, seit 1986 Mannschaftsmitglied und beim UEFA-Cup mit dabei, fand die Spiele, in denen Klubmannschaften seiner Stahl-Mannschaft unterlagen, „immer traumhaft“. [648]

1986 wechselte der Kapitän der Brandenburger Stahl-Elf den Verein. Der sozialistischen Form von „Abwerbung“ konnte sich die BSG weiterhin nicht entziehen. Im Gegensatz zu *Frank Jeske*, der aus sogenannten „kaderpolitischen Gründen“ vor einer „Übernahme“ bewahrt blieb, wurde Mannschaftskapitän *Michael Schulz* zum BFC-Dynamo delegiert. [649]

Während die Spieler viel eher diese Zwänge anerkannten, fragten sich einige Fans schon mal, ob Stahl Brandenburg „die Flügel gestutzt“ werden sollten. [650] Nach *Schulz* wurde *Ringk* Mannschaftskapitän in der „unbequem gewordenen“ Mannschaft der Stahlwerker. Das MfS nutzte sein Netzwerk auch im eigenen Fußball-Interesse, denn es wurden Informationen vor Spielen gegen den Hausverein BFC-Dynamo Berlin eingeholt. [651] Es wurden von MfS-Mitarbeitern interne Mannschaftsinformationen abgeschöpft und weitergegeben, die direkten Einfluss auf das Spiel hatten und somit gegen die Stahl-Mannschaft verwendet werden konnten. Ob dem BFC-Trainer diese Informationen letztendlich für taktische Erwägungen vorlagen, ist nicht eindeutig belegt. Dass jedoch einige Schiedsrichter durch das MfS beeinflusst wurden, ist nach Aktenlage unzweifelhaft. Den Brandenburger Spielern ging es nicht anders als anderen BSG-Mannschaften, wie z.B. BSG Wismut Aue. Dieser Mannschaft war seit dem 19.03.1977 kein Sieg mehr gegen den BFC Dynamo Berlin gelungen. Auch die Brandenburger spielten maximal ein Unentschieden gegen diesen machtpolitisch gestützten Gegner heraus. Das Abonnement des „Mielkevereins“, die beste DDR-Mannschaft zu sein, um Jahr für Jahr den DDR-Meisterschaftstitel zu gewinnen, wurde taktisch geschickt inszeniert. Auch die Brandenburger waren davon betroffen. Vor der Begegnung mit dem BFC Dynamo erhielten die beiden Stahl-Stürmer *Pahlke* und *Jeske* jeweils rote Karten, so dass die torgefährlichsten Spieler erst gar nicht am Spiel gegen den BFC Dynamo teilnehmen konnten. Ähnlich ging es *Ringk*, der eine dritte gelbe Karte erhalten hatte. [652]

Die Mannschaft wurde durch ihre Verpflichtung, für die sportlich-kulturelle Unterhaltung der Arbeiterschaft auf hohem Niveau zu sorgen, von ihrer bisherigen Arbeit, gemeint ist hier die Betätigung im erlernten Beruf, entbunden. Mit dem Aufstieg in die Oberliga vergrößerte sich die soziale Differenz zwischen Spielern und Stahlwerkern mehr und mehr, die sich auf Prestige und Ansehen gründete. Als Gegenwert gab die Mannschaft den Fans ein Identifikationsangebot, denn die Fans sahen sich durch den Selbstbehauptungswillen der BSG-Sportler im Kampf gegen das Establishment vertreten. Daraus, dass sich Stahl Brandenburg im Verlauf der Oberligabegegnungen, die zum Teil entsprechend politischer Machtinteressen manipuliert wurden, nicht mehr aus der Oberliga verdrängen ließ, schöpften viele Fans Kraft für eine neue Arbeitswoche. In diesem gegenseitigen Wechselverhältnis lag die besondere Bedeutung der Stahl-Fußballer. Der enormen Sympathie ihrer Anhänger waren sie sich dadurch sicher.

2 Im Schatten des Aufstiegs – die Schachspieler und Spielleute

Sozusagen im Kernschatten der publikumswirksamen Fußballbegegnungen standen die innerhalb der BSG nur wenig beachteten Schachspieler, wohingegen die Spielleute, als musikalische Unterhalter, von der Atmosphäre im Stadion an den Spieltagen profitieren konnten. Die Schachspieler und Spielleute waren in der Arbeitersporttradition in Deutschland fest verwurzelt, waren aber zahlenmäßig den Schachspielern bürgerlicher Vereine und Spielleuten in den Turnvereinen der Deutschen Turnerschaft unterlegen. Das Schachspiel war als strategisches Spiel bei den Arbeitersportlern hoch angesehen, schulte es doch den Geist und mobilisierte den Siegeswillen. Auf schwarz-weißen Feldern repräsentierten die Arbeiter in Spielbegegnungen gegen Angehörige des Bürgertums ihre eigene Klasse. Symbolisch fand hier im Idealfall der Klassenkampf seine Erfüllung, indem die Königin bedrängt, geschlagen und der König gestürzt oder zur Aufgabe gezwungen wurde. Zugleich war der Arbeiter-Schachsport Zeichen des erwachenden intellektuellen Bewusstseins der Arbeiter. Zeitgleich entstanden daher sowohl Arbeiterbildungsvereine als auch Schachvereine. Als Denksport wurde das Schachspiel unter der Begrifflichkeit Sport subsumiert, da sich einzelne Schachgruppen als Sparte innerhalb der Sportvereine ansiedelten. Der Denksport galt als optimale Ergänzung zu Körperkult und Sport.

Am 30.05.1902 wurde in Brandenburg im Lokal des Gastwirtes Mau der Schachklub „Vorwärts" gegründet.[653] Er war einer der ersten Arbeiterschachklubs weltweit. Mit Unterstützung der Brandenburger konstituierten sich weitere Arbeiterschachklubs in Berlin-Wedding, Rathenow und Potsdam. Am 7. April 1912 bildeten die Spieler in Nürnberg ihren eigenen Dachverband, den Deutschen-Arbeiter-Schach-Bund, der vom Brandenburger Schachspieler Oehlschlägel geleitet wurde. In 26 Vereinen waren zu jener Zeit ca. 839 Mitglieder organisiert.[654]

Mit diesem regionalen Traditionsbewusstsein ausgestattet wurde 1950 in der frisch gegründeten Betriebssportgemeinschaft des Stahl- und Walzwerkes Brandenburg die Sektion Schach ins Leben gerufen. Nunmehr verkörperte das Schachspiel das Ringen beider Gesellschaftssysteme. Schach war in der DDR die erste Sektion des Deutschen Sportausschusses, die 1950 ordentliches Mitglied im Weltverband, der Weltschachförderation (FIDE), wurde.[655] Die Schachsparte wurde mit 20 Interessenten gegründet. Zweimal in der Woche traf man sich am Abend für zwei Stunden zunächst in einem Zimmer der Hauptverwaltung des Werkes. Allerdings lief der Übungsbetrieb schwerfällig an, denn meistens erschienen neben Spartenleiter Geye lediglich zwei Kollegen.[656] Hinzu kamen Probleme der Raumverteilung. Da alle Schachfreunde in die Gesellschaft für Deutsch-Sowjetische Freundschaft (DSF) eingetreten waren, beanspruchten sie den Klubraum der DSF für ihre Schachabende. Der hauptamtliche Sekretär der DSF, Heinrich Kimpfel, musste davon allerdings erst überzeugt werden. Spartenleiter Geye machte seinen Ärger über diese Art der Behinderung in der Betriebszeitung öffentlich und bat um eine Stellungnahme Kimpfels.[657]

Der Schachsport kam innerhalb der BSG zum Erliegen und konnte im Oktober 1953 unter Sektionsleiter Schöbel mit zwei kompletten Mannschaften und einer Jugendmannschaft wiederbelebt werden. Auch konnte wieder im gleichen Raum der Hauptverwaltung gespielt werden wie schon zuvor. Dennoch gab es durch den Schichtbetrieb im Stahlwerk Probleme mit der Ansetzung von Spielbegegnungen zum Beispiel mit Turbine Brandenburg. Einzige Möglichkeit blieb, für die Kollegen, die nicht freigestellt wurden und die sich nicht organisieren konnten, Schachaufgaben in der Betriebszeitung zu veröffentlichen, um das Interesse und die Freude am Schachsport wachzuhalten.[658] Die erfolgreichste Spielerin Versäumer war sogar Anwärterin auf die Fraueneinzelmeisterschaft im Januar 1954.[659] Im Januar 1954 zählte die Sektion 53

Schachfreunde, die sich in regionalen Turnieren erprobten.[660] Einzelne Erfolge bestätigten zu dieser Zeit die solide Arbeit innerhalb der Sektion. Im April 1954 konnte Schachspieler Buchta bei den Stadtmeisterschaften einen zweiten Platz belegen.[661] Als Mannschaft eroberte Stahl I ebenfalls den 2. Rang bei den Kreismeisterschaften hinter Traktor Niemegk und vor Motor Nord Brandenburg.[662] Seit 1955 wurden in dieser Sparte Betriebsmeisterschaften ausgetragen. 1956 warben die Schachspieler in den Schulen und boten „außerschulischen Schachunterricht" an.[663]

Sektionsleiter Schmidt gab aus gesundheitlichen Gründen seine Tätigkeit auf. Ab 1963 trafen sich einige wenige Schachspieler wieder regelmäßig auch ohne Übungsleiter.[664] In einer kleinen Runde von zwölf bis fünfzehn Aktiven überstand die Sektion diese schwierige Zeit. Ab 1964 stieg das Interesse am Schachsport wieder an. Aufgrund ihrer vergleichsweise geringen Mitgliedszahlen war die Sektion Schach besonders saisonalen Wechseln, bedingt durch die jeweiligen Sektionsstrategien ihrer Sektionsleiter, unterworfen. Dies schlug sich direkt in den Mitgliederzahlen nieder. Mitte der 1970er Jahre, nach einem Mitgliedereinbruch von 1973 bis 1974, erholte sich die Sektion wieder und signalisierte einen Aufwärtstrend, gelangte jedoch nicht mehr an den 1973 erreichten Höchststand von 64 Mitgliedern.

Durch forcierte Kinder- und Jugendarbeit wurde versucht, Mitgliederverlusten entgegenzusteuern. In drei Patenschulen wurde für die Sektion Schach geworben. In zwei von ihnen wurden Schachstützpunkte errichtet, um Kinder und Jugendliche in einer Art außerschulischem Unterricht für den Denksport zu begeistern. Allerdings war die Attraktivität gegenüber Bewegungssportarten verhältnismäßig gering. Zudem spielten Zielkomponenten des Sports, wie körperliche Ertüchtigung, Gesundheitsvorsorge und vormilitärische Ausbildung, hier keine wesentliche Rolle. Dementsprechend waren Unterstützung und Wertschätzung durch BSG, Werkleitung und Massenorganisationen gering, mit der Ausnahme, dass auch hier erwünscht war, dass das Sportabzeichen abgelegt wurde. Reduziert auf den Organisationsgrad im DTSB und unspektakuläre Zusammenkünfte, versank der Schachsport im betrieblichen Umfeld des SWB geradezu in der Bedeutungslosigkeit. Das traf auch dann noch zu, als 1985 die Schachmannschaft unter Übungsleiter Jelinek in die Bezirksliga aufstieg. Der Aufstieg war im Vergleich zum Fußball als Resultat eigener Impulsgebung zu verstehen und eben nicht mit enormer Unterstützung von Außen erreicht worden. Die Schachfreunde erschienen zwar in den Rechenschaftsberichten der BSG, im aktuellen BSG-Geschehen blieben sie jedoch ausgeblendet. Die Sektion Schach blieb bis 1990 eine unscheinbare Sektion. Nach 1990 verlor sie ihre Bedeutung. Zum 45-jährigen Bestehen des Nachfolgevereins der BSG Stahl, der SG-Stahl, war die Sektion Schach nicht mehr aktiv. Da die Schachfreunde Räumlichkeiten des SWB für ihre Zusammenkünfte genutzt hatten, war mit der Auflösung des Stahlwerkes der Ort der Zusammenkünfte verloren, was das Auflösen der Sektion begünstigt haben mag. Den Schachspielern standen jedenfalls nicht solch gute Werbemittel zur Verfügung wie z.B. den Spielleuten, die mit ihrer Musik die Leute aufhorchen ließen, wenn sie, im wahrsten Sinne des Wortes, die Werbetrommel rührten.

Vorbild für die Spielleute war der bürgerliche Sängerverein. Mit der Trennung des Vereinswesen in bürgerliche Vereine und Arbeitervereine vor 1900 wurden erste Arbeitersängervereine gegründet. Parallel dazu entstanden Arbeiterorchester. Da der Erwerb von Instrumenten häufig zu kostspielig war, kaprizierten sich viele Vereine auf Schalmeien und gründeten Schalmeien-Orchester. Die Spielleute organisierten sich oftmals innerhalb der Arbeitersportbewegung. Auch der Brandenburger Spielmannszug schloss sich 1896 dem Arbeiter-Turner-Bund (ATB) an, trat aber wegen politischer Unstimmigkeiten wieder aus und gründete im März 1921 die

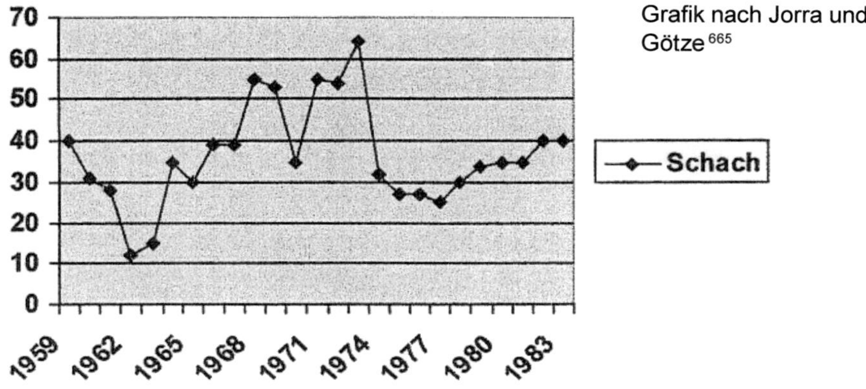

Grafik nach Jorra und Götze[665]

„Freie Tambourvereinigung 21“. Die Zahl der Mitglieder wuchs von anfänglichen 31 Musikern 1921 auf 156 im Jahre 1926. Die „FTV 21“ war zu dieser Zeit der größte Spielmannszug in ganz Deutschland. 1933 schloss sich die „FTV 21“ dem politisch anders ausgerichteten Verein für Leibesübungen und 1934 dem „BSC 05“ an. Durch die Wechsel sank die Mitgliederzahl und reduzierte sich auf weniger als vierzig. Nach dem Zweiten Weltkrieg wurden Spielmannszüge im Sinne der Arbeitertradition wieder in das Umfeld des Sports integriert.[666] Nach offiziellen Darstellungen der BSG Stahl gab es erst seit 1963 einen Spielmannszug in der BSG. 1963 wurde der Spielmannszug der BSG Motor Nord nach der Auflösung dieser BSG übernommen. Dass es zuvor in der BSG Stahl keinen Spielmannszug gegeben hatte, kann widerlegt werden. So hieß es in der Betriebszeitung vom 21. August 1951, dass der Fanfarenzug des SWB an den 3. Weltfestspielen 1951 in Berlin teilnahm. Auf dem entsprechenden Bildnachweis ist eine Formation von 3 x 6 Musikern zu erkennen.[667] Viel beachtet wurden die Musiker von ihren Kollegen am Bahnhof mit Blumen verabschiedet, bevor sie in einen Güterzug stiegen, der sie nach Berlin brachte. Am 12. August 1951 nahmen sie an der zentralen Friedensdemonstration auf dem Marx-Engels-Platz teil.[668] Es muss angenommen werden, dass der Fanfarenzug nicht innerhalb der BSG Stahl organisiert war, sondern im Bereich „kulturelle Massenarbeit“ wie auch das Werkorchester und das im Oktober 1951 gegründete KuBa[669]-Ensemble (Tanzgruppe). Nach offiziellen Auftritten in der Anfangsphase hatte es der Spielmannszug schwer, sich innerhalb der musisch-kulturellen Angebote zu behaupten. Ohne Freistellungen war gemeinsames Üben kaum möglich, da die meisten Kollegen im Mehrschichtsystem arbeiteten. Trotz Zustimmung des damaligen Werkleiters Krug prallten hier unterschiedliche Auffassungen von Arbeit und Freizeit aufeinander. Der Leiter der Spielleute verwies in der Betriebszeitung darauf, dass Kulturarbeit und Produktionsarbeit nicht voneinander zu trennen seien. Der Mangel an zur Verfügung stehenden Räumlichkeiten erschwerte die Zusammenkünfte. Zum Teil wurde provisorisch in der Garderobe oder im Speiseraum der Mechanischen Werkstatt geübt.[670] Das Interesse für den Fanfarenzug war verglichen mit dem KuBa-Ensemble und anderen kulturellen Angeboten wie Werkorchester und Chor gering. Besonders das KuBa-Ensemble fand in kurzer Zeit großen Zuspruch. Nur sieben Monate nach seiner Gründung trat es erfolgreich bei den Festspielen der Volkskunst im Berliner Friedrichstadtpalast auf, belegte einen 3. Platz und erhielt weitere Ehrenpreise.[671]

1954 fand sich noch einmal in der Betriebszeitung ein Anhaltspunkt für die Existenz eines Fanfarenzuges, der die Brandenburger Delegation zum II. Deutschlandtreffen begleitet hatte.[672] Da sich in den späteren Jahren keine Hinweise zum Fanfarenzug finden ließen, ist anzunehmen, dass sich der Spielmannszug aufgrund der schwierigen Bedingungen, trotz Interessenten, nicht dauerhaft formieren konnte. Erst mit Übernahme der Spielleute der BSG Motor Süd wurde ein Spielmannszug dauerhaft in die BSG des Stahlwerkes integriert. In der festen Organisationsstruktur der BSG gewannen die Spielleute an Selbstbewusstsein und sahen sich als musikalische Agitatoren des Sportes. Sie nahmen an Bestenermittlungen, den Deutschen Turn- und Sportfesten, Musikparaden sowie kulturellen und sportlichen Höhepunkten teil. Zum 75. Geburtstag Walter Ulbrichts brachten sie gemeinsam mit dem Spielmannszug der BSG Aufbau Brandenburg dem Jubilar ein Ständchen.[673]

Der bereits erwähnte Sporthallenbrand 1964[674] war für die Musiker ein großes Unglück, da durch den Brand Noten und Instrumente verloren gingen. In der Zeit von 1964 bis 1971 entwickelte sich diese Sektion der BSG zahlenmäßig nicht weiter. Um sich als Spielmannszug bewusst in die Arbeitersporttradition stellen zu können, wurde 1971 zum 50-jährigen Jubiläum der „FTV 21" die II. Deutsche Meisterschaft nach Brandenburg geholt.[675] Von diesem Zeitpunkt an galt der Spielmannszug der BSG Stahl als der Nachfolger der 1921 gegründeten Freien Tambourvereinigung. Bemerkenswerter Weise wurde das Eintrittsdatum der Spielleute in den Arbeiter-Sport-Bund nicht berücksichtigt. Da die Spielleute hier wieder austraten, eignete sich dieses Datum offenbar nicht für Geschichtsklitterung und Legendenbildung. Ab 1971 bekamen die Spielleute wieder Zulauf, gründeten Kinder- und Jugendzüge, beteiligten sich erfolgreich an Kreis-, Bezirks- und DDR-Meisterschaften, wo sie z.B. 1975 Vize-DDR-Meister wurden und bis 1989 in der Sonderklasse spielten. Die Spielleute hatten gute Kontakte zu den anderen Sportarten, da sie häufig in deren Rahmenprogramm musikalisch mitwirkten, wie z.B. bei Fußball-, Handball- oder Tischtenniswettkämpfen.[676] Nach 1990 blieben die Spielleute im Nachfolgeverein SG-Stahl organisiert, wobei sie ihre Erfolge weiter fortsetzen konnten.[677]

3 Angelsport – eine Brandenburger Tradition

Fritze Bollmann", das bekannte Brandenburger Wahrzeichen, war auch für die Brandenburger Stahlwerker eine Art historisch verbürgter Vorfahre des Angelsports. Zwar war dieser seines Zeichens Barbier gewesen, aber die regionale Besonderheit Brandenburgs – die reizvolle Seenlandschaft – lud auch die Stahlwerker von je her zum Angeln ein.

Die Vorzüge des Angelsports waren lange aufgrund der bisher bevorzugten einsamen Manier des Anglers verkannt gewesen. Fellner beschrieb die sich etablierenden sportlichen Vorzüge des sich 1904 um so schneller „verbreitenden Sportvergnügens"[679] wie folgt:

> „Was aber die gesundheitsfördernde und – erhaltende Angelegenheit des Angelns anbelangt, so steht der Angelsport in dieser Hinsicht fast allen anderen sportlichen Betätigungen voran. Nicht nur, daß der Angler schon Tourist und wohl auch als Schwimmkundiger zwei Errungenschaften in seiner körperlichen Ausbildung vorweg mit sich bringt, die aber mit seiner Hauptpassion nur nebenbei einhergehen, so bietet die ständige, mit dem ganzen Körper und seinen Gliedern geleistete Bewegung die beste

Gewähr für die harmonische Ausbildung des Körpers, wie sie bei keinem anderen Sportzweig in gleichem Maße erzielt wird.“ [680]

Von anderen hingegen wird gerade die Ruhe dieses Sports geschätzt und da bekanntlich die frühen Morgenstunden dem Angler gehören, sollte der erfolgreiche Angler am Abend zuvor nicht gezecht haben. Die ausgleichende Wirkung des Angelsports nach harten Arbeitstagen ist belegt, und nicht zuletzt wird der Aktive mit einem Fang belohnt, die Prämie schwimmt sozusagen von Anbeginn erreichbar im Wasser. Nicht unterschätzt werden sollte, so der Hobbyangler und Doktor der Binnenfischerei, Robert Arlinghaus, die Lust der Petrijünger am Jagen. [681]

Um eine „Philosophie des Angelns“ [682] bemüht, wurden in Nord- und Mitteldeutschland um 1900 Angelklubs gegründet, die sich wiederum zum Anglerbund zusammenschlossen. Die Mitgliederzahl wuchs beständig, da der Sport bei Personen verschiedener Stände und aller Altersstufen Anklang fand. Der Besitz eines Angelscheins wurde zur Pflicht und verstärkte den Organisiertheitsgrad der Angler. [683] Auch bot ein Angelklub einen gewissen Schutz vor wohlhabenden, oft dilettantischen Angelfreunden, die einfach ein Gewässer für sich allein pachteten, weil sich dortige erfolgreiche Fänge herumgesprochen hatten. Die Gründung von Angelklubs galt deshalb auch als Schutzmaßnahme, so konnte ein Angelklub ein eigenes Fischereigebiet beanspruchen, indem man gemeinsam für die Pacht aufkam. [684]

In Zeiten hoher Arbeitslosigkeit und nach 1945 geriet der sportliche Aspekt des Angelns allerdings in den Hintergrund und wurde vom elementaren Bedürfnis der Nahrungsbeschaffung verdrängt.

Bis zur Bildung der Genossenschaft der Angler Berlin-Brandenburg dürften die Stahlwerker ‚wild‘ an den zahlreichen Seen Brandenburgs geangelt haben. Jedoch meldete die örtliche Pro-

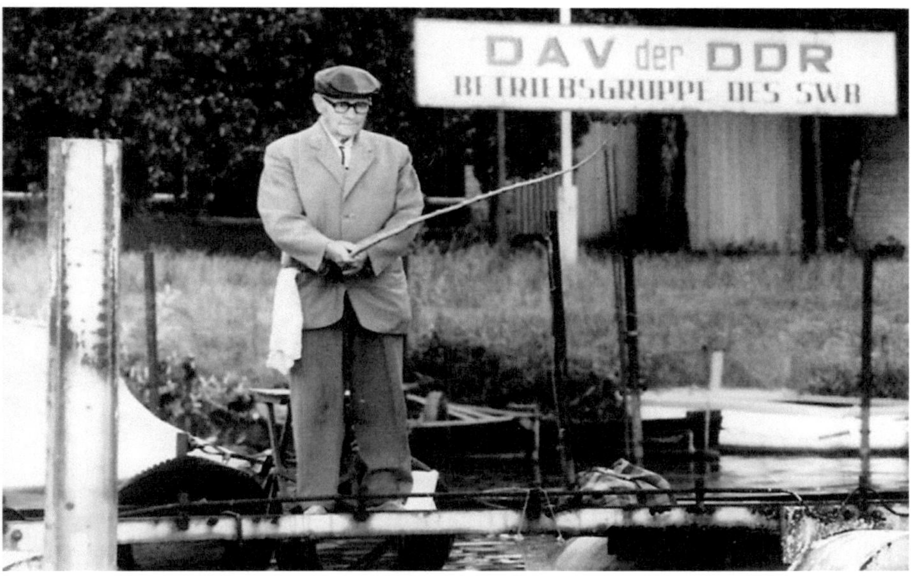

Fotos (1977) wurden von Manfred Weiß [678] zur Verfügung gestellt (s. 95,96).

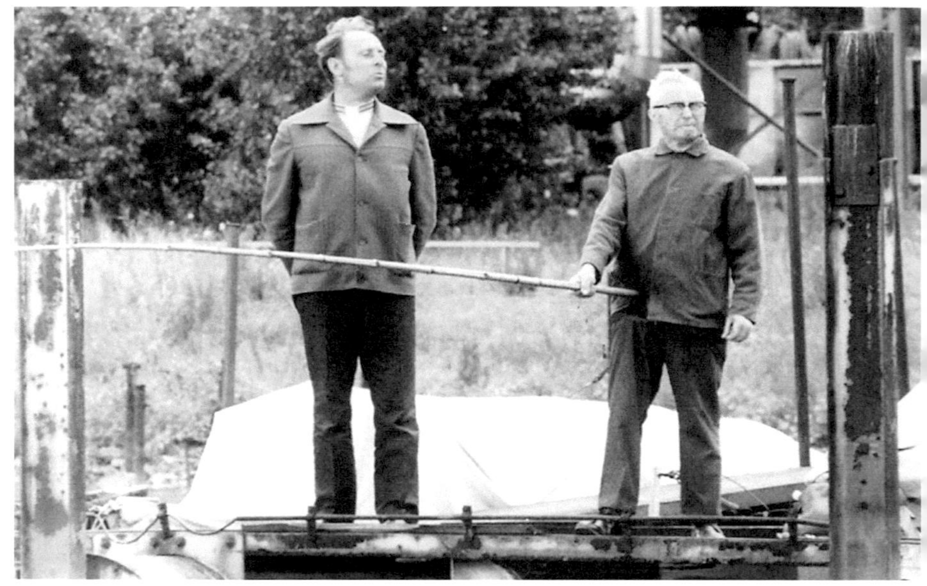

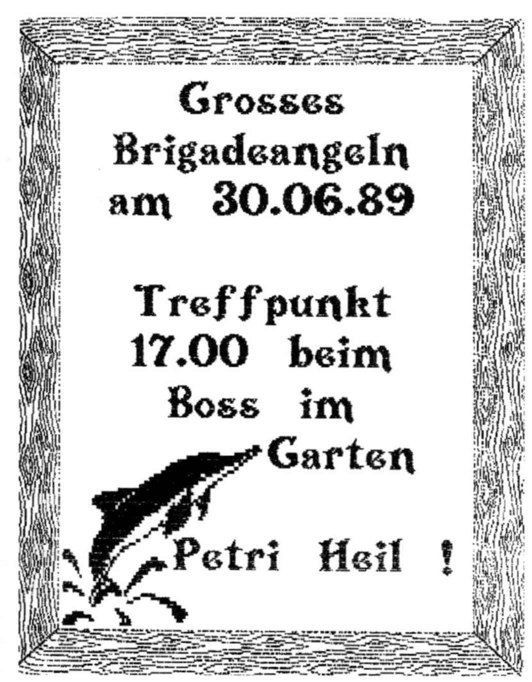

Seite aus dem Brigadetagebuch einer Brigade des SWB [699]

(Lindow),[694] mit der Betriebsgruppe des Stahlwerks Hettstedt (1970) und mit in Brandenburg stationierten sowjetischen Soldaten unter Leitung des Major *Wolodja Kvurt* abgeschlossen. Vertraglich geregelt wurden Hin- und Rückkämpfe im sportlichen Angeln, die durch weitere kulturelle Aktivitäten bereichert wurden. Dabei wurden unter anderem die freundschaftlichen Kontakte zu den sowjetischen Freunden von Funktionären der DSF des Betriebes unterstützt. Durch gemeinsam begangene Feierlichkeiten, wie Frauentagsfeiern zum 8. März und gegenseitige familiäre Besuche, kam man sich über das sportliche Engagement hinaus näher. Letzteres allerdings wurde von Seiten der sowjetischen Alliierten nicht gern gesehen, und so wurde Major *Kvurt* ohne Vorankündigung in eine andere Armee-Einheit versetzt.[695]

Auch für das kulturelle Leben in einzelnen Brigaden wurde das Angeln zu einem attraktiven Höhepunkt. Interessierten standen die in volkswirtschaftlicher Masseninitiative (VMI) geschaffenen Örtlichkeiten mit Stegen, Booten und Kantine zur Verfügung. Auch bei der Integration ausländischer Arbeiter spielte das Angeln eine wichtige Rolle. So wurde 1974 von der Leitung der Betriebsgruppe des DAV im SWB ein Konzept entworfen, das polnische Gastarbeiter des Waggonbaus am bestehenden kulturellen Leben der Angelsportler beteiligen sollte.[696]

Ca. 4000 Hektar Seen und Flüsse des Bezirkes Potsdam standen dem Angelsport zur Verfügung. Um diese fachgerecht zu verwalten, wurde allen Betriebs- und Ortsgruppen des DAV vertraglich die Möglichkeit gegeben, für bestimmte Gewässerabschnitte die Verantwortung zu übernehmen. Insgesamt wurden 450 sogenannte Betreuungseinweisungen abgeschlossen. Der Bezirksgewässerwart Potsdams *Strutz* bezifferte den zeitlichen Aufwand der Angelsportler auf 20 bis 80 Stunden im Jahr.[697]

Der Angelsport innerhalb des SWB wurde dank guter Leitungstätigkeit der Betriebsangelgruppe und ihrer funktionierenden auf den Schichtbetrieb abgestimmten Einzelgruppen zu einem sowohl sportlichen, politischen als auch geselligen Instrument der Freizeitgestaltung, welches die regionalen Traditionen vor Ort fortzusetzen verstand. Sportpolitische Vorgaben, wie das Ablegen des Sportleistungsabzeichens und das gemeinsame Demonstrieren am ersten Mai, wurden von den Anglern des SWB erfüllt,[698] es ist jedoch anzunehmen, dass diese Einschätzung aufgrund der hohen Mitgliederzahl in den DAV-Betriebsgruppen zustande kam und sich nicht prozentual auf alle Mitglieder bezog.

4 Sportparadies havelländische Seenplatte

Der Wasserfahrsport hat ob der vielfältigen Binnenseelandschaft Brandenburgs seit Gründung des ersten Brandenburger Ruderklubs Tradition.[700] Mit der Erfindung des Faltbootes 1904 durch den deutschen Konstrukteur *Heurich* wurde auch der Kanusport in der Havelregion heimisch. Bedingt durch die soziale Lage der Arbeitersportler fand das Kanuwandern in selbst gebauten Booten großen Anklang. 1914 wurde der Kanuverband (DKV) gegründet und 1934 wurde der Kanurennsport ins olympische Programm aufgenommen.[701] Der Segelsport, erst seit der ersten Berliner Wettfahrt 1874 populär, war auch für den Arbeitersport von wachsender Bedeutung. Der erste Arbeiter-Seegel-Club „Fraternitas“ wurde 1891 in Berlin gegründet. Trotz Inflation und kostspieliger Anschaffungskosten für Boote wuchs die Zahl der seit 1901 im Freien-Segler-Verband organisierten Vereine beständig an. Von 1925 bis 1929 wuchs die Zahl der Vereine von 14 auf 33 an, wobei 1929 auf insgesamt 1915 Mitglieder 1346 registrierte Boote kamen.[702] Nach 1945 wurden in der ehemaligen DDR aus Kostengründen bewusst kleine und somit günstige

Boote von den Betrieben für ihre Arbeiter zur Verfügung gestellt. Im Brandenburger Stahlwerk wurde im März 1952 das erste Segelboot der „Interessengemeinschaft der FDJ“ überstellt. [703] Der gesamte Motor- und Wasserfahrsport im betrieblichen Umfeld des Stahl- und Walzwerkes wurde bis zur Gründung der GST innerhalb der „Interessengemeinschaften der FDJ“ organisiert. Bereits im November 1952 wurden die Sparten der FDJ von der GST übernommen. In der GST wurde der Wasserfahrsport nach paramilitärischen Kriterien fortgeführt, hierzu zählten Kutterrudern und Tauchsport. [704]

Erst 1954 wurde in der BSG Stahl Brandenburg die rein sportliche Komponente des Wasserfahrsports wiederbelebt. Innerhalb der Sektion Wassersport wurde gesegelt und Kanu gefahren. Im Frühjahr 1955 spaltete sich die Sektion Wassersport aus organisatorischen Gründen in zwei eigenständige Sektionen auf [705], da die Sektion Wassersport einen enormen Mitgliederzuwachs zu verzeichnen hatte. [706] Im Juni 1955 stellte sich die noch junge Sektion Kanu der BSG Stahl erstmalig bei einem Wettkampf vor. [707] Die Sektion Segeln konnte ihre 1955er Saison mit vier Pirat-Segelbooten, einer O-Jolle, zwei Kreuzern, einem Segelkanu und drei Motorbooten beginnen. Aufgrund der Teilung mussten eigene Steganlagen gebaut und ein Bootsschuppen errichtet werden. 1958 leisteten die Kanuten ca. 580 NAW-Stunden für ihr künftiges Bootshaus und verpflichteten sich zu je weiteren 50 Stunden, um das Bootshaus im Frühjahr 1959 einweihen zu können. Ab Herbst 1958 wurden von der Sektion Kanu Kinder im Alter von 10 Jahren und darüber gesucht, um eine Kindergruppe aufzubauen. [708] An Wettkämpfen nahmen die Segler vorerst nicht teil, da neben der Aufbauarbeit zunächst einmal Segelscheine erworben werden mussten. [709] Ab 1957 waren die Stahl-Segler auf ersten regionalen und nationalen Regatten mit dabei. [710] Durch die in 8200 NAW-Stunden erbrachten Arbeitsleistungen der Segler konnte im Mai 1962 endlich eine eigene Segelboothalle im Wert von 62000 DM an die Sektion Segelsport übergeben werden. [711] Mit der Übernahme der BSG der Thälmannwerft 1963 kamen zwei weitere Wassersportsektionen zur BSG Stahl hinzu. Die nun vier bestehenden Wassersportsektionen an Quenz und Beetzsee bildeten die Voraussetzung für die ungewöhnliche Ausdifferenzierung nach freizeitsportlichen und leistungsorientierten Aspekten, da man die sportliche Infrastruktur am sehr schön gelegenen Beetzsee nicht aufgeben und auch die eigenen Wassersportler vom Quenz nicht dorthin versetzen wollte. Aus diesem Überangebot ergab sich die Möglichkeit der Spezialisierung. So wurde seit 1963 unter dem Stahl-Emblem am Standort Beetzsee der leistungssportliche Kanunachwuchs trainiert, und nicht nur die Sektion Kanu Quenz gab ihre Nachwuchstalente an diese Sektion ab. Bereits im Jahre 1963 beriet man über Leistungsstützpunkte im Nachwuchssport. Das betraf die Sportarten Leichtathletik, Kanu, Turnen, Rudern, Fußball, Schwimmen, Ringen, Boxen und Handball. [712] Vom Kreisvorstand des DTSB wurde die BSG Stahl beauftragt, Leistungsstützpunkte in den Sektionen Kanu, Ringen und Handball zu integrieren. Ziel war es, sowohl in den Oberschulen als auch in den anderen BSGen Sportler zu werben. Die Sektion Kanu der BSG Stahl erarbeitete als erste Sektion Maßnahmen für die Vorgehensweise, um am Beetzsee einen solchen Leistungsstützpunkt für Kanusport zu errichten. Zudem sollten die besten Übungsleiter, egal für welche BSG sie sich bisher engagiert hatten, zu diesem Stützpunkt „delegiert“ werden. [713] Die Rolle der BSGen und insbesondere die der Leistungsstützpunkte bestand darin, „Nationalmannschaften, [sowie] Sportschulen mit entsprechenden Nachwuchstalenten zu versorgen“. [714]

1973 wurde am Beetzsee das Trainingszentrum (TZ) Kanu stationiert und ab 1986 als Bezirkstrainingszentrum „Kanu-Rennsport“ erweitert, um Talente der ganzen Region (nicht nur des Stadtkreises) zusammenzuführen und nach leistungssportlichen Kriterien auszubilden. [715]

Die Sektion am Quenz hingegen widmete sich mehr dem freizeitorientierten Sport und spezialisierte sich auf Kanutouristik, wobei der Familiensport an erster Stelle stand. Auch die Sektion Segeln am Quenz übernahm diese Differenzierungen und bemühte sich um eine familienfreundliche Atmosphäre. Die Sektion Segeln/Beetzsee stieg von 80 Mitgliedern (1963) auf 180 (1985) an. Seit 1973 konzentrierte man sich auch hier verstärkt auf den Nachwuchssport und schloss mit der Sektion am Quenz einen Freundschaftsvertrag ab, der es Kindern und Jugendlichen ermöglichte, am Regattasport am Beetzsee teilzunehmen. Am Quenz blieben lediglich nur acht Kinder bzw. Jugendliche von insgesamt 115 Mitgliedern. [716] Im Resultat fand in beiden Sektionen nicht nur eine Ausdifferenzierung nach Leistung statt, sondern auch nach Alter.

Wohl auch aufgrund dieser optimalen Bedingungen konnten die Brandenburger besonders erfolgreiche Kanuten vorweisen. 1974 war die BSG Stahl bei den Bezirksmeisterschaften in der Gesamtwertung vor dem Armeesportklub (ASK) zu finden. Mitgeholfen haben bei der Medaillenausbeute u.a. *Burghardt Meier*, der spätere „Stärkste Mann der Nationalen Volksarmee", und *Frank* und *Birgit Fischer*. [717] Wenige Wochen später zog *Birgit Fischer* im Rahmen des DDR-offenen Pionierpokals bei den DDR-Meisterschaften des Deutschen Kanusport Verbandes (DKSV) im KI und mit Partnerin *Kerstin Richter* im KII erstmalig und mit zweimal Gold in die DDR-Spitze ihrer Altersklasse ein. [718]

Eine besondere Rolle spielte der Familienzusammenhang bei der Familie *Fischer*. Bruder *Frank Fischer* und Schwester *Birgit Fischer* wurden zunächst von Vater *Karl-Heinz Fischer* trainiert, nach den TZ-Jahren bei Stahl Brandenburg zur KJS delegiert, gelangten sie als Klubsportler des ASK Vorwärts zu Spitzenleistungen. *Karl-Heinz Fischer* war seit 1951 im SWB als Elektromotorenschlosser tätig. Als aktiver Rennkanute wechselte er 1961 von der BSG Einheit zur BSG Stahl. 1966 wurde er dort selbst Übungsleiter. Der damalige Sektionsleiter *Koschak* würdigte sein Mitwirken bei der Errrichtung des Bezirksleistungszentrums Kanu Beetzsee. Zum 35-jährigen Jubiläum der BSG Stahl 1985 wurde er für seine Verdienste für die Sektion als „Aktivist der sozialistischen Arbeit" ausgezeichnet. [719] *Birgit Fischer* wurde 27 x Weltmeisterin und 8 x Olympiasiegerin. [720] Noch heute ist die 42-jährige Rennkanutin und zweifache Mutter aktiv. Eine Ausnahmeathletin wird gesagt, doch auch die guten Bedingungen, die sie schon in frühen Jahren vorfand, prägten ihren Erfolg mit.

Nicht vertreten als Sportart in der BSG Stahl, aber für die Brandenburger bis heute ein Aushängeschild, ist der Rudersport mit der Regattastrecke am Grillendamm (Beetzsee). Auch im Rudersport können die Brandenburger mit den Gebrüdern Bernd und Jörg Landvogt olympisches Gold vorweisen. [721] Sich der Verantwortung für den regionalen Sport bewusst unterstützte das Stahl- und Walzwerk die Baumaßnahmen an der Regattastrecke. Aber auch andere Betriebe unterstützten das Vorhaben, diese bisher national wichtige Wettkampfstrecke 1967 zu einer international anerkannten Sportstätte aufzurüsten. [722] In großem Maße identifizierte sich die Brandenburger Bevölkerung mit dem Vorhaben „Regattastrecke". Sonderschichten, Arbeitseinsätze, NAW und Subotniks wurden bis zur Fertigstellung geleistet. Auch in Brandenburg stationierte Soldaten der NVA und der Sowjetarmee halfen. Die erbrachten Eigenleistungen wurden auf 7,5 Millionen Mark beziffert. Mit der Einweihung der Regattastrecke am Beetzsee verbesserten sich auch die Trainings- und Wettkampfbedingungen für die Kanuten. Ende 1969 wurden die Streckenmarkierungen variabel umgebaut und konnten je nach Bedarf für Kanuten als auch Ruderer verwendet werden. Von der FISA [723] wurde die Brandenburger Regattastrecke am 3. November 1969 mit dem Code des Cources der FISA 4/a klassifiziert. [724] Ihr Präsident

Thomas Keller sah die Regattastrecke als geeignet für internationale Regatten im europäischen Maßstab an. 1985 wurde die Regattastrecke erneut mit einem Aufwand von 6 Millionen Mark rekonstruiert, wiederum unterstützte das Stahl- und Walzwerk mit Generaldirektor *Lauck* dieses Vorhaben. [725] Noch heute profitiert diese Wettkampfstrecke von den einstigen Investitionen der Stahlwerker. Z.B. werden vom 1.-6. August 2005 in Brandenburg/Havel erneut die Junioren-Ruder-WM ausgetragen. [726]

5 Lehrlingssport

Als Randphänomen des betrieblichen Sports in der ehemaligen DDR stellte sich der Lehrlingssport dar. Das Bestreben, eine körperlich gesunde und künftig leistungsfähige Arbeiterjugend auszubilden, stand nicht selten im Widerspruch zur vorzugsweisen ‚Passivität' der Jugendlichen bezüglich eigener sportlicher Bedürfnisse. Die Erziehungsarbeit mit diesen Jugendlichen auf dem Gebiete des Sports stellte sich als problematisch dar. Zwar wurde Sportunterricht als Unterrichtsfach in die Betriebsberufsschulen (BBS) integriert, doch das erwünschte sportliche Engagement über die Berufsschule hinaus galt als ungenutzte Reserve. Nachteilig wirkte sich hier der für Berufsschulen typische ‚Blockunterricht' aus. Die Kontinuität des obligatorischen Sportunterrichts an Berufsschulen wurde durch Praxiswochen, in denen nicht selten in Schichten gearbeitet wurde, durchbrochen.

Anfang der siebziger Jahre thematisierten einige Publikationen die „prekäre Situation" [727] im Bereich des Lehrlingssports. Auch das Institut für Körperkultur (IfK), als zuständiger Fachbereich der Pädagogischen Hochschule Potsdam, kam zu entsprechenden Darstellungen, die Handlungsbedarf signalisierten. [728] Auffallend war zudem ein Leistungsabfall in den Sportnoten gegenüber gleichaltrigen Oberschülern. Es kann davon ausgegangen werden, dass das Freizeitbudget eines Lehrlings erheblich unter den 5 Stunden lag, über die durchschnittlich ein Oberschüler verfügte.[729] Das mangelnde sportliche Engagement der Lehrlinge spiegelte sich in der geringer werdenden Teilnahme an Wettkämpfen und Spartakiaden wider. [730] Die Mitgliedschaft der männlichen Lehrlinge im DTSB lag ca. bei 24%. [731] Der übertriebene Anspruch, bei allen Lehrlingen das Bedürfnis zu entwickeln, bis ins hohe Alter hinein regelmäßig Sport zu treiben, offenbarte eine Diskrepanz zwischen SED-Wunschdenken und Realität. [732] Zwar konnten Lehrlinge durch gemeinsame Aktionen von Seiten des FDGB, des DTSB, des Ministeriums für Volksbildung, des Komitees für Körperkultur und Sport und der FDJ, wie z.B. der „Mehrkampf um die Staatsratsurkunde" [733] seit 1961 oder der Vergleichskampf um den „Stärksten Lehrling" seit 1971, [734] immer wieder mobilisiert werden, jedoch fehlte oftmals die Beständigkeit dieser Form von Zuwendung über die vorgegebenen Strukturen und Termine hinaus. Drei Jahre später wurden Schülerinnen und weibliche Lehrlinge in diesen Kraftsportwettbewerb um den Titel „Stärkster Lehrling und sportlichstes Mädchen" [735] mit einbezogen. Problematisch war, dass sportliche Leitbilder hier anders griffen als im Kinder- und Jugendsport der BSG. Bei den Lehrlingen waren künftige Sportkader bereits aussortiert, und nur wenigen „Nachzüglern" wurde ein Quereinstieg in den Leistungssport ermöglicht. Der Sport blieb somit für Auszubildende auf seine Freizeitbedeutung im Vergleich zum Leistungssport reduziert und musste sich unter den Bedingungen des Arbeitsalltags als geeignet erweisen.

Die beklagte Passivität der Lehrlinge in Sachen Sport korrespondierte mit vornehmlichen Freizeitinteressen, die entweder durch Rückzug ins Private oder dem Bedürfnis nach Ablenkung,

Spaß und provokanter Abkehr von der Elterngeneration charakterisiert waren. Begründet wird dies in der neueren Forschung durch eine Art „Wirklichkeitsschock“ [736], den Wierling für junge Leute in der Produktion für die 60er Jahre anhand von Archivmaterial nachzeichnete. Hinzu kamen die vielfältigsten Formen massiver Reglementierung durch Strukturen des Betriebes, der dort wirkenden Massenorganisationen sowie der SED. Das 1974 verabschiedete „Jugendgesetz der DDR“ zeigt unprätentiös, welchen Spielraum die SED ihrer Jugend zugestand:

> „Die Entwicklung der jungen Menschen zu sozialistischen Persönlichkeiten ist Bestandteil der Staatspolitik der Deutschen Demokratischen Republik und der gesamten Tätigkeit der sozialistischen Staatsmacht. Sie wird gewährleistet durch die Abgeordneten, die Leiter und Mitarbeiter der zentralen und örtlichen staatlichen Organe, der wirtschaftsleitenden Organe, die Leiter der Betriebe, Kombinate, Einrichtungen, die Vorstände der Genossenschaften, die ihnen unterstehenden Leiter und Mitarbeiter (im folgenden Staats- und Wirtschaftsfunktionäre) sowie durch die Lehrer und Erzieher.“ [737]

Trotz diagnostizierter „prekärer Situation“ wurden im offiziellen Diskurs, z.B. in der Tagespresse, programmatische Ideale zur Realität erklärt. Im Grunde wurden Generationskonflikte und Reifeprozesse massiv unterdrückt, das Leben Jugendlicher bewusst reglementiert, um sicher zu gehen, dass sich eine kritiklose Generation entwickeln würde, welche die Machtverhältnisse in der DDR nicht in Frage stellte. [738] Entgegen offiziellen Verlautbarungen erlahmte das Engagement für die Jugend, welche sich dem aufoktroyierten Erziehungsduktus [739] innerhalb der Arbeitswelt oftmals zu entziehen suchte. So passt es auch in das Bild der von Jarausch als „Fürsorgediktatur“[740] bezeichneten DDR, dass z.B. Jugendkriminalität hartnäckig verschwiegen wurde. [741] Wierling belegt dies ebenfalls und spricht von einer „Erziehungsdiktatur“, in der rebellische, kirchliche oder eigensinnige Handlungen und Initiativen massiv geahndet wurden. Auch die geringen materiellen Aufwendungen für Lehrlingssport im Vergleich zum Kinder- und Jugendsport waren symptomatisch für die tatsächliche Wertschätzung der Auszubildenden.

Es ist zu vermuten, dass die ‚Sportunwilligkeit‘ in Abgrenzung zum „sozialistischen Leitbild“[742] und zum „Ideal des Vorzeigesportlers“ – dem modernen Helden – funktionierte.

Dem idealisierten leistungsfähigen, fleißigen, sportlichen Körper stand der arbeitende, biertrinkende, rauchende und unsportliche Lehrlingskörper konträr gegenüber.

Um dem entgegen zu wirken, galt es Lehrlingen den Sport wieder nahe zu bringen, um sie zum einen auf ihren unvermeidlichen Dienst in der NVA vorzubereiten und zum anderen um körperliche Voraussetzungen zu schaffen, die ein Arbeiten bei guter Gesundheit ein Arbeitsleben lang ermöglichten. Zudem hatte die zusätzliche Strukturierung der Freizeit den Vorteil, den Freizeitbereich kontrollieren zu können, um Jugendsubkulturen vorzubeugen.

> „Aus der Perspektive der FDJ- und Parteiführung waren solche Freiräume aber ein Vakuum, das wenn es nicht von den eigenen Kräften ausgefüllt, vom ‚Feind‘ besetzt und dann unzulänglich sein würde.“ [743]

Nachdem Honecker, mit Rückendeckung des Generalsekretärs der KPdSU Leonid Breschnews am 3. Mai 1971 Ulbricht wegen seines lebensfremden, pseudowissenschaftlichen und technokratischen, im Grunde eigensinnigen Führungsstils entmachtet hatte, lockerte sich einerseits die Haltung der SED zur Jugend der DDR. Vieles, was kurz zuvor noch als „westliche Unkultur“ beschimpft worden war, wurde hoffähig, Beispiele hierfür sind die Beatmusik und das Tragen von Jeans und langen Haaren.[744] Spätestens mit den Weltfestspielen 1973 wurde deutlich, dass Honecker die Jugend wieder hinter sich und seine Partei bringen wollte. Andererseits wurden Versuche unternommen, die zur Verfügung stehende Freizeit über die Massenorganisationen weiter zu reglementieren und zu nutzen. Das 1974 verabschiedete Jugendgesetz der DDR veranschaulicht die Intention der DDR-Führung, Förderung in Aussicht zu stellen, um im Gegenzug Determinanten festlegen zu können.[745]

5.1 Kraftsport

Die „Periode der kulturpolitischen Offenheit“, beginnend mit den X. Weltfestspielen 1973 in Berlin, fand auch im Sport seine Entsprechung. Trotz diagnostizierter Sportunwilligkeit der Lehrlinge wurde eine sportliche Form der Subkultur von ihnen bevorzugt adaptiert – der Kraftsport. Neben dem für die Schwerathletik typischen Gewichtheben entwickelte sich, beeinflusst durch westliche Vorbilder wie Arnold Schwarzenegger, in den verfügbaren bzw. improvisierten Krafträumen eine Nachahmung der zur neuen Blüte gelangten Sportform des Bodybuilding. Als die in der DDR als sportliche „Unsitte“ angesehene Sportart nicht mehr ignoriert werden konnte, wurde sie zunächst als „Kulturistik“ in den DDR-Breitensport eingereiht, um einmal mehr das westliche Vorbild dahinter verschwinden zu lassen.[746] Um der Maßgabe der Mitgliedergewinnung für den DTSB gerecht zu werden und um im Bereich des Lehrlingssports Eigeninitiativen zu nutzen, wurde diese Subkultur bewusst in vorgegebene Bahnen gelenkt. Vor diesem Hintergrund wurde 1971 der Titelkampf „Stärkster Lehrling“, in Anlehnung an den von der Armeezeitung ausgeschriebenen Wettbewerb „Stärkster Mann der Volksarmee“[747], eingeführt. Es wurde angeregt, in den Betriebsberufsschulen und Lehrlingswohnheimen Möglichkeiten zu schaffen, um diese Sportart ausüben zu können. Um das Umschwenken plausibel zu machen, wurde in den innerhalb der DDR zu diesem Sport erscheinenden Monographien stets betont, dass es sich um „Krafttraining für jedermann“ handeln würde, das „die allseitige und harmonische Entwicklung des Menschen“ „gesundheits- und leistungsfördernd“ unterstütze.[748] Die Bezeichnung „Bodybuilding“ fand erst in den 80er Jahren Eingang in den offiziellen DDR-Sprachschatz. In dem 1985 veröffentlichten Bildband „Kraftproben“ blieben Fotos von Bodybuilding unkommentiert, während über das Gewichtheben anekdotenhaft berichtet wurde.[749] Offiziell ignoriert[750], inoffiziell aber von Honecker geschätzt,[751] fand diese Sportart gerade unter Jugendlichen regen Zuspruch. Die westliche Trendsportart „Bodybuilding“, von DDR-Seite offiziell verpönt, konnte unter der zusammenfassenden Sportbezeichnung „Kraftsport“ bzw. „Schwerathletik“ auch in der DDR Fuß fassen. Ähnlich wie bei den ostdeutschen Versionen des Aerobic – der Popgymnastik – des Surfens – dem Brettsegeln – oder der Ausdauersportart Triathlon – Ausdauer-Dreikampf fand diese Sportart immer mehr Zuspruch.[752] Die Strategien, wie diesen Sportarten begegnet wurde, wiesen vergleichbare Entwicklungen auf: Ablehnung des westlichen marktwirtschaftlich determinierten Trendsports – zunehmende Popularität, welche mit Argwohn begleitet wurde – Winkelzug: Politik des Plagiats – Umdefinieren des Sporttrends auf sprachlicher Ebene sowie auf sportpolitischer Bedeutungsebene als Errungenschaft sozialistischer Freizeitsportpolitik.

Das bloße Zurschaustellen angespannter Muskeln, also Bodybuilding, wurde durch Leistungskomponenten, wie sie beim Wettbewerb „Stärkster Lehrling – Sportlichstes Mädchen“ eingeführt wurden, ersetzt. Mit dem Einführen bestimmter Übungen versuchte man, dem westlichen Trend entgegenzusteuern. 1974 waren das für die Teilnehmer des Wettbewerbs „Stärkster Lehrling – Sportlichstes Mädchen“ Klimmziehen, Schlussdreisprung, Beugestütze und Kniebeugen mit einer 25-Kilo Hantel und für die Teilnehmerinnen Seilspringen, Medizinballstoßen, Dreierhopp und Schwebehänge an der Sprossenwand.[753]

Um mehr Lehrlinge für den Sport zu begeistern und um sie für eine Mitgliedschaft im DTSB zu gewinnen, forderte der DTSB Bezirksvorstand die BSG Stahl 1975 auf, eine Sektion Lehrlingssport zu gründen.[754]

„Es kostete schon große Überwindung, vor einer Spät- oder Nachtschicht noch zu trainieren“[755], äußerte sich der Lehrling Detlef Fritsche, Betriebsberufsschule (BBS) des SWB, als er in einem Interview zu den Trainingsanstrengungen befragt wurde. Erschwerend kam hinzu, dass Lehrlinge zwar Urlaub nehmen konnten, jedoch hatten sie dann keine Ferien mehr wie die Abiturienten der erweiterten Oberschule mit Abitur (EOS). Denn sie mussten in den Schulferien in ihren Ausbildungsbetrieben arbeiten. Im ersten und zweiten Lehrjahr betrug der wöchentliche Schul- und Arbeitsrhythmus 4:1 und im letzten Ausbildungsjahr verschob sich der Rhythmus mit 3:2 in Richtung Arbeit. Das zur Verfügung stehende Freizeitbudget der Gleichaltrigen in BBS und EOS wies grundsätzlich große Unterschiede auf. Ein geringeres sportliches Engagement von Lehrlingen kann deshalb als direkte Folgeerscheinung dieser Differenz angesehen werden.

Im Jahressportplan der Bezirksorganisation Potsdam des DTSB von 1978 fand der Lehrlingssport und Sport der Arbeiterjugend unter der Überschrift „Die Erhöhung der Wirksamkeit und die Verbreitung des DTSB“ Erwähnung. Darin wurde die Aufgabe formuliert, „die Mehrheit der Lehrlinge für eine regelmäßige sportliche Betätigung zu gewinnen und sie in den Trainings- und Wettkampfbetrieb einzubeziehen“. Den BSGen wies man die Aufgabe zu, die notwendige Basis zu schaffen, „um alle Lehrlinge als Mitglieder des DTSB zu gewinnen“. Um die DTSB-Mitgliedschaften zu steigern, entsann man sich der noch vor einem Jahr lediglich unter den Arbeitern subsummierten Randgruppe der Lehrlinge und Jungarbeiter, als es hieß, dass die Arbeiterjugend und insbesondere die Lehrlinge in den Freizeit- und Erholungssport der Arbeiter mit einzubeziehen seien.[756] Ein Jahr später wurde der Sport der Lehrlinge gleichberechtigt mit dem Studentensport und dem Freizeit- und Erholungssport der Arbeiter bei den Bemühungen, DTSB-Mitglieder, zu werben herangezogen. Anziehende und wirkungsvolle Wettkämpfe wie Kreislehrlingssportfeste und FDJ-Pokal-Wettkämpfe in unterschiedlichen Sportarten sollten künftig zum Freizeitmagneten für die ‚sportvernachlässigte‘ Arbeiterjugend werden. Ein besonderer Schwerpunkt sollte in den Bereich des Kraftsports gelegt werden, da dieser sich im Freizeitsportbereich zu etablieren begann.[757]

Daher wurde der Kraftsport zuweilen sogar als Sport des Facharbeiternachwuchses charakterisiert. Auffallend dabei war, dass die Kraftsportdisziplinen trotz offizieller Wettbewerbe eher Jungen anzog als weibliche Lehrlinge.[758] Zu sehr wirkte die geschlechtsspezifische Vitalisierung auf männlich konnotierte Ziele, welche sich durch das Erlangen von Körperkraft (für den Beruf) und militärische Tauglichkeit auszeichneten.

> „Aufgabe der Jugend ist es, wehrpolitische Bildung, vormilitärische Kenntnisse und Fertigkeiten zu erwerben sowie in der Nationalen Volksarmee und den anderen Organen der Landesverteidigung zu dienen.“[759]

Aber auch von ‚offizieller Seite' wurde weniger Wert auf das Engagement von Mädchen gelegt. So stiftete 1986 der FDGB einen Pokal „für den männlichen Lehrling" mit der besten sportlichen Tagesleistung, und „für das beste männliche Klassenkollektiv" wurden 1500 Mark für Sportgeräte gestiftet. Die Frauen gingen leer aus. [760] Warum hier die Frauen außen vor blieben, lässt sich denken: Frauen sollten ‚schön sein', also Gymnastik und allgemeine Fitness betreiben und sich später im Familiensport engagieren, so der offizielle Tenor der Funktionäre. Der Kraftsport zielte auf die männlichen Jugend ab. So ist es nicht verwunderlich, dass die DTSB-Mitglieds-Quote bei weiblichen Lehrlingen lediglich 7% betrug. [761] Sinn und Zweck war es in erster Linie, möglichst viele Bewerber für eine militärische Laufbahn zu gewinnen und die Jungen für den Pflichtwehrdienst in der NVA optimal vorzubereiten. Hinzu kam, dass im Stahl- und Walzwerk Brandenburg die Zahl der weiblichen Beschäftigten unterrepräsentiert war.

1983 publizierte die Sportzeitung „Deutsches Sportecho", dass es bereits 5.725 Kraftsportzirkel in den Ausbildungszentren gäbe, in denen ca. 105.000 Lehrlinge sich sportlich betätigten. [762] Auffallend ist die Divergenz zu einer ähnlichen Statistik von 1989: „Gegenwärtig trainieren ca. 13.000 Lehrlinge regelmäßig in 1.156 Kraftsportgruppen (1988 25.000 Lehrlinge in 1.640)." [763] Die Tendenz ist klar ersichtlich, der Lehrlingssport verlor im Bereich des Kraftsports Ende der 80er Jahre mehr und mehr an Bedeutung.

5.2 Stärkster Lehrling des Stahl- und Walzwerkes Brandenburg

Dreimal konnte Detlef Fritsche stärkster Lehrling seines Betriebes werden. 1984 wurde der neunzehnjährige angehende Metallurge für Hüttentechnik im Stahl- und Walzwerk Brandenburg bei dem 13. Kraftsport-Fernwettkämpf in Bautzen „Stärkster Lehrling" der DDR. Seine Entwicklung zum „Stärksten Lehrling" begann in der 8. Klasse. Hier begann er, in Vorbereitung auf das drei-wöchige Wehrlager [764], wo er sich vor seinen Mitschülern in sportlicher Hinsicht nicht blamieren wollte, zu trainieren. Mit Klimmzügen an der Teppichklopfstange, Beugestützen zwischen zwei Stühlen und Ziegelsteinen in Mutters Einkaufstasche fing seine Begeisterung für den Sport an. Bis zu Beginn seiner Lehre trainierte er für sich allein – ohne sich in einem Verein zu organisieren oder sich mit Freunden zum Training zu treffen – mit Erfolg.

Im obligatorischen Sportunterricht der Lehrgruppe begann der Ausscheidungswettbewerb für den Fernwettkampf „Stärkster Lehrling – Sportlichstes Mädchen". Fritsche wurde dreimal hintereinander der Beste seiner Lehrgruppe, des Stahl- und Walzwerkes, des Kreises und des Bezirkes. 1982 wurde er Neunzehnter beim DDR-Entscheid, 1983 wurde er Vierter und im letzten Lehrjahr konnte er zum „Stärksten Lehrling" der DDR gekürt werden. Neben Fritsche wurde 1984 auch Jana Perleberg, ebenfalls Lehrling der BBS des SWB, als sportlichstes Mädchen Brandenburgs geehrt. [765]

Das war das Resultat eines drei Jahre langen kontinuierlichen Trainings. Fünfmal pro Woche trainierte Fritsche in einer Kraftsportgruppe, die sich um den „Stärksten Mann der NVA", Burkhard Meier, in der ASG Hohenstücken zusammen gefunden hatte. [766] Aber auch hier galt es, räumliche Voraussetzungen für das Training zu schaffen. In einem Interview mit der „Sportrundschau" berichtete Fritsche damals:

> „Unser Trainingsraum im Ledigenwohnheim steht uns seit Mitte Dezember nicht mehr zur Verfügung, soll irgendwie anderweitig genutzt werden. Als

Fahrradunterstand oder so. Da bin ich in den letzten Wochen in Brandenburg rumgezogen, habe da und dort trainiert. Noch haben wir Kraftsportler allerdings unsere Hoffnung nicht aufgegeben, daß der Trainingsraum wieder Trainingsraum wird.“ [767]

Gut zwei Jahrzehnte später antwortete er auf meine Frage, ob es denn bei den Stahlwerkern keinen Kraftraum gegeben habe, antwortete er: „Ja schon, doch da hat es mir nicht so gefallen. Die Atmosphäre stimmte nicht.“ [768] Der Kraftsport galt hier unter vielen anderen Sektionen nur als geduldete Sportart und der Leistungsgedanke spielte nur beim Muskelumfang eine repräsentative Rolle. [769] Aber auch in der ASG waren die Voraussetzungen noch verbesserungswürdig, Phantasie und Innovation waren hier gefragt. So berichtete Detlef Fritsche im Verlaufe des Gesprächs, dass sie sich zum Teil die Kraftgeräte noch selbst gebaut hätten – aus alten Teilen, die sie sich auf dem Schrottplatz zusammengesucht hatten. Burkhard Meier entwarf die „Maschinen“ und gemeinsam wurden die Geräte am Wochenende zusammengebaut. [770] Um überhaupt auf den Schrottplatz zu gelangen, wurde der ‚Bewacher‘ mit einer Flasche Hochprozentigem zur Unaufmerksamkeit ‚überredet‘. Mit Bodybuilding hatte das Training in der ASG wenig zu tun. Den Kraftsportlern ging es um die körperliche Leistung, Resultate waren maximal mögliche Wiederholungen. Obwohl Fritsche nicht in der BSG Stahl organisiert war, stellte ihn das Stahlwerk dennoch für ein Trainingslager der ASG Hohenstücken ca. zwei Wochen frei, damit er sich optimal auf den DDR-Vergleich vorbereiten konnte. Bei einer Größe von 1,67 Metern schaffte Fritsche 60 Klimmzüge, 83 Rumpfbeugen, 102 Beugestütze und 8,78 Meter im Schlussdreisprung. [771] Für seinen Titel „Stärkster Lehrling“ erhielt Fritsche vom SWB einen Koffer und von der FDJ-Leitung eine Reise mit dem „Freundschaftszug“ [772] nach Moskau und Kiew. Bei der Siegerehrung in Bautzen jedoch war der erste Preis ein Luftgewehr. [773] In seinem letzten Lehrjahr wurde Detlef Fritsche neben seinem Engagement als FDJ-Leitungsmitglied Gruppenführer seiner GST-Grundorganisation.

Nach seinem 3-jährigen Wehrdienst in der NVA begann Fritsche ein Sportstudium an der DHfK in Leipzig, nach der Implosion der DDR arbeitete er eine Zeit lang in einem Koblenzer Fitness-Studio. Der heutige Finanzbeamte ist immer noch sportlich aktiv. Fünfmal in der Woche trainiert er regelmäßig als Ausgleich zur Büroarbeit und beteiligt sich nunmehr an Triathlon-Wettkämpfen. Auch sein 13jähriger Sohn ist heute in einem „Splitterverein“ [774] der ehemaligen BSG Stahl aktiv. [775]

Bemerkenswert ist, dass es weiterhin ähnliche Sport-Wettbewerbe gibt. In Brandenburg/Havel finden seit fünf Jahren wieder Kraftsportwettbewerbe dieser Art statt. Unter dem Motto „Superboy und Supergirl“ werden jährlich an Brandenburgs Oberstufenzentren und Gymnasien die besten Kraftsportler und Kraftsportlerinnen gesucht. [776] Aber z.B. auch in Schwerin gibt es in veränderter Form eine Fortsetzung der DDR-Tradition: Mit „Sport gegen Gewalt – stärkster Lehrling gesucht“ und „Power statt sauer – sportlichstes Mädchen gesucht“ stellt sich der heutige Lehrlingssport variabler und im Zusammenhang mit Gewalt- und Gesundheitsprävention dar. [777] Aber auch kritische Anmerkungen lassen sich sowohl von erfolgreichen als auch nicht so erfolgreichen ehemaligen Wettbewerbsteilnehmern finden. [778] Aus dem Lehrlingssport gingen damals „gutgläubige Landesverteidiger“ hervor, so Walter Steffens, damaliger „Stärkster Lehrling“ von Dresden. [779]

6 Wehrsport im Betrieb

Wie eng Lehrlingssport mit Wehrertüchtigung in der DDR verknüpft wurde, zeigt die Entwicklung des Wehrsports in den Betrieben und Berufsschulen. Maßgeblichen Anteil an der Wehrerziehung hatte die Gesellschaft für Sport und Technik. Gründungstag der GST ist der 07.08.1952. In Selbstdarstellungen der GST wurde die Entstehung der GST als FDJ-Initiative geschildert. [780] In der Praxis war die GST allerdings eine von der SED geschaffene Organisation. So beriet im Stahlwerk Brandenburg zu Beginn des Jahres 1952 die Betriebsparteileitung der SED über die Zusammensetzung einer Betriebsparteiorganisation „Sport und Technik". In der selben Beratung der SED-Parteileitung des SWB wurden bereits Vorsitz (ehrenamtlich), VP-Sekretär (ehrenamtlich), Instrukteur (hauptamtlich) und Ausbildungsleiter für Motorsport, Seesport, Schießsport und Flugsport für die GST festgelegt. [781]

Die FDJ spielte im Zuge der beabsichtigten Remilitarisierung nur bei der Übernahme ihrer Sparten, Motorsport, Seesport, Schießsport, Flugsport und als Anwerbeorganisation eine untergeordnete Rolle. Der Anstoß für den erweiterten Aufbau von Strukturen zum militärischen Schutz der DDR wurde durch *Stalin* bei der Moskauer Unterredung mit *Wilhelm Pieck* am 1. April 1952 gegeben. Ziel war es, die Kasernierte Volkspolizei (KVP) zu stärken [782] und eine nationale Armee aufzubauen. Die FDJ des SWB warb daraufhin intensiv für die Volkspolizei. In der Betriebszeitung wurden besonders sportliche Aspekte in Verbindung mit Wehrhaftigkeit dargestellt, „Kameraden der Volkspolizei müssen willensstark, gesund und körperlich gewandt sein!" [783] Von Freiwilligen erschienen knappe Portraits, um weitere Jugendliche als Rekruten zu werben. [784] Zudem schlossen FDJler des Betriebsschutzes einen Freundschaftsvertrag mit den Lehrlingen des Werkes. Der Vertrag diente der Propagierung der „Bedeutung der Volkspolizei" und der Anleitung zum Ablegen des Sportabzeichens sowie des Ausbildens von neuen Abnahmeberechtigten.

Zur Unterstützung des Betriebsschutzes wurden Hilfsalarmzüge aufgestellt, die bei Katastrophen und sonstigen Vorkommnissen eingesetzt werden sollten. [785] Eine unmittelbare Bedrohung wurde sowohl für die DDR als auch innerhalb des Werkes konstatiert. Bereits im August 1952 erschien in der Betriebszeitung „Stahl für den Aufbau" des Stahl- und Walzwerkes Brandenburg diese Werbeanzeige: „Bist Du bereit für die Verteidigung Deiner Heimat, so werde Mitglied der Gesellschaft für Sport und Technik [.]" [786]

Dem vorangegangen war das Unterfangen der SED, dem vorgeblich militärischen Interesse der FDJler nachzugeben – im Mai 1952 übernahm die FDJ die Patenschaft über die KVP, Anfang Juli wurden sogenannte Initiativkomitees zur Schaffung der GST gebildet. Ende Juli stellte die FDJ den Antrag zur Gründung der GST. Am 7. August 1952 wurde die „Verordnung über die Bildung der GST" vom Zentralkomitee der SED erlassen. [787] Eine intensive Werbekampagne begann. Eine Werbeanzeige in der Betriebszeitung der Stahlwerker bestätigte das Vorhaben der SED, dass die GST besonders in Industriezentren wirksam werden müsse, „um die notwendige Anzahl von Arbeitern, besonders von Jugendlichen, für den freiwilligen Dienst in den bewaffneten Kräften zu gewinnen." [788]

Die Gründung der GST, aber auch die Werbekampagnen für die KVP spiegeln die politischen Folgen der Ablehnung der Deutschlandinitiative der Sowjetunion und des Deutschlandvertrages wider. Die Absicht der Bundesrepublik am 17.05.1952 in Paris in die Europäische Verteidigungsgemeinschaft (EVG) einzutreten ließ eine Wiedervereinigung endgültig unwahrscheinlich werden. Um auf die Remilitarisierung im Westen zu reagieren, kündigte *Wilhelm Pieck* den Aufbau nationaler Streitkräfte im Osten an. [789] Durch die Interessen der Siegermächte verhärtete sich die bisher noch weiche Naht des geteilten Landes mit der Remilitarisierung in Ost und West. Die Teilung Deutschlands wurde mit der militärischen Verteidigungsbereitschaft dauerhaft besiegelt. Ein Beispiel für die Remilitarisierung im Einzelnen ist das Einführen der Schießsportabzeichen neben dem bisherigen Sportabzeichen. Im Juli 1952 legten 100 Kollegen des SWB das Schießsportabzeichen ab. Mit der militärischen Aufrüstung begann auch das Erzeugen von Feindbildern gegenüber der jeweils anderen Seite. So sollte, laut Betriebszeitung, die „DDR zur Hölle für Spione und Agenten des Imperialismus“ werden. [790] Unter Anleitung der SED-Kreisleitungen wurden in größeren volkseigenen Betrieben GST-Grundeinheiten gebildet. Auch die Betriebszeitung des Stahlwerks Kirchmöser am Stadtrand Brandenburgs warb um GST-Mitglieder:

> „Jeder deutsche Patriot hat die Pflicht, die Wachsamkeit gegen die Agenten des amerikanischen Monopolkapitals und die Verräter der Arbeiterklasse zu erhöhen und stets zum Einsatz gegen die Feinde des Friedens und der Souveränität unseres Vaterlandes bereit zu sein.“ [791]

Viele FDJ-Funktionäre wurden vornehmlich in die Vorstände der Grundorganisation der Betriebe, Kreise und Bezirke der noch unstrukturierten GST delegiert. Auf Grund dieser Tatsache wurde es der GST möglich, ein jugendliches Erscheinungsbild nach außen zu tragen, hinter dem sich das ideologisch konnotierte Konzept der SED verbarg, „den Übergang zu einer höheren Stufe des bewaffneten Schutzes der DDR“ [792] zu erreichen. [793] Formulierte Zielstellungen und Ausrichtung der GST entsprachen daher stets dem aktuellen Kurs der SED-Politik. Noch Mitte der 80er Jahre wurden im SWB ca. 17 Propagandisten durch wehrpolitische Schulungen auf ihre politisch-ideologischen Aufgaben in der GST gesondert vorbereitet. [794] Die ideologisch begleitende Arbeit wurde in der GST von Anfang an durchgeführt und Schritt für Schritt ‚perfektioniert‘. Hierzu wurden unter anderem bei den Bezirksleitungen der GST Lektorenkollektive geschaffen. [795] Die 1952 noch bestehenden relativ jungen „Interessensportgemeinschaften der FDJ“, wie z.B. Funk-, Schieß-, Segelflug-, Motor- und Wassersport, die sich parallel zum BSG-Sport entwickelt hatten, wurden zum 30.11.1952 von der GST übernommen. 45000 Mitglieder der „Interessensportgemeinschaften der FDJ“ traten aufgrund dieses Transfers der GST bei. Dabei übernahm die GST auch die Ausbildungs- und Unterrichtsmaterialien sowie alle materiellen Gegebenheiten der bisherigen „Interessengemeinschaften der FDJ“. Dem „Beschluß der 3. Tagung des Büros des Zentralrats der FDJ“ vom 13.10.1952 zufolge [796] traten auch die Mitglieder der „Interessengemeinschaften der FDJ“ für Schießsport, Motor- und Wasserfahrsport und Volleyball des Stahl- und Walzwerkes Brandenburg [797] der sich formierenden Grundorganisation der GST bei. [798] Der Beitritt zur GST brachte für die Aktiven Umstellungsprobleme mit sich. Die ehemalige „Interessengemeinschaft der FDJ“ Wasserfahrsport, nun Kuttersparte der GST, bemängelte u.a. die neu entstandene hierarchische Struktur, speziell die willkürliche Ernennung des Kameraden *Herbert Steinicke* zum Leiter der GST-Ausbildungseinheit Seesport. Das gleichberechtigte Miteinander wurde empfindlich gestört. Die Sportler machten deshalb in der Betriebszeitung auf sich aufmerksam.

> „Wir zweifeln nicht seine [Kamerad Steinickes] theoretischen Kenntnisse an, wehren uns aber dagegen, daß er stets sein Wissen in den Vordergrund

stellt und die anderen Kameraden als vollkommen unwissend bezeichnet. Sein unkameradschaftliches Verhalten führte bereits dazu, daß verschiedene Kameraden die Lust verloren, mitzuarbeiten.“ [799]

Die enttäuschten Sportler *Neumann, Fischer* und *Suhr* forderten, bemüht um ein gleichberechtigtes Verhältnis, von der GST-Leitung künftig fachmännische und politische Anleitung.[800] Die Übernahme der angeschafften Sportgeräte durch die GST sorgte ebenfalls für Reibereien. So stritten im Sommer gleichen Jahres z.B. GST und Lehrwerkstatt um die Zuständigkeit für das auf dem Trockenen liegende Motorboot „*Phillipp Müller*“. [801] Die Seesportler gründeten eine neue Mannschaft, überwiegend mit Kollegen aus dem Wohnheim des SWB, eine neue Ausbildungsleitung wurde benannt. Die mangelnde Unterstützung der GST-Leitung wurde jedoch weiterhin kritisiert. [802]

Unter der Vormundschaft der SED sollte die GST im Januar 1955 dafür Sorge tragen, allen Mitgliedern der GST, sowie den Arbeitern und Bauern die Notwendigkeit der bewaffneten Verteidigung zu vermitteln. [803] Mit dem Aufbau neuer attraktiver Sportgruppen, wie z.B. einer Segelfluggruppe des SWB [804] seit dem 23. Juli 1955, warb die GST um Mitglieder. Auffallend war dabei, dass 1955 in den abenteuerlich anmutenden Berichten über die Segelflieger der Name der Organisation GST und Hinweise auf seine militärische Ausrichtung nur beiläufig erwähnt oder ganz unterschlagen wurden. [805]

Die Rolle der FDJ und ihrer Sportgruppen erschöpfte sich in der des ‚Geburtshelfers‘. Die GST wurde per Gründungsverordnung vom 07.08.1952 dem Ministerium des Innern unterstellt und zur Zusammenarbeit mit den „demokratischen Massenorganisationen“ angehalten. [806] Dementsprechend wurde der Öffentlichkeit auf Tagungen und Parlamenten der FDJ stets kameradschaftliche Zusammenarbeit mit der GST bei der vormilitärischen Ausbildung zugesichert. Der zu leistende Beitrag der Jugend zum Schutz der Heimat wurde in Rechenschaftslegungen der FDJ unter Begrifflichkeiten wie „vertiefte Zusammenarbeit“ mit der Gesellschaft für Sport und Technik subsumiert. [807] In der Praxis war die Zusammenarbeit zwischen der FDJ und der GST im Stahl- und Walzwerk sachbezogen und eher logistisch-organisatorischer Art. Jeweils ein Vertreter der einen Organisation war in der der anderen vertreten, was die Koordinierung bestimmter Aktivitäten erleichterte. [808] Ineinander involviert waren beide Massenorganisationen auch künftig nicht. Was beide Organisationen tatsächlich miteinander verband waren die autoritären Vorgaben durch die SED. Der 1. Kongress der GST vom 14.-16. September 1956 im damaligen Karl-Marx-Stadt bestätigte indirekt die ‚Vormundschaft‘ der SED. Indem die GST den „Beschluß des Politbüros des ZK der SED zu den Aufgaben der GST“ vom Januar 1955 in eigene Zielsetzungen umformulierte,[809] wurde sie sowohl zum Sprachrohr als auch zum Instrument der sich abzeichnenden totalitären SED-Politik.

„Die GST ist eine demokratische Massenorganisation der Werktätigen. Sie vereinigt in ihren Reihen auf freiwilliger Grundlage Jugendliche und Erwachsene beiderlei Geschlechts mit dem Ziel, sie durch Sport körperlich zu ertüchtigen und sie durch sportliche und technische Ausbildung zur weiteren Stärkung der Verteidigungsfähigkeit der Deutschen Demokratischen Republik vorzubereiten.“ [810]

Insbesondere sollten Vorbehalte in der noch vom Krieg geprägten Bevölkerung, die sich dezidiert durch pazifistische Standpunkte äußerten, gegenüber der politisch gewünschten Wehrertüchtigung durch die GST abgebaut werden. Proteste gegen die Remilitarisierung gab es sowohl in Ost- als auch in Westdeutschland.[811] Die GST hatte die Aufgabe Jugendliche zunächst für die Kasernierte Volkspolizei zu werben und militärisch zu konditionieren bzw. seit 1956 für die Nationalen Volksarmee der DDR.[812] Mit der rhetorischen Frage „Welche Möglichkeiten bietet die GST in unserem Betrieb" warb man u.a. für Nachrichtensport, Motorsport, Flugsport, Seesport, Geländesport und Schießsport. In erster Linie wollte man die Lehrlinge für die GST einnehmen. Aus diesem Grunde wurde u.a. im Gebäude der Betriebsberufsschule ein Funkraum eingerichtet.[813]

Im Mai 1960 erklärten zwei Drittel aller Lehrlinge ihren Beitritt in die NVA. Die GST verpflichtete sich, 10 Schützengruppen im SWB zu bilden, und regte an, dass aus diesem Grunde innerhalb der „Sozialistischen Brigaden" Schützengruppen gebildet werden sollten.[814] Um entsprechend trainieren zu können, rief die GST im Sommer 1960 dazu auf, einen Schießstand zu errichten.[815]

Der Wehrsport in der ehemaligen DDR erfolgte in Anlehnung an die sowjetische DOSAAF (Freiwillige Organisation zur Unterstützung von Armee, Luftwaffe und Flotte der UdSSR). Allerdings verwies der Name der ostdeutschen Massenorganisation „Gesellschaft für Sport und Technik" nicht wie die sowjetische Partnerorganisation auf die militärischen Attribute und Ziele, sondern gab zumindest auf semantischer Ebene vor, an sportlich-technischen Fähigkeiten orientiert zu sein. Das Abschwächen tatsächlicher Inhalte und Zielsetzungen in der Namensgebung erfolgte indes bewusst. Ursprünglich sollte sich die geplante Organisation „Schutz der Heimat" nennen.[816]

Die sich sprachlich offenbarende Divergenz zwischen militärischen Zielsetzungen und freizeitorientiertem Sport schrieb sich von Anfang an dauerhaft in das gesellschaftspolitische Leben der vormilitärischen Organisation ein. So verwies mein Gesprächspartner Heinz Schollbach, ehemaliger stellvertretender Vorsitzender der GST-Grundeinheit im Stahlwerk Brandenburg (1977-1983), immer wieder auf die massensportliche Bedeutung und den Freizeitwert z.B. des Modellbaus (Flugzeug/Auto) für seine Anhänger und Mitglieder, als ich ihn zur Rolle der GST für die vormilitärische Ausbildung von Lehrlingen befragte. Die guten Arbeitsbeziehungen der GST-Grundorganisation zum Wehrkreiskommando Brandenburg, welche Schollbach bestätigte[817], lassen wiederum auf einen eindeutig militärischen Aufgabenbereich schließen. Gleiches bestätigen die von mir eingesehenen Akten des Landesarchivs Brandenburg über die Grundorganisation der GST „Etkar André"[818] des SWB.

Unter anderem ließ sich rekonstruieren, dass zum „40. Jahrestag der Befreiung" die Ausbildungseinheiten nach Bestätigung durch das Wehrkreiskommando der NVA neu strukturiert werden sollten.[819]

In der Grundeinheit der GST des SWB in den 1980er Jahren trainierten und bastelten in 14 Sektionen weit über 1000 Mitglieder zwischen 10 und 70 Jahren.[820] Die Sektionen umfassten folgende Spezialisierungen: Flugsport, Flugmodellbau, Nachrichtensport, Tauchsport, Motorsport, Motorradpatroille, Sportschießen, Seesport, Militärischer Mehrkampf und Wehrkampfsport.[821] Die GST-Organisation „Kader und Bildung" zeigte sich verantwortlich für die vormilitärische Ausbildung der Lehrlinge. Zu ihr gehörten die Hundertschaften „Ernst Thälmann", „Heinrich Rau"[822], Mot-Schützen und Militärkraftfahrer sowie jeweils zwei Züge Matrosenspezialisten, Nachrichtenspezialisten und Taucher. In den Organisationen des Elektrostahlwerks (ESW) und der Hauptmechanik trainierten je zwei Sektionen Wehrkampfsport. Zudem gab es in der Grundeinheit der GST „Etkar André" ebenso wie in der BSG Stahl Trainingszentren (TZ). Die leistungssportlich orientierten Schwerpunktsektionen waren Schießsport[823], Seesport[824] und Tauchsport[825]. Das TZ Schießsport hatte, wie auch andere TZ, die Auflage, Kader an die Sportklubs zu delegieren.[826] Die Brandenburger Schießsporttalente der GST wurden z.B. vom ASK Frankfurt/Oder übernommen. Der GST standen im SWB zwei Planstellen zur Verfügung, zum einen handelte es sich dabei um die Planstelle des Vorsitzenden der Grundorganisation der GST im Werk und zum anderen um seinen Stellvertreter. Die jeweiligen GST-Sektionen wurden durch ehrenamtliche Mitarbeiter geleitet.[827] Die GST arbeitete zusammen mit der FDJ, dem Deutschen Roten Kreuz (DRK), dem Allgemeinen Deutschen Motorsportverband (ADMV)[828], der NVA und dem FDGB. Die FDJ bildete u.a. Bewerberkollektive, um die Werbung von Berufssoldaten zu unterstützen. Die GST-Zeitschrift „Sport und Technik" wurde u.a. von der FDJ mit der Artur-Becker-Medaille[829] ausgezeichnet, jeweils in der letzten Februarwoche fand die gemeinsam vorbereitete „Woche der Waffenbrüderschaft" statt.[830] Das DRK half bei der Absicherung von Veranstaltungen und bei der ZV-Ausbildung.[831] Die NVA arbeitete direkt mit der GST zusammen. Besonders bei der vormilitärischen Ausbildung war die Zusammenarbeit unerlässlich. Desweiteren stellte die NVA geeignete Kader für GST-Leitungspositionen zur Verfügung. Die Vorbildrolle der DOSAAF zeigte sich vor Ort im Erfahrungsaustausch mit den in Brandenburg stationierten sowjetischen Truppen. Die Zusammenarbeit mit dem ADMV bot sich ob der angrenzenden Motorsportdisziplinen an. Der FDGB verpflichtete sich, wehrsportliche Betätigungen im Betriebssportkalender z.B. bei Betriebssportfesten zu integrieren und anzuregen, wehrsportliche Betätigungen auch in die Kultur- und Bildungspläne der Brigaden aufzunehmen.[832] Die GST warb ebenfalls in Schulen für ihre TZ, organisierte Freundschaftswettkämpfe im Sportschießen und unterstützte die Pionierorganisation „Ernst Thälmann" bei der Durchführung von Manövern, z.B. beim „Manöver Schneeflocke" oder „Roter Stern".[833] An vier Schulen Brandenburgs, POS-Berthold-Brecht, POS-Heinrich-Heine, POS-Heinrich-Rau und POS-Maurice-Thorez, betreute die Grundorganisation „Etkar André" GST-Sektionen.[834]

> „Um Nachwuchs für die Sektionen Sportschießen zu sichern und junge Talente zu gewinnen, wurden an drei Patenschulen unseres Werkes [...] Sektionen Sportschießen gegründet. Im April 1986 wird die Gründung einer weiteren Sektion [...] abgeschlossen. In einem intensiven Übungsbetrieb wird das Interesse der Jugendlichen für den Wehrsport geweckt und so frühzeitig jedem die Möglichkeit gegeben, sich auf seinen aktiven Ehrendienst in der NVA vorzubereiten."[835]

Für den Flugzeugmodellbau der GST mag es sogar stimmen, dass die Wehrpolitik ganz aus dem Sektionsleben verschwand, denn hier seien nur Freaks am Werk gewesen – lediglich am Modellbau interessierte Menschen unterschiedlichsten Alters, die für ihr Hobby alles aus eigener Tasche bezahlten. Auch die Nachrichtensportler seien dieser ‚idealtypischen' Form der Freizeitgestaltung zuzurechnen. Die einzelnen Sparten der GST wiesen unterschiedliche demographische Strukturen auf. Jungerwachsene interessierten sich eher für Orientierungslauf, Tauchsport und Flossenschwimmen. Erwachsene fanden sich dagegen eher in den bewegungsarmen Sparten, wie z.B. in der Sparte Modellbau. Ausgeglichen in ihrer Altersstruktur waren hingegen die Sparten Segelflug und Motorsport.[836] Sportarten wie Segelflug, Seesport und Schießsport wurden anfänglich als etwas Besonderes propagiert und angesehen. Jedoch wurde dies bewusst als

Einstieg für die Militarisierung des Sports und zur Legitimierung bestehender Machtverhältnisse benutzt. Bei der propagandistischen Argumentationsweise wurde dabei bewußt unterschlagen, dass es neben den bereits erwähnten Arbeiterseglern seit 1913 Arbeiterschützenvereine [837] und Arbeitersegelflugvereine [838] gab.

> „Mit der Errichtung der Arbeiter- und Bauern-Macht auf deutschem Boden wurden auch alte Privilegien der kapitalistischen Gesellschaft im Sport, wonach nur der den Flugsport oder den Schießsport betreiben konnte, der die materiellen Voraussetzungen dazu hatte, beseitigt. Heute sind es Söhne und Töchter der Werktätigen unserer Republik, die diese schönen Sportarten betreiben.“ [839]

So der Vorsitzende des Zentralvorstandes der GST und Nachfolger von Kurt Lohberger, Generalmajor Günter Teller, in Theorie und Praxis der Körperkultur, dem sportwissenschaftlichen Organ des Staatssekretariats für Körperkultur und Sport, zum Thema der „Bedeutung von Körperkultur und Sport für die Erhöhung der Wehrfähigkeit“ der DDR-Bürger. Der Beitrag Tellers, der ein Jahr nach seinem Amtsantritt erschien, ist durch die Art der Argumentationsführung, entgegen der erklärt „wissenschaftlicher Objektivität“ in der DDR-Forschung, vielmehr militärischen Interessen verpflichtet. Aber auch die Brandenburger Segelflieger bestätigten diese Art hinzugewonnener „Ermächtigung“ und blieben im vorgegebenen propagandistischen Tenor.

> „[...] durch unsere Arbeiter- und Bauern-Regierung ist es jeder Kollegin und jedem Kollegen möglich, seinen sportlichen Interessen nachzugehen. In Westdeutschland dagegen müssen die Segelflieger jeden Flug mit 3-5 Mark bezahlen. Außerdem sind ihre Maschinen noch mit Reklamebildern von den Firmen beklebt, die den Flugsport finanziell unterstützen. Sie müssen also Reklame für die profitgierigen Geschäftsleute fliegen und sind keine freien Sportler.“ (F. Well[ner]) [840]

Unter den GST-Mitgliedern des SWB befanden sich zeitweise auch „Gastarbeiter“ aus Kuba und Vietnam, die zu Ausbildungszwecken in der DDR weilten und sich in ihrer Freizeit in der GST betätigten. So führte Heinz Schollbach mit ihnen auf Wunsch Schießübungen durch. Schon aus Versicherungsgründen traten sie deshalb der GST bei. Die sprachliche Verständigung stellte, so Schollbach, im wehrsportlichen Rahmen kein Hindernis dar. Im Gegenteil, Schollbach war erstaunt, wie diszipliniert sich Kubaner und Vietnamesen gezeigt hätten, welche zum Teil in Angola gekämpft bzw. sich gegen den amerikanischen Aggressor zur Wehr gesetzt hatten und im Vergleich zu den GST-Mitgliedern des Stahlwerks über entsprechende Erfahrungen verfügten. [841]

Einen festen Platz im Jahresplan der GST nahm seit 1975 der Kampf um den Friedensstahl-Pokal der Seesportler ein. Hier wurden Vergleiche ausgetragen in den Disziplinen: seemännische Knoten, 2000 Meter bzw. 1000 Meter (Senioren) Geländelauf und 10 Kilometer bzw. 5 Kilometer (Senioren) Kutterrudern. Am 18.05.1985 nahmen ca. 200 Aktive den Kampf um diesen Pokal auf. Die jungen „Matrosen“ des SWB konnten hier hinter dem Kernkraftwerk Rheinsberg den 2. Platz erringen. Die Tauchsportler der GST konnten auf mehrere Jahreshöhepunkte verweisen, auf das alljährliche Silvesterkarpfentauchen und den internationalen Sprintercup im Freibad auf dem Marienberg. Hinzu kam die Durchführung eines DDR-offenen Wettkampfes unter erschwerten Bedingungen bei Eis. Am „Tag des Metallurgen“[842] richtete die Sektion Sportschießen einen Pokalschießwettbewerb aus, der bei vielen „Kolleginnen und Kollegen des Betriebes großen Zuspruch“ fand.[843]

6.1 Die GST zwischen „sozialistischem Wettbewerb“ und Abzeichenkult

Auch in der GST wurden Leistungen im Sinne der vorgeschriebenen Politik mit Titeln und Abzeichen honoriert. Die höchste Auszeichnung der GST war die „Ernst-Schneller-Medaille“ in Gold. Sie wurde am 11.08.1962 das erste Mal, anlässlich des zehnjährigen Gründungsjubiläums der GST, verliehen. Als ehemaliger Reichstagsabgeordneter, Leiter der Reichsparteischule der KPD in Fichtenau und Wortführer des Roten Frontkämpferbundes eignete sich Schneller, der 1944 in Sachsenhausen von den Nazis ermordet worden war, zum Idealtypus des kommunistischen Vorkämpfers, der sich für die militärpolitische Aufklärung und Schulung des Proletariats eingesetzt hatte. Schneller hatte u.a. Schriften verfasst, die zur Verteidigung der Errungenschaften der Oktoberrevolution und zur „Befreiung [der] revolutionär kämpfenden unterdrückten Völker in aller Welt“ und „Gegen die bürgerliche Republik – für die proletarische Diktatur!“ aufriefen, die er u.a. in der Zeitschrift „Die Rote Front“ und in der militärpolitischen Zeitschrift „Oktober“ in den Jahren 1926 und 1927 veröffentlicht hatte. Dass 1960 in der DDR das Buch „Arbeiterklasse und Wehrpolitik“ mit den Schriften Schnellers erschien, stützt die These, dass die Remilitarisierung durch die Installation geeigneter Vorbilder legitimiert werden sollte.[844]

Die Festlegung von „Richtlinien für die Durchführung von Mehrkämpfen und die Ablegung von Mehrkampf-Leistungsabzeichen“ erfolgte im Mai 1955. Vorläufer dieses Abzeichens war das Leistungsabzeichen der GST (1953). Kurz vor Gründung der NVA wurden somit Gelände- und Waffenausbildung, Topographie und Kampfsport, also Sportschieß- und Geländesport auf diese Art in die GST-Ausbildung integriert.[845] Bei den Bedingungen für das Mehrkampfabzeichen und andere Leistungsabzeichen je nach Spezialisierung, Leistungsabzeichen der GST, Segelfliegerabzeichen, Schießsportabzeichen etc., lassen sich Ähnlichkeiten zur Praxis des Sportabzeiches des DTSB erkennen. Entsprechend der ‚Soll = Ist-Formel‘ wurden die Abzeichen von der Kreisorganisation der GST angekauft. Da bestimmte Forderungen der GST an den „Erfüllungsstand“ gebunden waren, wurden die Abzeichen stets mit dem Geld des SWB im voraus bezahlt und entsprechend als Normerfüllung abgerechnet, um sie erst später ganz oder nur zum Teil an die Aktiven zu vergeben, welche bereit waren, die Bedingungen zu erfüllen. „Keiner wollte wissen, wie es tatsächlich aussah – Hauptsache, der Plan wurde erfüllt“, bestätigte der stellvertretende Vorsitzende, Heinz Schollbach, in dem von der Autorin mit ihm geführten Gespräch. Im Berichtszeitraum 1984-1986 der Grundorganisation „Etkar André“ wurde ebenso die „ständige 100%ige Abrechnung des Beitrages“ attestiert.[846] Der überall propagierte „sozialistische Wettbewerb“ war in der GST, zumindest am Beispiel des Stahlwerks Brandenburg, nur beschränkt möglich, so Schollbach, da sich unter den einzelnen Sektionen und Grundeinheiten aufgrund unterschiedlicher Spezialisierungen wenig Vergleichsmöglichkeiten ergaben.[847] Dem widersprechen allerdings diverse Auszeichnungen, die die Grundorganisation erhielt. Seit 1968 war sie „ausgezeichnete Grundorganisation im Ausbildungsjahr“. Hinzu kommen folgende Auszeichnungen: 1974 zum

25. Jahrestag der DDR die Ernst-Schneller-Medaille in Gold, Ehrenurkunden 1979, 1982 und 1984, viermal die Ernst-Schneller-Medaille in Bronze, dreimal in Silber, die Auszeichnung „Hervorragender Ausbilder“ (seit 1968)[848], fünf Mal in Bronze, vier Mal in Silber und drei Mal in Gold, und 1984/85 war die Grundeinheit „Etkar André“ beste Grundorganisation des Kreises Brandenburg. Von der mitgliederstärksten GO Brandenburgs war allerdings ein überlegenes Abschneiden zu erwarten gewesen. In den einzelnen Militärsportarten konnten ebenfalls verschiedene Abzeichen erworben werden: Abzeichen für „aktive Arbeit“ in der GST (seit 1957)[849], Abzeichen für „gute vormilitärische und technische Kenntnisse“ (seit 1962), Reservistenabzeichen (seit 1964), Ehrennadel des Aeroklubs der DDR (seit 1965), Segelfliegerleistungsabzeichen (seit 1965)[850], Fernwettkampf im Luftgewehrschießen, erstmals durchgeführt vom 23.07.-06.08.1961. Nur wenige Tage danach, am 12. August 1961, wurde Deutschland durch Errichtung der Staatsgrenze mit Mauer und Stacheldraht zweigeteilt und durch Mitglieder der Kampfgruppen der Betriebe bewacht. Noch im gleichen Jahr wurden Tiersportarten (z.B. Brieftauben) aus der GST wieder ausgegliedert. Im SWB wurden im September 1981 unter dem Motto „Wer trifft die meisten Ringe?“ Betriebsmeisterschaften im Luftgewehrschießen ausgetragen.[851] Am 24. Januar 1962 beschloss die Volkskammer die allgemeine Wehrpflicht. Ein weiteres Jahr später erklärte die DDR das Jahr 1963 zum „Jahr des Massensports im Sportschießen“[852] Die Beteiligung an Schießübungen durch Teile der Bevölkerung erscheint daher als bewusst geplant und lässt einen direkten Bezug zu den folgenreichen Entscheidungen der politischen Führung der DDR erahnen. Schießtraining und Schießwettbewerbe nahmen innerhalb der Massensportaktivitäten zu. Aber auch attraktive Disziplinen kamen noch hinzu, wie z.B. das Fallschirmspringen. In der Sektion Fallschirmspringen der GST trainierten im November 1963 sechs Jungen und drei Mädchen.[853] 1964 wurde der Berufsschüler des SWB und GST-Sportschütze Mewitz in Halle DDR-Meister im Sportschießen und qualifizierte sich für die Europameisterschaft.[854]

Durch verschiedene ins Leben gerufene Wettbewerbe, wie z.B. zu Ehren des 10. Jahrestages der Gründung der GST, GST-Initiative Festival, Signal 25, GST-Initiative XI. Parteitag der SED etc., konnten vielerorts erst die materiellen Grundlagen (z.B. das Errichten von Schießständen, Hindernisbahnen, Flugplätzen etc.) für die Arbeit der GST geschaffen werden. Im Abrechnungszeitraum 1984/85 der Grundorganisation „Etkar André“ wurden in 7172 VMI-Stunden 35.860 Mark erwirtschaftet und im Vergleich dazu wurden 1985/86 durch 8454 VMI-Stunden 42.270 Mark akquiriert.[855] Aufgrund der derzeitigen Quellenlage, die keine genauen Angaben zu Mitgliederzahlen der GO „Etkar André“, ermöglichte, konnte keine pro-Kopf-Leistung ermittelt werden. Die aufgewendeten VMI-Stunden, die abgelegten Leistungsabzeichen und sämtliche Ausbildungsergebnisse waren natürlich mit anderen GST-Grundorganisationen vergleichbar. Beim Fernwettkampf um die „Goldene Fahrkarte“ wurden in der Woche der Waffenbrüderschaft im SWB unter der Regie der GST allein 4000 Scheiben beschossen. Mit dieser enorm großen Beteiligung, im Vergleich zu anderen Betrieben, konnte der Pokal des Leiters des Wehrkreiskommandos von den Stahlwerkern errungen werden. Es kann festgestellt werden, dass der „sozialistische Wettbewerb“ innerhalb der GST als unverzichtbar galt. Dass die Brandenburger Stahlwerker eine wirksam arbeitende Grundorganisation hatten, beweisen die vielen Erfolge in den einzelnen ‚Sportdisziplinen‘. Bei der V. Wehrspartakiade vom 11.07.1985 in Halle belegten die Taucher den 1. Platz, die Matrosen-Spezialisten den 2. Platz und die Militärkraftfahrer einen 8. Platz. Dem vorangegangen war bei den Militärkraftfahrern ein zweiwöchiges Trainingslager in Bollmannsruh [856] und Neuruppin.

„Unter Anleitung unserer Trainer Günter Morawa, Erhard Rosenbusch und unseres KfZ-Verantwortlichen Wolfgang Eck absolvierten wir täglich den Achtertest und den Pacours der Grundelemente." Frank Valentin [857]

Für ein gutes Abschneiden wurde hart trainiert, während unterdessen die Kollegen die Arbeit der GST-Mitglieder und Ausbilder mit erledigten. Im Berichtszeitraum 1984-1986 wurden insgesamt 180 Militärkraftfahrer, 27 Matrosenspezialisten, 50 Nachrichtenspezialisten und 12 Taucher militärisch ausgebildet. Praktisch hieß das, dass 180 Jugendliche den Führerschein Klasse M, 140 den Führerschein Klasse A, 80 eine Erweiterung von M auf A erwarben, zudem wurden 62 Motorsportleistungsabzeichen, 120 Motorsportmassenabzeichen, 2190 Schießabzeichen und 950 Mehrkampfleistungsabzeichen vergeben. [858]

Im gleichen Bericht wird eine starke Fokussierung der GST auf die Lehrlinge des SWB deutlich. Zu Beginn der Lehre bekamen alle Jungen den Aufnahmeantrag für die GST auf den Tisch gelegt. Selbstverständlich musste man nicht unterschreiben, doch die Unterschrift barg Vorteile. So konnten die Jungen innerhalb der GST Führerscheine für LKW und Motorrad erwerben. Die meisten Lehrlinge unterschrieben, denn die Angebote der GST waren überraschend vielfältig. Trotz des großen Angebots gab es einige Lehrlinge, die sich nicht für die GST entschieden. Das zentrale Ausbildungslager fand in der Regel im September jeden Jahres statt. Bei der Grundausbildung sollten ca. 500 Lehrlinge befähigt werden, die Normen des militärischen Mehrkampfes zu erreichen. Die Beteiligung betrug im ersten und zweiten Ausbildungsjahr jeweils 100%. [859] Das Moment der Freiwilligkeit muss jedoch bezüglich der Rekrutierung durch die GST angezweifelt werden. Möglicherweise wurde die Freiwilligkeit selbstredend durch bewusst erzeugten Gruppenzwang erreicht. Denn noch 1964 erhielten lediglich 86 Lehrlinge von zunächst 180, welche die auf 60 Stunden konzipierte Militärausbildung begannen, das Abzeichen „Für gute vormilitärische und technische Kenntnisse". Die vormilitärische Ausbildung war zu diesem Zeitpunkt noch nicht zwingend. Kritisch angemerkt wurde jedoch, dass nicht alle Lehrlinge an der vormilitärischen Ausbildung teilgenommen hatten. [860] Der Organisationsgrad dieser Ausbildung wurde von Mal zu Mal perfektioniert. Mit agitatorisch Argumenten wurden nonkonforme Verhaltensweisen unterdrückt.

> „Einige Lehrausbilder nehmen die sozialistische Wehrerziehung noch nicht ernst genug. Sie machen sich keine Gedanken darüber, daß der nächste Schritt der Jugendlichen, die sie ausbilden und erziehen, in die NVA führt. Wie kann es sonst möglich sein, daß aus dem Kollektiv des Lehrausbilders Wolter nur ein Jugendlicher an der sozialistischen Wehrerziehung teilnimmt?" [861]

Die 1969 durch den Vorsitzenden des Zentralvorstandes der GST klar formulierten Ziele der GST lassen den Schluss zu, dass alle männlichen Jugendlichen militärisch ausgebildet werden sollten. Gleichzeitig verweist seine Stellungnahme auf die avisierte totalitäre Handhabung der Ausbildung.

> „Unter Beachtung der natürlichen Leistungsgrenzen im Jugendalter enthalten die Programme für die Militärische Grund- und Laufbahnausbildung solche hohen physischen und psychischen Anforderungen, die die Jugendli-

chen bereits im vorwehrfähigen Alter möglichst bis an die Grenze ihrer Leistungsfähigkeiten führen."[862]

Bleibt die Frage, wie viele Jugendliche sich aus freien Stücken an die Obergrenze ihrer Belastbarkeit haben bringen lassen und was sie dazu bewogen hat? Hinreichend rekonstruieren lässt sich das Interesse der Staatsführung der DDR an der Militarisierung der Jugend. Im 1986er Bericht der GST-Initiative XI. Parteitag der SED der Grundorganisation „Etkar André" des SWB werden konkrete militärische Zielsetzungen bei der Ausbildung von Lehrlingen deutlich. Im vormilitärischen Ausbildungslager waren alle neu eingestellten Lehrlinge anwesend, hinzu kamen 39 Ausbilder und die bereits formierten Spezialzüge der im zweiten Lehrjahr befindlichen Lehrlinge, ein Zug Nachrichtenspezialisten, ein Zug Militärkraftfahrer und eine Hundertschaft mot. Schützen. „Die vormilitärische Ausbildung wurde konsequent und exakt auf der Grundlage der Ausbildungsprogramme durchgeführt." Das hieß u.a. Teilnahme an einem 30-Stunden-Programm, welches auf die physische Konditionierung ausgerichtet war. Hinzu kamen persönliche Einzelgespräche, die sowohl auf die Spezialisierung als auch auf die angestrebte Laufbahn hinsichtlich des späteren Einsatzes in der NVA zugeschnitten wurden. Hier galt es auf Seiten der Werber, festgelegte Vorgaben des Wehrkreiskommandos zu erfüllen. Im Berichtszeitraum von zwei Jahren (1984-1986) konnte die GST-Grundorganisation „Etkar André" 36 Berufsoffizierbewerber, 6 Fähnrichbewerber, 25 Berufsunteroffizierbewerber und 85 Unteroffiziersbewerber bzw. Soldaten auf Zeit werben.[863]

Für die Ausbildung der Lehrlinge im Wehrsport zeigten sich sowohl Lehrer, Ausbilder als auch Internatserzieher verantwortlich, die als Reservisten die geforderten Grundkenntnisse und Fähigkeiten zu vermitteln suchten. In der Regel war im Wehrlager der Lehrmeister zugleich der Zugführer oder zumindest Hundertschaftsführer. Nach drei Jahren und den entsprechenden zusätzlichen Ausbildungslehrgängen konnten Lehrlinge des dritten Lehrjahres selbst Gruppenführer werden. Zum üblichen militärischen Mehrkampf gehörten 3000 Meter Hindernislauf, Luftgewehrschießen und Handgranatenweitwurf. Einmal jährlich führte die BBS den „Max-Maddalena[864]-Gedenklauf" durch.[865] Ein weiteres Aufgabenfeld der GST stellte die vorbereitende Spezialisierung für die militärischen Berufe dar. Hierfür gab es Auflagen des Wehrkreiskommandos, entsprechende GST-Mitglieder als künftige Matrosen der Marine oder Militärkraftfahrer, Funker etc. auszubilden. Die sogenannten „Spezialisten-Lehrgänge" fanden alljährlich im Februar statt. Besondere Aufmerksamkeit wurde dabei dem Berufsnachwuchs der NVA geschenkt, Lehrlingen, die sich drei Jahre und länger zum Dienst in der NVA oder Marine verpflichteten. So konnten jene, die angaben, Militärkraftfahrer werden zu wollen, für 66,- Mark den Führerschein (Klasse 5) für Motorrad, Pkw und Lkw bei der GST erwerben. Getrickst wurde nur insofern, dass mancher nach Erhalt des Führerscheins seine Meinung bezüglich seiner Spezialisierung änderte. Grund für dieses Verhalten war, dass die Vergabe der Führerscheine nur beschränkt möglich war, da der Benzinverbrauch kontingentiert wurde und nicht alle GST-Mitglieder die gewünschte Klasse der Führerscheinprüfung ablegen konnten.[866]

Im SWB gab es auch weibliche Lehrlinge in den Ausbildungsberufen der Betriebsberufsschule (BBS) „Max Madalena", so z.B. in den Fachrichtungen Instandhaltungsmechanik und Metallurgie, zudem wurden Elektrikerinnen, Zerspanerinnen, Dreherinnen, Fräserinnen oder Kranführerinnen ausgebildet. Die Frauen nahmen jedoch nicht an der gleichen militärischen Grundausbildung teil, sondern wurden im Bereich der Zivilverteidigung (ZV) u.a. als Sanitäterinnen ausgebildet. Die

ZV-Ausbildung wurde aufgrund der gemeinsamen Arbeitsvereinbarung vom Juni 1953 zwischen DRK und GST vom Deutschen Roten Kreuz mit unterstützt.[867] In der GST-Abteilung Seesport war dennoch eine Frau besonders aktiv. Brigitte Kröger gehörte 1985 zu jenen AusbilderInnen, die mit der Ernst-Schneller-Medaille ausgezeichnet wurden.[868]

Wie auch die BSG Stahl profitierte die GST-Grundeinheit „Etkar André" von der ökonomischen Freizügigkeit des Stahl- und Walzwerkes. Viele Materialien wurden beschafft, Freistellungen genehmigt, zwei Planstellen geschaffen, „Subotniks" zu Gunsten der GST- und weiteren Sportanlagen organisiert, Transportmittel verliehen und wichtige Sportgeräte gekauft. Die politische Erziehung spielte in der GST durch ihre vorbereitenden militärischen Aufgaben eine bedeutend größere Rolle als in der BSG. So sollten Funktionäre und Ausbilder „qualifizierte und wirksame politisch-ideologische Arbeit"[869] leisten. Um den politisch-verantwortlichen Aufgabenbereich weiter auszudehnen und organisieren zu können, fand am 13.10.1965 eine „Ideologische Konferenz der GST" in Brandenburg statt, mit dem Ziel, verstärkt positive Motivlagen hinsichtlich der vormilitärischen Ertüchtigung zu fördern.[870] Die aktuelle SED-Politik stand nach offiziellen Angaben bei der Arbeit der GST stets im Mittelpunkt. Die Polarisierung zwischen „Ost" und „West" mittels Feindbild innerhalb der GST entsprach der politisch gewollten vormilitärischen Erziehung.

6.2 Wehrsport der Reservisten

Neben den Wehrkampfsportarten der GST, die eher auf die Jugend zugeschnitten waren, sollten Reservisten mittels wehrpolitischer- und sportlicher Vergleiche auch nach ihrem aktiven Wehrdienst in der NVA weiterhin belastbar sein und zu guter Kondition angehalten werden. Aus diesem Grunde wurden seit 1970 Wehrspartakiaden auf Betriebs-, Kreis-, Bezirks- und DDR-Ebene durchgeführt.[871] Diese Form der Wehrertüchtigung erfolgte in der Regel bei allen Männern bis zum 50 Lebensjahr.[872] Ab 1983 sollten zusätzlich dreimal im Jahr zu Kreis- und Betriebssportfesten Reservistendreikämpfe mit in den Betriebssportkalender aufgenommen werden, zur „Woche der Waffenbrüderschaft" 10 Kilometer Marsch mit Schießübungen und Handgranaten-Weitzielwurf, zum „Tag der Befreiung" 1,5 Kilometer Geländelauf, Schießen und Handgranatenwurf, anlässlich des „Tages der Republik" erneut 10 Kilometer Marsch mit Schieß- und Wurfübungen.[873] Realisiert wurden diese Terminvorgaben im SWB, nach Aussage des stellvertretenden GST-Vorsitzenden, nur einmal im Jahr. Allerdings wurden im Jahr 1985 sowohl ein Wintermarsch, ein Geländelauf und ein Herbstmarsch abgerechnet.[874]

Ferner beabsichtigte man mit der „sozialistischen Wehrerziehung" in den Arbeitskollektiven neben der körperlichen Ertüchtigung politische Leitlinien der aktuellen SED-Vorgaben zu vermitteln. So wurde an die betrieblichen Leitungen des FDGB appelliert, wehrsportliche Aspekte mit im Kultur- und Bildungsplan zu berücksichtigen. Folgende wesentliche Schwerpunkte sollten darin zum Tragen kommen: Verständnis für den gegenwärtigen komplizierten Klassenkampf, verbunden mit der Bereitschaft, einen persönlichen Beitrag zur Landesverteidigung zu leisten und „geeignete Kollektivmitglieder für die Kampfgruppen" und „Formationen der Zivilverteidigung zu gewinnen".[875] Auch sollte bei der Verteidigung des Titels „Kollektiv der sozialistischen Arbeit" darauf Einfluss genommen werden, dass Unterschiede bei der Durchführung und Bewertung wehrsportlicher Aktivitäten sowohl politisch als auch praktisch überwunden werden. Diese Forderung war Folge des von seiten des Bundesvorstandes des FDGB festgestellten Realisationsgrades der Wehrertüchtigung, welche nicht die erwünschte Konformität aufwies.[876] Die Verzahnung militärischer Interessen mit vorgeblich freizeitsportlichen Aktivitäten im Arbeitsalltag lässt sich auf die gemeinsame „Vereinbarung des Bundesvorstandes des FDGB mit dem Ministerium für Nationale Verteidigung über die Zusammenarbeit bei der sozialistischen Wehrerziehung der Arbeiterklasse und aller Arbeiter der DDR" zurückführen. Die Verknüpfung und Instrumentalisierung des betrieblichen Sports als Freizeit- und Erholungssport für die Wehrerziehung der Arbeiter und Arbeiterinnen fand auf dem 11. FDGB-Kongress 1987[877] sein ideologisches Programm, das von einer beständigen Bedrohung der DDR ausging.[878]

„Es ist ein ständiges Anliegen, das Wehrbewußtsein in den Reihen der Gewerkschaften zu vertiefen, damit jeder Wehrfähige seine in der Verfassung der DDR verankerten Rechte und Ehrenpflichten zu jedem Zeitpunkt und unter allen Umständen gewissenhaft erfüllt."[879]

Abgesehen vom Fernwettkampf um die „Goldene Fahrkarte" im Schießsport, an dem sich relativ viele Kollektive beteiligten, ist das tatsächliche Wehrbewusstsein im Brigadealltag verschwindend gering gewesen. Außer zu offiziellen Terminen blieb die Wirklichkeit hinter der wortreichen Politik der SED und der von ihr angeleiteten Massenorganisationen (GST, DTSB, FDJ und FDGB) zurück. Statt dessen fand man z.B. bei den Marine-Reservisten des SWB spassbetonte Methoden des Reservistendreikampfs, 1500 Meter Kutterrudern, Bier mit Boxhandschuhen öffnen und trinken nach Zeit und dann Wurfleine vom schwankenden Kutter schleudern.[880] Abgerechnet wurde von der GST-Grundorganisation im SWB, dass im Zeitraum 1984 bis 1986 5000 Mitarbeiter an wehrpolitischen Veranstaltungen und von ihnen 1290 an Reservistendreikämpfen teilgenommen haben. Insgesamt wurden 20.000 Zielscheiben des Wettbewerbs „Goldene Fahrkarte" beschossen.

6.3 Resümee

Trotz der vorgeblich massensportlichen Bedeutung der GST war diese in jeder Hinsicht eine militärisch geprägte Organisation. Allein die vor dem Hintergrund des Kalten Krieges zugespitzten Entstehungsbedingungen verweisen auf das konkrete Anliegen der SED, die gesamte Bevölkerung mittels „Bedrohungsperzeption" ideologisch einzustimmen und militärisch zu vitalisieren. Sportliche Aspekte wurden herausgestellt, um trotz des militärpolitisch konnotierten Anspruchs an die GST Massenwirksamkeit zu erzeugen. Hierbei lassen sich unterschiedliche Entwicklungsstufen erkennen. Mit Gründung der GST 1952 bzw. über die Teilung Deutschlands hinaus erhielt die GST die Aufgabe, aktiv bei der Sicherung der Grenzen und bei der Rekrutierung für die Streitkräfte mitzuwirken. Die GST vermittelte innerhalb der Bevölkerung militärische Grundkenntnisse. Sie warb und bereitete vornehmlich junge Männer für den Dienst in den bewaffneten Organen vor. In den Anfangsjahren der GST galt es gemeinsam mit der FDJ jugendliche Arbeiter in den Industriezentren für die KVP zu werben. Mit Aufmachern wie „Die Kameraden der Volkspolizei müssen willensstark, gesund und körperlich gewandt sein!", „Wir sind bereit!" und Wortmeldungen Einzelner, „die Antwort unserer FDJler wird sein, die Reihen unserer nationalen Streitkräfte zu verstärken", wird deutlich, dass zuerst die FDJ das Sprachrohr der allmählichen Militarisierung war, doch mit Gründung der GST nach sowjetischem Vorbild sollte zusätzlich der Aufbau einer Armee mit Einführung der allgemeinen Wehrpflicht vorbereitet werden. Die „Erhöhung der Verteidigungsbereitschaft der DDR" wurde dabei Ausdruck der sowjetisch beeinflussten Politik der SED-Riege um *Ulbricht*. Mit Gründung der NVA 1956 verringerte sich die militärische Bedeutung der GST nicht. Die GST blieb als vormilitärische Organisation weiterhin verantwortlich für die Vorbereitung junger Männer auf den Dienst in der NVA. Auch die gezielte Werbung für militärische Berufe in der NVA leistete größtenteils die GST. Hinzu kamen die Aufgabenbereiche (Re-)Vitalisierung der Reservisten, Vermittlung vormilitärischer Kenntnisse, militärische Grundausbildung, Zivilverteidigung und politische Einflussnahme. Zunehmend wurde der sportliche Aspekt der GST betont. Die GST beteiligte sich in militärischen Sportarten an internationalen Vergleichen, um ihr militarisches Können zu demonstrieren. Die Arbeit der GST zielte immer wieder auf die Jugend, indem beständig versucht wurde, „Abenteuerlust" und „revolutionäre Romantik" durch politisch-erzieherische Arbeit in Kombination mit fachlicher Vermittlung zu kanalisieren und militärisch zu nutzen. Die vorbereitende GST-Ausbildung wurde zur Grundlage effektiver und anspruchsvoller Ausbildungsprogramme in der NVA. Die GST war aus heutigem Verständnis eine ‚Promotion-Organisation der NVA". Die Ausbildungsprogramme der GST wurden jeweils dem Anforderungsprofil der NVA angepasst. Nach dem 13. August 1961, „Tag des Mauerbau", wurde die Personalstruktur innerhalb der GST merklich angehoben. Der als unmilitärisch angesehene Tiersport wurde ausgegliedert, Funktionäre und Ausbilder wurden in Lehrgängen gezielt auf ihre Aufgaben im Bereich der vormilitärischen Erziehung/Ausbildung geschult. In Glowe, Wieck, Schönhagen und Tambach-Dietharz fanden diesbezüglich zentrale Ausbildungslehrgänge statt. Mit der Einführung des Pflichtwehrdienstes in der DDR [881] wurde in der GST mehr der vorbereitende Aspekt vor dem Dienst in der NVA betont. Künftige Spezialisierungen der See-, Land und Luftstreitkräfte wurden vorgeprägt und im Sinne einer intensiven Vorbereitung entsprechend durch die GST gefördert. Die GST sollte zur „Schule des Soldaten von morgen" werden und zeichnete sich dafür verantwortlich, dass künftige Soldaten dem erwünschten Normativ entsprachen. Hierfür wurde eine enge Verzahnung zwischen NVA und GST angestrebt. Ein weiteres wichtiges Augenmerk wurde auf die Ressource der Reservisten gelegt. Zum einen galt es die militärischen Fähigkeiten weitestgehend zu erhalten bzw. diese zu nutzen. Unter dem Motto „Gedient aber noch nicht ausgedient" versuchte man sich ihres Älterwerdens zu bedienen und sie als Ausbilder der GST, der Zivilverteidigung oder in den Kampfgruppen zu gewinnen.

> „Gleichzeitig lassen wir uns davon leiten, daß mit Hilfe der Wehrsportarten ältere Mitglieder unserer Organisation als Funktionäre und Übungsleiter zur Sicherstellung des gesamten Organisationslebens und des Wettkampfsports sowie als Ausbilder für die vormilitärische Grundausbildung und für die Ausbildung in den Laufbahnen der Nationalen Volksarmee gewonnen werden können." [882]

Die Rolle der GST lässt sich wie folgt zusammenfassen: Hebung der Wehrbereitschaft im direkten Umfeld des Betriebes, Ritualisierung nach militärischen Mustern in Freizeit, Erziehung und Ausbildung bei gleichzeitiger ideologisch konnotierter Disziplinierung und optimale Rekrutierung bei ausdifferenzierter militärischer Spezialisierung. Die so erzeugte soziale Kontrolle diente weitestgehend der Machtsicherung der SED-Führungsriege und diente weiterhin sowohl ihrer Legitimierung als auch Verteidigung. Der Aspekt des Massensportcharakters trat hinter der militärischen Zielsetzung zurück. Die gelegentliche Betonung des rein Sportlichen galt als werbewirksam – war Mittel zum Zweck.

7 Sport der Geselligkeit

Zu den geselligen Sportarten gehören u.a. Kegeln und Billard. Beide Sportarten haben einen ausgeprägten Spiel- und Wettcharakter, so dass sich diese Sportarten derzeit sowohl in der Atmosphäre von Gaststätten finden lassen, als auch ernsthafte Sportarten im Rahmen des Wettkampfsports sind. Gerade diese doppelte Möglichkeit des zielstrebig Sportlichen und der geselligen Betätigung macht die Attraktivität beider Sportarten aus.

Um 1200 avancierte das Kegeln zum Glücksspiel, das besonders auf Volksfesten Anklang fand.[883] Die sportliche Note bekam das Kegeln erst mit der Neuerung der Regeln nach Gründung des deutschen bürgerlichen Kegelverbandes in den Jahren 1885/1886, mit den Mehrfachabwürfen von 50, 100, 200 oder 300 Kugeln nacheinander. Nach Gründung des bürgerlichen Keglerverbandes 1885/86, [884] wurde 1912 der erste Arbeiter Keglerverband der „Freie Keglerbund" gegründet. [885] 1926 schlossen sich ca. 10.000 Mitglieder zum Deutschen Arbeiter-Keglerbund zusammen. [886]

Mit Gründung der BSGen nach 1948/49 [887] wurde in der SBZ und später in der DDR die strukturelle Basis für den Kegelsport neu geschaffen. Seit Gründung der BSG Stahl Brandenburg im Jahre 1950 gehörte die Kegelsparte, wie im Kapitel „Betriebssport, die Grundlage zum Volkssport – Anfänge der BSG Stahl Brandenburg" schon erwähnt, zu den ersten praktizierten Sportarten innerhalb der Betriebssportgemeinschaft. Erste Örtlichkeit für den Kegelsport Brandenburgs war das „Hotel zum Bären". [888] Hier trafen sich die BSG-Mitglieder einmal in der Woche zum Kegelvergnügen.

Die Darstellung des BSG-Vorsitzenden im Jahre 1985 [889], die Sektion Kegeln hätte es erst seit 1955 gegeben, kann widerlegt werden, ebenso wie die Behauptung, dass die Sektion 1951 eingeschlafen war [890], denn im März 1952 beteiligte sich diese an den Kreismeisterschaften im Kegeln. [891] Ein Grund für diese irrtümliche Einschätzung kann die weniger wettkampforientierte sportliche Praxis der Kegler sein, denn im Sportteil der Betriebszeitung wurde überwiegend über Wettkampfergebnisse der einzelnen Sparten berichtet, so dass die Kegelsparte nicht mehr wahrgenommen bzw. ernst genommen wurde. Nach der Sportkonferenz der SV Stahl wandten sich die Kegler nachdrücklich auch an die Frauen des Werkes, bemüht eine Frauenmannschaft ins Leben zu rufen, um der Programmatik *„breitesten Massensport zu entwickeln"* und Frauen verstärkt mit einzubeziehen gerecht zu werden. [892] Ebenso wurde für den Aufbau einer Jugendmannschaft geworben. [893] Im Jahre 1953 wurde mit der Errichtung einer eigenen Bohlebahn im Sozialtrakt des ehemaligen Opel-Werkes begonnen, außerdem wurden weitere Trainingsmöglichkeiten für die Sportarten Boxen, Tischtennis, Schach, Kraftsport, Leichtathletik und Volleyball geschaffen. Die Kegler rangen innerhalb der BSG und unter den Kollegen um sportliche Akzeptanz. Von außen wurde nicht selten lediglich das Vergnügen gesehen. „Auch Kegeln ist Massensport" [894] hieß es dazu in der Betriebszeitung, während die Männermannschaft bereits um den Aufstieg in die Bezirksklasse kämpfte. [895]

Die neue Bohlebahn befand sich in der Sporthalle an der Gördenbrücke. Mit dem Vorhandensein besserer Trainingsmöglichkeiten konnte das sportliche Kegeln forciert werden. Der volkssportliche Impetus wurde zugunsten des wettkampforientierten Kegelns mehr und mehr aufgegeben.

Vor dem Hintergrund, dass die DDR 1955 in Essen durch E. Luther einen WM-Einzeltitel im Asphaltkegeln errang [896] und mit dem Aufstieg der Brandenburger Stahl-Kegler in die Bezirksklasse setzte vermutlich aufgrund des Erfolgs das „Sichtbarwerden" der Sektion wieder ein. 1956 holte bei den Frauen die Keglerin Tersinski DDR-Meisterschaftsgold für die Stahlwerker. [897] Nach der Zerstörung der Sporthalle infolge des Brandes wurden 1964 erneut zwei Bowlingbahnen auf dem Areal neben der Gördenbrücke errichtet. 1968 kamen noch zwei weitere Bahnen hinzu, die 1976 mit einer automatischen Aufstelleinrichtung ausgerüstet wurden. Diese technische Ausstattung förderte das Leistungsverhalten der Stahl-Kegler weiter. Die Mitgliederzahl stieg an. Waren es 1962 noch 28 Kegler, so waren es 1971 bereits 52. 1968 stiegen sowohl eine Frauenmannschaft und eine Männermannschaft in die Oberliga auf. Das Kegeln entwickelte sich zu einer beliebten Sportart. Z.B. nahmen in der DDR in den 1960er Jahren insgesamt ca. 70.000 sportbegeisterte Kegler an den DDR-Meisterschaften teil.[898]

Zahlreiche Erfolge gingen auf das Konto der Bowlingkegler der BSG Stahl. Besonderer Höhepunkt war 1972 die Ausrichtung der DDR-Meisterschaft im Bowling. 1986 wurde die Anlage durch eine automatische Aufstelleinrichtung aus der Schweiz erneut den gewachsenen Ansprüchen angepasst.[899] Trotz Leistungsanspruch innerhalb des Übungs- und Wettkampf-Betriebs (ÜTW) hatte die Sektion Kegeln regen Zulauf, so waren 1983 in der Sektion Kegeln

laut BSG-Statistik 79 Mitglieder erfasst.[900] Unter dem Motto „Kegeln ist der Sport der älteren Jugend"[901] galt das Kegeln auch für weniger sportliche Betriebsangehörige als praktikabel. Neben den regelmäßigen Treffen der Kegelsparte wurde das volkssportliche Kegeln zum Teil auch im Freien betrieben, wie etwa bei Brigadetreffen, wie das Fotodokument zeigt.

Gerade für sportliche Unternehmungen in den Brigaden war das Kegeln besonders beliebt. Hier konnte man viel Spaß und Freude haben. Es brauchten keine großen Überredungskünste des Sportorganisators angewendet werden, denn die körperliche Betätigung spielte im Verhältnis zur Geselligkeit eine untergeordnete Rolle. Auch war ohne Bedeutung, ob man Mitglied in der BSG oder überhaupt im DTSB war. Jedoch wurde häufig nicht auf der Anlage der BSG Stahl gekegelt, man traf sich bei der „BSG Aufbau"[902], am Hohen Steg[903], in Berlin[904] oder machte einen Abstecher nach Dippmannsdorf[905].

Im Vergleich zum Kegelsport ist das aus dem französisch-englischen Raum stammende Billardspiel eine verkleinerte Spielform des einstigen Rasenspiels. Um 1900 galt Billard in Deutschland mit seiner Salonatmosphäre als beliebtes Unterhaltungsspiel für gebildete Bürger.[906] Eingang in die klassische Literatur fand das Billardspiel mit Lenz und Goethe.[907] Aufgrund verkleinerter geschlossener Formen des Spiels, Tisch und Raum im Vergleich zu Rasen und Rängen unter freiem Himmel, eignet sich das Billardspiel besonders für kleinere Zusammenkünfte. So ist es nicht verwunderlich, dass die Sektion Billard in der BSG-Stahl Brandenburg mit Helga Blawid, Lothar und Herbert Blawid sowie Willi Blawid und den Stammspielern Thomas Schubrig, Sigmar Sypli, Edgar Kaminski u.a. einem „Familienunternehmen" glich. Edgar Kaminski war sogar in beiden Sportarten, Kegeln und Billard, erfolgreich, denn im Kegeln holte er einen DDR-Meistertitel für die BSG Stahl Brandenburg.

Die Sektion Billard wurde 1963 von der BSG Motor Nord der Thälmann-Werft übernommen.[908] Vorher hatte in der BSG Stahl keine Billard-Sparte existiert. Im kleinen Rahmen wurde hier „unanerkannter Leistungssport" betrieben. Wesentlichen Einfluss auf das sportliche Niveau der Sektion hatte Willi Blawid. Über die Übungsleitertätigkeit innerhalb der Sektion hinaus war Blawid über zwanzig Jahre lang in der BSG-Leitung aktiv, wurde ins Präsidium des Billard-Sportverbandes sowie in den DTSB-Bundesvorstand gewählt. Hier hatte einer seine ganze Energie in sein Hobby gesteckt, sich regelrecht der Sportart Billard verschrieben. Nach der Übernahme der BSG Motor Nord durch die BSG Stahl stieg die Zahl der Mitglieder dieser Sektion schnell an. Begünstigend wirkte sich hierbei der Bau der Sport- und Kulturhalle (Stahlhalle) aus. Bis Juli 1965 hatte die Sektion dabei 538,5 freiwillige Aufbaustunden geleistet. Das waren für jeden Einzelnen 16,3 VMI-Stunden. Im Vergleich dazu leisteten die Mitglieder der Sektion Fußball pro

Person nur 6,8 VMI-Stunden. 1966/67 reduzierte sich die Mitgliederzahl um etwa fünf Spieler und sank auf 27 ab. Nach den Erfolgen 1967-1970, wo die Billardspieler DDR-Vizemeister und Meister wurden, erlebte die Sektion einen leichten Aufschwung, jedoch blieb die Gruppe der Billardspieler von anfänglich 30 Spielern (1963) bis maximal 42 Spielern (1983) relativ konstant in ihrer Mitgliederzahl. [909]

8 Popgymnastik macht schön – zur Adaption einer „westlichen" Trendsportart

> „Pop-Gymnastik ist ein gutes Sparbuch – Sie bleiben gesund, sehen besser aus und fühlen sich rundum wohler.[...] Figur und Körperhaltung sind äußere Merkmale des Menschen und sind in erster Linie Gradmesser der Gesundheit. Beurteilt werden sie vor allem durch ästhetische Werturteile und Normen. Hier werden die engen Beziehungen von Zweckmäßigkeit und Schönheit deutlich." [910]

Das 1982 aus den USA nach Europa kommende Fitnesstraining „Aerobic" mit seiner modischen Sportbekleidung und attraktiven Werbeträgerinnen, wie z.B. Schauspielerin *Jane Fonda*, blieb auch bei ostdeutschen Frauen nicht ohne Einfluss. Weiblich konnotierte Sportübungen überboten das übliche Gymnastikprogramm. Als besondere Motivationshilfe galten Bewegungen nach neuester Disco-Musik. Das weckte bei DDR-Frauen ebenfalls neue sportliche Bedürfnisse. Während die westdeutsche Sportartikelbranche mit dem Verkauf von Leggins, Stirnbändern, Tops etc. Rekordumsätze verzeichnen konnte [911], versuchte man auch in der DDR schnell dem neuen Trend gerecht zu werden. Auf der 15. Expovita (1983), der Ausstellungsmesse für Sportartikelhersteller der DDR in Leipzig, wurde z.B. das „Germina-Pop-Gym-Set" vorgestellt und auch der VEB Trikotagen Karl-Marx-Stadt präsentierte eine neue Kollektion von Gymnastikanzügen, was vom Sportjournalisten *Seifert* mit den Worten „da war schon was zu sehen...." kommentiert wurde. [912]

Allerdings versuchte man das Fitnesstraining, welches besonders Herz- und Kreislauf anregte, vom Herkunftsland gezielt abzukoppeln. Dass dieser Sport, der endlich viele Frauen und Mädchen zu mobilisieren vermochte, aus den USA stammte, war, so ist es zumindest anzunehmen, der DTSB-Leitung um *Manfred Ewald* ein Dorn im Auge. [913]

Obwohl Aerobic als Fitnesstraining für Männer entwickelt worden war, waren es Frauen, die dieser Trendsportart zum Boom verhalfen. Der Begründer des Aerobic war der Militärarzt *Dr. Cooper*, der 1968 ein Fitnesstraining speziell für Piloten der US-Waffe und Astronauten entwickelte. Später nutzte er diese Erfahrungen und begründete ein Gesundheitszentrum in Dallas (Texas). [914]

8.1 Mehr Sport für alle Frauen und Mädchen [915]

Schnell reagierte der DTSB auf die ‚gymnastikwütigen' DDR-Frauen mit einer Vereinbarung mit dem Demokratischen Frauenbund Deutschlands zur Entwicklung des Sports der Mädchen und Frauen [916] und engagierte sich dahingehend, etwas Vergleichbares wie Aerobic ‚neu zu erfinden'. Um Zusammenhänge zum westlichen Vorbild zu vermeiden, wurde Popgymnastik als logische und breitensportlich wirksame Weiterentwicklung der Rhythmischen Sportgymnastik dargestellt. Um diese Alternativsportart, die besonders viele Frauen und Mädchen ansprach, unter DTSB-Kontrolle zu bekommen und deren Massenwirksamkeit auszunutzen, wurde versucht, sie in das gängige Modell des DTSB von BFA [917] und KFA [918] zu integrieren. Dabei wurde 1984 zusätzlich der DFD mobilisiert. Mit der Vereinbarung von DTSB und DFD wollte man der Bildung von ‚Nicht-DTSB-Popgymnastikgruppen' vorbeugen. In dem von der DFD-Vorsitzenden *Ilse Thiele* und dem DTSB-Präsidenten *Manfred Ewald* unterzeichneten Dokument hieß es, Ziel sei es,

> „mit einem breiten und vielseitigen Angebot zur sportlichen Betätigung durch beide Organisationen weitere Möglichkeiten für eine aktive Sportausübung der Mädchen, Frauen und ihrer Familien zu erschließen und dabei der Gymnastik nach populärer Musik besondere Aufmerksamkeit zu schenken" [919]

Möglichst schnell sollte die Begeisterung, die durch Popgymnastik ausgelöst wurde, in Familien-, Urlaubs-, Wohngebiets- und Frauensport kanalisiert werden. Sogar Sportgruppen des DFD und der FDJ sollten hierfür gegründet werden. Von Seiten des DTSB versprach man verstärkt Übungsleiterinnen auszubilden. Auch wollte man diese sportliche Bewegung für den forcierten Erwerb des Sportabzeichens „Bereit zur Arbeit und zur Verteidigung der Heimat" nutzen. [920] In den darauf folgenden Jahren konnte der DTSB einen gravierenden Zuwachs an weiblichen DTSB-Mitgliedern verzeichnen. [921]

1986 konnte man in einer vom BFA Dresden herausgegebenen Broschüre „Sport für alle / Pop-Gymnastik" unter der Überschrift „Schnelles Reagieren auf Freizeitmode" einen kleinen Hinweis zur ‚autonomen Herkunft' der Popgymnastik finden:

> „Einige hundert Mädchen und Frauen treffen sich regelmäßig zu einer neuen Form der Gymnastik nach rockigen Hits! Die Premiere lag zwar schon im Oktober 1982, aber erst jetzt wurde die Öffentlichkeit informiert." [922]

Was machte die Popularität von Popgymnastik aus? Trotz der Isolierung vom kapitalistischen Wirtschaftssystem lag man mit dieser Sportart dennoch im Trend. Unterschiede zwischen Ost und West ließen sich lediglich in der Namensgebung, nicht aber in der sportlichen Praxis erkennen. Ursache für die Massenwirksamkeit dieser Sportart waren die medialen Multiplikatoren Rundfunk und Fernsehen, die sowohl in der ehemaligen DDR als auch in Westdeutschland wirkten.

Während man in der ZDF-Serie „Enorm in Form" Tele-Aerobic für die Familie vor dem Fernseher zum Mitmachen anbot, konnte man wenig später im Vormittagsprogramm des Fernsehens der DDR ebenfalls Vorturnerinnen zusehen, von ihnen lernen und ungestört im heimischen Wohnzimmer üben. Zudem wurden in ersten Anleitungen des DTSB Musik-Mitschnitte des Radiosenders Berliner Rundfunk mit seinen Programmen „he, he, he – das ist der Sport an der Spree" und „DT-64-Podiums-Diskothek" für die Übungsleiter empfohlen, um das mangelnde Angebot an Tonträgern zu kompensieren. [923]

Ein weiterer Vorteil der Popgymnastik bzw. Aerobic war die relative Beliebigkeit des Ortes. Geübt werden konnte auf Straßen, Plätzen, Wiesen, Stränden, in Turnhallen, Foyers oder Wohnzimmern. Die Sportbekleidung war zwar eng anliegend und chic, jedoch überforderte dieser neue Trend nicht die ‚volkseigene' Sportbekleidungsindustrie, da viel improvisiert werden konnte. Wichtige Elemente der Sportbekleidung waren z.B. selbst gestrickte Stutzen und Pulswärmer, diverse Tücher, Stirnbänder und Gürtel gehörten ebenfalls ins bunte Erscheinungsbild. Popgymnastik-Formationen wurden schließlich auch zu repräsentativen Anlässen genutzt, wie z.B. beim Sportlerball im Palast der Republik 1984. Oftmals standen dabei prominente Sportlerinnen in der ersten Reihe und wurden so zu Werbeträgerinnen dieser attraktiven Sportart. Bald konnte sich die Popgymnastik als Form der Erwärmung auch bei Wettkämpfen anderer Sportarten etablieren, animierte zum Mitmachen und sorgte für gute Stimmung. [924]

8.2 Zwischen Brigadesport und Popgymnastik – Freizeit- und Erholungsspor für Frauen im Stahl- und Walzwerk

Schon 1951 konnte man in der Betriebszeitung des SWB Werbung lesen, die besonders Frauen des Betriebes zur sportlichen Betätigung aufrief, z.B. die Küchenfrauen:

> „Liebe Kolleginnen der Küche! Wir führen allwöchentlich bei euch im Speisesaal unseres Werkes eine Gymnastikstunde durch. Im Frohsinn wird geübt, der Körper entspannt und zugleich für unsere Arbeit gestärkt. Wie schön es ist, das werdet ihr kennenlernen, wenn ihr mit uns gemeinsam einmal in der Woche zur Gesunderhaltung eures Körpers Gymnastik treibt. Darum kommt auch ihr zu uns, tretet ein in die Gymnastiksparte der BSG, denn es ist niemand zu alt, zu dick oder gar zu steif. Grete Grothe“ [925]

Etwa dreißig Frauen trafen sich von 1951 bis 1958 unter der Anleitung von Grete Grothe, die zu diesem Zeitpunkt Sekretärin in der BBS war, zur Gymnastik in der Turnhalle der Heinrich-Heine-Oberschule. [926] Der Wert der Gymnastik bestand, laut Empfehlung der Frauengruppe der BSG, vor allem darin, die körperliche Leistungsfähigkeit von Frauen zu optimieren. „Wir wollen ja unseren Körper gesund erhalten, damit wir noch viel für unseren Staat leisten können!“ [927]

Im Oktober 1958 trat die Frauengymnastikgruppe geschlossen der BSG bei. Im Gegenzug stellte die BSG-Leitung den 21 Medizinbälle zur Verfügung. Informationen über Frauen-Gymnastikgruppen innerhalb der BSG wurden meist in Rechenschaftsberichten allgemein über den Freizeit- und Erholungssport (FES) subsumiert. Ohne den Anspruch rhythmische Sportgymnastik betreiben zu wollen, suchten die Frauen bereits im Oktober 1958 eine(n) Akkordeonspieler(in) für ihre Übungsabende. [928]

Der Begriff Popgymnastik taucht auch Mitte der 80er Jahre nicht offiziell im Zusammenhang mit dem betrieblichen Frauensport im SWB auf. Allerdings konnte die Sektion Gymnastik der BSG gerade in diesen Jahren auf einen Mitgliederzuwachs verweisen. Während 1981 ca. 50 Frauen in der Sektion Gymnastik organisiert waren, waren 1983 ca. 36% mehr Frauen in dieser Sektion aktiv. [929] Dass der Begriff Popgymnastik nicht explizit im Zusammenhang mit den sportlichen Aktivitäten der Stahl-Sportlerinnen genannt wurde, deutet auf die geringe Aufmerksamkeit hin, welche dieser Freizeitsportbewegung des „Nur-Frauensports“ geschenkt wurde. Obwohl es sich bei dem Stahlwerk um einen typischen Arbeitsstandort für Männer handelte, waren 1988 im SWB ca. 28 % Frauen beschäftigt. [930] Zudem eignete sich diese Trendsportart nicht für den ÜTW-Betrieb [931]. Innerhalb des BSG-Sports wurde die Popgymnastik mitunter schon mal als „Hausfrauenhüpfen“ abgetan.

In Brandenburg wurden die Übungsleiterinnen der Sektionen Gymnastik zu regelmäßigen Lehrgängen eingeladen, berichtete mir die noch immer amtierende Übungsleiterin Ursula Schober der Sektion Gymnastik der ehemaligen BSG Stahl. Sie war seit 1968 Mitglied in der BSG Stahl, arbeitete als Ingenieurin im TKO (Technisches Kontrollorgan), jener Instanz des SWB, wo die Qualitätsprüfung erfolgte. Beschäftigt war sie von 1953 bis zur Wiedervereinigung im Werk. Seit 1971 war Uschi Schober als Übungsleiterin tätig. 1988 wurde Schober für ihre sportlichen Aktivitäten mit der Ehrennadel des Aktivisten ausgezeichnet.

8.3 Wandel von der Volksgymnastik zur Popgymnastik

Auf einem der üblichen Übungsleiterlehrgänge stellten die Kreissportlehrerin Marina Balasius und ihre Kollegin Scheier 1986 in Osterburg die neue Art der Gymnastik vor – mit Musik, das versteht sich. Nach und nach revolutionierte die Musik die Gymnastik der Frauen, deren Pensum bisher aus klassischen Gymnastikelementen bestand (gemeint sind Armkreisen, Hüftkreisen etc. und diverse Dehn- und Lockerungsübungen). Die Gymnastinnen der BSG Stahl waren bis dahin weit davon entfernt als Rhythmische Sportgymnastinnen zu gelten. Jedoch brachte die Musik mehr Schwung in ihre Übungen und das Repertoire konnte Dank vorbildlicher Anleitung durch den Kreisfachausschuss beständig erweitert werden. Die Gymnastikgruppe benannte sich jedoch nicht um, auch wenn die Frauen davon sprachen, dass sie zur „Popgymnastik“ gingen. [932] Die diesbezüglichen Angebote des Fernsehens der DDR hatten leider ihren Sendeplatz am Vormittag und konnten daher tatsächlich nur von Hausfrauen konsumiert werden. Nur an „Haushaltstagen“, der Frauen in der DDR einmal im Monat zustand, bestand diese Möglichkeit. Aber den ‚gestandenen‘ Frauen war die TV-Morgengymnastik zu schnell, schließlich stand man mitten im Leben und war nicht mehr die Jüngste. [933] Um auf dem laufenden zu bleiben, kaufte sich die Übungsleiterin ihr erstes „Popgymnastik-Buch“ und ihr Mann nahm nachts zunächst mit dem Tonband, später mit dem Kassettenrecorder passende Musik für die Übungsabende auf. Die Übungsgruppe verjüngte sich merklich, aber auch die Älteren steckten nicht zurück. Die „Popgymnastik“ wurde auch in Brandenburg populär. Ca. 80-90 Frauen zwischen 17 und 60 Jahren trafen sich jeden Montag um 20:00 Uhr in der Kultur- und Sporthalle des SWB und gaben sich den motivierenden Rhythmen hin. Vorn auf einem Podest wurde allen die aktuelle Übung gezeigt. Vor der Popularitätswelle waren sie ca. dreißig Frauen gewesen, doch die Popgymnastik wurde zu einem Gruppenphänomen, wo sich die jungen Frauen gut aufgehoben und die älteren Frauen jünger fühlten. Manche Frauen kamen sogar vor ihrer Nachtschicht und konnten nicht ganz bis zum Ende bleiben. Nur ungern verzichteten sie auf diesen Termin. In drei unterschiedlichen Teilen zeigten die Frauen ihre Bewegungslust (Erwärmung – Hauptteil – Ausklang), das ganze Programm dauerte ca. 1 ½ Stunden. Meist gab es zwei Übungsleiterinnen für die Montagsgruppe, falls mal eine vertreten werden musste. Jeden Monat wechselten sich die Übungsleiterinnen, Uschi Schober und Gisela Preus, ab. Weitere Übungsleiterinnen waren Ruth Thomas und Ramona Buczilowski. Die Popgymnastik entfaltete ihre Wirkung auch nach außen. Am Tag des Metallurgen zeigten die Frauen ihr Können vor größerem Publikum und animierten zum Mitmachen. Zu diesem Zweck stiftete das SWB den Frauen sechzig schicke Gymnastikanzüge, die sie bei diesen und ähnlichen repräsentativen Einsätzen trugen. Darüber freuten sich die Frauen sehr, denn die Sportbekleidungsindustrie kam, trotz „Expovita“, dem Trend nicht im gleichen Maße nach. Auch bei der Eröffnung des Betriebssportfestes animierten ca. 30 Popgymnastikfrauen etwa 10 bis 15 Minuten zum Mitmachen. Die in Brandenburg praktizierte Popgymnastik war im Vergleich zur Aerobic etwas gemächlicher, ruhiger und daher für Frauen jeden Alters praktizierbar.

Das Besondere dieser Sektion der BSG war, dass die Frauen über den Sport hinaus das gesellige Beisammensein schätzten. Einmal im Jahr wurde eine Wanderfahrt organisiert, wo die Frauen eine Woche auf Entdeckungsreise z.B. nach Ilsenburg gingen, in Jugendherbergen wohnten und sich gemeinsam zum Frühsport verabredeten. Ansonsten wurden Tagesausflüge wandernd oder radelnd in die nähere Umgebung Brandenburgs organisiert. U.a. wurde die Gedenkstätte Ravensbrück besucht. Termine, an denen man das DDR-Sportabzeichen ablegen konnte, wurden ebenfalls gemeinsam wahr genommen. Am 8. März, dem Internationalen Frauentag, der in der DDR von den Frauen sehr fröhlich und unbefangen gefeiert wurde, wurde meistens eine kleine Wanderung unternommen. Aber auch Solidaritäts-Kuchen-Basare wurden veranstaltet und Arbeitseinsätze durchgeführt. Über die feste Gruppe hinaus trafen sich die Gymnastikfrauen im kleineren Kreis zum Schwimmen oder feierten gemeinsame Gartenfeste.

9 Kampfsport - Männersport

9.1 Ringen

Mit der Kontrollratsdirektive der SMAD Nr. 23 vom 17.12.1945 wurden alle Kampfsportarten, also auch Ringen und Boxen, da sie als militärische bzw. vormilitärische Ausbildungsformen eingestuft wurden, verboten. Der Ringsport hatte in Brandenburg eine gute Tradition. Gerungen wurde z.B. vor dem zweiten Weltkrieg bei der „BSG 05“, der KdF-Betriebssportgemeinschaft des Arado-Flugzeugwerkes. Die aus dem Krieg zurückgekehrten Ringer trainierten zunächst heimlich in einem katholischen Kindergarten. Um sich öffentlich sportlich zu betätigen, wichen sie auf andere Sportarten, z.B. Akrobatik oder Volleyball, aus.[934] Wenige Monate nach Gründung der BSG Stahl wurde 1951 eine Ringersparte gebildet. Die Ringer der BSG Aufbau wechselten daraufhin zur BSG Stahl. Der Sportlehrer und erfolgreiche Ringer Heinz Schmück[935] baute hier eine komplette Jugendmannschaft auf. Erste Trainingsstätte der Ringer war die Turnhalle der Heinrich-Heine-Schule.[936] Trotz des zeitweiligen Kampfsportverbots (1945-1948) mit Ausnahme des Berufssports[937] galt Brandenburg immer noch als Ringerhochburg. In der BSG Stahl mussten die Ringer zwar nicht mehr heimlich trainieren, jedoch ihre Vielseitigkeit war unverkennbar. Nachdem das Ringen als Sportart wieder zugelassen worden war, mussten die Sportler dennoch beweisen, dass sie nicht (mehr) den vormaligen Ideologien verhaftet waren. Dadurch lässt sich erklären, dass viele politische Vorzeige-Aktivitäten der BSG Sportler auf das Konto der Kampfsportler gingen. So verpflichtete sich die Ringersparte u.a. im Mai 1951 geschlossen in die Gesellschaft für Deutsch-Sowjetische Freundschaft einzutreten[938] und im Juli 1951 wollten sie 80 neue Mitglieder und 25 neue Abonnenten für die ostdeutsche Sportzeitung „Deutsches Sportecho“ werben.[939] Das „Deutsche Sportecho“ sollte von den BSG-Sportlern an befreundete Sportler nach Westdeutschland verschickt werden. Zwei Monate später rechneten die Ringer ihre Verpflichtung ab. Sie hatten 95 BSG-Mitglieder und 25 Abonnenten für das „Deutsche Sportecho“ geworben.[940] Bei der Beurteilung der frühen „politischen Aktivitäten“ der Ringer muss berücksichtigt werden, dass sie sich als Kampfsportler politisch-ideologisch als systemtreu erweisen mussten, um ihre Sportart zu legitimieren. Die Heroisierung des Olympioniken und Arbeitersportlers Seelenbinder illustriert deutlich die agitatorische Beeinflussung innerhalb dieser Sportart, die auf den gesamten DDR-Sport übertragen wurde.[941]

Gleichzeitig galten die Ringer als Multitalente, da sie in Sport-Bewerbergruppen ihr akrobatisches Können zur Schau stellten, im Volleyball gewannen sie so manches Turnier und waren als Ringer außerordentlich erfolgreich. Im Sommer 1951 waren die Ringer zugleich 1. Volleyballmannschaft der BSG.[942] Die Stahl-Ringer erfuhren in den Anfangsjahren des SWB große Unterstützung. Bereits im Juni 1951 konnten die Ringer ins Trainingslager fahren, um sich auf kommende Wettkämpfe vorzubereiten. Bewusst wurde in der Betriebszeitung ein Zusammenhang zwischen Produktion und Trainingsmöglichkeit hergestellt, indem die Ringer sich bei den Kollegen der Produktion und beim Werkleiter Herbert Greif[943] für die vorfristige Fertigstellung des Ofens VII um 91 Tage bedankten. Im Sommer 1953 holten die Stahl-Ringer von vierzehn zu vergebenden Titeln der SV-Meisterschaft Stahl acht Titel nach Brandenburg.[944] Und 1962 wurde die BSG Stahl Brandenburg vom 29.06.-01.07. als Gastgeber der Deutschen Meisterschaft im klassischen Ringstil ausgewählt.[945]

In den 1980er Jahren hingegen wurde den Ringern im Vergleich zu den Sportarten Fußball oder Handball wenig Aufmerksamkeit geschenkt, obwohl sich bei Stahl seit 1970 ein Trainingszentrum (TZ) des Ringernachwuchses befand und die Sektion gut und erfolgreich arbeitete. Diese Diskrepanz rief zuweilen bei der Sektionsleitung großen Unmut hervor.[946] Dass die Sektion Ringen in ihrer Entwicklung von 1951 bis 1990 ihre großen Akzeptanz der frühen Jahren – durch die politische Klammer der Seelenbinder-Ehrung – verlor, zeigte sich darin, dass sich die Sektion Ringen mit der Implosion der DDR ganz auflöste.

9.2 Boxen

1952, also zwei Jahre nach Gründung der BSG Stahl, wurde durch Sektionsleiter Friedrich eine Boxstaffel mit Börner, Kowalski, Wiczoreck, Schüler und Beyer, der auch gleichzeitig die Staffel trainierte, ins Leben gerufen. Der Boxsport war in der SBZ/DDR, wie auch der Ringsport, durch die Kontrollratsdirektive des SMAD Nr. 23 zunächst verboten worden. Die Boxer hatten jedoch aufgrund ihrer Publikumswirksamkeit die Möglichkeit, ins Profilager zu wechseln, da das Berufsboxen die einzige Möglichkeit bot, weiterhin dieser Sportart treu zu bleiben. Dies war nur möglich, da das Profiboxen rein rechtlich als „Geschäftszweig“ und nicht als Sport galt. Zwar war die „Gruppe Berufsboxsport“ ebenfalls mit der Kontrollratsdirektive Nr. 23 aufgelöst worden, sie wurde jedoch nach Verhandlungen mit dem Hauptsportamt des Magistrats der Stadt Berlin als „Kommission für den Berufsboxsport in Berlin“ wieder zugelassen. Im April 1947 wandte sich der Brandenburger Sportler Heinz Karger mit der Bitte an die Stadtkommandantur, den Box- und Ringsport wieder zuzulassen.[947] Erst mit der Gründung des Deutschen Sportausschusses am 1.10.1948 und der Wiedereingliederung der Kampfsportarten in den Gesamtsport wurden Profis bis 1952 reamateurisiert.[948]

Der Prozess der Reamateurisierung, bei gleichzeitiger Diskreditierung des Profisports, manifestierte sich sprachlich, statt „Trainer“, wurde die Bezeichnung „Übungsleiter“ verwendet.[949]

Die Sektion Boxsport fand 1952 in der BSG Stahl Brandenburg durch attraktive Kämpfe und gute Leistungen schnell Anklang beim Publikum. Ca. 1000 Zuschauer waren keine Seltenheit.[950]

Die Nachzüglersektion war mit einem guten Selbstvertrauen ausgestattet und behauptete schon nach den ersten Kämpfen von sich: „Stahl hat Stahl in der Faust!“.[951]

1953 boxten die Brandenburger Stahl-Sportler zum ersten Mal um die DDR-Meisterschaft der Sportvereinigung Stahl. Sie kämpften gegen Boxer anderer Stahl BSGen wie Freiberg, Hennigsdorf, Eisleben, Riesa oder Hettstedt.[952] Mit einem SV-Meister (Ziem) und zwei 2. Plätzen (Wiczorek/ Kusawe) machten die Brandenburger auf sich aufmerksam. In den 50er Jahren gab es aufgrund der gewerkschaftlichen Kontakte ebenfalls rege Sportbegegnungen mit Boxstaffeln der Hüttengebiete Westdeutschlands.[953] Die Brandenburger Boxsparte zog weitere Talente an. So zum Beispiel den gelernten Frisör Conny Gutschmidt, zuvor bei der BSG Empor, der vom SWB als Dispatcher eingestellt wurde. Gutschmidt wurde von 1951 an 5 x DDR-Meister.[954]

Mit den Leistungsträgern der Sektion Boxen der BSG Stahl konnten relativ schnell junge Menschen für den Boxsport begeistert werden. Im Sommer 1953 existierten in der Sektion Boxen bereits zwei Jugendmannschaften.[955] Bislang hatte es viele kritische Stimmen gegeben, die das Boxen im Kinder- bzw. Jugendalter betrafen, doch mit der entsprechenden Schulung von Kampfrichtern und der Verbesserung der Wettkampfbestimmungen sollten Schädigungen vermieden werden.[956]

Vor dem zweiten Weltkrieg hatte man im Schweizer Garten, heute Gelände des Stadttheaters, mit Rahmenprogramm bei Kaffee und Kuchen geboxt.[957] Erste Trainingsstätte der Stahl-Boxer war die Heinrich-Heine-Oberschule. Ab 1978 wurde die 1965 durch Boxkämpfe[958] eingeweihte „Stahlhalle“ (Kultur- und Sporthalle des SWB) am Quenz Trainingsstätte der Boxer. 1966 fand an gleicher Stelle der Juniorenländerkampf DDR - VR Polen[959] vor ca. 2000 Zuschauern statt und im November 1966 ein Länderkampf gegen die Niederlanden.[960] Seit 1985 wurde im Sportkomplex Heidekrug trainiert. Boxveranstaltungen fanden u.a. sowohl im Freien als auch im Kulturhaus des Stahl- und Walzwerkes statt.

1955 bezeichnete man die Brandenburger Boxer noch als das „Box-Kombinat“[961]. Als im gleichen Jahr fast die gesamte Boxstaffel mit Gutschmidt, Posorski, Kursave, Wieczorek und Fricke zum Sportklub Riesa „delegiert“ wurde, war man enttäuscht. Die Boxveranstaltungen vor Ort verloren an Attraktivität, während Gutschmidt und Posorski für den SC Stahl Riesa in der Nationalmannschaft starteten. Einige Funktionäre der Sektion missbilligten diese politisch motivierte Umstrukturierung des Sports und legten die Arbeit innerhalb der Sektion nieder.[962] Trotzig bemühten sich die Dagebliebenen darum, die „weggelobten“ DDR-Meister zu Kämpfen nach Brandenburg zu holen.[963] Am 14.04.1956 konnten die gewünschten Kämpfe stattfinden. Allerdings boxte die DDR-Boxstaffel mit Conny Gutschmidt, DDR-Meister 1951, 1954 und 1955, und mit DDR-Meister 1955 Erich Posorski gegen eine Boxstaffel mit westfälischen Meisterehren, dem VfL Gevelsberg.[964] Im Sommer gleichen Jahres fand eine Begegnung zwischen dem DSC Düsseldorf (Niederrhein) und der BSG Stahl statt, wobei die Boxstaffel der BSG Stahl von leistungsstarken Boxern der BSGen Empor Brandenburg und Lok Kirchmöser ergänzt wurde.[965] Nach Balbier und Braun war das vorprogrammierte Leistungsgefälle eine typische Erscheinung deutsch-deutscher Sportbegegnungen, auf die bereits bei den Fußballern hingewiesen wurde.[966] Mit dem Weggang der Leistungsträger sank in der Sparte Boxen das Engagement, die Mitgliederzahlen stagnierten und zeigten erst nach 1961 wieder einen Aufwärtstrend.[967] 1963 erhielt die Sektion, wie die anderen Sportarten auch, Zuwachs durch die Auflösung der BSG Motor Nord der Thälmannwerft. Die Sektion Boxen entwickelte sich danach im Nachwuchsbereich zu einer erfolgreich arbeitenden Sektion. Zwischen 1967-1978 wurden von Nachwuchssportlern 1x Gold,

4x Silber und 4x Bronze bei DDR-Meisterschaften und bis 1985 39 Bezirksmeistertitel erkämpft. Durch die Förderung des Kinder- und Jugendsports in der Sektion entwickelte sich der „Männersport" Boxen innerhalb der BSG mehr und mehr zum Nachwuchssport – zur „Klubsportler-Kaderschmiede" des DTSB. Von 1964 bis 1984 befand sich das Trainingszentrum der Nachwuchs-Boxer der einzelnen Brandenburger Boxsektionen, Aufbau Kirchmöser, Empor Brandenburg und Stahl Brandenburg, in der Turnhalle Rochow-Oberschule. Als nicht mehr genügend Kader an die Sportklubs delegiert werden konnten, wurde das TZ aufgelöst. Wie auch beim Fußball wurden ehemalige Klubsportler als Erwachsene wieder in die BSG (re)integriert. Sie waren zumeist sportliche Vorbilder und engagierten sich nicht selten als Übungsleiter innerhalb der Sektion.[968] Die Boxer der Nachfolgesektion, ABC (Amateur-Box-Club) Stahl Brandenburg, zählen heute im Jahre 2004 ca. 39 Aktive. In den 1980er Jahren gab es dagegen 75 Stahl-Boxer und 85 Stahl-Ringer. Daraus resultierend kann festgestellt werden, dass die Beteiligung am Boxsport im Nachfolgeverein um 48% zurückgegangen ist und der Ringkampfsport von einer Karate-Sektion [969] abgelöst wurde. Während die Ringer ihre Blüte 1962 mit 110 Sektionsmitgliedern hatten, konsolidierte sich der Boxsport in den 1980er Jahren und blieb durch Vorbilder wie Henri Maske [970] über die DDR-Ära hinaus attraktiv, wenngleich mit weitaus weniger Aktiven. Daraus wird aber auch ersichtlich, dass sich der Boxsport besser an marktwirtschaftliche Prinzipien anzupassen vermochte als das Ringen.

10 Gesundheitsvorsorge statt Integration – Behindertensport am Beispiel der Stahl-Sportlerin Martina Willing

Nach 1945 ist der Umgang mit dem Thema ‚Behinderung' in einer Stadt, in deren städtischem Zentrum, in der Neuendorfer Straße 90, die „Euthanasie – Aktion T 4" stattfand, historisch sehr belastet. In Brandenburg/Havel nahm die „Euthanasie" ihren Anfang, denn hier wurden im Januar 1940 erste „Probetötungen" an Kranken unter der Leitung von Dr. Brandt, dem Leibarzt Hitlers und Dr. Conti durchgeführt.[971] Auf dem Gelände, in der Nähe des heutigen Nicolai-Platzes, wurden systematisch 9.000 Kranke (psychisch Kranke, körperlich Behinderte, Kriegsversehrte und Kinder) der Landes-Pflegeanstalt Brandenburg und Umgebung vergast.[972] Mit beteiligt an diesem Massenmord war der Mediziner Hans Heinze, der in Brandenburg/Görden Anstaltsleiter war.[973]

Es kann davon ausgegangen werden, dass nach dem Zweiten Weltkrieg die Toleranz gegenüber kranken und schwachen Menschen so gut wie nicht vorhanden war. Nur spärlich konnten Relikte nationalsozialistischer Barbarei im Umgang mit geistig und körperlich Versehrten im sozialistischen Alltag bewältigt werden. Anerkennung und Integration waren für die so Benachteiligten lediglich eine Wunschvorstellung. Die nötige Sensibilität der Mitmenschen und die dementsprechende Unterstützung entwickelten sich langsam[974] und bei einigen überhaupt nicht. 1962 bestand für Versehrte einmal in der Woche die Möglichkeit, im Stadtbad unter ärztlicher Aufsicht zu schwimmen. Dieses Angebot galt für alle Interessierten der Stadt. Mittels Anzeige machte der Chefarzt der Betriebspoliklinik des SWB, Dr. med. Strauß, auf das Versehrtensportschwimmen in der Betriebszeitung aufmerksam.[975] Als nach 1963 die Expansion der BSG Stahl Brandenburg stagnierte und der gewünschte Mitgliederzuwachs ausblieb, zog man 1965 in Betracht, neben einer Sektion Bogenschießen[976] auch eine Sektion Versehrtensport zu gründen.[977] Unter nicht weiter erklärten Umständen wurde dieser Punkt des Jahressportplanes jedoch nicht erfüllt:

„Es war nicht mehr nachzuprüfen, wie dieser Punkt in den Jahressportplan der BSG gekommen war, aber am Ende des Jahres gab die Statistik darüber Auskunft, daß keine der beiden Sektionen gegründet worden war.“ [978]

Dass Behinderte sich sportlich betätigen, war lange Zeit in der DDR unvorstellbar. Kinder mit Behinderung wurden bis in die 80er Jahre hinein generell vom obligatorischen Sportunterricht ausgeschlossen. [979] Erst mit dem „Internationalen Jahr der Geschädigten“ 1981 auf Beschluss der UNO brachen auch in der ehemaligen DDR einige Verkrustungen im Umgang und Denken mit beeinträchtigten Menschen auf. Es wurde eine Regierungskommission unter Leitung des Gesundheitsministeriums gebildet, um diesbezüglich alle staatlichen und gesellschaftlichen Anstrengungen zu leiten und zu planen und um Neues zu initiieren. [980]

Für den Versehrtensport bedeutete dies einen erheblichen Aufschwung. Wie behäbig bis dato der am 4./5. Juni 1959 in Halle/S. gegründete Versehrtensportverband DVfV unter der Vormundschaft des DTSB agiert hatte, lässt sich daran ersehen, dass erst drei Jahre zuvor, 1978, in einem „Sportland“ wie der DDR das erste Volkssportfest für Behinderte in Cottbus stattgefunden hatte. Nach 1981 wurde es Aufgabe des DVfV, den Sport der eigenen Zielgruppe zu popularisieren. Ziel war es, mittels Sport die medizinische Prävention und soziale Rehabilitation von ‚Geschädigten‘ innerhalb des Freizeit- und Erholungssports weiter zu optimieren.[981] Allerdings blieb die anvisierte Integration von Behinderten zumeist hinter der sportlichen Praxis der Sportgemeinschaften zurück. Statt die Versehrtensportler in den einzelnen Sektionen mitzutrainieren, wurden Versehrtensportsektionen gegründet, in denen die Versehrtensportler unter sich blieben.[982]

Ein Beispiel:

Als die von Geburt an sehbehinderte, vom Sportunterricht ausgeschlossene, jedoch sportbegeisterte Martina Willing, Jahrgang 1959, ihren Behindertenausweis verlängern lassen wollte, hörte sie 1981 zufällig von der Möglichkeit, in einer Versehrten-Sportgruppe in Berlin-Ost im Jahn-Stadion Sport treiben zu können. Kurze Zeit darauf wurde sie ein begeistertes und aktives Mitglied dieser Gruppe. Um auch vor Ort Sport treiben zu können, gründeten einige Sportinteressierte, unter ihnen auch Martina Willing, bei Motor Süd Brandenburg eine Sektion Versehrtensport. Allerdings zog es auch Willing 1985 zu der Sportgemeinschaft mit den besseren sportlichen Möglichkeiten. Und so wechselte sie, wie schon Fußballer und Ringer etc. vor ihr, mit einigen ebenso gesinnten Sportsfreunden zur BSG Stahl. Doch auch dort galt es erst einmal eine Sektion Versehrtensport zu gründen, denn einfach bei den Leichtathleten oder Tischtennisspielern mittun war von seiten des DTSB unerwünscht, etwas, was die inzwischen sehr erfolgreiche Sportlerin, neunmalige Medaillengewinnerin bei den Paralympics, nie verstanden hat. Es mussten wenigstens vier Sportsfreunde gefunden werden, um die ‚notwendigen‘ Leitungsfunktionen (Sektionsleiter, Stellvertreter, Schriftführer, technischer Leiter) abdecken zu können. Während ihrer Mitarbeit im Kreisfachausschuss-Behindertensport wies Willing oft darauf hin, dass es ihr Wunsch sei, mit den anderen Sportlern in einer ‚normalen‘ Sektion zu trainieren. Die Integration von Behinderten in Sektionen ihrer Wahl, nicht in einer separaten Versehrtensportsektion, sei den sportlichen Erfolgen der Versehrtensportler dienlich und würde zugleich die propagierte Integration von körperlich beeinträchtigten Sportlern ermöglichen. [983] Denn die bestmögliche fachliche Kompetenz in den einzelnen Sportdisziplinen war gerade bei Disziplintrainern der jeweiligen Sportart ausgereift. Die vom DTSB aufoktroyierte Bildung einer eigenen Sektion

„Allgemeine Sportgruppe Versehrtensport" trug dazu bei, dass die Behindertensportler weiterhin als ewige volkssportliche Randgruppe in der Öffentlichkeit und unter den Sportlern wahrgenommen wurden. Diese Kritik am Behindertensport erscheint mir im fusionierten deutsch-deutschen Sport nicht an Bedeutung verloren zu haben. Denn die unterschiedlichen Behinderungen der Sportler innerhalb einer Gruppe, in der nur Behinderte in verschiedenen Sportarten trainieren und betreut werden, bedeuten für diese Sportler jeweils größere, zum Teil unvereinbare Divergenzen, die das Training immens erschweren. Im Training mit gesunden Sportlern dagegen, in der jeweiligen Spezialdisziplin, können ohne viel Aufwand einem beeinträchtigten Sportler Hinweise und Hilfestellungen gewährt werden, was praktisch innerhalb einer gemischten Sportgruppe von Behinderten unmöglich ist. In der ehemaligen DDR blieb der Versehrtensport volkssportlich ausgerichtet. Die Teilnahme an internationalen Vergleichen war nur seh- und gehörlosen Sportlern möglich. Von der internationalen Sportarena weiterhin ausgeschlossen blieben insbesondere körperbehinderte Sportler, obwohl gerade sie die zahlenmäßig größere Gruppe darstellten.[984] Die Teilnahme an Paralympics blieb DDR-Sportlern mangels staatlichem Engagement in entsprechenden internationalen Gremien verwehrt. Überhaupt nicht berücksichtigt im sportlichen Übungsbetrieb der DDR wurden geistig behinderte Menschen.[985]

Trotz des anvisierten Vorhabens des DTSB, den Versehrtensport mehr und mehr zu unterstützen,[986] reichte die Zahl der Aktiven in den einzelnen Sportarten nicht aus, um sich etwa in einer Kreismeisterschaft zu messen. Erst auf der Bezirksebene konnten sich Gleichgesinnte zu Spartakiaden und Meisterschaften treffen.[987] Ebenfalls hinter dem eigenen Anspruch zurück blieb die Popularisierung des Versehrtensports. Beispiele hierfür sind die sportlichen Veranstaltungen von Behinderten, die praktisch unter Ausschluss der Öffentlichkeit erfolgten – auch bei der erstmaligen Beteiligung Versehrter am VIII. Deutschen Turn- und Sportfest in Leipzig 1987 in der Sportart Leichtathletik wurde diesen an den Rand gedrängten Wettbewerben nur wenig Aufmerksamkeit geschenkt.[988]

Politisch gewollt war nur die Wiederherstellung und Wiedereingliederung Behinderter in den sozialistischen Alltag.[989] Nach der indikationsbezogenen Bewegungstherapie sollte ein leistungsadäquates Gesundheitstraining fortgesetzt werden. Dabei fiel dem sozialen Integrationsaspekt eine wesentlich geringere Rolle zu als der Kostensenkung medizinischer Aufwendungen.

Für die Brandenburger Sportlerin Martina Willing basierte ihr sportliches Fortkommen auf Eigeninitiative. Angefangen bei der Suche nach Möglichkeiten sportlicher Betätigung und der Gründung einer eigenen Sektion des Versehrtensports im Sinne der Anforderungen des DTSB, die zumindest in der BSG Stahl Brandenburg pro Forma funktionierte, denn Willing wurde zu DDR-Zeiten innerhalb der Sektion Leichtathletik von Übungsleiter Klaus Jakob betreut. (Gleichermaßen waren Versehrtensportler der BSG Stahl in den Übungsbetrieb der Sektion Tischtennis integriert.) In den von Jacob betreuten Wurfdisziplinen ist Willing heute noch am erfolgreichsten. So konnte sie z.B. 1990 in Assen (Niederlande) im Speerwurf und Kugelstoßen in ihrer Klasse Weltrekorde erringen. Aber auch ihre gleichzeitige Mitarbeit im Kreisfachausschuss-Versehrtensport verweist auf eigene Bemühungen, sich für den Versehrtensport zu engagieren, um eine leistungssportliche Profilierung im Versehrtensport durchzusetzen. In der BSG-Stahl Brandenburg hat sie seit 1985 für ihre Vorhaben eine sportliche Heimat gefunden.

11 Resümee

Die Variationsbreite des betrieblichen Sports wird nur in ihren wesentlichen Ausprägungen beispielhaft dargestellt. Neben den angeführten Beispielen hat es weit mehr sportliche Variationen gegeben. Es ist zu beachten, dass die BSG mit ihren vielfältigen Sektionen nicht das gesamte Spektrum des betrieblichen Sportes abbildete.

Die 1976 gegründete Sektion Kraftsport ist als fast ausschließlicher Männersport als Pendant zur Popgymnastik anzusehen. Beide Sportarten orientierten sich an modernen sportlichen Einflüssen, die nachweislich durch westliche Medien, Bodybuilding und Aerobic, inspiriert waren. Stellvertretend für die Sektion Kraftsport der BSG wurde auf den Lehrlingssport eingegangen, der teilweise die gleichen Entwicklungsmerkmale wie die der Sektion Kraftsport aufweist. Alle in der BSG Stahl organisierten Sportarten richteten sich in irgendeiner Weise am Leistungsideal des DDR-Sports aus. Der Zeitpunkt und die Art und Weise der Einbindung in den Übungs- und Wettkampfbetrieb (ÜTW) waren unterschiedlich. Oft stand die Bereitschaft, Wettkampfsport zu betreiben, in direktem Zusammenhang mit den materiellen Voraussetzungen für die jeweilige Sportart und der Fokussierung auf den Kinder- und Jugendsport. Mit Erfolgen im Kreis-, Bezirks- oder DDR-Maßstab und der Konsolidierung in einem erwünschten Leistungsbereich wurde häufig eine Rückwendung zum Freizeitsport spürbar. Zum einen wurden ausgediente Sportkader reintegriert, zum anderen wurde im Zuge der Mitgliedergewinnung immer mehr versucht, auf die Bedürfnisse der Masse, also der Arbeiter, einzugehen. Popgymnastik und das Frauenvolleyball stehen für das in den 80er Jahren herausgebildete freizeitsportliche Bewusstsein von Frauen. Gleichzeitig stehen beide Sektionen gemeinsam mit dem Kraftsport und Versehrtensport und dem seit 1963 etablierten Billard auch für das herauskristallisierte Individualverhalten im Sport. Für die Ausdifferenzierung in leistungsstarke Sektionen wurde bereits in den 1960er Jahren die Basis geschaffen. Ausnahme bildet hier der Fußball. Durch administrative Maßnahmen wurde hier erst mit den Aufstiegsambitionen der Stahl-Fußballer das Trainingszentrum von Motor Süd zu Stahl Brandenburg verlegt. Bei günstigen Voraussetzungen spaltete sich innerhalb einer Sportart oder Sektion die Ausrichtung des Sports in einen Zweig der Sportkadergewinnung und in einen freizeitsportlichen Zweig, wie z.B. Kanurennsport und Kanutouristik. Die vom DTSB vorgenommene Trennung in olympisch geförderte Sportarten und nicht geförderte Sportarten wurde von der BSG Stahl übernommen. Im Wesentlichen hing von dieser Einteilung in Sportarten I und II die Verteilung der finanziellen Mittel ab. So gehörten die in der BSG Stahl überaus erfolgreich agierenden Kegler oder Billardspieler zu Sportarten II und waren aus Perspektive der sportpolitischen Führung (DTSB/ SED) von geringer Bedeutung, unabhängig davon, welche Erfolge erreicht wurden oder erreicht werden konnten. Das Gleiche galt für die Spielmannszüge, Schachspieler, Popgymnastinnen, Rugbyspieler und für den Versehrtensport. Dennoch galt der Leistungssport auch für den Freizeitsport, insbesondere Sportarten II, als sportliches Leitbild. Die Handhabung der Sportarten II wich jedoch individuell geprägt von diesem Leitbild ab.

Während sich leistungsorientierte Sportarten wie Fußball und Handball aus dem Produktionsprozess herauszulösen begannen, passten sich Sportarten wie Angeln, Schach Popgymnastik und Kegeln mehr und mehr den Arbeitsbedingungen und den daraus erwachsenden Erfordernissen z.B. des Schichtbetriebs an. Der Sport innerhalb der GST muss nach militärischen Zielsetzungen bewertet werden. Jedoch hat auch hier eine optimale Anpassung an die Arbeits- und Freizeitverhältnisse der Lehrlinge stattgefunden.

VIII Fazit

1. Sport im Verhältnis zwischen Reproduktion und Repräsentation

Als Teil „kultureller Massenarbeit" in den Betrieben der DDR war der Sport mittels Agitation und Propaganda in erheblichem Maße durch politische Vorgaben und Erziehungsmaßnahmen der SED reglementiert. Wie in den anderen Partei- und Massenorganisationsstrukturen des Betriebes wurden im Bereich des betrieblichen Sports „Agit-Prop-Funktionäre" eingesetzt, die beständig Überzeugungsarbeit leisteten, um vor Ort den offiziellen Politik-Kurs der SED zu propagieren. Mit zunehmender ideologischer Verhärtung seit 1951 versuchte die SED den Freizeitbereich und somit auch den betrieblichen Sport hinsichtlich ihrer politischen Interessen zu dominieren. Von Beginn an versuchte die SED ihre Kader in leitenden Funktionen der BSG zu installieren und zugunsten politischer Zuverlässigkeit auszutauschen. Dem Freien Deutschen Gewerkschaftsbund wurden per Ministerratsbeschluß (26.04.1951) jene Aufgaben übertragen, für deren Verbesserung er als gewerkschaftliche Kontrollinstanz der Arbeitenden zuvor noch zuständig war, wie die Verantwortung für die Sozialversicherung, die Entlohnung und die Arbeits- und Lebensbedingungen. Mit der endgültigen politischen Entmachtung der Gewerkschaften nach dem Streik und Volksaufstand am 17. Juni 1953 wurden Forderungen politischer oder lohnpolitischer Art dauerhaft unterbunden. Zwischen den Betriebsleitungen und den gesamten Arbeitskollektiven wurden seit 1951 Verträge geschlossen, welche die Planerfüllung sichern sollten. Im Gegenzug fixierte der Betriebskollektivvertrag Grundlegendes zur Verbesserung der Arbeits- und Lebensbedingungen. In diesen Verantwortungsbereich fiel auch das von der SED geforderte Engagement für Kultur und Sport, den sich die Industriegewerkschaften mit der Freien Deutschen Jugend zunächst teilten. Für die „Reorganisation des Sportes auf Produktionsbasis" nach sowjetischem Vorbild stellte das Stahlwerk 1951 einen hauptamtlichen Sportlehrer ein. Formen des betrieblichen Sports im Stahl- und Walzwerk Brandenburg wurden bis zur Gründung des DTSB 1957 hauptsächlich durch die Betriebssportgemeinschaft Stahl abgedeckt. Ausgenommen davon waren die Interessengemeinschaften der FDJ und Angelsport (DAV). Die Interessengemeinschaften der FDJ (z.B. Rudern, Segeln, Flugsport, Motorsport) wurden auf Initiative der SED 1952 durch die Gründung der paramilitärischen Organisation Gesellschaft für Sport und Technik übernommen. In der Transformationsphase kam es dabei zu Irritationen, u.a. weil militärische Formen und Hierarchien eingeführt wurden und militärische Disziplinen Vorrang erhielten.

Die GST hatte die Aufgabe, militärische Grundkenntnisse und Fähigkeiten zu vermitteln und Jugendliche zunächst für die Kasernierte Volkspolizei und ab 1956 für den Dienst in der NVA zu werben und vorzubereiten. Die GST nahm besonders Einfluss auf die Lehrlinge der Betriebsberufschule und konditionierte weiterhin Reservisten der Nationalen Volksarmee, die

wieder im Stahlwerk arbeiteten. Massenwirksamkeit innerhalb des Betriebes erreichten die von der GST organisierten Schießsportwettbewerbe, wie z.B. der Wettbewerb um die „Goldene Fahrkarte“. Die Remilitarisierung innerhalb der Betriebe wurde auf Beschluss des Politbüros des ZK der SED (1955) über die GST bewußt gesteuert. So wurde der Massenschießsportwettbewerb um die „Goldene Fahrkarte“ als Fernwettkampf zum ersten Mal im Juli 1961, also direkt vor Beginn des Mauerbaus am 13. August 1961, durchgeführt. Der betriebliche Sport, ursprünglich neben dem Arbeitsalltag im Stahlwerk eigeninitiativ entstanden, wurde 1950 in einem zweiten Gründungsakt direkt der Betriebssportstruktur „BSG“ der Trägerorganisation des FDGB zugeordnet. Durch den politischen Zugriff der SED auf den Freien Deutschen Gewerkschaftsbund der DDR wurde der betriebliche Sport seit 1953 endgültig Bestandteil der „Erziehungs- und Fürsorge-Politik“ SED-politischer Machterhaltungsbestrebungen .
Der betriebliche Sport entfaltete sich infolgedessen auf vier unterschiedlichen Zielebenen.

Erstens galt es sportlichen Bedürfnissen (aktiven und passiven) neben weiteren kulturellen Angeboten über das Stahlwerk hinaus Rechnung zu tragen, um gleichzeitig das Freizeitangebot mit beeinflussen zu können.

Der Generaldirektor des Stahlwerkes hatte großen Einfluss auf das kulturelle und sportliche Geschehen im Betrieb. Er galt aber auch als politisch mitverantwortlich für Kultur und Sport in der Region, z.B. beim Bau von Sportbauten, wie dem Bau der Brandenburger Regattastrecke. Zudem nutzte der Generaldirektor in seinem Wirkungsbereich im Rahmen der Verbesserung der Arbeits- und Lebensbedingungen den betrieblichen Sport – insbesondere den Oberligafußball – als Identifikationsangebot, um positive Impulse für das Betriebsklima zu setzen.

Zweitens war die BSG seit Gründung des DTSB 1957 durch die Errichtung von sportartspezifischen Trainingszentren dafür verantwortlich, Leistungskader für die Außenwirkung des DDR-Sports zu gewinnen, was den betrieblichen Sport zunächst abschwächte, wobei der überregionalen organisierte Gewerkschaftssport z.B. der „SV Stahl“ entmachtet und durch Strukturen des DTSB ersetzt wurde. Die betrieblichen Sportstrukturen wurden vom DTSB in erster Linie für den Kinder- und Jugendsport genutzt, um die repräsentativen Interessen des Staates als Sportnation zu verwirklichen. Resultat dieser Entwicklung war, dass innerhalb der Organisation des betrieblichen Sports Spitzensport und Breitensport entflochten wurden und schließlich konträr gegenüber standen. Und zwar auch im demographischen Sinne, denn die Vorbereitung auf den Leistungssport insbesondere in den Trainingszentren galt talentierten Kindern und Jugendlichen, während der Bereich des Freizeit- und Erholungssports den arbeitenden Erwachsenen und weniger sportlich talentierten Kindern und Jugendlichen vorbehalten blieb. Um das entstandene Vakuum für den betrieblichen Ausgleich- und Gesundheitssport zu schließen, wurden sowohl eine Betriebssportkommission bei der Werkleitung des SWB berufen, als auch eine zweite in der Betriebsgewerkschaft durch die Sportorganisatoren der Brigaden gewählt. Während in der Betriebssportkommission der Werkleitung der betriebliche Sport auf der Leitungsebene von SED, FDJ, BSG I und II, GST, DAV und BGL koordiniert wurde, wurde durch die Sportkommission der gewählten Sportorganisatoren die Sportarbeit der einzelnen Brigaden angeleitet.

Da sich der Sport innerhalb der BSG Stahl mit seinen Trainingszentren und Oberligaambitionen gezielt am Leistungssport ausrichtete, entstanden im begrenzten Rahmen z.B. in den Sektionen Fußball, Handball und Kanurennsport Parallelsysteme zum offiziellen Leistungssportsystem, den Sportklubs. Politisch ungewollt hingegen war, dass sich innerhalb der BSG Konkurrenzsysteme etablierten, wie es den Brandenburger Stahl-Fußballern und auch Handballern mit dem Aufstieg in die DDR-Oberliga gelang – allerdings um den Preis, als sogenannte Reisekader für das nichtsozialistische Ausland von der Staatssicherheit überwacht zu werden.

Innerhalb dieser Entwicklung wurden die einstigen Betriebssportler aus dem Produktionsprozess nach und nach herausgelöst. Gleichzeitig erfolgte in anderen, volkssportlich ausgerichteten Sportarten eine Anpassung an die Ansprüche des Schichtbetriebs (z.B. Angeln). Als bedeutsam können die durch freiwillige Arbeitseinsätze geschaffenen Sportbauten angesehen werden, über die die BSG-Mitglieder und Helfer jedoch nicht frei verfügen konnten. Die geschaffenen Werte galten als Volkseigentum und wurden im Sinne SED-politischer Interessen verwaltet.

Drittens zielte das Erziehungskonzept „sozialistisch zu arbeiten und zu leben“ auf gesundheitspolitische Aspekte, etwa der Vitalisierung und effektiven Regeneration der Arbeitskraft ab. Hierbei ging es darum, mittels Sport für alle die Leistungsfähigkeit bis zum Rentenalter zu steigern bzw. zu erhalten und den Krankenstand zu senken. Um diese Interessen politisch durchzusetzen wurden gemeinsame Sportprogramme von FDGB und DTSB (seit 1970) sowie gemeinsam mit der FDJ (seit 1975) verabschiedet. Als relativ unwirksam bei der Werbung für regelmäßiges Sporttreiben erwies sich das Sportabzeichenprogramm „Bereit zur Arbeit und zur Verteidigung der Heimat“, an dem bis zum Ende der DDR verbissen festgehalten wurde. Das Vorhaben, regelmäßige sportliche Aktivitäten in den Alltag aller Beschäftigten des Stahlwerks zu integrieren, blieb weit hinter der Realität zurück. Dennoch kann davon gesprochen werden, dass der betriebliche Sport in der DDR einen wichtigen Teil des kulturellen Lebens im Alltag repräsentierte.

Viertens wurde sowohl bei Lehrlingen, durch die Mitgliedschaft in der GST oder dem Wettbewerb „Stärkster Lehrling – sportlichstes Mädchen“, als auch bei den Reservisten der Nationalen Volksarmee durch militärische Übungen eine permanente Wehrbereitschaft anvisiert. Werbeaktivitäten und militärische Vorbereitung für den Dienst in der NVA wurden durch die GST zumeist verharmlost und sportlich bemäntelt, bei gleichzeitiger Abgrenzung vom Missbrauch des Sports im Nationalsozialismus.

Mit der Überhöhung von Vorbildern, vor allem des Ringers Werner Seelenbinder, wurde besonders die jüngere Generation bei der Suche nach eigenen Positionen und Werten politisch bedrängt. Mittels Legitimationstheorie, welche aus dem Antifaschismus einen Herrschaftsanspruch der SED-Diktatur herleitete, wurde auch im Bereich des Sports versucht, „Systemkonformität“ zu erzeugen.

Der betriebliche Sport wurde in den Komplex attraktiver Freizeitangebote mit dem Ziel eingebettet, alle Beschäftigten an regelmäßige sportliche Betätigung heranzuführen. Mit der Propagierung des Sports als Bestandteil „sozialistischer Lebensweise“ versprach man sich sowohl Verminderung des Krankenstandes durch Prävention, Erhöhung der Vitalität des Einzelnen, um sowohl eine Leistungssteigerung am Arbeitsplatz, als auch eine verbesserte Wehrfähigkeit der DDR insgesamt zu erlangen. Das Sporttreiben aller entsprach zwar einer totalitär durchstrukturierten Gesellschaft, in der die Freizeit des Einzelnen mit der Reproduktion der Arbeitskraft gleichgesetzt wurde, die Ulbricht mit seinem Sportprogramm „Jedermann an jedem Ort, jede Woche mehrmals Sport“ zu formieren suchte. Im Alltag jedoch blieb dieser Anspruch SED-politisches Wunschdenken. Gerade in manipulierten DDR-Statistiken lässt sich die totalitäre Ausrichtung der politischen Indoktrinierung der DDR-Gesellschaft ablesen, so z.B. in Mitgliederzahlen des FDGB, des DTSB oder in abgelegten Sportabzeichen, Schwankungen wurden gleichsam von aufstrebenden Balken innerhalb des Diagramms verschluckt.

Die reglementierte Kultur- und Sportarbeit der Gewerkschaften wurde von der SED dazu benutzt, territorialen und betrieblichen Einfluss zu erlangen. Um dies durchzusetzen, lehnte man sich weitestgehend an die Erfahrungen der 1920er Jahre z.B. des sozialdemokratischen Zentralen Bildungsausschusses an, hielt aber auch an totalitären Mustern der nationalsozialistischen KdF fest, welche die Vorstellungen der SED-Diktatur trotz strikter Abgrenzung vom Nationalsozialismus merklich prägten. Wettbewerbsgedanke und Betriebssportfeste in der DDR verweisen teilweise auf Konzepte jener KdF-Kulturpolitik (Produktionssteigerung durch Reproduktion, Entspannung und Sport für alle, militärische Vorbereitung), diese wurden jedoch durch Vorgaben der SMAD nach 1945 neu strukturiert. Unter dem Einfluss sowjetischer Kulturoffiziere fanden die sozialdemokratischen Ansätze der 1920er Jahre, welche von der Sowjetunion übernommen worden waren, auf Umwegen wieder Anwendung. Der FDGB wurde für die Kulturarbeit und den Sport in den Betrieben zur wichtigsten kulturpädagogischen Organisation. Mit der Kanalisierung gesellschaftlicher Aktivitäten und der Verwendung von Gewerkschaftsgeldern (Kultur- und Sozialfond) für die „kulturelle Massenarbeit“ im Sinne der von der SED propagierten steten Verbesserung der Arbeits- und Lebensbedingungen wurde versucht, Unzufriedenheit zu vermeiden bei gleichzeitiger Unterbindung eigenständigen Engagements und Interesses, zum Beispiel bei Trendsportarten.

Dennoch dokumentieren besonders die Brigadetagebücher trotz SED-politischer Gängelung die Vielfalt des realen kulturellen und sportlichen Alltags in den Brigaden des Stahl- und Walzwerkes Brandenburgs. So haben sich die Brigaden mit den politischen Rahmenbedingungen arrangiert und sich in ihrer Sportpraxis den Gegebenheiten angepasst. Um Kollektiv der sozialistischen Arbeit zu werden, genügte es, dass der Sportorganisator die Kollegen und Kolleginnen zwei bis vier Mal im Jahr zu einem gemeinschaftlichen Sportereignis zu aktivieren verstand. Neben der Teilnahme an den jährlichen Betriebssportfesten, gehörten Angeln, Rad- und Wandertouren und vor allem Kegelabende zu den beliebtesten sportlichen Brigadeunternehmungen neben Skat- und Romméturnieren und Brigadefeiern. Außerhalb der Brigaden gab es ein Turniersystem zwischen den einzelnen Arbeitsbereichen z.B. im Fußball. Nur jene, die sich selbst als Sportler verstanden und sich innerhalb des Übungs- Trainings- und Wettkampfsystems (ÜTW) in einer Sektion sportlich betätigten, waren und blieben trotz paralleler Leistungsausrichtung für Kinder- und Jugendliche Mitglied in der BSG-Stahl oder einer anderen SG. Mit den „allgemeinen Sportgruppen“ wurde das Modell des ÜTW ergänzt durch eine freiere Form des Sporttreibens, die nicht mehr an eine Mitgliedschaft in BSG und DTSB sowie an eine Sportart gebunden war. Allerdings sollten in diesen Sportgruppen neue DTSB-Mitglieder geworben werden.

Unter Ausnutzung der ökonomischen Basis des Stahlwerks bzw. Kombinats konnten eigensinnige Sportkonzepte wie das Fußball-Oberligaprojekt entgegen offiziellen politischen Vorgaben durchgesetzt werden. Bezeichnend dabei ist, dass gerade SED-Kader z.B. der Generaldirektor des SWB in der Lage waren, Vorgaben zu unterlaufen und für andere fruchtbar zu machen. Den nötigen Rückhalt erhielt der Generaldirektor für seine Ideen ebenfalls bei seiner Partei, jedoch in erster Linie auf der SED-Bezirksebene. So erscheint zwar eigensinniges Handeln konträr zum SED-Dogma, konnte aber teilweise sogar innerparteilich unterlaufen und durchgesetzt werden. Die eigensinnigen Korrekturen an der offiziellen Parteilinie wirkten auch in sportlicher Hinsicht systemstabilisierend.

2 Ausblick

Es bedarf weiterer regionaler Studien, welche den Alltagssport der DDR in seinem spezifischen Umfeld zeigen und die gesellschaftlichen Wirkmechanismen an konkreten Beispielen analysieren. So sollten sich regionale Studien auf einzelne Aspekte konzentrieren, wie etwa die Finanzierung des BSG-Sports bzw. des Alltagssports. Ausstehen ebenfalls umfassende regoinale als auch überregionale Einzelanalysen zu den Forschungsgegenständen Urlaubssport, Wehrsport, Versehrtensport und Lehrlingssport, sowie die Darstellung historischer Entwicklungen einzelner Sportarten. Darüber hinaus sollte vorhandenes Datenmaterial aus betrieblichen Zusammenhägen, wie das der DISOS GmbH, zugänglich gemacht und ausgewertet werden.

IX Abkürzungsverzeichnis

ABC – Amateur-Boxclub • **ADMV** – Allgemeiner Deutscher Motorenverband
AGL – Arbeitsgewerkschaftsleitung • **ASG** – Armeesportgemeinschaft
ASK – Armeesportklub • **BBS** – Betriebsberufsschule
BGL – Betriebsgewerkschaftsleitung
BfA – Bezirksfachausschuss des Deutschen Turn- und Sportbundes
BPO – Betriebsparteileitung • **DAF** – Deutsche Arbeitsfront
DAV – Deutscher Anglerverband
DFD – Demokratischer Frauenbund Deutschlands
DSF – Gesellschaft für Deutsch-Sowjetische Freundschaft
DTSB – Deutscher Turn- und Sportbund der DDR
EOS – Erweiterte Oberschule (mit Abitur)
ESA – Einheitliches Sichtungs- und Auswahlsystem
ESW – Elektrostahlwerk • **FDGB** – Freier Deutscher Gewerkschaftsbund der DDR
FDJ – Freie Deutsche Jugend • **FES** – Freizeit- und Erholungssport
FISA – Féderation Internationale des Sociétes ´d Aviron
Gbl. – Gesetzblatt • **GST** – Gesellschaft für Sport und Technik
IfK – Institut für Körperkultur
KfA – Kreisfachausschuss des Deutschen Turn- und Sportbundes
KKW – Kernkraftwerk • **KVP** – Kasernierte Volkspolizei • **LKW** – Lastkraftwagen
MV – Märkische Volksstimme (Brandenburger Tageszeitung)
NSW – nichtsozialistisches Wirtschaftsgebiet • **NVA** – Nationale Volksarmee
PH – Pädagogische Hochschule • **POS** – Polytechnische Oberschule
QEK – Qualitäts- und Edelstahlkombinat
(bis 1979 in Henningsdorf, danach Sitz in Brandenburg)
RGW – Rat für gegenseitige Wirtschaftshilfe
SMAD – Sowjetische Militäradministration
TPKK – Theorie und Praxis Körperkultur (Fachblatt der Sportwissenschaft)
TZ – Trainingszentrum
ÜTW – Übungs-, Trainings- und Wettkampfbetrieb
VfL – Verein für Leichtathletik
VEB – Volkseigener Betrieb
ZV – Zivilverteidigung

X Literaturverzeichnis

Ahbe, T.; Hoffemann, M.: Es kann nur besser werden. Erinnerungen an die 50er Jahre in Sachsen. Leipzig 2001.

Altenberger, H.: Gesundheitssport in Verein und Betrieb. In: Sport in der Schule, Verein und Betrieb. 11. Sportwissenschaftlicher Hochschultag der dvb vom 22.-24.09.1993 in Potsdam. Hg. v. Jürgen Rohde u. Horst Phillipp. Sankt Augustin 1995. S. 153-160.

Austermühle, T.: Konflikte und Konfliktlösungen im Sport. In: Alltagssport in der DDR. Hg. v. Jochen Hinsching. Aachen 1998. S. 135-157.

Balbier, U. A.: Instrument oder Freiraum? – Innerdeutscher Sportverkehr 1952-1965. In: Sport in der DDR. Eigensinn, Konflikte, Trends. Hg. v. Hans Joachim Teichler. Köln 2003. S. 21-60.

Baumann, W.-R.; Eschenhagen, W.; Judt, M.; Paesler, R.: Die Fischer Chronik Deutschland 1949-1999. Frankfurt am Main 1999.

Becker, F.; Merkel, I.; Tippach-Schneider, S. (Hg.): Das Kollektiv bin ich. Utopie und Alltag in der DDR. Köln, Weimar u. Wien 2000.

Behrens, H.: Deutsche Teilung, Repression und Alltagsleben. Erinnerungsorte der DDR-Geschichte. Konzepte und Angebote zum historischen Lernen. Leipzig 2004.

Beschluß des Staatsrates der DDR. Die Aufgaben der Körperkultur und des Sports bei der Gestaltung des entwickelten gesellschaftlichen Systems des Sozialismus in der DDR vom 20.09.1968. In: TPKK, Jg. 17, Heft 10 (1968), Beilage.

Bernett, Hajo: Der deutsche Sport im Jahre 1933. Sonderdruck der „Woche des Sports" der Ruhrfestspiele Recklinghausen. Aus STADION, Internationale Zeitschrift für Geschichte des Sports und der Körperkultur, Bd. VII, 2 (1981).

Bernett, H.: Die Auseinandersetzungen mit dem bürgerlichen Sport. In: Illustrierte Geschichte des Arbeitersports. Hg. v. Hans Joachim Teichler u. Gerhard Hauk. Bonn 1987. S. 57-62.

Bernett, H.: Körperkultur und Sport in der DDR. Schorndorf 1994.

Bernett, H.: Nationalsozialistischer Volkssport bei „Kraft durch Freude". In: STADION, Internationale Zeitschrift für Geschichte des Sports und der Körperkultur, Bd. VI (1979), S. 90ff.

Bernett, H.: Prolegomena zur Historischen Aufarbeitung des Systems von Sport und Körperkultur in der DDR. In: STADION, Internationale Zeitschrift für Geschichte des Sports und der Körperkultur, Bd. XVI (1990), S. 1-16.

Binnewies, H.; Thieme, B. (Redaktion): Freizeit und Breitensport 1985. Ergebnisse des Symposiums vom 27.-29.11.1985. Hamburg 1986.

Binnewies, H.; Dessau, J.; Thieme, B. (Redaktion): Freizeit und Breitensport 1988. Ergebnisse des Symposiums vom 12. Bis 14.05.1988 in Berlin. Hamburg 1989.

Block, F. (Hg.): Sport – das Leitbild in der Traditionspflege. Jena 1981.

Boelke, J. (Hg.): Damit Talente Sieger werden. Wilhelmshorst 2002.
Brandis, P.: Jubel um Stahl Brandenburg. In: MV, 18.06.1984, S. 5.
Braun, J.: Klassenkampf im Flutlicht – Innerdeutscher Sportverkehr 1974-1989. In: Sport in der DDR. Eigensinn, Konflikte, Trends. Hg. v. Hans Joachim Teichler. Köln 2003. S. 61-132.
Brinkmann, W.; Rühmann, R.; Kabisch, D.: Körperkultur und Sport – integrierter Bestandteil im Lebensvollzug geschädigter Bürger in der DDR. In: Medizin und Sport, 12 (1981), S. 353-359.
Buggel, E.: Aufgaben des DTSB bei der Entwicklung des Freizeit- und Erholungssports. In: TPKK, Jg. 21, Heft 1 (1972), Beiheft, S. 3-6.
Buggel, E.: Der Volkssport (Breitensport) und die Volkssportforschung in der DDR von 1960/61 bis 1965/66. In: der Sport in der SBZ und frühen DDR. Genese – Strukturen – Bedingungen. Hg. v. Wolfgang Buss u. Christian Becker. Köln 2001. S. 465-534.
Buggel, E.: Die Einstellung der erwachsenen Menschen zur aktiven körperlichen Erholung im Urlaub. In: TPKK, Jg. 15, Heft 6 (1966), S. 575-588.
Bürger, H.; Weidt, K.: Kraftproben. Berlin 1985.
Buss, W.; Becker, C. (Hg.): Aktionsfelder des DDR-Sports in der Frühzeit 1945-1965. Köln 2001.
Buss, W.; Becker, C. (Hg.): Der Sport in der SBZ und frühen DDR. Genese – Strukturen – Bedingungen. Schorndorf 2001.
Buss, W.; Güldenpfennig, S.; Krüger, A.: Geschichts-, Kultur-, Sport(politik) und wissenschaftliche Grundannahmen sowie daraus resultierende Leitfragen für die Forschung. In: Sozial- und Zeitgeschichte des Sports, Jg. 13, 1 (1999), S. 65-74.
Chronik der Stadt Brandenburg (Havel). 1945-1946. Hg. v. Rat der Stadt Brandenburg. Brandenburg 1979.
Chronik der Stadt Brandenburg (Havel). 1947-1949. Hg. v. Rat der Stadt Brandenburg. Brandenburg [o. J.].
Deike, B.: Sport für alle. Popgymnastik. Hg. v. DTSB der DDR Bezirksvorstand Dresden 1986.
Der FDGB von A-Z. Kleiner Lexikon zum Gewerkschaftswesen in der DDR. Hg. v. d. Friedrich-Ebert-Stiftung. Bonn 1987.
Dickwach, F.; Austermühle, T.: Breitensport als Forschungsgegenstand an der Deutschen Hochschule für Körperkultur. In: Alltagssport in der DDR. Hg. v. Jochen Hinsching. Aachen 1998. S. 160-183.
Dickwach, F.; Austermühle, T.: Das Sportabzeichen der DDR: Zwischen Absicht und Wirklichkeit. In: Alltagssport in der DDR. Hg. v. Joachim Hinsching. Aachen 1998. S. 295-312.
Dickwach, F.: Über das Zusammenwirken der gesellschaftlichen Verantwortungsträger bei der Realisierung des Gemeinsamen Sportprogramms. In: TPKK, Jg. 25, Heft 3 (1976), S. 192-195.
Die BSG Eisenhüttenstadt e. V. auf einen Blick. Eisenhüttenstadt 1995.
Dieckert, J.; Wopp, C. (Hg.): Handbuch Freizeitsport. Schorndorf 2002.

DTSB-Sportrundschau Bezirksorganisation Potsdam, (1977 bis 1989).
Dürrwächter, H.: Betriebssport in Berlin. In: Freizeit- und Breitensport 1985. Ergebnisse des Symposiums vom 27.-29.11.1985 in Berlin. Red.: Harald Binnewies, Birgit Thieme. Hamburg 1986. S. 183-195.
Einer von uns. Hg. v. Bundesvorstand des DTSB, Abt. Kultur und Bildung. Berlin 1962.
Eisenberg, Christiane: Der deutsche Sport in der Zeitgeschichte. Überlegungen aus sozial- und kulturgeschichtlicher Sicht. In: Mitteilungen aus der kulturwissenschaftlichen Forschung. Hg. v. Kulturinitiative '89 e. V.. In Verbindung mit d. Institut für Kulturwissenschaften an der Humboldt Universität. Berlin, Jg. 17, Heft 34 (März 1994), S. 179-191.
Eltze, W.: Zeittafel zur Geschichte der GST. Berlin 1982.
Erbach, G.; Borrmann, G.; Döbler, H. (Hg.): Kleine Enzyklopädie Körperkultur und Sport. Leipzig 1963.
Ehrler, W.: Materiell-technische Bedingungen für den Freizeit- und Erholungssport im sozialistischen Betrieb. In: TPKK, Jg. 22, Heft 4 (1973), S. 320-325.
Ehrler, W.: Zur Leitung und Planung des Freizeit- und Erholungssports in Kreisvorständen des DTSB der DDR. In: TPKK, Jg. 25, Heft 3 (1976), S. 177-181.
Elias, N.: Der Sport und das Problem der sozial zulässigen Gewalt. In: Sportphilosophie. Hg. v. Volker Caysa. Leipzig 1997. S. 68-100.
Eppelmann, R.; Faulenbach, B.; Mählert, U. (Hg.): Bilanz und Perspektiven der DDR-Forschung. Paderborn 2003.
Etymologisches Wörterbuch des Deutschen. Erarbeitet u. d. Leitung v. Wolfgang Pfeifer. München 1995.
Ewald, M.: Zu den weiteren Aufgaben des DTSB der DDR. Referat auf der 6. Tagung des Bundesvorstandes des DTSB der DDR am 24.04.1980. In: TPKK, Jg. 29, Heft 8 (1980), S. 561-569.
Fasbender, S.: Zwischen Arbeitersport und Arbeitssport. Göttingen 1997.
Fellner, A.: Der Angelsport. Leipzig 1905.
Forbrig, S.: Wir pflegen Tradition Werner Seelenbinder – Ringer, Kommunist, Antifaschist. In: Körpererziehung. Jg. 23, Heft 8/9 (1973), S. 399-410.
Fortschritt, Norm und Eigensinn. Erkundungen im Alltag der DDR. Hg. v. Dokumentationszentrum Alltagskultur der DDR (Red.: Andreas Ludwig). Berlin 1999.
Gallinat, K.: Der Aufbau und die Entwicklung von Körperkultur und Sport in der SBZ/DDR am Beispiel regionaler Entwicklungen im Land Brandenburg. (Mai 1945 – Juli 1952). Dissertation Universität Potsdam. Potsdam 1997.
Gensel, G.; Heise, P.; Wuttke, G.: Handbuch für den Sportorganisator. Berlin 1981.
Geppert, R.: Die Last, die Du nicht trägst. Leipzig 1978.
Goldthorp, J.: Social Mobility and Class Strukture in Modern Britain. Oxford 1980.
Götze, H.-G.: Die geschichtliche Entwicklung der Betriebssportgemeinschaft Stahl Brandenburg von 1950 bis 1983. Unveröffentlichte Diplomarbeit an der DHfK Leipzig 1984.
Groha, B.: Vielfältiger Ausgleichsport. Betriebssportgruppen. In: Geschichte des Dortmunder Sports und seiner Fachverbände seit 1945. Hg. v. Stadtsportbund e. V..

Dortmund 2001. S. 30-33.
Groha, B.: Organisierter Spielbetrieb nach Feierabend. In: Geschichte des Dortmunder Sports und seiner Fachverbände seit 1945. Hg. v. Stadtsportbund e. V.. Dortmund 2001. S. 115-117.
Groschopp, H.: Breitenkultur in Ostdeutschland. Herkunft und Wende – wohin? In: Aus Politik und Zeitgeschichte, B 11 (2001), S. 15-22.
Güldenpfennig, S.: Erweiterte Reproduktion der Arbeitskraft: Ein Ansatz zur Bestimmung des Verhältnisses von Sport und Arbeit. In: Sensumotorisches Lernen und Sport als Reproduktion der Arbeitskraft. Hg. v. Sven Güldenpfennig, Walter Volpert u. Peter Weinberg. Köln 1974. S. 11-59.
Güldenpfennig, S.: Sport und Autonomie und Krise. Soziologie der Texte und Kontexte des Sports. Sankt Augustin 1996.
Habermas, J.: Soziologische Notizen zum Verhältnis von Arbeit und Freizeit. In: Sport und Leibeserziehung. Hg. v. H. Plessner, H.-E. Bock u. O. Gruppe. München 1967. S. 28-45.
Hanke, H.(Hg.): Kultur und Freizeit. Zu Tendenzen und Erfordernissen eines kulturvollen Freizeitverhaltens. Berlin 1971.
Harmel, S.; Wille, U.: Zur gegenwärtigen Situation des außerunterrichtlichen Lehrlingssports in den Vereinigungen Volkseigener Betriebe sowie Kombinaten und Betrieben – unter besonderer Berücksichtigung der Wettkämpfe. In: Körpererziehung 22 (1972) 2, S. 65-70.
Hartmann, J.; Tünnemann, H.: Krafttraining für jedermann. Berlin 1984.
Hegel, G. W. F.: Phänomenologie des Geistes. [Erstauflage 1807] Darmstadt 1999.
Heider, P.: Gesellschaft für Sport und Technik. Berlin 2002.
Heine, K.: Zur Planung und Leistungsentwicklung des Fußballsports in der 2. Leistungsklasse des DFV der DDR. Unveröffentlichte Diplomarbeit DHfK Leipzig 1984.
Henning, K.: Breitensportliche Kampagnen und Konstrukte. In: Alltagssport in der DDR. Hg. v. Jochen Hinsching. Aachen 1998. S. 87-96.
Henning, K.; Degebrodt, H. (Leitung Autorenkollektiv): Handbuch für den Sportorganisator. Berlin 1973.
Henning, K.: Internationales Seminar zum Stand der Freizeitforschung in den sozialistischen Ländern unter besonderer Berücksichtigung der Körperkultur. In: TPKK, Jg. 15, Heft 2 (1966), S. 173-176.
Henning, K.: Zur Leitung des Sports in sozialistischen Betrieben. In: TPKK, Jg. 19, Heft 3 (1970), S. 223-227.
Henning, R.; Schönberg, A.; Wopp, C.: Freizeitsport in Betrieb und Verein. Köln 1977.
Heym, R.: Jugend in der DDR. Darmstadt 1972.
Hillmann, K.-H.: Wörterbuch der Soziologie. Stuttgart 1994.
Hilser, U.: Kollegenspaß beim Doppelpaß. In: Bergische Blätter, 46 (1993), S. 76-90.
Hinsching, J. (Hg.): Alltagssport in der DDR. Aachen 1998.
Hinsching, J.: Betriebssport in der DDR. In: Zwischen Arbeitnehmerinteressen und Unternehmenspolitik – Zur Geschichte des Betriebssports in Deutschland. Hg. v. Gertrud Pfister. Sankt Augustin 1999. S. 104-120.
Hinsching, J. (Hg.): Breitensport in Ostdeutschland – Reflexion und Transformation.

Hamburg 2000.
Honecker, E.: Aus meinem Leben. Berlin 1982.
Hradil, S.: Soziale Ungleichheit in Deutschland. Opladen 1999.
Huster, R.; Wiese, R.: Brettsegeln in der DDR. In: Sport in der DDR. Eigensinn, Konflikte, Trends. Hg. v. Hans Joachim Teichler. Köln 2003. S. 423-500.
Jarausch, K. H.: Realer Sozialismus als Fürsorgediktatur. Zur begrifflichen Einordnung der DDR. In: Aus Politik und Zeitgeschichte, B 20 (1998), S. 33-46.
Jarausch, K. H.; Sabrow, M. (Hg.): Weg in den Untergang. Der innere Zerfall der DDR. Göttingen 1999.
Jaschek, P.: Aufgaben und Arbeitsweise der Sportkommission des Kombinats VEB Funkwerk Erfurt. In: TPKK, Jg. 20, Heft 1 (1971), S. 24-27.
Jaspers, K.: Masse und Sport. In: Die geistige Situation der Zeit. Berlin, New York 1979.
Jorra, K.: Die Entwicklung der Betriebssportgemeinschaft des Stahl- und Walzwerkes Brandenburg unter dem Aspekt des Zusammenwirkens aller gesellschaftlichen Kräfte des Betriebes (1962-1967). Unveröffentlichte Diplomarbeit DHfK Leipzig 1968.
Jütting, D. H.: Freizeit und Erwachsenensport. München 1976.
Kaelble, H.; Kocka, J.; Zwahr, H. (Hg.): Sozialgeschichte der DDR. Stuttgart 1994.
Karlsch, Rainer: „Ein Staat im Staate" – Der Uranbergbau der Wismut AG Sachsen und Thüringen. In: Aus Politik und Zeitgeschichte, 49/50 (1993), S. 14-23.
Keiderling, Gerhard: „Gruppe Ulbricht" in Berlin April bis Juni 1945. Von den Vorbereitungen im Sommer 1944 bis zur Wiedergründung der KPD im Juni 1945. Eine Dokumentation. Berlin 1993.
Kirchner, M.; Teubner, J.: Der gewerkschaftliche Sportorganisator im sozialistischen Betrieb. In: TPKK, Jg. 20, Heft 3 (1971), S. 241-245.
Klaedtke, U.: „Stahl Feuer!!!" – Die Fußballer des Stahl- und Walzwerkes Brandenburg zwischen politischer Anpassung und betrieblichem Eigensinn. In: Sport in der DDR. Eigensinn, Konflikte, Trends. Hg. v. Hans Joachim Teichler. Köln 2003. S. 237-270.
Klaedtke, U.: Wer sich aktiv erholt ist seltener krank. Historische Betrachtung zum DDR-Betriebs- und Behindertensport. In: Stuttgarter Rundschreiben. Deutscher Verband für Physiotherapie. Landesverband Baden-Württemberg e. V., 6 (2003), S. 32f.
Klawohn, W.: Zur Einheit von Sportunterricht und außerunterrichtlichem Sport im Prozeß der körperlichen Bildung und Erziehung der Lehrlinge. Diss. Pädagogische Hochschule „Karl Liebknecht" Potsdam 1974.
Klee, Ernst: „Euthanasie" im NS-Staat. Die „Vernichtung lebensunwerten Lebens". Frankfurt am Main 1994.
Kleßmann, C.: Probleme und Perspektiven der gegenwärtigen historischen DDR-Forschung. In: Der geteilte deutsche Sport. Hg. v. Harald Braun u. Giselher Spitzer. Köln 1997. S. 11-21.
Kluge, V.: Sportbuch DDR. Berlin 2004.
Koch, G.: Kracauer zur Einführung. Hamburg 1996.

Kocka, J.: Eine durchherrschte Gesellschaft. In: Sozialgeschichte der DDR. Hg. v. Hartmut Kaelble, Jürgen Kocka u. Jürgen Zwahr. Stuttgart 1994. S. 547-553.
Köhler, H.: Erkenntnisse und Erfahrungen bei der Planung und Durchführung massenkommunikativer Maßnahmen im Freizeit- und Erholungssport. TPKK, Jg. 24, Heft 7 (1975), S. 681-688.
Köhler, H.: Theoretische und praktische Probleme der Werbung und Gewinnung im Bereich des Sports. TPKK, Jg. 19, Heft 11 (1970), S. 971-979.
Kotterba, J.: Das hätte Hannes nicht ahnen können. In: Deutsches Sportecho, 26.03.1984, S. 2.
Kracauer, S.: Ornament der Masse. Frankfurt am Main 1963.
Krafft, E.: Buch zur Sportgeschichte. Berlin 1925.
Kratzel, C.: Powerpausen. Die wirksamsten Körperübungen für die Bewegungspause zum Entspannen, Energietanken und Wohlfühlen. Paderborn 1999.
Kremer, H.-G.: Möglichkeiten und Grenzen eines hauptamtlichen Sportfunktionärs in einer großen Betriebssportgemeinschaft in der DDR. In: Breitensport in Ostdeutschland – Reflexion und Transformation. Hg. v. Jochen Hinsching. Hamburg 2000. S. 131-137.
Kreschel, K.: Mit dem Dampfer nach Bollmannsruh und Götzes Höh‘. In: „Kinder, so im Freien is‘ man doch erst richtig Mensch!“ Ausflugslokale entlang der Havel. Hg. v. Stadtgeschichtlichen Museum Spandau u. Museum im Frey-Haus Stadt Brandenburg. Berlin 1994. S. 138-147.
Kurth, E.; Wildgrube, K.: Popgymnastik. Berlin 1983.
Langenfeld, Hanns: Von der Turngemeinde zum modernen Sportverein. In: Sport und Verein. Hg. v. Gunter Pilz. Hamburg 1986. S. 15-42.
Langnickel, V.: Chronik der Stadt Brandenburg (Havel). Januar 1950-Juli 1952. Brandenburg 1981.
Leder, G.: Schüler erschließen sich Leben und Kampf Werner Seelenbinders. In: Körpererziehung, Heft 10 (1984), S. 417-422.
Lemke, W.: Sport und Politik. Eine Dokumentation des innerdeutschen Sportverkehrs. Hamburg 1971.
Lenk, H.: Sport – Gesellschaft – Philosophie. In: Sportwissenschaft, 1 (1971), S. 19-32.
Leutelt, C.; Hinsching, J.: Behinderte im Sport – eine vergessene Zielgruppe im Sportland DDR? In: Sozial- und Zeitgeschichte des Sports, Heft 1 (1999), S. 48-60.
Lickfers, T.: Talentauslese und [Talent]förderung in der DDR. Entstehung und Entwicklung der Einheitlichen Sichtung und Auswahl (ESA). Unveröffentlichte Diplomarbeit Universität Potsdam 2003.
Liebe, W.: Zur Entwicklung von Körperkultur und Sport im VEB Funkwerk Erfurt. In: TPKK, Jg. 20, Heft 4 (1971), S. 362-368.
Lindenberger, T.: Alltagsgeschichte und ihr möglicher Beitrag zu einer Gesellschaftsgeschichte der DDR. In: Die Grenzen der Diktatur. Staat und Gesellschaft in der DDR. Hg. v. Richard Bessel. Göttingen 1996. S. 298-325.
Lindenberger, T.; Sabrow, M.: Zwischen Verinselung und Europäisierung: Die Zukunft der DDR-Geschichte. In: Deutschland Archiv, Jg. 37, 1 (2004), S. 123-127.

London. A.: Ich gestehe. Der Prozeß um Rudolf Slansky. Hamburg 1970.
Luh, A.: Betriebssport zwischen Arbeitgeberinteressen und Arbeitnehmerbedürfnissen. Eine historische Analyse vom Kaiserreich bis zur Gegenwart. Aachen 1998.
Lüdtke, A.: Eigen-Sinn. Fabrikalltag, Arbeitererfahrungen und Politik vom Kaiserreich bis in den Faschismus. Hamburg 1993.
Mattausch, W.-D.: Werner Seelenbinder – Arbeitersportler, Olympiateilnehmer, Widerstandskämpfer. In: Sozial- und Zeitgeschichte des Sports, Heft 3 (1988), S. 72-84.
Mertens, L. (Hg.): Unter dem Deckel der Diktatur. Soziale und kulturelle Aspekte des DDR-Alltags. Berlin 2003.
Meuschel, S.: Legitimation und Parteiherrschaft in der DDR. Frankfurt am Main 1992.
Mitteilungsblatt der Stadtverordnetenversammlung Brandenburg (Havel). Hg. v. Rat der Stadt Brandenburg (Havel). 1 (1975).
Mitterbauer, G.: Neue Wege für den Betriebssport. Innsbruck 1994.
Müller-Enbergs, H.; Wielgohs, J.; Hoffmann, D. (Hg.): Wer war wer in der DDR? Ein biographisches Lexikon. Berlin 2001.
Müller, G.: Sport im Betrieb. In: Binnewies, H.; Dessau, J.; Thieme, B. (Red.): Freizeit und Breitensport 1988. Ergebnisse des Symposiums vom 12. Bis 14.05.1988 in Berlin. Hamburg 1989. Teil I, S. 491-505.
Müller, S.: Theodor Neubauer. Berlin 1969.
Musiolek, B.; Rühmann, R.; Schmück, O.: Die Förderung von Körperkultur und Sport als staatliche Leitungsaufgabe. Nach einem Vortrag des Staatssekretärs für Körperkultur und Sport, Roland Weißig, in der DASR. Hg. v. d. Deutschen Akademie für Staats- und Rechtswissenschaft „Walter Ulbricht“ Potsdam-Babelsberg. Berlin 1972.
Neubauer, U.: Der FDGB – Triebkraft bei der Heranführung der Werktätigen an Körperkultur und Sport in der DDR. Unveröffentlichte Diplomarbeit PH Magdeburg 1980.
Neutsch, E.: Spur der Steine. Berlin 1964.
Niethammer, L.; Plato, A.; Wierling, D.: Die volkseigene Erfahrung. Eine Archäologie der Industrieprovinz der DDR. Berlin 1991.
Park, C.: Analyse der politischen Netzwerke und politischen Strategie im Bereich des Breitensports in der Deutschen Demokratischen Republik. Dissertation Universität Potsdam. Berlin 2000.
Peiffer, L.; Fink, M.: Zum aktuellen Forschungsstand der Geschichte von Körperkultur und Sport in der DDR. Eine kommentierte Bibliographie. Köln 2003.
Pfister, G.: Frauen und Sport in der DDR. Köln 2002.
Pfister, G. (Leitung): Vom Fabrikturnverein zur Betriebssportgemeinschaft: Entwicklungen und Funktionen des Betriebssports. Sport und Schule, Verien und Betrieb. Hg. v. Jürgen Rohde u. Horst Philipp. 11. Sportwissenschaftlicher Hochschultag der dvs vom 22.-24.09.1993 in Potsdam. Sankt Augustin 1995. S. 265-270.
Pfister, G.: Zur Geschichte des Körpers und seiner Kultur – Gymnastik und Turnen im gesellschaftlichen Modernisierungsprozeß. In: Kultur und Ideologie, Sport und Zeitgeist im 19. Und 20. Jahrhundert. Hg. v. Irene Diekmann u. Hans Joachim Teichler. Bodenheim b. Mainz 1997. S. 11-47.

Pfister, G. (Hg.): Zwischen Arbeitnehmerinteressen und Unternehmenspolitik – Zur Geschichte des Betriebssport in Deutschland. Sankt Augustin 1999.
Plessner, H.: Spiel und Sport. In: Sport und Leibeserziehung. Hg. v. H. Plessner, H.-E. Bock u. O. Gruppe. München 1967. S. 17-27.
Poll, Nele: Die Entwicklung des Boxsports im Land Brandenburg von 1945-1961. Unveröffentlichte Diplomarbeit Universität Potsdam 2000.
Priewe, J.: Begegnung mit Etgar André. Berlin 1986.
Priller, E.: „Jedermann an jedem Ort – jede Woche mehrmals Sport“: Sport im Zeitbudget von Erwachsenen in der DDR. In: Alltagssport in der DDR. Hg. v. Joachim Hinsching. Aachen 1998. S. 295-312.
Protokoll des 9. FDGB-Kongresses. Hg. v. BV d. FDGB. Berlin 1977.
Radetz, W.: Der Stärkere. Berlin 1961.
Reichert, Rudi: Unsere Aufgaben in der kommenden Zeit. In: Sozialistische Sportbewegung, Jg. 3, 7 (1959), S. 1-10.
Rigauer, B.: Sport und Arbeit. Frankfurt am Main 1969.
Rittner, K.: Sport und Arbeitsteilung. Homburg 1976.
Rode, J. (Hg.): Sport in Schule, Verein und Betrieb. 11. Sportwissenschaftlicher Hochschultag der dvs vom 22.-24.09.1993 in Potsdam. Sankt Augustin 1995.
Roesler, J.: Die Produktionsbrigaden in der Industrie der DDR. Zentrum der Arbeitswelt? In: Sozialgeschichte der DDR. Hg. v. Hartmut Kaelble, Jürgen Kocka u. Hartmut Zwar. Stuttgart 1994. S. 144-170.
Rosenmeyer, B.: Aerobic ein neuer Weg zu einer neuen Lebensqualität. In: Enorm in Form. Buch zur ZDF-Serie). München 1983.
Ruppert, Wolfgang: Industriekultur in Deutschland. Das Beispiel der Region Nürnberg. In: Erinnerungsarbeit, Geschichte und demokratische Identität in Deutschland. Hg. v. Wolfgang Ruppert. Opladen 1982.
Schäfer, J.: Die Entwicklung des Wasserfahrsports in Brandenburg/Havel. Am Beispiel der BSG Stahl in der Zeit von 1950 – 1989. Unveröffentlichte Diplomarbeit Universität Potsdam 2001.
Schirm, F.: 33 Monate. Erinnerungen an Werner Seelenbinder. Berlin 1984.
Schlüsseldokumente zum DDR-Sport. Ein sporthistorischer Überblick in Originalquellen. Hg. v. Giselher Spitzer, Hans-Joachim Teichler u. Klaus Reinartz. Aachen 1998.
Schneider, F.: Wie eine BSG arbeitete. In: Geschichte des DDR-Sports. „50. Jahrestag der Gründung des Deutschen Sportausschusses (DS) 1. Oktober 1948“. Protokollband 1 der Tagung am 1.10.1998. Hg. v. Sport und Gesellschaft e. V.. Berlin 1998. S. 96-100.
Schröder, H. J.: Interviewliteratur zum Leben in der DDR. Zur literarischen, biographischen und sozialgeschichtlichen Bedeutung einer dokumentarischen Gattung. Tübingen 2001.
Schröder, K.: Der SED-Staat. Die Partei, Staat und Gesellschaft 1949-1990. München 1998.
Schulke, H.-J.: Sport – Alltag – Kultur. Standpunkte zur Sportbewegung. Aachen 1990.
Seifert, M.: Schlager für heiße Rhythmen. In: Deutsches Sportecho, 14.09.1983, S. 2.

Stahl- und Brennabor. Die Stadt Brandenburg im 19. Und 20. Jahrhundert. Hg. v. Gerd Heinrich, Klaus Heß, Winfried Schich und Wolfgang Schößler. Potsdam 1998.
Stresow, F.: Die Entwicklung unseres Betriebes zu einer wichtigen ökonomischen und politischen Bastion der Arbeiterklasse. Betriebsgeschichte des VEB Stahl- und Walzwerk Brandenburg. Teil 1, 1949/ 55. Hg. v. d. Zentralen Betriebsparteileitung der SED. [o. J.].
Stündel, H.: Freizeit und Erholungssport in der DDR. Schorndorf 1977.
Spitzer, G.: Fußball und Triathlon. Sportentwicklung in der DDR. Aachen 2004.
Sport für jedermann an jedem Ort. In: Sozialistische Sportbewegung, 8 (1959), S. 7-8.
Tegelbeckers, L. W.: SG-Sport im Spiegel von Plan und „Erfüllung“. Eine regionale Studie zu Proportionen und Disproportionen im DTSB-organisierten Basissport. In: Sport in der DDR. Eigensinn, Konflikte, Trends. Hg. v. Hans Joachim Teichler. Köln 2003. S. 135-235.
Teichler, H.-J.; Buss, W.; Peiffer, L. (Hg.): Archive und Quellen zum Sport in der SBZ/DDR. Köln 2003.
Teichler, H.-J.: Die Kehrseite der Medaille: Sport und Sportpolitik in der SBZ/DDR. In: Bilanz und Perspektiven der DDR-Forschung. Hg. v. Rainer Eppelmann, Bernd Faulenbach u. Ulrich Mählert. Paderborn 2003. S. 286-292.
Teichler, H.-J.: Die Sportbeschlüsse des Politbüros. Eine Studie zum Verhältnis von SED und Sport mit einem Gesamtverzeichnis und einer Dokumentation ausgewählter Beschlüsse. Köln 2002.
Teichler, H.-J. (Hg.): Illustrierte Geschichte des Arbeitersports. Bonn 1987.
Teichler, H. J.; Reinartz, K.: Das Leistungssportsystem der DDR in den 80er Jahren und im Prozeß der Wende. Schorndorf 1999.
Teichler, H.-J. (Hg.): Sport in der DDR. Eigensinn, Konflikte, Trends. Köln 2003.
Teller, G.: Die Bedeutung von Körperkultur und Sport bei der Erhöhung der Wehrfähigkeit unserer Bürger. In: TPKK, Jg. 18, Heft 10 (1969), S. 903-907.
Theweleit, K.: Tor zur Welt. Köln 2004.
Thiele, Helmut: Die Aufgaben der Gewerkschaften für die weitere Entwicklung von Körperkultur, Sport und Touristik bei der Gestaltung des entwickelten gesellschaftlichen Systems des Sozialismus in der DDR. In: TPKK, Jg. 19, Heft 2 (1970), S. 100-113.
Thieß, G.; Schnabel, G. (Leitung Autorenkollektiv): Leistungsfaktoren in Training und Wettkampf. Berlin 1986.
Thieß, G.; Schnabel, G. (Leitung Autorenkollektiv): Grundbegriffe des Trainings. Berlin 1986.
Tofahrn, K. W.: Soziologie des Betriebssportes. Berlin 1992.
Von Treskow, S.; Sponholz, W.: Stahlstandort am Silokanal. In: Stahl und Brennabor. Die Stadt Brandenburg im 19. und 20. Jahrhundert. Hg. v. Gerd Heinrich, Klaus Heß, Winfried Schich und Wolfgang Schößler. Potsdam 1998. S. 419-431.
Ulbricht, W.: Die weitere Gestaltung des gesellschaftlichen Systems des Sozialismus. Berlin 1968.
Vester, M.; Hofmann, M.; Zierke, Irene (Hg.): Soziale Milieus in Ostdeutschland. Gesellschaftliche Strukturen zwischen Zerfall und Neubildung. Köln 1995.

Vollnhals, C.: Der Schein der Normalität. Alltag und Herrschaft in der SED-Diktatur. München 2002.
Wagner, H.: Sport und Arbeitersport. Hg. v. Wolfgang Buss, u.a.. Köln 1973. [Erstauflage 1931].
Weber, T.: Sportfesttradition in Leipzig. In: Alltagssport in der DDR. Hg. v. Joachim Hinsching. Aachen 1998. S. 112-134.
Weil, F.: Herrschaftsanspruch und Soziale Wirklichkeit. Köln 2000.
Weissig, R.: Zu den Aufgaben der Räte der Bezirke und Kreise auf dem Gebiet von Körperkultur und Sport im Perspektivzeitraum von 1971 bis 1975. In: TPKK, Jg. 20 Heft 4 (1971), S. 327-339.
Westphal, H.: Werner Seelenbinder, ein vorbildlicher deutscher Sportler und tapferer Kämpfer gegen Krieg und Faschismus. Auszug aus Diplomarbeit d. DHfK Leipzig 1952. In: TPKK 1954, Jg. 3, Heft 11, S. 962-971.
Wierling, D.: Die Jugend als innerer Feind. Konflikte in der Erziehungsdiktatur der sechziger Jahre. In: Sozialgeschichte der DDR. Hg. v. Hartmut Kaelble, Jürgen Kocka u. Hartmut Zwahr. Stuttgart 1994. S. 404-425.
Wiese, René: Der Ursprung der Kinder- und Jugendsportschule der DDR. In: Deutschlandarchiv. 3 (2004), S. 422-430.
Willecke, G.: Geschichte des deutschen Arbeiterschachs. Treuenhagen 2002.
Wippermann, Wolfgang: Totalitarismustheorien. Die Entwicklung der Diskussion von den Anfängen bis heute. Darmstadt 1997.
Wolle, S.: Die heile Welt der Diktatur. Alltag und Herrschaft in der DDR. Berlin 1998.
Wolle, S.: Untergang auf Raten. München 1993.
Wonneberger, G.: Geschichte der Körperkultur in Deutschland. Bd. IV. Berlin 1967. Wonneberger, G.; Westphal, H.; Oehmigen, G.; Fiebelkorn, J.; Simon, H.; Skorning, L.: Geschichte des DDR-Sports. [Poland] 2002. S. 56-58.
Wonneberger, G.: Studie zur Struktur und Leitung der Sportbewegung in der SBZ/ DDR (1945-1961) In: Der Sport in der SBZ und frühen DDR. Genese – Strukturen – Bedingungen. Schorndorf 2001. S. 167-247.
Wonneberger, I.: Breitensport – Studie zum Breitensport/ Massensport in der sowjetischen Besatzungszone Deutschlands und der Deutschen Demokratischen Republik. In: Der Sport in der SBZ und frühen DDR. Genese – Strukturen – Bedingungen. Hg. von Wolfgang Buss u. Christian Becker. Köln 2001. S. 397-464.
Wonneberger, I.: Zur gesellschaftlichen Bedeutung und Führung der körperlich aktiven Erholung in der Familie. In: TPKK, Jg. 17, Beiheft (1968), Sportwissenschaftlicher Kongreß: Sozialismus und Körperkultur, Teil III, S. 93-97.
Wonneberger, I.: Zur Charakterisierung Allgemeiner Sportgruppen in der DDR. In: TPKK, Jg. 28, Heft 10 (1979), S. 830-836.
Zahmel, J.: Radrennen und Kaffeekonzerte im Sport-Park. In: „Kinder, so im Freien is‘ man doch erst richtig Mensch!“ Ausflugslokale entlang der Havel. Hg. v. Stadtgeschichtlichen Museum Spandau u. Museum im Frey-Haus Stadt Brandenburg. Berlin 1994. S. 128f.
Zimmermann, R.: Daten und Ereignisse zum Arbeitersport. In: Illustrierte Geschichte zum Arbeitersport. Hg. v. Hans Joachim Teichler u. Gerhard Hauk. Bonn 1987. S. 247-256.

XI Dokumentenverzeichnis

1 Dokumente des Nachfolgevereins SG Stahl Brandenburg

Chronik des ABC Stahl Brandenburg.
Delegiertenkonferenz der BSG Stahl Brandenburg vom 20.01.1978.
Informationen. Nur für die BSG-Leitungen der SV-Stahl. Nr. 3, April 1953.
Jahressportplan der BSG Stahl Brandenburg 1965.
Mitteilungsblatt der Sportvereinigung Stahl Nr. 10, Okt. 1954.
Protokoll über die BSG-Leitungssitzung der BSG Stahl Brandenburg am 14.12.1977.
Protokoll über die BSG-Leitungssitzung der BSG Stahl Brandenburg am 16.01.1980.
Protokoll über die BSG-Leitungssitzung der BSG Stahl Brandenburg am 22.04.1980.
Rechenschaftsbericht der BSG Stahl für die Jahre 1968/69 vom 10.01.1970.
Rechenschaftslegung der BSG Stahl Brandenburg über das Sportjahr 1972.
Schmidt, Christian: Zum Geleit. 40 Jahre Sektion Ringen SG Stahl Brandenburg.
Seehawer, Rudolf: Ein Verein feiert Geburtstag! Festschrift zum 50. Bestehen der SG Stahl Brandenburg. Brandenburg 2000.
Statut der Sportvereinigung „Stahl" [o. J.].
Vereinbarung zwischen der BSG Stahl Brandenburg und dem Sportverein Georgsmarienhütte 08 über den Spiel- und Sportverkehr 1961 vom 08.12.1960.
35 Jahre Betriebssportgemeinschaft Stahl Brandenburg. Begleitheft zu den Feierlichkeiten. Hg. v. BSG Stahl Brandenburg. Brandenburg 1985.
40 Jahre Stahl Brandenburg 1950-1990. Begleitheft zu den Feierlichkeiten. Hg. v. BSG Stahl Brandenburg. Brandenburg 1990.

2 Dokumente Stadtarchivs Brandenburg/Havel

Adreß-Buch 1938/39. Stadtarchiv H61.
Gacon, Hermann: Analyse der Arbeit der Betriebssportgemeinschaft im Stahl- und Walzwerk Brandenburg und Verallgemeinerung für den Rat der Stadt Brandenburg in der Entwicklung von Körperkultur und Sport. Unveröffentlichte Diplomarbeit Fachschule für Staatswissenschaften Weimar 1980. Stadtarchiv Brandenburg C 119.
Märkische Volksstimme, 1950 bis 1990.
Jugendgesetz der DDR. [Auszug]. IV. Das Recht und die Ehrenpflicht der Jugend zum Schutz
des Sozialismus. Auszug aus Paragraph 24. In: MV, 31.01.1974, S. 3.

3 Dokumente des Industriemuseums Brandenburg/Havel

Brigadetagebuch der Brigade der Polytechnik (1965-1966).
Brigadetagebuch der Gewerkschaftsgruppe S/ S 3 (1988)
Brigadetagebuch Jugendbrigade d. Ofenschlosser Schicht IV (1965).
Brigadetagebuch der Komplexbrigade Werkstoffprüfung/ QSE (1981)
Brigadetagebuch Komplexkollektiv D, D1, DP, DP1 u. DP2 (1985)
Brigadetagebuch Normalschicht G5 (1988).
Kultur- und Bildungsplan der Gewerkschaftsgruppe S

4 Brandenburgisches Landeshauptarchiv Bornim

Antrag auf Aktivistenauszeichnung vom 30.08.1985. Rep. 502 SWB 1649.
Begleitschreiben zum Maßnahmeplan zur Unterstützung der BSG Stahl Brandenburg, Sektion Fußball 1984/85 LAH Rep. 530/7236.
Bericht der GST, Grundorganisation „Etgar André" im VEB Qualitäts- und Edelstahlkombinat Stahl- und Walzwerk Brandenburg. Rep 502 SWB Nr. 1508.
Büro für Wettbewerb im SWB. Vorschläge für den Titel „Aktivist der sozialistischen Arbeit" zum 35 jährigen Bestehen der BSG Stahl Brandenburg. Rep. 502 Nr. 1649.
Dankesbrief des BSG-Vorsiztenden Menzel an den amtierenden Generaldirektor Ewert für die „großzügige Unterstützung des Kombinates bei der Errichtung des Bezirkstrainingszentrums Kanu-Rennsport an der Regattastrecke vom 04.12.1986. Rep. 502 SWB Nr. 1507.
Danksagung an die Bezirksparteileitung Potsdam und Einladung zu den Oberligaspielen. Rep. 530/7236.
Einladung zur Ruder-Junioren-WM 1985 für Dr. Lauck vom Generalsekretär des Deutschen Ruder-Sport-Verbands der DDR vom 18.07.1985. Rep 502 SWB Nr. 1504.
Maßnahmeplan zur Unterstützung der BSG Stahl Brandenburg Sektion Fußball, 1984/85. Rep. 530 SWB 7236.
Körperkultur und Sport. Rechenschaftslegung über Sozialpolitische Maßnahmen im SWB [für das Halbjahr] 1979. Rep. 502 SWB 1659.
Monatliche Rechenschaftslegung d. Direktors für Ökonomie 1982. Rep. 502 SWB 1496.
Rede des GD zur volkswirtschaftlichen Bedeutung des Kombinates 1983. Rep. 502 SWB 1486.
Protokoll der Betriebssport-Kommission vom 05.12.1985. Rep. 502 SWB 1507.
Schreiben des zweiten Sekretärs der SED-Bezirksleitung, Ulrich Schlaak, an den Vorsitzenden des Rates des Bezirkes, Herbert Tzschoppe vom 27.12.1984. Rep. 530 SWB 7236.

5 Stiftung Archiv der Partei- und Massenorganisationen (SAPMO)

Auswertung der Freizeitkonferenz in Brandenburg in Thesen, bezogen auf spezifische Probleme der Körperkultur und des Sports. Berlin, 23.05.1968. DY 34/ 7933.

Begründung zur Einführung eines Gehalts- und Prämienregulativs für Sportler der Fußballoberliga. DY 30 IV 2/ 2.039, S. 224.
Beschlüsse des BV d. FDGB. Zusammengestellt von Hans Degebrodt. DY 34/ 14483.
Beschluß über staatliche Maßnahmen zur weiteren Gestaltung von Körperkultur und Sport vom 25.10.1984. DY 34/ 13315.
Brief von Kurt Zahn, Mitglied des Präsidiums und Sekretär des FDGB Bundesvorstand, an Weidemann, Staatssekretär für Berufsbildung vom 16.12.1986. DY 34/ 14426.
Fernwettkampf zur Ermittlung der besten Gewerkschaftsgruppen, sozialistischen Brigaden und Arbeitskollektive im Jahr des V. Deutschen Turn- und Sportfestes 1969. DY 34/ 7933.
Gewerkschaftsstatistik 1986. DY 34/ 13315.
Hausmitteilung der Org.-Abtlg. des DS vom 22.10. und 16.11.1951. DY 34/ 1/ 10/ 1363.
Informationen des Staatssekretariats für Berufsbildung Abt. Erziehung vom 27.03.1989 über die Durchführung und Ergebnisse des XVIII. Fernwettkampfes „Stärkster Lehrling und Sportlichstes Mädchen gesucht". DY 34/ 14441.
Probleme auf dem Gebiet des Freizeit- und Erholungssports im Jahr 1983 [Sekretariat d. BV d. FDGB, Abt. Sport] DY 34/ 14486.
Richtlinie des DFV der DDR zur Einführung und Gewährleistung des leistungssportlich orientierten Trainings und Wettkampfes in der II. Fußball-Leistungsklasse Liga. DY 30 IV 2/ 2.039, S. 221.
Tarif/ Gehalt, Vergütung bzw. Prämien – Zeitraum 01.07.1987-30.06.1988 der OL-Fußballer Stahl Brandenburg. DY 30 IV 2/ 2.039/ 251.
Zuarbeit GST [Sekretariat des BV d. FDGB, Abt. Sport, o. J.] DY 34/ 14486.

6 BStU Potsdam

Abschrift eines IM-Berichts aus der OPK-Akte „Elektronik" vom 27.03.1986 AOPK 1188/87, BStU 000005.
Auszug aus Zeugenvernehmungsprotokoll vom 04.09.1986. AOPK 1188/87. BStU 000009.
Deckblatt zum Ermittlungsbericht vom 21.09.1983. AOPK 1188/ 87 Teil I, BStU 000027.
Einleitungsbericht zur Durchführung der Operativen Personenkontrolle „Läufer" vom 26.02.1986. AOPK 2997/87, BStU 000007.
IM-Bericht. AOPK 1188/87. Stimmungen/ Meinungen vom 13.03.1986. AIM 2251/88 Teil I, BStU 000029.
Weitergegebene Information vom 16.04.1986. AIM 2251/88 Teil I, BStU 000036.

7 Quellen aus dem Internet[990] und CD-Rom-Werke

Beck, Konrad Ernst: Thema: Schach,
http://berlin.spd.de/servlet/PB/menu/1021423
Der Volksaufstand vom 17. Juni 1953
www.BStU.de/ddr/juni_1953_neu/bezirke/potsdam/brandenburg
Deutscher Betriebssport Verband,
www.hdako.de/dbsv/dbsv-info1.html
Fischer, Birgit: Kanurennsport
info@birgit –fischer.de
Günter, Hartmut; Keute, Burghard; Wolf, Rudolf: FRR-13.
Die Chronik des Fla-Raketen-Regiments 13 „Etgar André“ Parchim/ Dargelütz.
[o. Jahr]
http://home.snafu.de/veith/frr-13.htm#Etgar
Heinz, Andreas: Wieder Seelenbinder-Stadion. nd-online, 03.08.2004,
www.ringerforum.de
Informationen zur Namensgebung,
www.luise-berlin.de
Junioren WM 2005
www.jwm2005.de
Persönliche Erinnerung an den Wettbewerb „Stärkster Lehrling, Sportlichstes Mädchen“,
http://kompetenzteam.antville.org/stories/780896
Pfister, Gertrud: A World Power in Woman´s Sport – Women Without Power in Sport: Gender, Power and Sport in East Germany,
www.idrottsforum.org 2003-12-09
Rückkehr des „roten Koffer Erich Mielkes“
www.bundesarchiv.de/aktuell/pressemitteilungen 00032/
Spielmannszug der SG Stahl Brbg e.V.
www.spielmannszug-brandenburg.de/geschi.html
Walter Steffens: Stärkster Lehrling,
http://dresden.opusforum.org
Thema: Aerobic, Infopedia 3.0 © 1998 The Lerning Companie, Inc.
Thema: Billard, Digitale Bibliothek der deutschen Literatur und Philosophie. Direktmedia Publishing GmbH © Berlin 2000.

8 Private Archivalien

Kaschner, Karsten: Fußballprogramm, 18.08.1984 u. 02.09.1984, Stadionkurier, 28.09.1984, 13.10.1984, 10.11.1984, 01.12.1984, 25.01.1985, 23.02.1985, 16.03.1985, 13.04.1985, 28.04.1985, 01.06.1985, 17.08.1985, 31.08.1985, 21.09.1985, 09.10.1985, 26.10.1985, 09.11.1985, 30.11.1985, 22.01.1986, 01.03.1986, 15.03.1986, 29.03.1986, 19.04.1986, 10.05.1986, 24.05.1986, 01.10.1986, 07.05, 1988, 19.11.1988.

Klaedtke, Uta: Fotos 2001: W.-Seelenbinder-Strasse, W.-Seelenbinder-Büste, Mahnmal am Marienberg.
Weiß, Manfred: Fotos: Angelsport, DAV-Gruppe SWB, Kegeln im Freien.

XII Anlage

1. Vereinbarung zwischen Georgsmarienhütte Osnabrück und Stahl Brandenburg vom 08.12.1960. Büro des Nachfolgeverein der BSG Stahl Brandenburg.

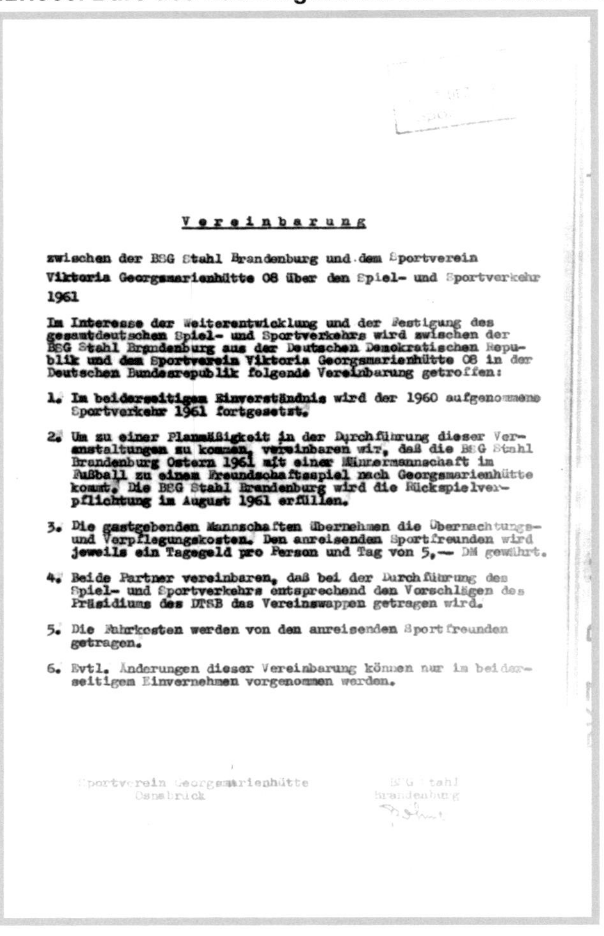

V e r e i n b a r u n g

zwischen der BSG Stahl Brandenburg und dem Sportverein Viktoria Georgsmarienhütte 08 über den Spiel- und Sportverkehr 1961

Im Interesse der Weiterentwicklung und der Festigung des gesamtdeutschen Spiel- und Sportverkehrs wird zwischen der BSG Stahl Brandenburg aus der Deutschen Demokratischen Republik und dem Sportverein Viktoria Georgsmarienhütte 08 in der Deutschen Bundesrepublik folgende Vereinbarung getroffen:

1. Im beiderseitigem Einverständnis wird der 1960 aufgenommene Sportverkehr 1961 fortgesetzt.

2. Um zu einer Planmäßigkeit in der Durchführung dieser Veranstaltungen zu kommen, vereinbaren wir, daß die BSG Stahl Brandenburg Ostern 1961 mit einer Männermannschaft im Fußball zu einem Freundschaftsspiel nach Georgsmarienhütte kommt. Die BSG Stahl Brandenburg wird die Rückspielverpflichtung im August 1961 erfüllen.

3. Die gastgebenden Mannschaften übernehmen die Übernachtungs- und Verpflegungskosten. Den anreisenden Sportfreunden wird jeweils ein Tagegeld pro Person und Tag von 5,— DM gewährt.

4. Beide Partner vereinbaren, daß bei der Durchführung des Spiel- und Sportverkehrs entsprechend den Vorschlägen des Präsidiums des DTSB das Vereinswappen getragen wird.

5. Die Fahrkosten werden von den anreisenden Sportfreunden getragen.

6. Evtl. Änderungen dieser Vereinbarung können nur im beiderseitigem Einvernehmen vorgenommen werden.

Sportverein Georgsmarienhütte
Osnabrück

BSG Stahl
Brandenburg

2. Protokoll über die BSG-Leitungssitzung der BSG Stahl Brandenburg am 16.01.1980. Büro des Nachfolgeverein der BSG Stahl Brandenburg.

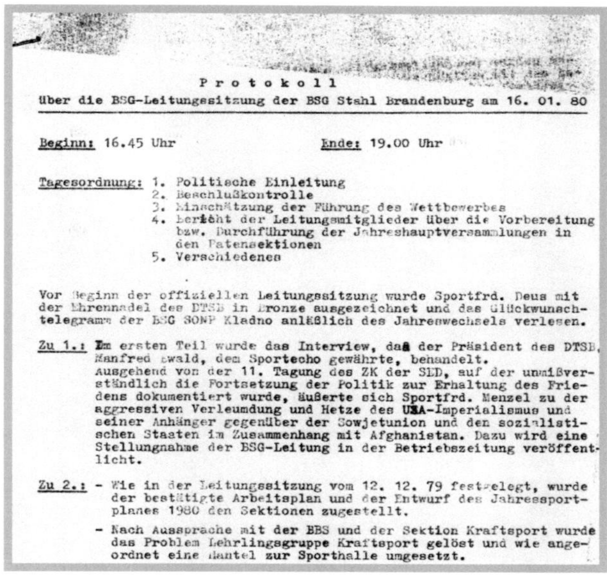

P r o t o k o l l

über die BSG-Leitungssitzung der BSG Stahl Brandenburg am 16. 01. 80

Beginn: 16.45 Uhr — Ende: 19.00 Uhr

Tagesordnung:
1. Politische Einleitung
2. Beschlußkontrolle
3. Einschätzung der Führung des Wettbewerbes
4. Bericht der Leitungsmitglieder über die Vorbereitung bzw. Durchführung der Jahreshauptversammlungen in den Patensektionen
5. Verschiedenes

Vor Beginn der offiziellen Leitungssitzung wurde Sportfrd. Deus mit der Ehrennadel des DTSB in Bronze ausgezeichnet und das Glückwunschtelegramm der BSG SONP Kladno anläßlich des Jahreswechsels verlesen.

Zu 1.: Im ersten Teil wurde das Interview, daß der Präsident des DTSB, Manfred Ewald, dem Sportecho gewährte, behandelt.
Ausgehend von der 11. Tagung des ZK der SED, auf der unmißverständlich die Fortsetzung der Politik zur Erhaltung des Friedens dokumentiert wurde, äußerte sich Sportfrd. Menzel zu der aggressiven Verleumdung und Hetze des USA-Imperialismus und seiner Anhänger gegenüber der Sowjetunion und den sozialistischen Staaten im Zusammenhang mit Afghanistan. Dazu wird eine Stellungnahme der BSG-Leitung in der Betriebszeitung veröffentlicht.

Zu 2.:
- Wie in der Leitungssitzung vom 12. 12. 79 festgelegt, wurde der bestätigte Arbeitsplan und der Entwurf des Jahressportplanes 1980 den Sektionen zugestellt.
- Nach Aussprache mit der BBS und der Sektion Kraftsport wurde das Problem Lehrlingsgruppe Kraftsport gelöst und wie angeordnet eine Hantel zur Sporthalle umgesetzt.

Zu 3.: In der Einschätzung der Führung des sozialist. Wettbewerbes zwischen den Sektionen wurde anhand konkreter Fakten nachgewiesen, daß alle Sektionen zur Gesamterfüllung und Übererfüllung des Jahressportplanes 1979 mehr oder weniger beigetragen haben. Die besten Ergebnisse erzielte die Sektion Kraftsport, die alle abrechenbaren Kennziffern erfüllte und mit 17 neuen Mitgliedern an der Spitze steht. Gleichfalls gute Ergebnisse konnten die Sektionen Kanu/B., TT, Ringen und Leichtathletik abrechnen. Kritisch wurden aber auch die noch vorhandenen Schwachstellen angesprochen, die im Sportjahr 1980 besonderes Augenmerk bedürfen.

Zu 4.: Wie im Maßnahmeplan festgelegt, werden außer in der Sektion Bowlingkegeln die Jahreshauptversammlungen termingemäß durchgeführt. Von fünf Sektionen liegen die Protokolle, Rechenschaftsberichte und Arbeitsentschließungen 1980 vor. Die für

- 2 -

die Sektionen verantwortlichen Leitungsmitglieder wurden angehalten, die noch fehlenden Termine unverzüglich mit den betreffenden Sektionsleitern abzusprechen und in der Vorbereitung Unterstützung zu gewähren.

Zu 5.: - In Übereinstimmung aller Leitungsmitglieder der BSG-Leitung wurde festgelegt, daß die Leitungssitzungen ausschließlich dienstags durchgeführt werden. Die Sektionen sind darüber zu informieren.

- In Auswertung des Schreibens vom Kreisvorstand des DTSB zum Verhalten des Sportfrd. Gorecki in der VR Polen und der schriftlichen Erklärung des Sportfrd. Felix Gorecki wurde nach Anhören der Leitungsmitglieder festgelegt, daß die endgültige Entscheidung über eine Disziplinarmaßnahme noch ausgesetzt wird.
Zu der vom Vorsitzenden des Kreisvorstandes des DTSB vorgesehenen Aussprache im Rahmen des KFA sind die Sportfreunde Domke und Bielke hinzuzuziehen. Da die persönliche Unterhaltung des Sportfrd. Domke mit dem Sportfrd. Gorecki widersprüchliche Darstellungen zum Inhalt des Schreibens des Kreisvorstandes ergeben und schriftliche Stellungnahmen von Funktionären des polnischen Boxsportes vom Sportfrd. Gorecki angefordert wurden, sind die Materialien in die Beurteilung einzubeziehen und danach entsprechende Disziplinarmaßnahmen festzulegen.

- Es wurde darüber informiert, daß vom 04. - 06. 02. 80 die Halle wegen Kreisaktivtagung der SED nicht genutzt werden kann.
Am 29. und 30. März wird in der Sporthalle ein internationales Judoturnier von Männer-Nationalmannschaften durchgeführt.

Brandenburg, den 17. 01. 1980

Szipka
....
Schriftführer

78

3. Protokoll über die BSG-Leitungssitzung der BSG Stahl Brandenburg am 22.04.1980. Büro des Nachfolgeverein der BSG Stahl Brandenburg.(3 Seiten)

Protokoll

über die erweiterte BSG-Leitungssitzung der BSG Stahl Brandenburg am 22. 04. 1980

Beginn: 16.45 Uhr — Ende: 19.00 Uhr

Tagesordnung:
1. Politische Einleitung
2. Beschlußkontrolle
3. Bericht der Sektionen über Vorbereitung 1. Mai
4. Bericht Sekt. LA, Kanu/B. und Ringen über die Arbeit der TZ-Leitungen
5. Bericht über dieArbeit in den Lehrlingssportgruppen
6. Verschiedenes

Zu 1.: In der politischen Einleitung, in der des 35. Jahrestages der Befreiung vom Faschismus gedacht wurde, wurde konkret auf die am 26. April stattfindenden Großveranstaltung am Ehrenmal auf dem Marienberg eingegangen.
In Ergänzung der Darlegungen des Sportfrd. Blawid gab der BSG-Vorsitzende, Sportfrd. Menzel, eine Einschätzung über die in der ZBGL behandelten Vorlage der BSG. Fazit: Durch eine erweiterte Qualifizierung der massenpolitischen Arbeit sind die Funktionäre und Mitglieder davon zu überzeugen, daß trotz vorhandener Schwierigkeiten auf dem Gebiet der materiellen Basis und des Transportes zu Auswärtsveranstaltungen, die Aufgaben des Jahressportplanes zielstrebig zu erfüllen und zu überbieten sind.
Im Zusammenhang mit der Großkundgebung, auf der Gen. Honecker sprechen wird, wurden für die Sektionen LA, Fußball und Boxen konkrete Aufgaben zur Beräumung der an das Stadion grenzenden Flächen gestellt.
Alle Mitglieder der erweiterten Leitung treffen sich am 24. April um 16.15 Uhr zum Arbeitseinsatz.

Zu 2.:
- In Fragen der Partnerschaftsarbeit der Sektionen mit Arbeitbrigaden oder Schulklassen sind die Sektionen, die darüber noch nicht berichtet haben, nochmals anzuschreiben.
- Die Schlüsselfrage für die Nutzung der Kabinen in der Sporthalle wurde geklärt. Zur Erhöhung von Ordnung und Sicherheit hat der verantw. Übungsleiter den Empfang und die Abgabe des Schlüssels im Schlüsselbuch zu bestätigen.
- Die Auszeichnungsordnung für die Verleihung der Ehrennadel der BSG ist nochmals den Sektionen zuzustellen.

Zu 3.: Von den Sektionen wurde berichtet, daß die Mai-Demonstration in den Mitgliederversammlungen beraten wurde. Im Wettbewerb zwischen Sektionen unserer BSG wurden Aktivitäten zur eigenen Gestaltung des Zuges ausgelöst.
Es werden ca. 1.000 Sportlerinnen und Sportler an der Demonstration teilnehmen.

— 2 — 79

Zu 4.: Die Zusammensetzung der TZ-Leitung LA, in der Vertreter der Heine-OS und des Elternaktivs mitarbeiten, entspricht den Erfordernissen. Vorsitzender des Pionieraktivs ist der FDJler Sportfrd. Huschka. Die Anleitung der Übungsleiter erfolgt durch den hauptamtlichen Trainer. Die Beratungen der TZ-Leitung finden regelmäßig statt.

Im Kanu-Rennsport hat ab 1. 4. 1980 der Sportfrd. Bauer die Funktion des TZ-Leiters übernommen. Durch die bisher gute Arbeit aller TZ-Leitungsmitglieder hat der Wechsel des TZ-Leiters keine Übergangsschwierigkeiten gebracht.
Das Pionier- und FDJ-Aktiv arbeitet, wie die TZ-Leitung, nach einem, von der Sektionsleitung bestätigten Arbeitsplan. Mit dem Neuzugang bzw. Abgang von TZ-Kadern hat sich auch die Zusammensetzung des Elternaktivs entsprechend geändert. Die Übungsleiter werden vom hauptamtlichen Trainer angeleitet. Auch vom Bezirkstrainer wird laufende Unterstützung gewährt.
Noch zu verbessern ist die protokollarische Übernahme von Sportmaterialien, um einen laufenden Überblick zu behalten, weil notwendige Abschreibungen gleichermaßen den Bestand verändern.

Der Bericht der Sektion Ringen ist schriftlich nachzureichen, da der Sektionsleiter wegen Urlaub nicht anwesend war.

Zu 5.: Von den an unserer BBS lernenden 660 Lehrlingen treiben 40 % im DTSB ihren Sport.
Die Werbund unter den im September 1979 eingestellten Lehrlingen war nicht so gut wie im September 1978. Sich allein auf die in der BBS tätigen Sportlehrer zu verlassen, ist nicht richtig, obwohl von ihnen mehr erwartet werden müßte. Wenn nicht alle Pädagogen unserer BBS es als ihre Aufgabe ansehen, die jungen Menschen für eine regelmäßige körperliche Ertüchtigung durch den Sport zu gewinnen, werden wir weiterhin Schwierigkeiten im außerschulischen Sport haben. Für den Lehrlingssport gilt gleichermaßen, daß gute materiell-technische Bedingungen vorhanden sein müssen. Durch Nichtbespielbarkeit der Bowlingbahn sind 15 Lehrlinge ausgeschieden, womit sich die Gruppe Bowling aufgelöst hat. Im Volleyball für Mädchen zeigt sich gleiches an, weil durch mehrmaligen Ausfall derHallenzeit wegen anderer Veranstaltungen das Interesse für Volleyball schwindet. In den Sportgruppen Handball, TT, Billard und Kraftsport ist der Entwicklungsstand gleich geblieben.

Zu 6.: - Der Maßnahmeplan über die massenpolitische Arbeit hinsichtlich der Olympischen Sommerspiele ist konkret abzurechnen. Für die Behandlung der einzelnen Themen ist durch das Sportbüro entsprechendes Faktenmaterial zu erarbeiten und den Sektionen zuzustellen. Meinungsäußerungen und Stellungnahmen der Sportler sind in der Betriebszeitung zu veröffentlichen.

- 3 -

80

- 3 -

- Entgegen dem ersten Beschluß über die Durchführung der Wahlen im DTSB sind die Termine vorverlegt worden.
  Es wurde demzufolge vorgeschlagen, die Wahlberichtsversammlungen in den Sektionen in der Zeit vom 15. 09. 80 bis31. 10. 80 und die Delegiertenkonferenz der BSG am 21. 11. 80 durchzuführen.
  Die Kreisdelegiertenkonferenz des DTSB wird am 06. 12. 80 sein.

- Von den Sektionen wurde kritisiert, daß die 1. Fußballmännermannschaft sich nicht an den Kraftstoff-Sparmaßnahmen hält und für das Spiel in Berlin (Rotation) den Betriebsbus in Anspruch nimmt, anstatt, wie andere Mannschaften, die Reichsbahn zu benutzen.

Brandenburg, den 16. 05. 1980

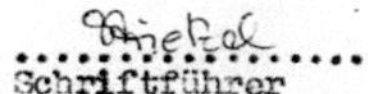
....
Schriftführer

81

4. Klaedtke, Uta: Fotos zur Werner-Seelenbinder-Gedenkkultur.

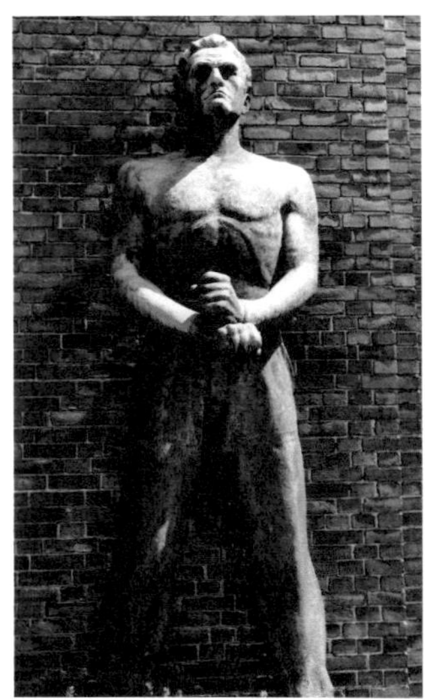

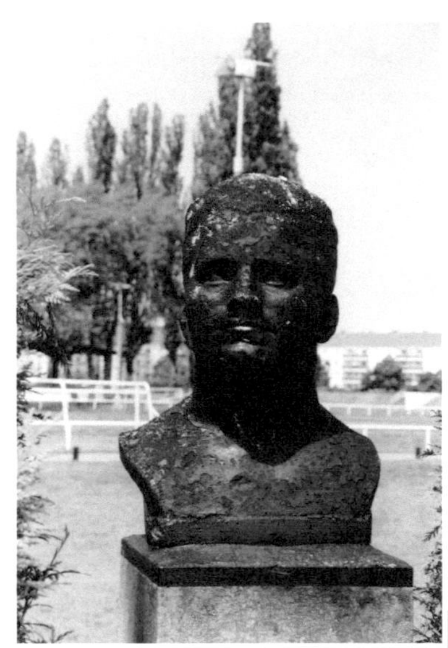

Fotos:
Werner-Seelenbinder-Straße (unten), Mahnmal (oben), Büste(links).

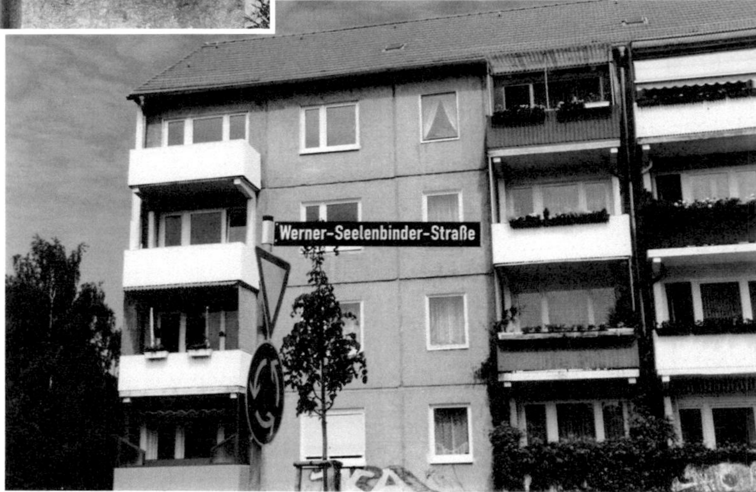

5. Kultur- und Bildungsplan der Komplaxbrigade Werkstoffprüfung / QSE. Industriemuseum Brandenburg/Havel.

Kultur- und Bildungsplan 1981
der Komplexbrigade Werkstoffprüfung / QSE

I. Quartal

Kegelabend mit der Patenklasse
Tanzveranstaltung
Frauentagsfeier
Schneewanderung
Plananlauf 1981
Faschingsveranstaltung

II. Quartal

Sportfest mit der Patenklasse
Museumsbesuch
Betriebsfestspiele
Theaterbesuch
Dampferfahrt
gemütliches Beisammensein

III. Quartal

Busfahrt
Dombesichtigung
Radtour
Besuch einer Ausstellung
Besuch des Stadtarchivs

IV. Quartal

DSF-Veranstaltung
Kegelabend
Weihnachtsfeier
Pilzwanderung

6. Maßnahmeplan zur Unterstützung der BSG Stahl, Sektion Fußball, zum Klassenerhalt in der Fußball-Oberliga der DDR im Spieljahr 1984/85. Brandenburgisches Landeshauptarchiv Rep. 530 SWB 7236.

Anlage 1

Konzeption des Bezirksvorstandes des DTSB der DDR Potsdam zur Stabilisierung der Leistungsentwicklung der Sektion Fußball der BSG Stahl Brandenburg auf der Grundlage des Maßnahmeplanes zum Fußballbeschluß

Der Fußballsport unseres Landes ist perspektifisch nur durch eine deutlich angehobene Leistungsentwicklung des gesamten Nachwuchsbereiches des DFV in Ordnung zu bringen.
Dies ist eine zutiefst ideologische Aufgabe. Ein Hauptanliegen des Fußballbeschlusses ist es, die Basis des Nachwuchsfußballs wesentlich zu erweitern und zu verstärken.
Das Sekretariat des Bezirksvorstandes des DTSB der DDR Potsdam legt hierzu fest:

- Im Industrieschwerpunkt Brandenburg ist die Sektion Fußball der BSG Stahl so zu verstärken, daß die Zielstellung einer langfristigen Oberligaklassenzugehörigkeit abgesichert wird.

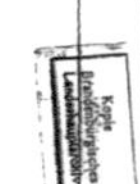

- Im Einvernehmen mit dem Büro des BFA Fußball wird nachfolgender Beschluß gefaßt:
  Die Sektion Fußball wird zum Leistungsschwerpunkt im Bezirk Potsdam, durch das Büro des BFA Fußball speziell angeleitet und mit den Möglichkeiten des Bezirkes unterstützt und gefördert.
  Daraus ergeben sich folgende Festlegungen:

  . Sportfreund Jacob wird als Pate des Bezirksvorstandes des DTSB für die Sektion Fußball eingesetzt und beauftragt, durch operative Tätigkeit den Kontakt vom Bezirksvorstand und dem BFA Fußball ständig aufrechtzuerhalten und die Unterstützungsmaßnahmen durchzusetzen.

  . Im Verlauf dieser Zusammenarbeit finden wöchentliche Abstimmungen mit der Sektionsleitung statt.
  Sportfreund Jacob informiert wöchentlich den Stellvertreter für Leistungssport und den Vorsitzenden des BFA Fußball über anstehende Probleme und unterbreitet Vorschläge für die schnelle Entscheidungsfindung.

Als Maßnahmen zur Unterstützung werden als Sofortprogramm festgelegt und durchgeführt:

- Die Sektion Fußball schafft Voraussetzungen für eine leistungssportliche Entwicklung junger Talente aus dem Bezirk, damit sie über den zweiten Weg als Auswahlkader des DFV entwickelt werden und bei Eignung und Bedarf den Delegierungsclub FCV Frankfurt/Oder zugeführt werden.

- Die Entwicklung dieser Kader wird durch den verantwortlichen Trainer der Oberligamannschaft kontrolliert.

- Mit dem vom FCV Frankfurt/Oder und dem 1. FC Magdeburg rückdelegierten Kaderkreis werden persönliche und Elterngespräche geführt, um eine Delegierung zur Sektion Fußball vorzubereiten. Dabei sind die derzeitigen Sektionsleiter einzubeziehen.

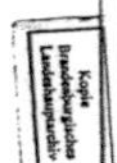

- Mit dem Kaderkreis Altersklasse 14, der nicht an der KJS Frankfurt/Oder aufgenommen werden kann, werden nach einer Leistungsüberprüfung und mit Zustimmung der Eltern Umschulungen und Delegierungen nach Brandenburg vorbereitet.

- Die Arbeit des TZ Brandenburg ist so zu gestalten, daß die Perspektivkader ab Altersklasse 13 in der Sektion Fußball für eine Delegierung zur KJS vorbereitet werden und bei Nichteinschulung im Nachwuchsbereich der Sektion weiter gefördert werden.

- Beim Aufbau und während der Wettkämpfe der Auswahlmannschaften des BFA Fußball, Altersklasse 15 (Jugend) und Altersklasse 18/21 (Junioren), werden Talentsichtungen durchgeführt und die erfaßten Talente durch Sportfreund Jacob zur Delegierungsbestätigung eingereicht.
  <u>Termin</u>: 01.03.1985 für die Meldung
  01.06.1985 für die Delegierung

- Als Soforthilfe werden nach Abschluß des Wettkampfjahres 1984/85 in den Altersklassen 15 - 16 - 17 jeweils 6 Kader pro Altersklasse zur Delegierung vorgeschlagen.

3

- In den folgenden Jahren werden entsprechend dem Muster der KJS nach Erfüllung des Leistungsauftrages (eine Delegierung) jährlich 6 Kader in der Altersklasse 15 nach Brandenburg umgeschult.
  Termin: im Juni des jeweiligen Jahres

- Alle Delegierungen werden durch das Büro des BFA Fußball am Ende des Spieljahres vollzogen. Die Kader der Altersklasse 18/21 können nach Bestätigung sofort delegiert werden.
  Termin: März des laufenden Jahres

- Zur Absicherung der schulischen, einschließlich der beruflichen Ausbildung, werden mit den Erziehungsberechtigten der Sportler Ausbildungsverträge mit dem Trägerbetrieb, der Sektion bzw. anderen staatlichen Leitungen abgeschlossen.
  Termin: März des laufenden Jahres

Zur Umsetzung der Konzeption werden folgende Leitungsmaßnahmen festgelegt:

- Die Sektionsleitung organisiert halbjährlich mit den Eltern der delegierten Sportler Aussprachen

- Mit den Sektionsleitern bzw. Übungsleitern aus den delegierenden Sektionen werden am Ende des Wettkampfjahres kameraschaftliche Erfahrungsaustausche durchgeführt.

- Die Sektionsleitung berichtet jährlich auf der sportartspezifischen Konferenz über die Entwicklung der delegierten Sportler.

- Die Freizeitgestaltung der Sportler wird durch festgelegte Betreuer beeinflußt und kontrolliert.

- Für die Dauer des Aufenthaltes in Brandenburg werden für die jungen Sportler aus dem Kreis der Mitglieder der Sektion und Anhänger geeignete Pateneltern festgelegt.

Potsdam, 19.12.1984

M a ß n a h m e p l a n

zur Unterstützung der BSG Stahl Brandenburg, Sektion Fußball, zum Klassenerhalt in der Fußball-Oberliga der DDR im Spieljahr 1984/85

Auf der Grundlage der Beratung vom 6. November 1984 mit dem 2. Sekretär der Bezirksleitung der SED, Genossen Ulrich Schlaak, werden zur weiteren Unterstützung des Oberligakollektivs im Kampf um den Klassenerhalt folgende Maßnahmen zur Realisierung festgelegt:

<u>I. Technische Aufgaben</u>

1. Bereitstellung eines Reisebusses, Typ "Ikarus" über das Kombinat VEB Kraftverkehr Potsdam in Abstimmung mit der Hauptverwaltung Kraftverkehr Berlin.
   <u>Verantw.</u>: Rat des Bezirkes
   <u>Termin</u> : Januar 1985

   Die Finanzierung erfolgt im Rahmen des Investvolumens des VEB Stahl- und Walzwerk Brandenburg 1984
   <u>Verantw.</u>: VEB Stahl- und Walzwerk Brandenburg

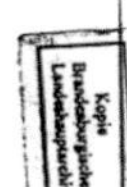

2. Ausbau der Sozialeinrichtungen für die komplexe Betreuung der Mannschaft, entsprechend des Rahmentrainingsplanes des Deutschen Fußballverbandes der DDR.
   Bereitstellung von 300 TM Bauvolumen für das Jahr 1985 über die Invest-Kennziffer des VEB Stahl- und Walzwerk Brandenburg hinaus.
   Der Rat des Bezirkes prüft die Möglichkeit der Bauausführung durch Kollektive aus der Landwirtschaft
   <u>Verantw.</u>: Rat des Bezirkes
   <u>Termin</u> : 01.März 1985 Baubeginn

2

Erarbeitung der Vorbereitungsunterlagen, Aufgabenstellung, Grundsatzentscheidung, Projekt sowie Sicherung der Finanzierung

Verantw.: VEB Stahl- und Walzwerk
Brandenburg

Termin : 28. Februar 1985

3. Überprüfung von Möglichkeiten einer niveauvollen Unterbringung des Oberligakollektivs vor den Punkt- und Pokalspielen mit entsprechenden Trainingsmöglichkeiten im Kreisgebiet Brandenburg
(Im Rahmentrainingsplan wird gefordert, die Mannschaft bereits zwei Tage vor den Spielen zusammenzunehmen).

Verantw.: Rat des Kreises
Brandenburg

Termin : sofort

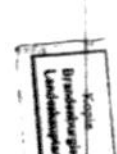

4. Zur Optimierung des Krafttrainings sowie der sportärztlich abgestimmten Rehabilitanden-Betreuung, Anschaffung eines Kraftsportgerätes Typ "Herkules".
Die Finanzierung erfolgt durch den VEB Stahl- und Walzwerk Brandenburg

Verantw.: Bezirksvorstand des DTSB
VEB Stahl- und Walzwerk
Brandenburg

Termin : I. Quartal 1985

5. Zur Sicherung des kontinuierlichen Trainingsablaufes, besonders unter widrigen Witterungsbedingungen, sind im Kreisgebiet geeignete Trainingsplätze (Hallenzeiten) für die 1. Männer- und Juniorenmannschaft bereitzustellen. Die Nutzung ist vertraglich zu regeln.

Verantw.: Rat der Stadt Brandenburg (Hallenzeiten)
Rat des Kreises Brandenburg (Rasenplätze)
Kreisvorstand des DTSB Brandenburg

Termin : 10. Januar 1985

6. Prüfung der Möglichkeit zur Bereitstellung eines zusätzlichen VK-Kontingents in Höhe von 5.000 Liter sowie die Absicherung des Transportes junger Sportler des TZ-Fußball aus dem gesamten Kreisgebiet durch die Zurverfügungstellung eines Kleinbusses (7 bis 8 Personen)
   Verantw.: Bezirksvorstand des DTSB
   Termin : I. Quartal 1985

II. Organisatorische Aufgaben

1. Zur Erweiterung und Stabilisierung des Kaderkreises der Oberligamannschaft mit entsprechenden Leistungsträgern sind jährlich 2 Dreiraumwohnungen, außerhalb des Kontingentes des VEB Stahl- und Walzwerk Brandenburg, zur Verfügung zu stellen
   Verantw.: Rat der Stadt Brandenburg
   Leistungssportkommission
   Termin : II. Quartal 1985

2. Um eine mit dem Rahmentrainingsplan des Fußballverbandes abgestimmte Urlaubsgestaltung zu gewährleisten, sind Urlaubsplätze für den Monat Juni 1985 für die Mannschaft bereitzustellen
   Verantw.: FDJ-Bezirksleitung
   FDGB-Kreisvorstand Brandenburg
   Zentrale BGL VEB Stahl- und Walzwerk Brandenburg
   Termin : Januar 1985

3. Bereitstellung hochwertiger Konsumgüter für
   - Sportfreund Heinz 'Werner Lada "1300"
   - Sportfreund Frank Jeske Lada "1500"
   Verantw.: Leistungssportkommission
   Termin : bis Juli 1985

4. Sicherung der vorrangigen Bereitstellung und Belieferung von Sportmaterialien durch den SGB Kulturwaren/Sportartikel, Betriebsteil Luckenwalde
   Verantw.: Rat des Bezirkes
   Termin : laufend, nach Auftragsauslösung durch die BSG

5. Zusätzliche Versorgung der Leistungsträger mit hochwertigen Nahrungsmitteln, besonders mit Vitaminträgern, für die leistungssportgerechte Ernährung (Delikat)

   Verantw.: Leistungssportkommission
   Rat der Stadt Brandenburg

   Termin : ständig

6. Bilanzierung von zwei Eigenheimen für Leistungssportler gemäß den Anforderungen und der Entwicklung der Sektion Fußball für das Jahr 1986 sowie Möglichkeiten der Erschließung von Wochenendgrundstücken im Rahmen des VKSK

   Verantw.: Rat der Stadt Brandenburg
   Rat des Kreises Brandenburg

   Termin : Der Bedarf ist bis zum III. Quartal anzumelden

7. Zur Sicherung der weiteren beruflichen Qualifizierung der Leistungssportler sind zwei Studienplätze bereitzustellen:

   - Studienjahr 1985: Christoph Ringk, Fernstudium an der DHfK

     Verantw.: Bezirksvorstand des DTSB

   - Studienjahr 1986: Andreas Lindner, Fernstudium an der PH Potsdam

     Verantw.: Rat des Bezirkes

   Termin: sofort

   Für die folgenden Jahre sind die Anforderungen zur weiteren Qualifizierung der Sportler bis zum Februar des Vorjahres festzulegen

   Verantw.: BSG Stahl Brandenburg

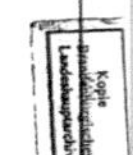

8. Zum kontinuierlichen Aufbau der Juniorenoberliga sind Kader aus dem Bezirk Potsdam zu delegieren (Maßnahmeplan des BFA Potsdam, Anlage 1).
   Zur Sicherung der dafür notwendigen beruflichen Ausbildung der Nachwuchsleistungssportler sind im VEB Stahl- und Walzwerk Brandenburg über das Lehrlingskontingent 8 zusätzliche Ausbildungsplätze - Beruf mit Abitur - zu schaffen und die Unterbringung ist im Lehrlingswohnheim des VEB Stahl- und Walzwerk Brandenburg abzusichern.

   Verantw.: Rat des Bezirkes

   Termin : bis Februar 1985

III. Durchsetzung der Konzeption des Bezirksvorstandes des des DTSB Potsdam zur Stabilisierung der Leistungsentwicklung der Sektion Fußball der BSG Stahl Brandenburg auf der Grundlage des Maßnahmeplanes zum Fußballbeschluß (Anlage)

1. Die Sektion Fußball der BSG Stahl Brandenburg wird zum Leistungsschwerpunkt im Bezirk Potsdam durch das Sekretariat des Bezirksvorstandes des DTSB erklärt.
   Verantw.: Vorsitzender des
   Bezirksvorstandes des DTSB
   Termin : 19.12.1984

2. Unter Beachtung der jährlichen 100 % positionsgerechten Erfüllung der KJS-Delegierungsverpflichtungen gegenüber dem FCV Frankfurt/Oder sind die bezirklichen Potenzen zur Unterstützung der Sektion voll auszuschöpfen.
   Zielstellung ist dabei die Sicherung der Oberligazugehörigkeit über einen langen Zeitraum
   Verantw.: Vorsitzender des
   Bezirksvorstandes des DTSB
   Termin :laufend

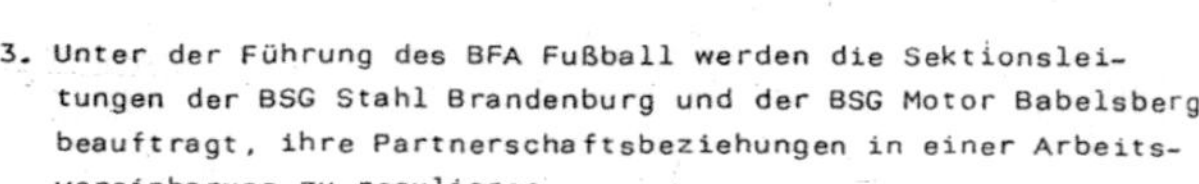

3. Unter der Führung des BFA Fußball werden die Sektionsleitungen der BSG Stahl Brandenburg und der BSG Motor Babelsberg beauftragt, ihre Partnerschaftsbeziehungen in einer Arbeitsvereinbarung zu regulieren
   Verantw.: Vorsitzender des BFA Fußball
   Termin : I. Quartal 1985

4. In Vorbereitung des Wettkampfjahres 1985/86 werden in den Altersklassen 15 bis 17 ausgewählte Kader nach Klärung des Wechsels aus anderen Sportgemeinschaften zur BSG Stahl Brandenburg delegiert. Delegierungen im Männerbereich erfolgen auf Antrag der Sektionsleitung.
   Verantw.: Stellvertreter für Leistungssport des
   Bezirksvorstandes des DTSB
   Vorsitzender des BFA Fußball
   Termin : bis 01. Juni 1985

5. Ab 1985/86 ist die Kadersichtung und Zuführung in Anlehnung an den KJS-Delegierungsprozeß zu gestalten
   Verantw.: Stellvertreter für Leistungssport des
   Bezirksvorstandes des DTSB
   Vorsitzender des BFA Fußball

7. Arbeitsvertrag mit dem Stahl- und Walzwerk des Fußballers Christoph Ringk vom 27.07.1982. Dokument Christoph Ringk, ehemals Stahl Brandenburg.

Arbeitsvertrag

Dieser Arbeitsvertrag wird in Verwirklichung des Rechts auf Arbeit zwischen

[illegible] Walzwerk Bra[illegible]

(Bezeichnung des Betriebes)

und Herrn Christoph Ringk geb. am 14.03.60

(Name des Werktätigen)

abgeschlossen.

Die Rechte und Pflichten des Werktätigen und des Betriebes ergeben sich aus dem Arbeitsgesetzbuch der Deutschen Demokratischen Republik vom 16. Juni 1977 (GBl. I Nr. 18 Seite 185), den anderen arbeitsrechtlichen Bestimmungen sowie den nachfolgenden Vereinbarungen.

1.

Herr Christoph Ringk beginnt am 01.07.1982

(Name des Werktätigen)

die Tätigkeit als Schlosser

mit nachstehender Arbeitsaufgabe

RH 1.3

(Wesentlicher Inhalt der Arbeitsaufgabe einschließlich des Verantwortungsbereiches des Werktätigen entsprechend der Festlegungen des Betriebes gemäß § 73 Abs. 2 AGB).

Als Arbeitsort wird Brandenburg vereinbart.

(§ 40 Abs. 2 Arbeitsgesetzbuch)

2.

Zusätzliche Vereinbarungen (z. B. Teilbeschäftigung, Dauer des befristeten Arbeitsvertrages, besondere Kündigungsfristen, Regelungen für Heimarbeiter, Werkwohnung):

Normalschicht

3.

3.1. Der Werktätige erhält für die vereinbarte Arbeitsaufgabe entsprechend:

(Bezeichnung des zutreffenden Rahmenkollektivvertrages)

Lohn nach der Lohngruppe/[illegible] 7

3.2. Der Werktätige erhält einen Grundurlaub von 18 Tagen,

einen arbeitsbedingten Zusatzurlaub von – Tagen,

sonstigen Zusatzurlaub von – Tagen,

gemäß –

(Angabe der zutreffenden arbeitsrechtlichen Vorschriften)

Der jährliche Erholungsurlaub beträgt 18 Tage.

4.

4.1. Der Betrieb ist verpflichtet, solche Arbeitsbedingungen zu schaffen, die den Werktätigen hohe Arbeitsleistungen ermöglichen, die bewußte Einstellung zur Arbeit fördern, die Arbeitsfreude erhöhen und zur Entwicklung sozialistischer Persönlichkeiten sowie zur sozialistischen Lebensweise beitragen. Er hat dazu den Arbeitsprozeß unter aktiver Teilnahme der Werktätigen nach arbeitswissenschaftlichen Erkenntnissen zu gestalten und alle Voraussetzungen für eine hohe Arbeitsdisziplin, für Ordnung und Sicherheit im Arbeitsprozeß zu schaffen.

4.2. Der Werktätige hat seine Arbeitspflichten mit Umsicht und Initiative wahrzunehmen. Er ist insbesondere verpflichtet, seine Arbeitsaufgaben ordnungs- und fristgemäß zu erfüllen, die Arbeitszeit und die Produktionsmittel voll zu nutzen, die Arbeitsnormen und andere Kennzahlen der Arbeitsleistung zu erfüllen, Geld und Material sparsam zu verwenden, Qualitätsarbeit zu leisten, das sozialistische Eigentum vor Beschädigung und Verlust zu schützen und die Bestimmungen über den Gesundheits- und Arbeitsschutz und den Brandschutz sowie über Ordnung, Disziplin und Sicherheit einzuhalten.

(Für Bereiche, in denen wegen der Art ihrer Aufgaben und der Bedeutung für den sozialistischen Staat besondere Anforderungen an den Werktätigen gestellt werden und Rechtsvorschriften über besondere Rechte und Pflichten und Verantwortlichkeiten dieser Werktätigen erlassen wurden, sind diese anzugeben.)

5.

Alle Änderungen in den persönlichen Verhältnissen, die eine Berichtigung von Personalunterlagen erforderlich machen oder aus sonstigen Gründen für das Arbeitsrechtsverhältnis Bedeutung haben (Wohnungswechsel, Eheschließung, Zu- und Aberkennung der Schwerbeschädigung usw.) sind dem Betrieb unverzüglich mitzuteilen.

6.

Die in diesem Arbeitsvertrag getroffenen Vereinbarungen können nur durch schriftlichen Vertrag gemäß § 49 Arbeitsgesetzbuch geändert werden.

Soweit arbeitsrechtliche Bestimmungen andere Regelungen treffen, sind entgegenstehende Vereinbarungen oder Festlegungen dieses Arbeitsvertrages unwirksam. An ihre Stelle treten die Rechte und Pflichten entsprechend den zutreffenden arbeitsrechtlichen Bestimmungen (§§ 44, 45 Arbeitsgesetzbuch).

Dieser Arbeitsvertrag kann nur nach den geltenden gesetzlichen Bestimmungen (§§ 51 ff. Arbeitsgesetzbuch) aufgelöst werden.

7.

Mit der Unterzeichnung des Arbeitsvertrages werden durch den Betrieb folgende Unterlagen ausgehändigt:

Brandenburg, den 27 Juli 1982

Kwiatkowski
Leiter der Abteilung Kader
(Unterschrift des Betriebsleiters)

(Unterschrift des Werktätigen)

8. Deckblatt zum Ermittlungsbericht des Spielers vom 21.09.1983. BStU Potsdam AOPK 1188/87 Teil I. BStU Potsdam 000027.

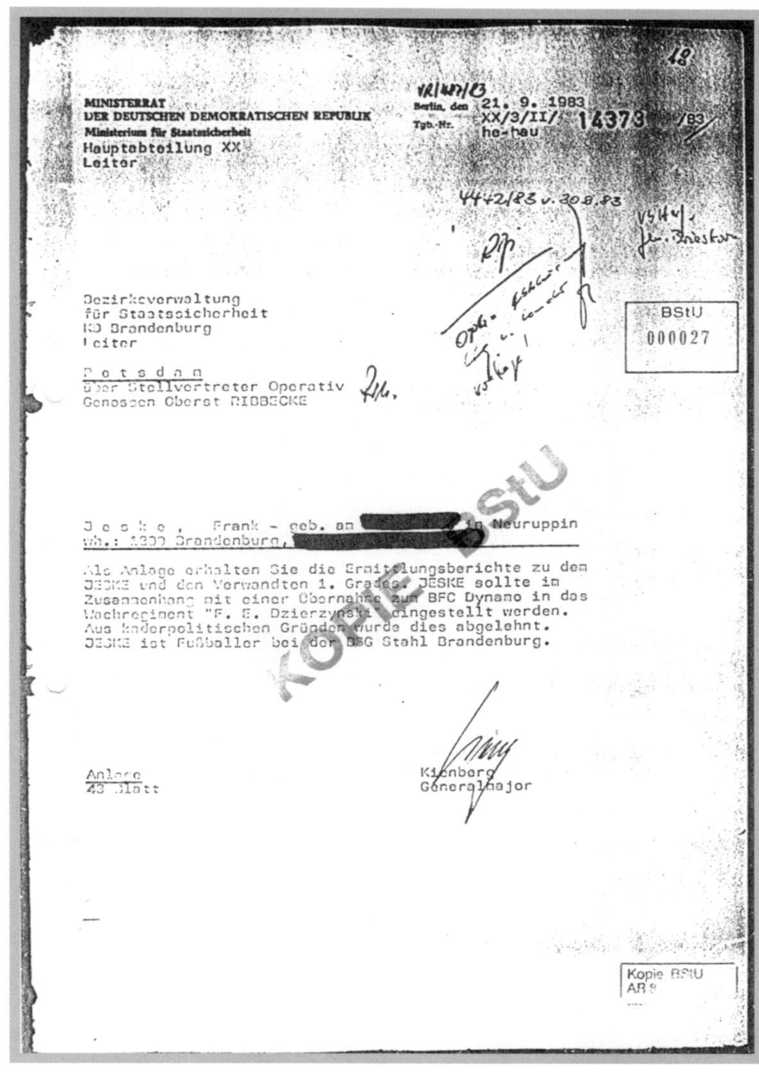

48

MINISTERRAT
DER DEUTSCHEN DEMOKRATISCHEN REPUBLIK
Ministerium für Staatssicherheit
Hauptabteilung XX
Leiter

Berlin, den 21. 9. 1983
Tgb.-Nr. XX/3/II/ 14373 /83
he-hau

4442/83 v. 30.8.83

Bezirksverwaltung
für Staatssicherheit
KD Brandenburg
Leiter

Potsdam
über Stellvertreter Operativ
Genossen Oberst RIBBECKE

Jeske, Frank – geb. am [geschwärzt] in Neuruppin
wh.: 1300 Brandenburg, [geschwärzt]

Als Anlage erhalten Sie die Ermittlungsberichte zu dem JESKE und den Verwandten 1. Grades. JESKE sollte im Zusammenhang mit einer Übernahme zum BFC Dynamo in das Wachregiment "F. E. Dzierzynski" eingestellt werden. Aus kaderpolitischen Gründen wurde dies abgelehnt. JESKE ist Fußballer bei der BSG Stahl Brandenburg.

Anlage
43 Blatt

Kienberg
Generalmajor

9. in Zusammenhang mit IM erarbeitete Stimmungen/Meinungen vom 13.03.1986. BStU Potsdam AIM 2251/88 Teil I, BStU Potsdam 000029.

20

KD Brandenburg 13.03.86

IMS Bruno Schröder

entg. Oltn. Gacon

Stimmungen/Meinungen

Innerhalb der Mannschaft herrscht trotz der Punktverluste eine ausgeglichene Stimmung. Es gab bisher keine wesentlichen Verletzungen, die zu einem längeren Spielerausfall geführt hätten.

Zum Weggang von Michael Schulz wird in der Mannschaft kaum diskutiert. Die meisten sind der Meinung, daß Sch. keine andere Wahl hatte als zum BFC zu gehen. Er hätte sonst evtl. seinen weiteren Einsatz in der Olympiaauswahl vergessen können. Da jedoch zwei relativ gute Spieler gekommen sind, wird alles nicht überbetont.

Anders ist die Diskussion in der Bevölkerung. Beim Telefonforum, das im Rundfunk lief, kamen z.B. solche Fragen wie „Soll Stahl die Flügel gestutzt werden?" oder „Muß Stahl jetzt schlechter werden, damit keine Spieler mehr zum BFC müssen?". Diese Fragen wurden alle nicht beantwortet, machen aber deutlich welche Meinung unter den Fußballfans vorherrscht.

Zum Parteitag und zu den Volkswahlen gibt es keine Diskussionen. Sicherlich entstehen sie erst, wenn es aktueller wird. Versorgungsprobleme werden ebenfalls nicht diskutiert.

Gacon

10. Weitergegebene Informationen eines IM vom 16.04.1986. BStU Potsdam AIM 2251/88 Teil I, BStU Potsdam 000036.

KD Brandenburg
IMS Bruno Schröder
entgegengenommen: Oltn. Gacon

16.04.86

Information

In Vorbereitung auf das Spiel gegen den BFC am 19.04.86 gibt es ein verstärktes Training und vor allem taktische Schulungen. Ab heute abend wird die Mannschaft ins Gästehaus ziehen.

Die konkrete Mannschaftsaufstellung ist noch nicht festgelegt. Dazu will der Trainer am 18.04. abends entscheiden. Ebenso werden erst zu diesem Zeitpunkt die Aufgaben für einzelne Spieler festgelegt.

Bereits jetzt wurde die Orientierung gegeben auf jeden Fall sehr fair zu spielen und dem Schiri keinen Anlaß für gelbe oder sogar rote Karten zu bieten. Auch bei offensichtlichen Fehlentscheidungen soll Ruhe und Disziplin herrschen.

Die Grundorientierung ist aus einer verstärkten Abwehr heraus Kontermöglichkeiten zu schaffen und nach Möglichkeit auch positiv zu verwerten. Es wird durch den Trainer eingeschätzt, daß ein Unentschieden möglich ist.

Gacon, Oltn.

11. Übersichtsbogen zur operativen Personenkontrolle „Elektronik“ vom 07.08.1986 BStU Potsdam IV 1534/86, BStU Potsdam 000006.

1

MfS/BV/V Potsdam

Diensteinheit KD Brandenburg

Mitarbeiter Oltn. Gacon

Brandenburg, den 7.8.86

Reg.-Nr. IV 1534/86

Übersichtsbogen zur operativen Personenkontrolle

" Elektronik "

Deckname

Lfd. Nr.	Name, Vorname	PKZ [1]	Karteikarten erhalten Datum/Unterschrift
01	Joske, Frank	[geschwärzt]	15.08.86 erfaßt Abt. XII

1. Gründe für das Einleiten

Verdacht des ungesetzlichen Verlassens der DDR bei einem Einsatz im NSW im Zusammenhang mit dem UEFA-Fußball-Cup

2. Zielstellung der OPK – Aufklärung und Überprüfung der Ziele und Absichten des J. bei einem möglichen NSW-Einsatz, Herausarbeitung des Charakters der Kontaktaufnahmen zu den Verwandten in der BRD zur Beweiserarbeitung der Verletzung der Tatbestandsmerkmale gemäß § 213 StGB;

– Aufklärung des jetzigen Lebenswandels des J. sowie Herausarbeitung konkreter Bindungsgründe an die DDR;

3. Entscheidung über das Einleiten

Bestätigt: 7.8.86 (Datum) [Unterschrift] (Unterschrift)

4. Eingesetzte IM GMS

		Koordiniert mit
IMS " Berger "	GMS " Hirsch " ✓	
IMS " Kaiser "	GMS " Raimund " ✓	
IMS " Bruno Schröder "	GMS " Dr. Zimmermann "	

1 PKZ bei DDR-Bürgern, bei Ausländern Geburtsdatum angeben!

314 O

12. Weiß, Manfred: Foto „Kegelvergnügen im Freien".

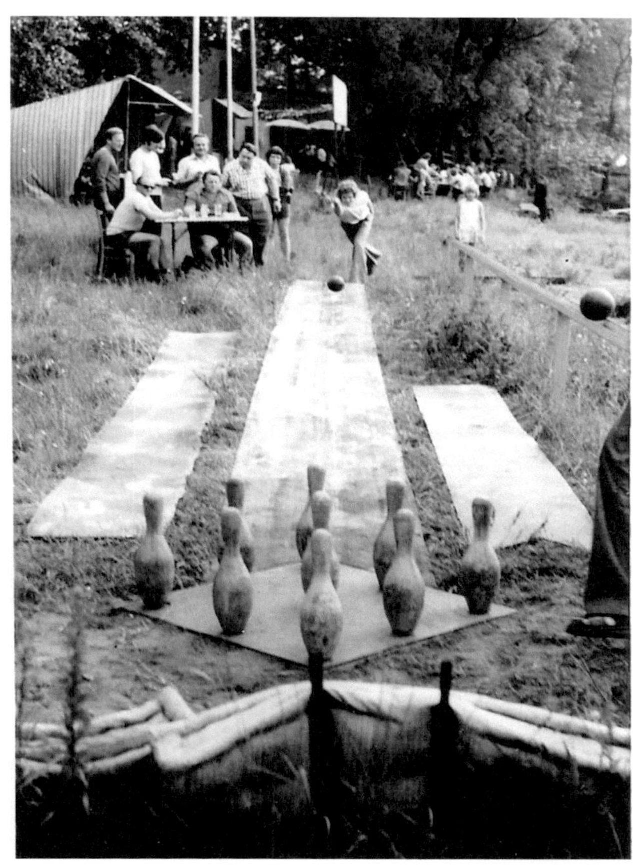

XIII Fußnoten

[1] Elias, Norbert: Der Sport und das Problem der sozial zulässigen Gewalt. In: Sportphilosoph ie. Hg. v. Volker Caysa. Leipzig 1997. S. 100.

[2]Beschluss über die Reorganisation des Sports auf Produktionsbasis vom 03.04.1950 durch den Deutschen Sportausschuß. Siehe Gallinat, Klaus: Der Aufbau und die Entwicklung von Körperkultur und Sport in der SBZ/DDR am Beispiel regionaler Entwicklungen im Land Brandenburg (Mai 1945 - Juli 1952). Frankfurt am Main 1997. S. 135f.

[3] Luh, Andreas: Betriebssport zwischen Arbeitgeberinteressen und Arbeitnehmerbedürfnissen. Eine Analyse vom Kaiserreich bis zur Gegenwart. Aachen 1998. S. 11.

[4] Freie Deutsche Jugend, Freier Deutscher Gewerkschaftsbund der DDR, Gesellschaft für Sport und Technik, Deutscher Turn- und Sportbund der DDR, Deutscher Anglerverband der DDR.

[5] Ludwig, Andreas: Fortschritt, Norm und Eigensinn. Vorwort. In: Fortschritt, Norm und Eigensinn. Erkundungen im Alltag der DDR. Hg. v. Dokumentationszentrum Alltagskultur der DDR e.V. Berlin 1999. S. 7-15.

[6] Der Hegelsche Begriff Eigensinn ist 1993 von Alf Lüdtke in die historische Forschung nachhaltig eingeführt worden und wurde u.a. von Lindenberger im Sinne einer Mehrdeutigkeit von Handlungen und Haltungen neu definiert. Siehe: Hegel, Georg Wilhelm Friedrich: Phänomenologie des Geistes. [Erstauflage 1807]. Darmstadt 1999./ Lüdtke, Alf: Eigensinn. Fabrikalltag, Arbeitererfahrungen und Politik vom Kaiserreich bis in den Faschismus. Hamburg 1993./ Lindenberger, Thomas: Alltagsgeschichte und ihr möglicher Beitrag zu einer Gesellschaftsgeschichte der DDR. In: Die Grenzen der Diktatur. Staat und Gesellschaft in der DDR. Hg. v. Richard Bessel. Göttingen 1996. S. 298-325.

[7]"Für jedermann an jedem Ort - jede Woche einmal Sport!" (Walter Ulbricht). Zitiert nach: Reichert, Rudi: Unsere Aufgaben in der kommenden Zeit. In: Sozialistische Sportbewegung, 7 (1959), S. 10.

[8] Gacon, Hermann: Analyse der Arbeit der Betriebssportgemeinschaft im Stahl- und Walzwerk Brandenburg und Verallgemeinerung für den Rat der Stadt Brandenburg in der Entwicklung von Körperkultur und Sport. Unveröffentlichte Diplomarbeit Fachschule für Staatswissenschaften Weimar 1980. S. 3. Stadtarchiv Brandenburg C 119.

[9] Vereinigung der Deutsch-Sowjetischen Freundschaft.

[10] Demokratischen Frauenbund Deutschlands.

[11] Deutscher Turn- und Sportbund der DDR.

[12] Gesellschaft für Sport- und Technik.

[13] Freie Deutsche Jugend.

[14]Auf die Widersprüchlichkeit der erkennbaren Symptome zwischen staatlicher Repression, politischem Widerstand und gelebtem Alltag in einer europäischen Industriegesellschaft verwiesen Thomas Lindenberger und Martin Sabrow in der Frankfurter Rundschau vom 12.11.03. Ebenfalls veröffentlicht in: Deutschland Archiv 1/2004, Jg. 37, S. 123-127 unter dem Titel "Zwischen Verinselung und Europäisierung: Die Zukunft der DDR-Geschichte."

[15]",. In: Stadion VI (1979), S. 90ff.

[16] 1957 belegten die Brandenburger Stahl-Akrobatinnen Weidemann, Jorda, Schulz und Wietzorek unter Trainer Sumpf bei den DDR-Meisterschaften einen 2. Platz. In: Roter Stahl, 22.11.1957, [o. P.].

[17] Sektion Fechten teilt mit. In: Brandenburger Stahlwerker, 15.09.1955, [o. P.].

[18] Federball. In: Roter Stahl, 18.04.1964.

[19] nteressenten für die Sektion Bogenschießen gesucht. In: Roter Stahl, 25.04.1964, [o. P.].

[20] Festschrift: 40 Jahre Stahl Brandenburg 1950-1990. Brandenburg 1990.

[21]21 Festschrift „35 Jahre Betriebssportgemeinschaft Stahl Brandenburg". Brandenburg 1985.

[22] Rittner, Karin: Sport und Arbeitsteilung. Bad Homburg 1976. S. 188-192.

[23] Begriffliche Einordnung im Vorwort Hinsching, Jochen (Hg.): Alltagssport in der DDR. Aachen 1998. S. 7-11.

[24] Tegelbeckers, Ludwig: SG-Sport im Spiegel von Plan und Erfüllung. Eine regionale Studie zu Proportionen und Disproportionen im DTSB-organisierten Basissport. In: Sport in der DDR. Hg. v. Hans Jürgen Teichler. Köln 2003. S. 135.

[25] Wopp und Diekert sprechen ebenfalls in ihrer „Negativdefinition" des Freizeitsports vom „Gegenbegriff zu Spitzensport oder Leistungssport". Siehe: Dieckert, Jürger; Wopp, Christian (Hg.): Handbuch Freizeitsport. Schorndorf 2002. S.12.

[26] Vgl. Henning, K.: Internationales Seminar zum Stand der Freizeitforschung in den sozialistischen Ländern unter besonderer Berücksichtigung der Körperkultur. In: TPKK, Jg. 15, Heft 2 (1966), S. 173-176.

[27] Rittner, Karin: Sport und Arbeitsteilung. Bad Homburg 1976. S. 188-192.

[28] Vereinsorganisierter Sport, entsprechend der freizeitsportlichen Konzepion des DSB, wettkampforientierter Sport in Abgrenzung zum bzw. als Basis für Spitzensport. Vgl. Lexikon Sportwissenschaft. Hg. v. Günter Schnabel u. Günter Thiess. Berlin 1993. S. 187f. Aber auch Sportwissenschaftliches Lexikon. Hg. v. Peter Röthig, u.a.. Schorndorf 1992. S. 97f

[29] Krafft, Ernst: Buch zur Sportgeschichte. Berlin 1925. Vgl. auch Wagner, Helmut: Sport und Arbeitersport. Hg. v. Buss u.a. Köln 1973. S. 111. (Erstauflage Berlin 1931).

[30] Bernett, Hajo: Die Auseinandersetzung mit dem bürgerlichen Sport. In: Illustrierte Geschichte des Arbeitersports. Hg. v. Hans Joachim Teichler u. Gerhard Hauk. Bonn 1987. S. 57-62.

[31] Vgl. Hillmann, Karl-Heinz: Wörterbuch der Soziologie. Stuttgart 1994. S. 527f. (Begriff: Masse)

[32] Jaspers, Karl: Masse und Sport. In: Die geistige Situation der Zeit. Berlin, New York 1979 /1. Auflage 1932. S. 60.

[33] Gensel, Georg; Heise, Peter, Wuttke, Günter: Handbuch für den Sportorganisator. Berlin 1981. S. 8.

[34] Die Distanz passte sich den organisatorischen Gegebenheiten oftmals an. Siehe dazu: Kremer, Hans-Georg: Der Rennsteiglauf. In: Hinsching, Jochen (Hg.): Alltagssport in der DDR. Aachen 1998. S. 227-252.

[35] Hinsching, Jochen (Hg.): Alltagssport in der DDR. Aachen 1998. S. 7-11.

[36] Sport der Sportgemeinschaften in: Tegelbeckers, Ludwig: SG-Sport im Spiegel von Plan und Erfüllung. Eine regionale Studie zu Proportionen und Disproportionen im DTSB-organisierten Basissport. In: Sport in der DDR. Hg. v. Hans Jürgen Teichler. Köln 2003. S. 135.

[37] Theß, Günter; Schnabel, Günter: Grundbegriffe des Trainings. Berlin 1986. S. 69.

[38] Vgl. hierzu: Dieckert, Jürgen: Turnen „für alle". In: Dieckert, Jürger; Wopp, Christian

(Hg.): Handbuch Freizeitsport. Schorndorf 2002. S. 25f.

[39] Vgl. hierzu die Begriffsbestimmung des Deutschen Betriebssport Verbandes (DBSV): Was ist eigentlich Betriebssport? Im Internet: www.hdako.de/dbsv/dbsv-info1.html, sowie Dürrwächter, Herbert:
Betriebssport in Berlin. In: Freizeit- und Breitensport ,85. Ergebnisse d. Symposiums vom 27.-29.11.1985 in Berlin. Red.: Harald Binnewies, Birgit Thieme. Hamburg 1986. S. 183-195.

[40] Dürrwächter, Herbert: Betriebssport in Berlin. In: Freizeit- und Breitensport ,85. Ergebnisse d. Symposiums vom 27.-29.11.1985 in Berlin. Red.: Harald Binnewies, Birgit Thieme. Hamburg 1986. S. 184.

[41] Luh, Andreas: Betriebssport zwischen Arbeitgeberinteressen und Arbeitnehmerbedürfnissen. Eine historische Analyse vom Kaiserreich bis zur Gegenwart. Aachen 1998. S. 13.

[42] Dürrwächter, Herbert: Betriebssport in Berlin. In: Freizeit- und Breitensport ,85. Ergebnisse d. Symposiums vom 27.-29.11.1985 in Berlin. Red.: Harald Binnewies, Birgit Thieme. Hamburg 1986. S. 183f.

[43]Klaedtke, Uta: „Stahl Feuer!!!" - Die Fußballer des Stahl- und Walzwerkes Brandenburg zwischen politischer Anpassung und betrieblichem Eigensinn. In: Sport in der DDR. Eigensinn, Konflikte, Trends. Hg. v. Hans Joachim Teichler. Köln 2003. S. 237.

[44] Ewald, Manfred: Zu den weiteren Aufgaben des DTSB der DDR. Referat auf der 6. Tagung des Bundesvorstandes des DTSB der DDR am 24.04.1980. In: TPKK, Jg. 29, Heft 8 (1980), S. 561-596.

[45] Vgl. Wonneberger, Ingeburg: Zur Charakterisierung Allgemeiner Sportgruppen in der DDR. In: TPKK, Jg. 28, Heft 9 (1979), S. 830-836.

[46] Thiele, Helmut: Die Aufgaben der Gewerkschaften für die weitere Entwicklung von Körperkultur, Sport und Touristik bei der Gestaltung des entwickelten gesellschaftlichen Systems des Sozialismus in der DDR. In: TPKK, Jg. 19, Heft 2 (1970), S. 103.

[47] Henning, Klaus u. Degebrodt, Hans: (Leitung Autorenkollektiv): Handbuch für den Sportorganisator. Berlin 1973.

[48] Thiele, Helmut: Die Aufgaben der Gewerkschaften für die weitere Entwicklung von Körperkultur, Sport und Touristik bei der Gestaltung des entwickelten gesellschaftlichen Systems des Sozialismus in der DDR. In: TPKK, Jg. 19, Heft 2 (1970), S. 103.

[49] Gensel, Georg; Heise, Peter; Wuttke, Günter: Handbuch für den Sportorganisator. Berlin 1981. S. 5.

[50] Gensel, Georg; Heise, Peter; Wuttke, Günter: Handbuch für den Sportorganisator. Berlin 1981. S. 5.

[51] Sozialistische Termini entnommen aus: Die Förderung von Körperkultur und Sport als staatliche Leitungsaufgabe. Vortrag des Staatssekretärs für Körperkultur und Sport, Roland Weißig. Ausgearbeitet von Bernd Musiolek,
Ralf Rühmann, Otto Schmück. Berlin 1972. S. 12.

[52] Etymologisches Wörterbuch des Deutschen. Erarb. unter der Leitung. v. Wolfgang Pfeifer. München 1995. S. 690f.

[53] Pfeifer, Wolfgang: Etymologisches Wörterbuch des Deutschen. München 1995. S. 171.

[54]Vgl. Schüle, Annegret: „Weiberwirtschaft". Brigadealltag im VEB Leipziger Baumwollspinnerei. In: Unter dem Deckel der Diktatur. Soziale und kulturelle Aspekte des DDR-Alltags. Hg. V. Lothar Mertens. Berlin 2003.

[55] Schröder, Klaus: Der SED-Staat. Die Partei, Staat und Gesellschaft 1949-1990. München 1998.

[56] Vgl. Lindenberger, Thomas; Sabrow, Martin: Zwischen Verinselung und Europäisierung: Die Zukunft der DDR-Geschichte. In: Deutschland Archiv, Jg. 37, 1/2004, S. 123-127.

[57] Wippermann, Wolfgang: Totalitarismustheorien. Die Entwicklung der Diskussion von den Anfängen bis heute. Darmstadt 1997.

[58] Z.B. Das Kollektiv bin ich. Utopie und Alltag in der DDR. Hg. v. Franziska Becker, Ina Merkel und Simone Tippach-Schneider im Auftrag des Dokumentationszentrums Alltagskultur der DDR, Eisenhüttenstadt. Köln, Weimar u. Wien 2000.

[59] Wolle, Stefan: Die heile Welt der Diktatur. Alltag und Herrschaft in der DDR. Berlin 1998.

[60] Siehe Wolle, Stefan: Untergang auf Raten. München 1993.

[61] Weg in den Untergang. Der innere Zerfall der DDR. Hg. v. Konrad H. Jarausch u. Martin Sabrow. Göttingen 1999.

[62] Weil, Franceska: Herrschaftsanspruch und soziale Wirklichkeit. Köln 2000.

[63] Mertens, Lothar (Hg.): Unter dem Deckel der Diktatur, soziale und kulturelle Aspekte der DDR-Alltags. Berlin 2003.

[64] Vollnhals, Clemens: Der Schein der Normalität. Alltag und Herrschaft in der SED-Diktatur. München 2002.

[65] Behrens, Heidi: Deutsche Teilung, Repression und Alltagsleben. Erinnerungsorte der DDR-Geschichte. Konzepte und Angebote zum historischen Lernen. Leipzig 2004.

[66] Niethammer, Lutz; Plato, Alexander u. von Wierling, Dorothe: Die volkseigene Erfahrung. Eine Archäologie des Lebens in der Industrieprovinz der DDR. 30 biographische Eröffnungen. Berlin 1991.

[67] Vgl. Schröder, Hans Joachim: Interviewliteratur zum Leben in der DDR. Zur literarischen, biographischen und sozialgeschichtlichen Bedeutung einer dokumentarischen Gattung. Tübingen 2001. S. 87ff.

[68] Kocka, Jürgen: Eine durchherrschte Gesellschaft. In: Sozialgeschichte der DDR. Hg. v. Hartmut Kaelble, Jürgen Kocka u. Hartmut Zwahr. Stuttgart 1994. S. 547-553.

[69] Meuschel, Sigrid: Legitimation und Parteiherrschaft in der DDR. Frankfurt am Main 1992.

[70] Begriff bezieht sich auf die neuere Systemtheorie Luhmanns. Siehe Luhmann, Niklas: Einführung in die Systemtheorie. Darmstadt 2004.

[71] Z.B. Kaelble, Hartmut; Kocka, Jürgen; Zwahr, Hartmut (Hg.): Sozialgeschichte der DDR. Stuttgart 1994.

[72] Kleßmann, Christoph: Probleme und Perspektiven der gegenwärtigen historischen DDR-Forschung. In: Der geteilte deutsche Sport. Harald Braun u. Giselher Spitzer (Hg.): Köln 1997. S. 11-21.

[73] Spitzer, Giselher; Teichler, Hans Joachim; Reinartz, Klaus: Schlüsseldokumente zum DDR-Sport. Aachen 1998.

[74] Teichler, Hans Joachim (Hg.): Die Sportbeschlüsse des Politbüros. Eine Studie zum Verhältnis von SED und Sport mit einem Gesamtverzeichnis und einer Dokumentation ausgewählter Beschlüsse. Köln 2002.

[75] Teichler, Hans Joachim; Buss, Wolfgang; Peiffer, Lorenz (Hg.): Archive und Quellen zum Sport in der SBZ/DDR. Köln 2003.

[76] Vgl. Peiffer, Lorenz; Fink, Matthias: Zum aktuellen Forschungsstand der Geschichte von Körperkultur und Sport in der DDR. Eine kommentierte Bibliographie. Köln 2003.

[77] Eppelmann, Rainer; Faulenbach, Bernd; Mählert, Ulrich (Hg.): Bilanz und Perspektiven der DDR-Forschung. Paderborn 2003.

[78] Teichler, Hans Joachim; Reinartz, Klaus: Das Leistungssportsystem der DDR in den 80er Jahren und im Prozess der Wende. Schorndorf 1999.

[79] Siehe Bernett, Hajo: Prolegomena zur Historischen Aufarbeitung des Systems von Sport und Körperkultur in der DDR. In: Stadion XVI (1990), S. 1-16.

[80]„Eine Aufarbeitung der Geschichte der DDR ohne Einbeziehung des Sports ließe einen der wenigen gesellschaftlichen Sektoren außer acht, in dem es gelungen war, im Wettkampf der Systeme besser abzuschneiden als die Bundesrepublik Deutschland." Auszug aus dem Forschungsantrag Hans Joachim Teichlers zum Forschungsprojekt „DDR-Sportsystem" 1998.

[81] Eisenberg, Christiane: Der deutsche Sport in der Zeitgeschichte. Überlegungen aus sozial- und kulturgeschichtlicher Sicht. In: Mitteilungen aus der kulturwissenschaftlichen Forschung. Hg. v. Kulturinitiative ,89 e. V. In Verbindung mit dem Institut für Kulturwissenschaften an der Humboldt Universität Berlin, Jg. 17, Heft 34 (März 1994), S. 179-191.

[82] Balbier, Uta Andrea: Instrument oder Freiraum? - Innerdeutscher Sportverkehr 1952-1965. / Braun, Jutta: Klassenkampf im Flutlicht - Innerdeutscher Sportverkehr 1974-1989. In: Sport in der DDR. Eigensinn, Konflikte, Trends. Hg. v. Hans Joachim Teichler. Köln 2003, S. 21-132.
[83] Bernett, Hajo (Hg.): Körperkultur und Sport in der DDR. Schorndorf 1994.
[84] Musiolek, Berndt; Rühmann, Ralf; Schmück, Otto: Die Förderung von Körperkultur und Sport als staatliche Leitungsaufgabe. Nach einem Vortrag des Staatssekretärs für Körperkultur und Sport, Roland Weißig, in der DASR. Hg. v. d. Deutschen Akademie für Staats- und Rechtswissenschaft „Walter Ulbricht" Potsdam-Babelsberg. Berlin 1972.
[85] Zumeist Veröffentlichungen in der sportwissenschaftlichen Zeitschrift: Theorie und Praxis der Körperkultur (TPKK). Organ des wissenschaftlichen Rates beim Staatssekretariat für Körperkultur und Sport in der DDR.
[86] Müller, Georg: Sport im Betrieb. In: Binnewies, Harald; Dessau, Jürgen; Thieme, Birgit (Red.): Freizeit und Breitensport ‚88. Ergebnisse des Symposiums vom 12. bis 14.5.1988 in Berlin. Hamburg 1989. Teil I, S. 491-505.
[87] Henning, Reinhard: Bestandsaufnahme und Kritik weltanschaulich-methodischer Grundlagen bürgerlich-reformistischer Freizeitsporttheorie. In: Henning, Reinhard; Schönberg, Achim; Wopp, Christian: Freizeitsport in Betrieb und Verein. Köln 1977. S. 9-33.
[88] Wopp, Christian: Freizeitsport und Aspekte einer marxistischen Persönlichkeitstheorie. In: Henning, Reinhard; Schönberg, Achim; Wopp, Christian: Freizeitsport in Betrieb und Verein. Köln 1977. S. 34-82.
[89] Schönberg, Achim: Überlegungen zur Begründung und Durchführung eines Sportangebotes im Arbeitsbereich. In: Henning, Reinhard; Schönberg, Achim; Wopp, Christian: Freizeitsport in Betrieb und Verein. Köln 1977. S. 83-124.
[90] Rigauer, Bero: Sport und Arbeit. Frankfurt am Main 1969.
[91] Rittner, Karin: Sport und Arbeitsteilung. Homburg 1976.
[92] Plessner, Helmut: Spiel und Sport. In: Sport und Leibeserziehung. Hg. v. Helmut Plessner, H.-E. Bock und Ommo Gruppe. München 1967. S. 17-27.
[93] Habermas, Jürgen: Soziologische Notizen zum Verhältnis von Arbeit und Freizeit. In: Sport und Leibeserziehung. Hg. v. Helmut Plessner, H.-E. Bock und Ommo Gruppe. München 1967. S. 28-45.
[94] Lenk, Hans: Sport - Gesellschaft - Philosophie. In: Sportwissenschaft, 1 (1971), S. 19-32.
[95] Vgl. auch Jütting, Dieter H.: Freizeit und Erwachsenensport. München 1976. S. 32-41. Sowie Güldenpfennig, Sven: Erweiterte Reproduktion der Arbeitskraft: Ein Ansatz zur Bestimmung des Verhältnisses von Sport und Arbeit. In: Sensumotorisches Lernen und Sport als Reproduktion der Arbeitskraft. Hg. v. Sven Güldenpfennig, Walter Volpert u. Peter Weinberg. Köln 1974. S. 11-59.
[96] Rittner, Karin: Sport und Arbeitsteilung. Homburg 1976. S. 192ff.
[97] Stündl, Herbert: Freizeit und Erholungssport in der DDR. Schorndorf 1977.
[98] Z.B. Buggel, Edelfried: Aufgaben des DTSB bei der Entwicklung des Freizeit- und Erholungssports. In: TPKK, Jg. 21, Beiheft 1 (1972), S. 3-6.
[99] Z.B. Ehrler, W.: Zur Leitung und Planung des Freizeit- und Erholungssports in Kreisvorständen des DTSB der DDR. In: TPKK, Jg. 25, Heft 3 (1976), S. 177-181.
[100] Z.B. Dickwach, Frigga: Über das Zusammenwirken der gesellschaftlichen Verantwortungsträger bei der Realisierung des Gemeinsamen Sportprogramms In: TPKK, Jg. 25, Heft 3 (1976), S.192-195.
[101] Z.B. Wonneberger, Ingeburg: Zur gesellschaftlichen Bedeutung und Führung der körperlich-aktiven Erholung in der Familie. In: TPKK, Jg. 17, Beiheft (1968), Sportwissenschaftlicher Kongreß: Sozialismus und Körperkultur, Teil III, S. 93-97.
[102] Deutsche Hochschule für Körperkultur und Sport.
[103] Buggel, Edelfried: Die Einstellung der erwachsenen Menschen zur aktiven körperlichen Erholung im Urlaub. In: TPKK, Jg. 15, Heft 6 (1966), S. 575-588.
[104] Wonneberger, Ingeburg: Zur gesellschaftlichen Bedeutung und Führung der körperlich aktiven Erholung in der Familie. In: TPKK, Jg. 17, Beiheft (1968), S. 93-97.
[105] Köhler, Helmut: Erkenntnisse und Erfahrungen bei der Planung und Durchführung massenkommunikativer Maßnahmen im Freizeit- und Erholungssport. TPKK, Jg. 24, Heft 7 (1975), S. 681-688.
[106] Ehrler, W.: Materiell-technische Bedingungen für den Freizeit- und Erholungssport im sozialistischen Betrieb. In: TPKK, Jg. 22, Heft 4 (1973), S. 320-325.
[107] Henning, K.: Zur Leitung des Sports in sozialistischen Betrieben. In: TPKK, Jg. 19, Heft 3 (1970), S. 223-227.
[108] Kirchner, M.; Teubner, J.: Der gewerkschaftliche Sportorganisator im sozialistischen Betrieb. In: TPKK, Jg. 20, Heft 3 (1971), S. 241-245.
[109] Liebe, W.: Zur Entwicklung von Körperkultur und Sport im VEB Funkwerk Erfurt. In: TPKK, Jg. 20, Heft 4 (1971), S. 362-368.
[110] Jaschek, Peter: Aufgaben und Arbeitsweise der Sportkommission des Kombinats VEB Funkwerk Erfurt. In: TPKK, Jg. 20, Heft 1 (1971), S. 24-27.
[111] Tofahrn, Klaus W.: Soziologie des Betriebssportes. Berlin 1992.
[112] Tofahrn, Klaus W.: Soziologie des Betriebssportes. Berlin 1992. S. 56.
[113] Tofahrn, Klaus W.: Soziologie des Betriebssportes. Berlin 1992. S. 22.
[114] Tofahrn, Klaus W.: Soziologie des Betriebssportes. Berlin 1992. S. 167.
[115] Schulke, Hans-Jürgen: Sport - Alltag - Kultur.
Standpunkte zur Sportbewegung. Aachen 1990.
[116] Fasbender, Sebastian: Zwischen Arbeitersport und Arbeitssport. Göttingen 1997.
[117] Groha, Bernhard: Vielfältiger Ausgleichsport. Betriebssportgruppen. In: Geschichte des Dortmunder Sports und seiner Fachverbände seit 1945. Hg. v. Stadtsportbund e.V.. Dortmund 2001. S. 30-33. Ders. Groha, Bernhard: Organisierter Spielbetrieb nach Feierabend. In: Geschichte des Dortmunder Sports und seiner Fachverbände seit 1945. Hg. v. Stadtsportbund e.V.. Dortmund 2001. S. 115-117.
[118] Mitterbauer, Günter: Neue Wege für den Betriebssport. Innsbruck 1994.
[119] Gesundheitssport in Verein und Betrieb. Unter der Leitung von Helmut Altenberger. In: Sport in Schule, Verein und Betrieb. 11. Sportwissenschaftlicher Hochschultag der dvs vom 22.-24.09.1993 in Potsdam. Hg. v. Jürgen Rohde u. Horst Phillipp. Sankt Augustin 1995. S. 153-160.
[120] Hilser, Ulrich: Kollegenspaß beim Doppelpaß. In: Bergische Blätter, 46 (1993), S. 76-90.
[121] Kratzel, Claudia: Powerpausen. Die wirksamsten Körperübungen für die Bewegungspause zum Entspannen, Energietanken und Wohlfühlen. Paderborn 1999.
[122] Pfister, Gertrud: Vom Fabrikturnverein zur Betriebssportgemeinschaft: Entwicklungen und Funktionen des Betriebssports. In: Sport in Schule, Verein und Betrieb. Hg. v. Jürgen Rohde u. Horst Philipp.
11. Sportwissenschaftlicher Hochschultag der dvs vom 22.-24.9.1993 in Potsdam. Sankt Augustin 1995, S. 265f.
[123] Hinsching, Jochen (Hg.): Alltagssport in der DDR. Aachen 1998.
[124] Teichler, Hans-Joachim (Hg.): Sport in der DDR. Köln 2003.
[125] Hinsching, Jochen (Hg.): Alltagssport in der DDR. Aachen 1998.
[126] Henning, Klaus: Breitensportliche Kampagnen und Konstrukte. In: Alltagssport in der DDR. Hg. v. Jochen Hinsching. Aachen 1998. S. 87-96.
[127] Priller, Eckhard: „Jedermann an jedem Ort - jede Woche mehrmals Sport": Sport im Zeitbudget von Erwachsenen in der DDR. In: Alltagssport in der DDR. Hg. v. Jochen Hinsching. Aachen 1998. S. 295-312.
1 Weber, Thomas: Sportfesttradition in Leipzig. In: Alltagssport in der DDR. Hg. v. Jochen Hinsching. Aachen 1998. S. 112-134.
[128] Weber, Thomas: Sportfesttradition in Leipzig. In: Alltagssport in der DDR. Hg. v. Jochen Hinsching. Aachen 1998. S. 112-134.
[129] Dickwach, Frigga; Austermühle, Theo: Das Sportabzeichen der DDR: Zwischen Absicht und Wirklichkeit. In: Alltagssport in der DDR. Hg. v. Jochen Hinsching. Aachen 1998. S. 97-111.
[130] Freizeit- und Erholungssport.

[131] Hinsching, Jochen: Vom Betrieb zum Wohngebiet: Sportangebot zwischen Planangebot und Improvisation. In: Alltagssport in der DDR. Hg. v. Jochen Hinsching. Aachen 1998. S. 187-226.
[132] Z.B. Buggel, Edelfried: Der Volkssport (Breitensport) und die Volkssportforschung in der DDR von 1960/61 bis 1965/66. In: Der Sport in der SBZ und frühen DDR. Genese - Strukturen - Bedingungen. Hg. v. Wolfgang Buss u. Christian Becker. Köln 2001. S. 465-534.
[133] Z.B. Wonneberger, Ingeburg: Breitensport - Studie zum Breitensport/ Massensport in der sowjetischen Besatzungszone Deutschlands und der Deutschen Demokratischen Republik. In: Der Sport in der SBZ und frühen DDR. Genese - Strukturen - Bedingungen. Hg. v. Wolfgang Buss u. Christian Becker. Köln 2001. S. 397-464.
[134] Wonneberger, Ingeburg: Breitensport - Studie zum Breitensport/Massensport in der sowjetischen Besatzungszone Deutschlands und der Deutschen Demokratischen Republik. In: Der Sport in der SBZ und frühen DDR. Genese - Strukturen - Bedingungen. Hg. v. Wolfgang Buss u. Christian Becker. Köln 2001. S. 436.
[135] Hinsching, Jochen: Betriebssport in der DDR. In: Zwischen Arbeitnehmerinteressen und Unternehmenspolitik - Zur Geschichte des Betriebssports in Deutschland. Hg. v. Gertrud Pfister. Sankt Augustin 1999. S. 104-120.
[136] Pfister, Gertrud: Frauen und Sport in der DDR. Köln 2002.
[137] Pfister, Gertrud (Hg.): Zwischen Arbeitnehmerinteressen und Unternehmenspolitik. Sankt Augustin 1999.
[138] Park, Chung-ho: Analyse der politischen Netzwerke und politischen Strategie im Bereich des Breitensports in der Deutschen Demokratischen Republik. (Diss. Universität Potsdam 1999) Berlin 2000.
[139] Dieckert, Jürgen; Wopp, Christian (Hg.): Handbuch Freizeitsport. Schorndorf 2002.
[140] Dieckert, Jürgen: Freizeit und Erholungssport in der DDR. In: Dieckert, Jürgen; Wopp, Christian (Hg.): Handbuch Freizeitsport. Schorndorf 2002. S.30f.
[141] Kremer, Hans-Georg: Möglichkeiten und Grenzen eines hauptamtlichen Sportfunktionärs in einer großen Betriebssportgemeinschaft in der DDR. In: Breitensport in Ostdeutschland - Reflexion und Transformation. Hg. v. Jochen Hinsching. Hamburg 2000. S. 131-137.
[142] Hinsching, Jochen (Hg.): Breitensport in Ostdeutschland - Reflexion und Transformation. Hamburg 2000.
[143] Schneider, F.: Wie eine BSG arbeitete. In: Sport und Gesellschaft e.V. (Hg.): Geschichte des DDR-Sports. „50. Jahrestag der Gründung des Deutschen Sportausschusses (DS) 1. Oktober 1948". Protokollband 1 der Tagung am 1.10.1998. Berlin 1998. S. 96-100.
[144] Wonneberger, Günther; Westphal, Helmuth; Oehmigen Gerhard; Fiebelkorn, Joachim; Simon, Hans; Skorning, Lothar. Geschichte des DDR-Sports. SPOTLESS-Verlag [Poland] 2002. S. 56-58.
[145] Luh, Andreas: Betriebssport zwischen Arbeitgeberinteressen und Arbeitnehmerbedürfnissen. Eine historische Analyse vom Kaiserreich bis zur Gegenwart. Aachen 1998.
[146] Vester, Michael; Hofmann, Michael u. Zierke, Irene (Hg.): Soziale Milieus in Ostdeutschland. Gesellschaftliche Strukturen zwischen Zerfall und Neubildung. Köln 1995.
[147] Wesentlich ergänzt wird die Arbeit von Gallinat durch Buss, Wolfgang; Becker, Christian (Hg.): Der Sport in der SBZ und der frühen DDR. Genese - Strukturen - Bedingungen. Schorndorf 2001. Sowie Buss, Wolfgang; Christian Becker (Hg.): Aktionsfelder des DDR-Sports in der Frühzeit 1945-1965. Köln 2001.
[148] Poll, Nele: Die Entwicklung des Boxsports im Land Brandenburg von 1945 bis 1961. Unveröffentlichte Diplomarbeit Universität Potsdam 2000.
[149] Schäfer, Jeanette: Die Entwicklung des Wasserfahrsports in Brandenburg Havel. Unveröffentlichte Diplomarbeit Potsdam 2001. Die Forschungsarbeit von Jeanette Schäfer wurde aufgrund der Fülle des von mir gesichteten Quellenmaterials durch den Fachbereich Sport- und Zeitgeschichte an der Universität Potsdam als Diplomarbeit vergeben und von mir betreut.
[150] Fußballkonferenz vom 04.11. 1983. Konferenzmaterialien. Leipzig 1983.
[151] Heine, Karsten: Zur Planung der Leistungsentwicklung des Fußballsports in der 2. Leistungsklasse des DFV der DDR (dargestellt am Beispiel der BSG Stahl Brandenburg). Unveröffentlichte Diplomarbeit an der DHfK Leipzig 1984.
[152] Tegelbeckers, Ludwig W.: SG-Sport im Spiegel von Plan und „Erfüllung". Eine regionale Studie zu Proportion und Disproportion im DTSB-organisierten Basissport. In: Sport in der DDR. Eigensinn, Konflikte, Trends. Hg. v. Hans Joachim Teichler. Köln 2003. S. 135-235.
[153] Tegelbeckers, Ludwig: SG-Sport im Spiegel von Plan und Erfüllung. Eine regionale Studie zu Proportionen und Disproportionen im DTSB-organisierten Basissport. In: Sport in der DDR. Hg. v. Hans Jürgen Teichler. Köln 2003. S. 140.
[154] Jorra, Klaus: Die Entwicklung der Betriebssportgemeinschaft des Stahl- und Walzwerkes Brandenburg unter dem Aspekt des Zusammenwirkens aller gesellschaftlichen Kräfte des Betriebes (1962 bis 1967). Leipzig 1968.
[155] Götze, Hans-Georg: Die geschichtliche Entwicklung der Betriebssportgemeinschaft Stahl Brandenburg von 1950 bis 1983. Unveröffentlichte Diplomarbeit DHfK Leipzig 1984.
[156] Gacon, Hermann: Analyse der Arbeit der Betriebssportgemeinschaft im Stahl- und Walzwerk Brandenburg und Verallgemeinerung für den Rat der Stadt Brandenburg in der Entwicklung von Körperkultur und Sport. Unveröffentlichte Diplomarbeit Fachschule für Staatswissenschaften Weimar 1980. S. 3. Stadtarchiv Brandenburg C 119.
[157] Buss, Wolfgang; Güldenpfennig, Sven; Krüger, Arnd: Geschichts-, Kultur-, Sport(politik)- und wissenschaftstheoretische Grundannahmen sowie daraus resultierende Leitfragen für die Forschung. In: Sozial- und Zeitgeschichte des Sports, Heft 1 (1999), S. 65-74.
[158] Vgl. Buss, Wolfgang; Becker, Christian (Hg.): Der Sport in der frühen SBZ und frühen DDR. Schorndorf 2001. S. 62ff.
[159] Güldenpfennig, Sven; Buss, Wolfgang: Sport als kulturelle Erscheinung - maßgeblicher Fokus auch der Forschung zur Zeitgeschichte des DDR-Sports. In: Buss, Wolfgang; Becker, Christian (Hg.): Der Sport in der frühen SBZ und frühen DDR. Schorndorf 2001. S. 62.
[160] Ehemalige DDR-Leistungssportlerin.
[161] Kracauers Alltags-Analysen beginnen auf der Ebene der unscheinbaren Oberflächenäußerungen gesellschaftlicher Phänomene. Diese Herangehensweise findet in der vorliegenden Arbeit ebenfalls Anwendung. Siehe Kracauer, Siegfried: Ornament der Masse. Frankfurt am Main 1963. Vgl. Koch, Gertrud: Kracauer zur Einführung. Hamburg 1996.
[162] Vgl. Niethammer, Lutz; Plato, Alexander von; Wierling, Dorothee: Die volkseigene Erfahrung. Eine Archäologie der Industrieprovinz der DDR. Berlin 1991./ Ahbe, Thomas; Hoffmann, Michael: Es kann nur besser werden. Erinnerungen an die 50er Jahre in Sachsen. Leipzig 2001.
[163] Letztes Antwortschreiben der Bundesanstalt für vereinigungsbedingte Sonderaufgaben an die Autorin vom 31.07.2003. Unterzeichnet von K. Langer und F. Klein, DISOS GmbH, Abt. AD.
[164] Fußballwoche.
[165] Gensel, Georg; Heise, Peter; Wuttke, Günter: Handbuch für den Sportorganisator. Berlin 1981.
[166] Ministerium für Staatssicherheit.
[167] Gacon, Hermann: Analyse der Arbeit der Betriebssportgemeinschaft im Stahl- und Walzwerk Brandenburg und Verallgemeinerung für den Rat der Stadt Brandenburg in der Entwicklung von Körperkultur und Sport. Unveröffentlichte Diplomarbeit Fachschule für Staatswissenschaften Weimar 1980. S. 3. Stadtarchiv Brandenburg C 119.
[168] 07.02.1964 Brand in der Sporthalle an der Gördenbrücke. Vgl. Götze, Hans-Georg: Die geschichtliche Entwicklung der Betriebssportgemeinschaft Stahl Brandenburg von 1950 bis 1983. Unveröffentlichte Diplomarbeit an der DHFK Leipzig 1984. S. 51.

[169] Gesellschaft für Sport und Technik.

[170] Deutscher Anglerverband.

[171] Demokratischer Frauenbund Deutschlands.

[172] Wenn man um die Wassersporttradition weiß, verwundert es nicht, dass die erfolgreichste deutsche Sportlerin aller Zeiten, Birgit Fischer mit acht Olympischen Goldmedaillen, eine Brandenburger Kanusportlerin und Tochter eines ehemals im Stahl- und Walzwerk arbeitenden Elektrikers ist. Ihre ersten Trainingserfahrungen hat sie gemeinsam mit Bruder Frank Fischer in der Brandenburger Betriebssportgemeinschaft Stahl gesammelt, in der ihr Vater auch ihr erster Übungsleiter war. Für ihr Come Back bei den Olympischen Spielen in Athen 2004 hat sich Fischer auf dem heimischen Beetzsee vorbereitet.

[173] Zahmel, Jutta: Radrennen und Kaffeekonzerte im Sport-Park. In: „Kinder, so im Freien is' man doch erst richtig Mensch!" Ausflugslokale entlang der Havel. Hg. v. Stadtgeschichtlichen Museum Spandau u. Museum im Frey-Haus Stadt Brandenburg. Berlin 1994. S. 128.

[174] Dokumentation Stadtmuseum Brandenburg/Havel 2001.

[175] Mit Fritze Bollmann handelt es sich um ein Brandenburger Original, einem Barbier (1852-1901) der zumindest der Legende nach beim Angeln in seinem Kahn im Beetzsee ertrunken sein soll. Vgl. Kreschel, Katharina: Mit dem Dampfer nach Bollmannsruh und Götzes Höh'. In: „Kinder, so im Freien is' man doch erst richtig Mensch!" Ausflugslokale entlang der Havel. Hg. v. Stadtgeschichtlichen Museum Spandau u. Museum im Frey-Haus Stadt Brandenburg. Berlin 1994. S. 139f.

[176] Pfister, Gertrud: Zur Geschichte des Körpers und seiner Kultur - Gymnastik und Turnen im gesellschaftlichen Modernisierungsprozeß. In: Körper, Kultur und Ideologie, Sport und Zeitgeist im 19. und 20. Jahrhundert. Hg. v. Irene Diekmann und Hans Joachim Teichler. Bodenheim b. Mainz 1997. S. 31.

[177] Zimmermann, Rüdiger: Daten und Ereignisse zum Arbeitersport. In: Illustrierte Geschichte des Arbeitersports. Hg. v. Hans Joachim Teichler u. Gerhard Hauk. Bonn 1987. S. 247. Vgl. auch: Ihr Traum ist verwirklicht. Ein Blick auf 90 Jahre Arbeitersport in Brandenburg. In: Sportrundschau. Organ der DTSB Bezirksorganisation Potsdam. Mai 1982.

[178] Chronik der Stadt Brandenburg 1945-1946. Hg. v. Rat der Stadt Brandenburg. Brandenburg 1979.

[179] Langenfeld, Hanns: Von der Turngemeinde zum modernen Sportverein. In: Sport und Verein. Hg. v. Gunter Pilz. Hamburg 1986. S. 33.

[180] BSG d. Arado-Flugzeug-Werke, BSG d. Brennabor Werke, BSG d. Elektrizitätswerke, BSG d. Exelsior Fahrradwerke, BSG Opel, BSG d. Firma Silbermann & Co., BSG d. Firma Gebrüder Wiemann, BSG d. Firma Kumerle/Spinnerei, Postsportverein Brandenburg und Reichsbahn-Sportvereinigung Brandenburg. Adreß-Buch 1938/39. Stadtarchiv Brandenburg H 61.

[181] Luh, Andreas: Betriebssport zwischen Arbeitgeberinteressen und Arbeitnehmerbedürfnissen. Eine historische Analyse vom Kaiserreich bis zur Gegenwart. Aachen 1998. S. 208-213.

[182] Recherchen für die Chronik des FC Stahl Brandenburg durch Dieter Wetzel.

[183] Franz Kotlowski war der damalige Leiter der Abt. Arbeiterversorgung im SWB, er war seit 1927 im Stahlwerk tätig.

[184] Jorra, Klaus: Die Entwicklung der Betriebssportgemeinschaft des Stahl- und Walzwerkes Brandenburg unter dem Aspekt des Zusammenwirkens aller gesellschaftlichen Kräfte des Betriebes (1962 bis 1967). Unveröffentlichte Diplomarbeit DHfK Leipzig, Außenstelle Magdeburg 1968. S. 1.

[185] Adreß-Buch 1938/39. Stadtarchiv Brandenburg H 61.

[186] Luh, Andreas: Betriebssport zwischen Arbeitgeberinteressen und Arbeitnehmerbedürfnissen. Eine historische Analyse vom Kaiserreich bis zur Gegenwart. Aachen 1998. S. 214-230.

[187] Chronik der Stadt Brandenburg 1945-1946. Hg. v. Rat der Stadt Brandenburg. Brandenburg 1979. S. 6.

[188] Bis 1990 „Haus der Deutsch-Sowjetischen-Freundschaft".

[189] Chronik der Stadt Brandenburg 1945-1946. Hg. v. Rat der Stadt Brandenburg. Brandenburg 1979. S. 9.

[190] „".

[191] Chronik der Stadt Brandenburg 1945-1946. Hg. v. Rat der Stadt Brandenburg. Brandenburg 1979. S. 10-15.

[192] Die Brandenburger Elf gewann 3:1 gegen ihre Gäste.

[193] Chronik der Stadt Brandenburg 1945-1946. Hg. v. Rat der Stadt Brandenburg. Brandenburg 1979. S. 31.

[194] In Berlin April bis Juni 1945. Von den Vorbereitungen im Sommer 1944 bis zur Wiedergründung der KPD im Juni 1945. Eine Dokumentation. Berlin 1993. S. 353.

[195] Chronik der Stadt Brandenburg 1945-1946. Hg. v. Rat der Stadt Brandenburg. Brandenburg 1979. S. 27.

[196] Langnickel, Vera: Chronik der Stadt Brandenburg (Havel) 1947-1949. Hg. v. Rat der Stadt Brandenburg, Stadtarchiv o. Jahr. S. 17.

[197] Waldemar Borde war u.a. Landesvorsitzender der FDJ in Mecklenburg und bis Juli 1948 Sekretär für Jugendarbeit der SED in Mecklenburg. Vgl. Gallinat, Klaus: Der Aufbau und die Entwicklung von Körperkultur und Sport in der SBZ/DDR am Beispiel regionaler Entwicklungen im Land Brandenburg (Mai 1945 – Juli 1952). Frankfurt am Main 1997. S. 120f

[198] Vgl. Gallinat, Klaus: Der Aufbau und die Entwicklung von Körperkultur und Sport in der SBZ/DDR am Beispiel regionaler Entwicklungen im Land Brandenburg (Mai 1945 – Juli 1952). Frankfurt am Main 1997. S. 127ff.

[199] Langnickel, Vera: Chronik der Stadt Brandenburg (Havel) 1947-1949. Hg. v. Rat der Stadt Brandenburg, Stadtarchiv o. Jahr. S. 27.

[200] Gallinat, Klaus: Der Aufbau und die Entwicklung von Körperkultur und Sport in der SBZ/DDR am Beispiel regionaler Entwicklungen im Land Brandenburg (Mai 1945 – Juli 1952). Frankfurt am Main 1997. S. 135f.

[201] Langnickel, Vera: Chronik der Stadt Brandenburg (Havel) Januar 1950-Juli 1952. Brandenburg 1981. S. 10. Nach: Götze, Hans-Georg: Die geschichtliche Entwicklung der Betriebssportgemeinschaft Stahl Brandenburg von 1950 bis 1983. Unveröffentlichte Diplomarbeit DHfK Leipzig 1984. S. 16.

[202] Arado-Werke, Brennabor-Werke, Stahl- und Walzwerke (Flickkonzern), Brandenburger Eisenwerke

[203] SED Kreisvorstand Brandenburg / Havel: Bericht über das Walzwerkgelände in Brandenburg / Havel vom 19.05.1949. Dokument aus: Stresow, Friedhelm: Die Entwicklung unseres Betriebes zu einer wichtigen ökonomischen und politischen Bastion der Arbeiterklasse. Betriebsgeschichte des VEB Stahl- und Walzwerk Brandenburg. Teil 1, 1949 / 55. Hg. v. d. Zentralen Betriebsparteileitung der SED. [o. J.] S. 8.

[204] Gesetzblatt der DDR, 8/1950. Vgl. Stresow, Friedhelm: Die Entwicklung unseres Betriebes zu einer wichtigen ökonomischen und politischen Bastion der Arbeiterklasse. Teil 1, 1949/55. Hg. v. Zentralen Betriebsparteileitung der SED. S.12.

[205] Denkschrift des Rat [sic!] der Stadt vom 19.05.1949. Dokument aus: Stresow, Friedhelm: Die Entwicklung unseres Betriebes zu einer wichtigen ökonomischen und politischen Bastion der Arbeiterklasse. Betriebsgeschichte des VEB Stahl- und Walzwerk Brandenburg. Teil 1, 1949 / 55. Hg. v. d. Zentralen Betriebsparteileitung der SED. [o. J.] S. 11.

[206] Heß, Klaus: Besatzungszeit und SED-Herrschaft (1945-1989). In: Stahl- und Brennabor. Die Stadt Brandenburg im 19. und 20. Jahrhundert. Hg. v. Gerd Heinrich, Klaus Heß, Winfried Schich und Wolfgang Schößler. Potsdam 1998. S. 149-169.

[207] „Vor allem die Volkswerft Ernst Thälmann, [...], und die Elisabethhütte konnten durch großes Engagement ihrer Arbeiter herausragende Leistungen bei der Normüberbietung

erzielen." In: Heß, Klaus: Besatzungszeit und SED-Herrschaft (1945-1989). In: Stahl und Brennabor. Die Stadt Brandenburg im 19. und 20. Jahrhundert. Hg. v. Gerd Heinrich, Klaus Heß, Winfried Schich und Wolfgang Schößler. Potsdam 1998. S. 160.

[208] Von Treskow, Sieglinde; Sponholz, Wolfgang: Stahlstandort am Silokanal. In: Stahl- und Brennabor. Die Stadt Brandenburg im 19. und 20. Jahrhundert. Hg. v. Gerd Heinrich, Klaus Heß, Winfried Schich und Wolfgang Schößler. Potsdam 1998. S. 427.

[209] Stresow, Friedhelm: Die Entwicklung unseres Betriebes zu einer ökonomischen und politischen Bastion der Arbeiterklasse. Betriebsgeschichte des VEB Stahl- und Walzwerkes Brandenburg. Teil 1 / 1949-1955. [o.O. u. J.] Hg. v. d. Zentralen Betriebsparteileitung der SED. S. 57 / 30 Jahre VEB Stahl- und Walzwerk Brandenburg. S. 5 u. 16.

[210] Pseudonym des Dichters und Sekretärs des Schriftstellerverbands der DDR, Kurt Bartel (1914-1967). Vgl. Wer war wer in der DDR? Ein biographisches Lexikon. Hg. v. Helmut Müller-Enbergs. Jan Wielgohs u. Dieter Hoffmann. Berlin 2001. S.43.

[211] 30 Jahre VEB Stahl- und Walzwerk Brandenburg. S. 15 u. 17.

[212] Von Treskow, Sieglinde; Sponholz, Wolfgang: Stahlstandort am Silokanal. In: Stahl- und Brennabor. Die Stadt Brandenburg im 19. und 20. Jahrhundert. Hg. v. Gerd Heinrich, Klaus Heß, Winfried Schich und Wolfgang Schößler. Potsdam 1998. S. 429.

[213] Teichler, Hans Joachim: Die Sportbeschlüsse des Politbüros. Eine Studie zum Verhältnis von SED und Sport mit einem Gesamtverzeichnis und einer Dokumentation ausgewählter Beschlüsse. Bonn 2002. S. 179-194.

[214] 7. Tagung des FDGB-Bundesvorstandes über die Aufgaben der Volkssportbewegung. 06./07.07.1948. In: Beschlüsse des Bundesvorstandes des FDGB, seines Präsidiums und Sekretariats. Zusammengestellt von Hans Degebrodt. SAPMO DY 34/ 14483.

[215] 7. Tagung des FDGB-Bundesvorstandes über die Aufgaben der Volkssportbewegung. In: Beschlüsse des Bundesvorstandes des FDGB, seines Präsidiums und Sekretariats. Zusammengestellt von Hans Degebrodt. SAPMO DY 34/ 14483.

[216] 7. Tagung des FDGB-Bundesvorstandes über die Aufgaben der Volkssportbewegung. In: Beschlüsse des Bundesvorstandes des FDGB, seines Präsidiums und Sekretariats. Zusammengestellt von Hans Degebrodt. SAPMO DY 34/ 14483.

[217] 7. Tagung des FDGB-Bundesvorstandes über die Aufgaben der Volkssportbewegung. In: Beschlüsse des Bundesvorstandes des FDGB, seines Präsidiums und Sekretariats. Zusammengestellt von Hans Degebrodt. SAPMO DY 34/ 14483.

[218] Diskussion des Parteivorstandes der SED über die Organisation des Sports am 14./15.04.1948 SAPMO FBS 194/20777 In: Teichler, Hans Joachim: Die Sportbeschlüsse des Politbüros. Köln 2002. S. 182-188.

[219] Edith Baumann nach Gespräch mit Generalleutnant Lukaschenko in Berlin-Karlshorst. (Es ist anzunehmen, dass Erich Honecker bei diesem Gespräch mit zugegen war.) Siehe Diskussion des Parteivorstandes der SED über die Organisation des Sports am 14./15.04.1948 SAPMO FBS 194/20777 In: Teichler, Hans Joachim: Die Sportbeschlüsse des Politbüros. Köln 2002. S. 191.

[220] Diskussion des Parteivorstandes der SED über die Organisation des Sports am 14./15.04.1948 SAPMO FBS 194/20777 In: Teichler, Hans Joachim: Die Sportbeschlüsse des Politbüros. Köln 2002. S. 194.

[221] So Erich Honecker in seiner Biographie. Honecker, Erich: Aus meinem Leben. Berlin 1982. S. 315.

[222] 12./13.04.1950. SAPMO DY 34/ 14483.

[223] Die Sportbewegung in unserem Stahlwerk. In: Stahlwerk im Aufbau, 18.05.1951, [o. P.].

[224] Die Sportbewegung in unserem Stahlwerk. In: Stahlwerk im Aufbau, 18.05.1951, [o. P.]. Vgl. Gallinat, Klaus: Der Aufbau und die Entwicklung von Körperkultur und Sport in der SBZ/DDR am Beispiel regionaler Entwicklungen im Land Brandenburg (Mai 1945-Juli 1952). Diss., Potsdam 1997. S. 127.

[225] Vgl. hierzu: Honecker, Erich: Aus meinem Leben. Berlin 1982. S. 316ff.

[226] Bereit zur Arbeit und Verteidigung des Friedens. In: Stahlwerk im Aufbau, 13.04.1951, [o. P.].

[227] Wir wünschen gute Fahrt! In: Stahl für den Frieden, 29.03.1952, [o. P.].

[228] Vorwärts zum IV. Parlament! In: Stahl für den Frieden, 10.04.1952, [o. P.].

[229] Auf der 7. Tagung des FDGB-Bundesvorstandes über die Aufgaben der Volkssportbewegung vom 6./7.071948 werden Richtlinien über die Zusammenarbeit zwischen FDJ und FDGB bekanntgegeben und in einer Entschließung werden Zusammenarbeit mit der FDJ und Aufgabe der Gewerkschaften für Körperkultur und sportliche Betätigung im Betrieb bestätigt. Beschlüsse des Bundesvorstandes des FDGB, seines Präsidiums und Sekretariats. Zusammengestellt v. Hans Degebrodt. SAPMO DY 34/ 14483. Vgl. Illustrierte Geschichte des Arbeitersports. Hg. v. Hans Joachim Teichler u. Gerhard Hauk. Bonn 1987. S. 7f [Einleitung].

[230] Groschopp, Horst: Breitenkultur in Ostdeutschland. Herkunft und Wende – wohin? In: Aus Politik und Zeitgeschichte. B 11 (2001), S. 15-22

[231] Losung, die bei der schweren Aufbauarbeit motivieren sollte. Zitiert aus: Stahlwerk im Aufbau. 07.10.1950, [o. P.].

[232] Langnickel, Vera: Chronik der Stadt Brandenburg (Havel). Januar 1950 – Juli 1952. Brandenburg 1981. S. 10.

[233] Stresow, Friedhelm: Die Entwicklung unseres Betriebes zu einer ökonomischen und politischen Bastion der Arbeiterklasse. Betriebsgeschichte des VEB Stahl- und Walzwerkes Brandenburg. Teil 1 / 1949-1955. [o.O. u. J.] Hg. v. d. Zentralen Betriebsparteileitung der SED. S. 17.

[234] Betriebsgewerkschaftsleitung

[235] Was tut die BGL für den Sport? In: Stahlwerk im Aufbau, 25.08.1950, [o. P.].

[236] Ludewig: Sport im Stahl- und Walzwerk Brandenburg. In: Stahlwerk im Aufbau, 15.12.1950, [o. P.].

[237] Z.B. Informationen. Nur für die BSG-Leitungen der SV–Stahl. November 1953. S. 14.

[238] Gründung der BSG Stahl. In: Stahlwerk im Aufbau, 16.09.1950, [o. P.].

[239] Kulturarbeit im SWB. In: Stahlwerk im Aufbau, 07.10.1950, [o. P.].

[240] Damaliger Werkdirektor war Kollege Greif.

[241] Burgdorf, Rudolf: Durch FDJ und FDGB eine neue Richtung im Sport. In: Stahlwerk im Aufbau, 07.10.1950, [o. P.].

[242] Überschrift übernommen aus: Stahlwerk im Aufbau, 01.06.1951, [o. P.].

[243] Betriebssport, die Grundlage zum Volkssport. In: Stahlwerk im Aufbau, 01.06.1951, [o. P.].

[244] Sport im Stahl- und Walzwerk Brandenburg. In: Stahlwerk im Aufbau, 15.12.1950, [o. P.].

[245] Ludewig: Sport im Stahl- und Walzwerk Brandenburg. In: Stahlwerk im Aufbau, 15.12.1950, [o. P.].

[246] Ehrler, Wilfried; Dickwach, Frigga: Das Sportabzeichen der DDR: Zwischen Absicht und Wirklichkeit. In: Alltagssport in der DDR. Hg. v. Jochen Hinsching. Aachen 1998. S. 98.

[247] Ludewig: Sport im Stahl- und Walzwerk Brandenburg. In: Stahlwerk im Aufbau, 15.12.1950, [o. P.].

[248] Bernett, Hajo: Die Auseinandersetzung mit dem bürgerlichen Sport. In: Illustrierte Geschichte des Arbeitersports. Hg. v. Hans Joachim Teichler u. Gerhard Hauk. Bonn 1987. S. 60f.

[249] Nitsch, Franz: „Wir erlebten, wie Frieden sein kann". Die 1. Internationale Arbeiter-Olympiade 1925. In: : Illustrierte Geschichte des Arbeitersports. Hg. v. Hans Joachim Teichler u. Gerhard Hauk. Bonn 1987. S. 203-206.

[250] Paul: Gut Holz! In: Stahlwerk im Aufbau, 15.12.1950, [o. P.].

[251] Ludewig: Hier spricht die BSG Stahl. In: Stahlwerk im Aufbau, 26.01.1951, [o. P.].

[252] „Sportgeräte und Sportbekleidung wurden dringend gebraucht. Also kümmerte sich der Jugendverband auch darum [...] die Produktion von Sportartikeln zu erhöhen". Honecker, Erich: Aus meinem Leben. Berlin 1982. S. 314 und 317. "Wenn bisher in der Sparte Fußball noch nicht viel geleistet werden konnte, so liegt es zum großen Teil an der Beschaffung der so dringend notwendigen Bekleidungsstücke für unsere Fußballer." Aus: BSG Stahl berichtet. In: Stahlwerk im Aufbau, 03.03.1951 , [o. P.]

[253] Hier spricht die BSG Stahl! In: Stahlwerk im Aufbau, 09.02.1951, [o. P.].

[254] Ludewig: Hier spricht die BSG Stahl. In: Stahlwerk im Aufbau, 26.01.1951, [o. P.].

[255] Vertrag zwischen Betriebsleitung und der Leitung der Grundorganisation des FDGB (BGL) des Betriebes
(erstmalig 1951 u. erweitert 1961 durch das Arbeitsgesetzbuch). Vgl. hierzu: Der FDGB von A – Z. Kleines Lexikon zum Gewerkschaftswesen in der DDR. Hg. v. d. FESt. Bonn 1987. S. 12.

[256] Besonderheit des Jahres 1951 ist, dass das Gesetz über den Fünfjahrplan, der am 1.1.1951 begann, erst im November 1951 verabschiedet wurde. Vgl. Baumann, W and 1949 – 1999. Frankfurt am Main 1999. S. 104.

[257] Wie wird unser Betriebskollektivvertrag realisiert? In: Stahl für den Aufbau, 05.09.1951, [o. P.].

[258] Gallinat, Klaus: Der Aufbau und die Entwicklung von Körperkultur und Sport in der SBZ/DDR am Beispiel regionaler Entwicklungen im Land Brandenburg (Mai 1945-Juli 1952). Diss., Potsdam 1997. S. 145.

[259]Sport unter staatlicher Anleitung und Kontrolle – die Arbeitsordnung des Staatlichen Komitees für Körperkultur und Sport (12.05.1952). In: Teichler, Hans Joachim: Die Sport-beschlüsse des Politbüros. Eine Studie zum Verhältnis von SED und Sport mit einem Gesamt-verzeichnis und einer Dokumentation ausgewählter Beschlüsse. Bonn 2002. S. 239-247.

[260] Gallinat, Klaus: Gallinat, Klaus: Der Aufbau und die Entwicklung von Körperkultur und Sport in der SBZ/DDR am Beispiel regionaler Entwicklungen im Land Brandenburg (Mai 1945-Juli 1952). Diss., Potsdam 1997. S. 145.

[261] Hausmitteilung der Org.-Abtlg. des DS vom 22.10. und 16.11.1951. SAPMO DY 34 1/ 10/ 1363.

[262] Die Widersprüchlichkeit bei der Charakterisierung der gewerkschaftlichen Sport-vereinigung auf freiwilliger Basis wird im folgenden Zitat sichtbar.

[263]Statut der Sportvereinigung „Stahl". [o. J.] (ca. 1954). S. 1..

[264]Statut der Sportvereinigung „Stahl". [o. J.] (ca. 1954). S. 2f.

[265] Zur Ausgabe der neuen Mitgliedsbücher. In: Stahl für den Frieden. 20.11.1952, [o. P.].

[266] Zur Ausgabe der neuen Mitgliedsbücher. In: Stahl für den Frieden. 20.11.1952, [o. P.].

[267] Zitiert aus der Betriebszeitung des SWB: Zur Ausgabe der neuen Mitgliedsbücher. In: Stahl für den Frieden, 20.11.1952, [o. P.].

[268] Beschluss des DS vom 03.04.1950 zur Reorganisation des Sports auf Produk-tionsbasis. Vgl. Gallinat, Klaus: Der Aufbau und die Entwicklung von Körperkultur und Sport in der SBZ/DDR am Beispiel regionaler Entwicklungen im Land Brandenburg (Mai 1945-Juli 1952). Diss., Potsdam 1997. S. 135.

[269] Lietzmann, R.: Zur Ausgabe der neuen Mitgliedsbücher. In: Stahl für den Frieden, 23.12.1952, [o. P.].

[270]Informationen. Nur für die BSG-Leitungen der SV–Stahl. Nr. 3, April 1953. S. 2.

[271]Informationen. Nur für die BSG-Leitungen der SV–Stahl. Nr. 3, April 1953. S. 2.

[272] Am 30. Mai 1953 wählt die Betriebssportgemeinschaft Stahl ihre neue BSG-Leitung. In: Stahl für den Aufbau des Sozialismus, 02.05.1953, [o. P.].

[273]Informationen. Nur für die BSG-Leitungen der SV–Stahl. Nr. 3, April 1953. S. 6.

[274] Schläft der Kollege Blaschke? In: Stahl für den Frieden, 10.04.1952, [o. P.].

[275]Sommer: „Wir kennen als Sportler keine Trennung Berlins. Wir wollen nicht Ost- und Westberlin, sondern wir Sportler kennen nur ein einheitliches Berlin." In: Stahl im Aufbau, 01.10.1951, [o. P.]. Vgl. auch: Sportfunktionäre glänzen durch Abwesenheit. In: Stahl im Aufbau, 26.10.1951. Wo bleibt die Spartenleitung? In: Stahl im Aufbau. 13.12.1951, [o. P.].

[276] Böhme: Stahl-Mitte kreisbeste BSG in Brandenburg (Havel). In: Stahl für den Frieden, 11.01.1952, [o. P.].

[277] Götze, Hans-Georg: Die geschichtliche Entwicklung der Betriebssportgemeinschaft Stahl Brandenburg von 1950 bis 1983. Unveröffentlichte Diplomarbeit DHfK Leipzig 1984. S. 20f.

[278] Götze, Hans-Georg: Die geschichtliche Entwicklung der Betriebssportgemeinschaft Stahl Brandenburg von 1950 bis 1983. Unveröffentlichte Diplomarbeit DHfK Leipzig 1984. S. 21.

[279] Delegiertenkonferenz der BSG Stahl Brandenburg vom 20.01.1978.

[280] Protokoll über die Leitungssitzung der BSG Stahl Brandenburg am 14.12.1977. Büro des Nachfolgevereins.

[281] Informationen. Nur für die BSG-Leitungen der SV– Stahl. Nr. 3, April 1953. S. 2.

[282] Beschlüsse des Bundesvorstandes des FDGB, seines Präsidiums und Sekretariats. Zusammengestellt v. Hans Degebrodt. SAPMO DY 34/ 14483.

[283] Beschluß des Sekretariats des FDGB vom 19.08.1952. SAPMO DY 34/ 14483.

[284] Anweisung Nr. 2 des Staatlichen Komitees für Körperkultur und Sport beim Ministerrat der Regierung der DDR über die Durchführung von Maßnahmen zur Verbesserung der Sportarbeit in der DDR für 1952. In: Deutsches Sportecho, 18.08.1952, [o. P.].

[285] SAPMO DY 34/ 1/ 227a/ 3057.

[286] Anweisung Nr. 2 des Staatlichen Komitees für Körperkultur und Sport beim Ministerrat der Regierung der DDR über die Durchführung von Maßnahmen zur Verbesserung der Sportarbeit in der DDR für 1952. In: Deutsches Sportecho, 18.08.1952, [o. P.].

[287] Zu Beginn des Schuljahres 1952/53 wurden in Leipzig, Berlin, Halberstadt und Brandenburg auf Anordnung des Ministeriums für Volksbildung Kindersportschulen eingerichtet. Die sportlich ambitionierten Kinder starteten, je nach Sportart, für örtliche BSGen. Vgl. Wiese, René: Der Ursprung der Kinder- und Jugendsportschule der DDR. In: Deutschland Archiv. 3 (2004), S. 422-430. / Die Geschichte der Sportschule. In: Damit Talente Sieger werden. Hg. v. Joachim Boelke. Wilhelmshorst 2002. S. 18ff.

[288] Z.B. 21.10.1953.1953 Bildung einer zentralen Sportschule des FDGB in Bad Blankenburg/Thüringen. SAPMO DY 34/ 14483.

[289] Die sportliche Förderung von Kindern- und Jugendlichen war bereits leistungssportlich ausgerichtet.

[290] Informationen. Nur für die BSG-Leitungen der SV–Stahl. Nr. 3, April 1953. S. 8f.

[291] Informationen. Nur für die BSG-Leitungen der SV–Stahl. Nr. 3, April 1953. S. 9.

[292] Vgl. hierzu Zuarbeit für die Beratung des Genossen Zahn mit der Sportredaktion der Tribüne. (1985) SAPMO DY 34/ 14425.

[293]Informationen. Nur für die BSG-Leitungen der SV–Stahl. Nr. 3, April 1953. S. 10.

[294] Landesspartakiaden der Sportvereinigung Stahl. In: Stalwerk im Aufbau. 25.05.1951.

[295] „Die Förderung des Sports durch die Gewerkschaften". Beschluss des Präsidiums v. 14.10.1952. Hier wurden weitere Maßnahmen des Bundesvorstandes des FDGB zur Verbreiterung des Betriebssportes festgelegt. SAPMO DY 34/ 14483 Beschlüsse des Bundesvorstandes des FDGB, seines Präsidiums und Sekretariats. Zusammengestellt v. Hans Degebrodt. S. 3.

[296] Wir werden unsere Deutsche Demokratische Republik zu verteidigen wissen. In: Stahl für den Frieden. 30.06.1952.

[297] Und unser Sport? In: Stahl für den Frieden. 08.11.1952, [o. P.].

[298] Erste Sportkonferenz unserer Sportvereinigung Stahl. In: Stahl für den Frieden. 20.11.1952, [o. P.]. Siehe auch: Kolleginnen, die Sektion Kegeln ruft euch. In: Stahl für den Frieden. 10.12.1952, [o. P.].

[299] Werkdirektor von 01.08.1951 bis 13.08.1954. Nach Auskunft v. S. Treskow, Leiterin des Industriemuseums Brandenburg.

[300] Sport, ein wesentlicher Teil im BKV. In: Deutsches Sportecho, 18.08.1952, [o. P.].

[301] 900 Lehrlinge und kein Übungsleiter! In: Beilage Deutsches Sportecho, 14.07.1952, [o. P.].

[302] Sportarbeit mit unseren Lehrlingen. In: Deutsches Sportecho, 14.07.1952, [o. P.].

[303] Kultur- und Sozialplan. In: Stahl für den Frieden, 09.12.1953, [o. P.].

[304] Rückblick auf das Sportjahr 1954/55. In: Brandenburger Stahlwerker, 15.07.1955, [o. P.].

[305] Jorra, Klaus: Die Entwicklung der Betriebssportgemeinschaft des Stahl- und Walzwerkes Brandenburg unter dem Aspekt des Zusammenwirkens aller gesell-schaftlichen Kräfte des Betriebes (1962-1967). Unveröffentlichte Diplomarbeit DHfK

Leipzig 1968. S. 115.

[306] Rückblick auf das Sportjahr 1954/55. In: Brandenburger Stahlwerker, 15.07.1955, [o. P.].

[307] Bericht der Kommission zur Überprüfung der Arbeit der Demokratischen Sportbewegung vom 12.03.1954. SAPMO 30/ JIV 2/ 2 A-347. Recherchiert durch Hans Joachim Teichler.

[308] „Nach einem Aufruf des Freien Deutschen Gewerkschaftsbundes und der Freien Deutschen Jugend im August 1948 wurden Kreis- und Landessportausschüsse gebildet. Am 1. Oktober 1948 konstituierte sich in Berlin der Deutsche Sportausschuß." In: Kleine Enzyklopädie Körperkultur und Sport. Hg. v. Günter Erbach, Günter Borrmann, Hugo Döbler u. Günther Wonneberger. Leipzig 1963. S. 26.

[309] Nach der II. Parteikonferenz der SED 1952 per Gesetz am 24.07.1952 geschaffenes höchstes Organ für Körperkultur und Sport.

[310] Wonneberger, Günter: Studie zur Struktur und Leitung der Sportbewegung in der SBZ/DDR (1945-1961). In: Der Sport in der SBZ und frühen DDR. Genese – Strukturen – Bedingungen. Hg. v. Wolfgang Buss u. Christian Becker. Schorndorf 2001. S. 173. / Abt. Leitende Organe der Partei und Massenorganisationen. Bericht der Kommission zur Überprüfung der Arbeit der Demokratischen Sportbewegung. Berlin 12.03.1954. SAPMO DY 30/ JIV2/ 2/ A-347. In: Teichler, Hans Joachim: Die Sportbeschlüsse des Politbüros. Eine Studie zum Verhältnis von SED und Sport mit einem Gesamtverzeichnis und einer Dokumentation ausgewählter Beschlüsse. Köln 2002. S. 259-294.

[311] Abt. Leitende Organe der Partei und Massenorganisationen. Bericht der Kommission zur Überprüfung der Arbeit der Demokratischen Sportbewegung. Berlin 12.03.1954. SAPMO DY 30/ JIV2/ 2/ A-347. In: Teichler, Hans Joachim: Die Sportbeschlüsse des Politbüros. Eine Studie zum Verhältnis von SED und Sport mit einem Gesamtverzeichnis und einer Dokumentation ausgewählter Beschlüsse. Köln 2002. S. 259-294.

[312] Vgl. Kleine Enzyklopädie Körperkultur und Sport. Hg. v. Günter Erbach, Günter Borrmann, Hugo Döbler u. Günther Wonneberger. Leipzig 1963. S. 27.

[313] Volkswirtschaftliche Masseninitiative, freiwillig geleistete Aufbauhilfe.

[314] Wettbewerb um den Titel „Beste Sportorganisation des FDGB". Beschluss des Sekretariats vom 20.01.1954. SAPMO DY 34/ 14483 Beschlüsse des BV d. FDGB, seines Präsidiums und Sekretariats. Zusammengestellt v. Hans Degebrodt. S. 5.

[315] Fiebelkorn, Joachim: Wie soll es weitergehen? In: Der Sport, Jg. 1, 8 (1956), S. 27.

[316] Fiebelkorn, Joachim: Wie soll es weitergehen? In: Der Sport, Jg. 1, 8 (1956), S. 27f.

[317] Vorschläge zum Standpunkt der Gewerkschaften zur Reorganisation der demokratischen Sportbewegung. Büro des Sekretariats des FDGB v. 10.09.1956 u. Die Aufgaben der Gewerkschaften bei der weiteren Entwicklung der sozialistischen Körperkultur. Büro des Präsidiums v. 10.05.1957. SAPMO DY 34/ 14483. S. 7.

[318] Vorschläge zum Standpunkt der Gewerkschaften zur Reorganisation der demokratischen Sportbewegung. Büro des Sekretariats des FDGB v. 10.09.1956 u. Die Aufgaben der Gewerkschaften bei der weiteren Entwicklung der sozialistischen Körperkultur. Büro des Präsidiums v. 10.05.1957. SAPMO DY 34/ 14483. S. 7 u. 8.

[319] Das geschah in 10 Jahren. Deutsches Sportecho, 08.02.1960, [o. P.].

[320] Vgl. London, Artur: Ich gestehe. Der Prozeß um Rudolf Slansky. Hamburg 1970.

[321] Prozess gegen Harich-Gruppe und Kurt Vieweg, Ernst Bloch wird zwangsemeritiert, Paul Merker wird zu acht Jahren Haft verurteilt. Vgl. Baumann, Wolf-Rüdiger; Eschenhagen, Wieland; Judt, Matthias; Paesler, Reinhard (Autoren): Die Fischer Chronik Deutschland 1949 – 1999. Frankfurt am Main 1999. S. 209.

[322] Am 17. Juni verhafteten Mitglieder des Betriebsschutzes des SWB einen Technologen, der versuchte, sämtliche Sirenen des SWB anzustellen, als Zeichen für alle, den Betrieb in Richtung Innenstadt zu verlassen. Quelle (Internet): Der Volksaufstand vom 17. Juni 1953. Unter: www.BStU.de/ddr/juni_1953_neu/bezirke/ potsdam/ brandenburg

[323] Baumann, Wolf-Rüdiger; Eschenhagen, Wieland; Judt, Matthias; Paesler, Reinhard (Autoren): Die Fischer Chronik Deutschland 1949 – 1999. Frankfurt am Main 1999. S. 209ff.

[324] Köhler, Helmut: Theoretische und praktische Probleme der Werbung und Gewinnung im Bereich des Sports. In: TPKK, Jg. 19, Heft 11(1970), S. 977.

[325] Ulbricht, Walter: Für jedermann an jedem Ort, in der Woche einmal Sport. In: Sozialistische Sportbewegung. Berlin 3 (1959), S. 7.

[326] Sieger, Walter: Körperkultur und Sport im Siebenjahrplan. In: Wissenschaftliche Zeitschrift der Deutschen Hochschule für Körperkultur, 2 (1959/60), S. 106.

[327] Sieger, Walter: Körperkultur und Sport im Siebenjahrplan. In: Wissenschaftliche Zeitschrift der Deutschen Hochschule für Körperkultur, 2 (1959/60), S. 105ff.

[328] Thiele, Helmut: Die Aufgaben der Gewerkschaften für die weitere Entwicklung von Körperkultur, Sport und Touristik bei der Gestaltung des entwickelten gesellschaftlichen Systems des Sozialismus in der DDR. In: TPKK, Jg. 19, Heft 2 (1970). S. 101.

[329] Schmuck, Otto; Wonneberger, Wolfgang: Ergebnisse bei der Entwicklung von Körperkultur und Sport als fester Bestandteil der Arbeits- und Lebensbedingungen der Werktätigen im Industriebereich Elektrotechnik und Elektronik. In: TPKK, Jg. 19, Heft 8 (1970), S. 679.

[330] Beschluss des Staatsrates der DDR. Die Aufgaben der Körperkultur und des Sports bei der Gestaltung des entwickelten gesellschaftlichen Systems des Sozialismus in der DDR vom 20.09.1968. In: TPKK, Jg. 17, Beilage (1968), S. 5.

[331] Baumann, Wolf-Rüdiger; Eschenhagen, Wieland; Judt, Matthias; Paesler, Reinhard (Autoren): Die Fischer Chronik Deutschland 1949 – 1999. Frankfurt am Main 1999. S. 422.

[332] Beschluß des Staatsrates der DDR vom 20.09.1968. "Die Aufgaben der Körperkultur und des Sports bei der Gestaltung des entwickelten gesellschaftlichen Systems des Sozialismus in der DDR", Vgl. Teichler, Hans-Joachim: Die Sportbeschlüsse des Politbüros. Bonn 2002. S. 540-560. / Vgl. Deutsches Sportecho, 21.09. 1968, [o. P.]. Dickwach, Frigga; Austermühle, Theo: Breitensport als Forschungsgegenstand an der Deutschen Hochschule für Körperkultur. In: Alltagssport in der DDR. Hg. v. Jochen Hinsching. Aachen 1998. S. 167.

[333] Pfister, Gertrud: A World Power in Women´s Sport – Women Without Power in Sport: Gender, Power and Sport in East Germany. Internet: HYPERLINK http:// www.idrottsforum.org 2003-12-09.

[334] Beschluss des Staatsrates der DDR. Die Aufgaben der Körperkultur und des Sports bei der Gestaltung des entwickelten gesellschaftlichen Systems des Sozialismus in der DDR v. 20.09.1968. In: TPKK, Jg. 17, Beilage (1968), S. 8.

[335] Diesen Hinweis verdanke ich Hans Joachim Teichler.

[336] Hanke, Helmut (Hg.): Kultur und Freizeit. Zu Tendenzen und Erfordernissen eines kulturvollen Freizeitverhaltens. Berlin 1971. S. 5f.

[337] Hanke, Helmut (Hg.): Kultur und Freizeit. Zu Tendenzen und Erfordernissen eines kulturvollen Freizeitverhaltens. Berlin 1971. S. 9.

[338] „Die s. L. umfaßt das Verhältnis zu den gesellschaftlichen Interessen und Aufgaben und schließt die materiellen Bedürfnisse der Menschen und die Art ihrer Befriedigung ebenso ein wie die geistig-kulturellen Bedürfnisse und ihre Befriedigung. Die politische und soziale Aktivität, die Gestaltung der Freizeit, die Entwicklung der Familienbeziehungen und der Lebensgewohnheiten sind Bestandteil der s. L. Die sportliche Betätigung gehört untrennbar zur s. L. und nimmt für deren Inhalt und Gestaltung an Bedeutung zu." Aus: Thieß, Günter; Schnabel, Günter (Leitung Autorenkollektiv): Leistungsfaktoren in Training und Wettkampf. Berlin 1986. S. 109.

[339] Vgl. Hanke, Helmut (Hg.): Kultur und Freizeit. Zu Tendenzen und Erfordernissen eines kulturvollen Freizeitverhaltens. Berlin 1971. S. 8 u. 9.

[340] Röblitz, Günter: Veränderungen des Wirkungsfeldes der Erziehung und Bildung beim umfassenden Aufbau des Sozialismus in der DDR und Schlußfolgerungen für das pädagogische Handeln zur Ausformung von Antriebskräften für regelmäßige sportliche Betätigung. In: Wissenschaftliche Zeitschrift der DHfK, Jg. 1965, Heft 1, S. 89.

[341] Balbier, Uta Andrea: Instrument oder Freiraum? - Innerdeutscher Sportverkehr

1952-1965. In: Sport in der DDR. Eigensinn, Konflikte, Trends. Hg. v. Hans Joachim Teichler. Köln 2003. S. 21-60.
[342] Balbier, Uta Andrea: Instrument oder Freiraum? - Innerdeutscher Sportverkehr 1952-1965. In: Sport in der DDR. Eigensinn, Konflikte, Trends. Hg. v. Hans Joachim Teichler. Köln 2003. S. 40.
[343] Mitteilungsblatt der Sportvereinigung Stahl Nr. 10, Okt. 1954. S. 6f.
[344] Informationen. Nur für die BSG-Leitungen der SV-Stahl. Nr. 3, April 1953. S. 11.
[345]Teichler, Hans Joachim: „Wir brauchten einfach den Kontakt zueinander". Arbeitersport und Arbeitersportler zum „Dritten Reich". In: Illustrierte Geschichte des Arbeitersports. Hg. v. Hans Joachim Teichler. Bonn 1987. S. 231-241.
[346] Direktive des Sekretariats des ZK über die Aufgaben der Parteileitung bei der Entwicklung einer sozialistischen Körperkultur. (Beschluss des Sekretariats des ZK vom 05.01.1953). In: Teichler, Hans Joachim: Die Sportbeschlüsse des Politbüros. Eine Studie zum Verhältnis von SED und Sport mit einem Gesamtverzeichnis und einer Dokumentation ausgewählter Beschlüsse. Köln 2002. S. 249-252.
[347] Abt. Leitende Organe der Partei und Massenorganisationen. Bericht der Kommission zur Überprüfung der Arbeit der Demokratischen Sportbewegung. Berlin 12.03.1954. SAPMO DY 30/ JIV2/ 2/ A-347. In: Teichler, Hans Joachim: Die Sportbeschlüsse des Politbüros. Eine Studie zum Verhältnis von SED und Sport mit einem Gesamtverzeichnis und einer Dokumentation ausgewählter Beschlüsse. Köln 2002. S. 259-294.
[348] Überprüfung der demokratischen Sportbewegung (04.05.1954) In: Teichler, Hans Joachim: Die Sportbeschlüsse des Politbüros. Eine Studie zum Verhältnis von SED und Sport mit einem Gesamtverzeichnis und einer Dokumentation ausgewählter Beschlüsse. Köln 2002. S. 265.
[349] Unsere Sportler helfen werktätigen Bauern! In: Stahl für den Frieden. 06.09.1952, [o. P.].
[350] Vgl. Balbier, Uta Andrea: Instrument oder Freiraum? - Innerdeutscher Sportverkehr 1952-1965. In: Sport in der DDR. Eigensinn, Konflikte, Trends. Hg. v. Hans Joachim Teichler. Köln 2003. S. 22.
[351] Sportler aktiv in den Vorbereitungsarbeiten der Weltfestspiele. In: Stahlwerk im Aufbau. 03.08.1951, [o. P.].
[352] Balbier, Uta Andrea: Instrument oder Freiraum? - Innerdeutscher Sportverkehr 1952-1965. In: Sport in der DDR. Eigensinn, Konflikte, Trends. Hg. v. Hans Joachim Teichler. Köln 2003. S. 30f.
[353] Die Lehrwerkstatt im Briefwechsel mit Westdeutschland. In: Stahlwerk im Aufbau. 21.12.1951, [o. P.].
[354] Zitiert aus: Eine Stimme aus Westdeutschland. In: Stahlwerk im Aufbau. 15.06.1951, [o. P.].
[355]Vgl. Baumann, Wolf-Rüdiger; Eschenhagen, Wieland; Judt, Matthias; Paesler, Reinhard (Autoren): Die Fischer Chronik Deutschland 1949 – 1999.
Frankfurt am Main 1999. S. 224 u. 233.
[356] MTV 1849 Osnabrück e.v., Schinkel 04 Osnabrück u.a.
[357] In: Stahl im Aufbau. 09.01.1959, 16.05.1959, 08.04.1961. Vereinbarung über den gemeinsamen Spiel- und Sportverkehr. 08.12.1960. Büro des Nachfolgeverein der BSG Stahl. Siehe Anhang.
[358] In: Stahlwerk im Aufbau. 13.12.1951 u. 21.12.1951. Stahl für den Aufbau des Sozialismus. 01.12.1953.
[359] Vom Sport an den Osterfeiertagen. In: Stahl für den Frieden. 01.05.1954, [o. P.]. Auch: Unsere Handballer waren in Kiel. In: Stahl für den Frieden. 26.06.1954, [o. P.].
[360] Hamburger Ringer zu Ehren des Geburtstages Stalins in Brandenburg. In: Stahl für den Frieden. 04.01.1952, [o. P.].
[361] Erster Start der Stahl-Ringer in Westdeutschland. In: Stahl für den Frieden. 12.04.1954, [o. P.].
[362] Erste gesamtdeutsche Veranstaltung. In: Stahl für den Frieden. 08.03.1954, [o. P.].
[363] Unser Stahl-Sportler Rudi Lietzmann schlägt westdeutsche Meisterklasse. In: Stahl für den Aufbau des Sozialismus. 23.05.1953, [o. P.].
[364] Vom Sport an den Osterfeiertagen. In: Stahl für den Frieden. 01.05.1954, [o. P.].
[365] Mit ausgezeichneten Erfolgen aus Westdeutschland zurück. In: Stahl für den Frieden. 24.07.1954, [o. P.].
[366] Balbier, Uta Andrea: Instrument oder Freiraum? - Innerdeutscher Sportverkehr 1952-1965. In: Sport in der DDR. Eigensinn, Konflikte, Trends. Hg. v. Hans Joachim Teichler. Köln 2003. S. 24.
[367] Erste gesamtdeutsche Veranstaltung. In: Stahl für den Frieden. 08.03.1954, [o. P.].
[368] Balbier, Uta Andrea: Instrument oder Freiraum? - Innerdeutscher Sportverkehr 1952-1965. In: Sport in der DDR. Eigensinn, Konflikte, Trends. Hg. v. Hans Joachim Teichler. Köln 2003. S. 25.
[369]„Wir kennen als Sportler keine Trennung Berlins. Wir kennen nicht Ost- und Westberlin, sondern wir Sportler kennen nur ein einheitliches Berlin." In: Stahlwerk im Aufbau. 01.10.1951, [o. P.].
[370] Balbier, Uta Andrea: Instrument oder Freiraum? - Innerdeutscher Sportverkehr 1952-1965. In: Sport in der DDR. Eigensinn, Konflikte, Trends. Hg. v. Hans Joachim Teichler. Köln 2003. S. 25.
[371] Hamburger Ringer zu Ehren des Geburtstages Stalins in Brandenburg. In: Stahl für den Frieden. 04.01.1952, [o. P.].
[372] Lemke, Wilfried: Sport und Politik. Eine Dokumentation des innerdeutschen Sportverkehrs. Hamburg 1971. S. 78.
[373] Lemke, Wilfried: Sport und Politik. Eine Dokumentation des innerdeutschen Sportverkehrs. Hamburg 1971. S. 78ff.
[374] Balbier, Uta Andrea: Instrument oder Freiraum? - Innerdeutscher Sportverkehr 1952-1965. In: Sport in der DDR. Eigensinn, Konflikte, Trends. Hg. v. Hans Joachim Teichler. Köln 2003. S. 21-60.
[375] Balbier, Uta Andrea: Instrument oder Freiraum? - Innerdeutscher Sportverkehr 1952-1965. In: Sport in der DDR. Eigensinn, Konflikte, Trends. Hg. v. Hans Joachim Teichler. Köln 2003. S. 34.
[376] Schwedische Fußballer in Brandenburg. In: Stahl für den Frieden. 19.06.1954. u. 03.07.1954, [o. P.].
[377]Bei Begegnungen, die durch den gemeinsamen Sportkalender festgelegt wurden, spielten häufig erstklassige Mannschaften (Ost) gegen unbedeutende Vereine (West). Der DSB ging auf die ungleichen Bedingungen dennoch ein, um das Abreißen der Verbindungen in die DDR zu verhindern. Vgl. hierzu Braun, Jutta: Klassenkampf im Flutlicht – Innerdeutscher Sportverkehr 1974-1989. In: Sport in der DDR. Eigensinn, Konflikte, Trends. Hg. v. Hans Joachim Teichler. Köln 2003. S. 67.
[378] Stahlwerk im Aufbau, 27.07.1956, S. 30.
[379] Stahlwerk im Aufbau, 16.05.1959, 09.01.1959, 21.04.1960.
[380]Am 01.10.1959 wurde durch die Volkskammer ein Gesetz verabschiedet, dass erstmals das DDR-Emblem mit Hammer-Zirkel-Ehrenkranz als Bestandteil der DDR-Flagge festschrieb. Vgl. Baumann, Wolf-Rüdiger; Eschenhagen, Wieland; Judt, Matthias; Paesler, Reinhard (Autoren): Die Fischer Chronik Deutschland 1949 – 1999. Frankfurt am Main 1999. S. 250.
[381] Balbier, Uta Andrea: Instrument oder Freiraum? - Innerdeutscher Sportverkehr 1952-1965. In: Sport in der DDR. Eigensinn, Konflikte, Trends. Hg. v. Hans Joachim Teichler. Köln 2003. S. 42.
[382] Stahlwerk im Aufbau, 22.04.1960, S. 17.
[383] Ob mit oder ohne DDR-Staatswappen konnte nicht recherchiert werden. Interview Hans-Georg Götzes mit Heinz Dohmke. In: Götze, Hans-Georg: Die geschichtliche Entwicklung der Betriebssportgemeinschaft Stahl Brandenburg von 1950-1983. Unveröffentlichte Diplomarbeit DHfK Leipzig 1984. S. 41.
[384] Dokument der BSG Stahl Brandenburg über die Vereinbarung zwischen SV Georgsmarienhütte Osnabrück und der BSG Stahl Brandenburg vom 08.12.1960. Büro

des Nachfolgeverein der BSG Stahl.
[385]Abt. Sportverkehr: Diskussionsgrundlage für Sofort-Maßnahmen zum Sportverkehr mit Westdeutschland vom 30.10.1959. SAPMO DY 12/ 679, Bl. 380. Siehe Balbier, Uta Andrea: Instrument oder Freiraum? – Innerdeutscher Sportverkehr 1952-1965. / Braun, Jutta: Klassenkampf im Flutlicht – Innerdeutscher Sportverkehr 1974-1989. In: Sport in der DDR. Eigensinn, Konflikte, Trends. Hg. v. Hans Joachim Teichler. Köln 2003, S. 47.
[386]Schreiben des DTSB vom 22.10.1960 an den DSB. Siehe Balbier, Uta Andrea: Instrument oder Freiraum? – Innerdeutscher Sportverkehr 1952-1965. / Braun, Jutta: Klassenkampf im Flutlicht – Innerdeutscher Sportverkehr 1974-1989. In: Sport in der DDR. Eigensinn, Konflikte, Trends. Hg. v. Hans Joachim Teichler. Köln 2003, S. 49f.
[387] Vereinbarung zwischen Georgsmarienhütte Osnabrück und Stahl Brandenburg vom 08.12.1960. Durch den Nachfolgeverein SG Stahl Brandenburg e.V. zur Verfügung gestellt. Siehe Anhang.
[388]Zeittafel zur Geschichte der GST 1952 – 1979.
Leiter des Herausgeberkollektivs Werner Eltze. Berlin 1982. S. 46.
[389] Quer durch Berlin. In: Brandenburger Stahlwerker. 11.05.1954, [o. P.].
[390] MTV Osnabrück e.V. In: Stahlwerk im Aufbau, 08.04.1961, [o. P.].
[391] Protokoll über die BSG-Leitungssitzung der BSG Stahl Brandenburg am 16.01.1980 und 22.04.1980. Büro des Nachfolgeverein der BSG Stahl. Siehe Anhang.
[392] Unserem Werner zum Gedenken. Stand der Vorbereitungen und Ablauf der Werner-Seelenbinder-Ehrung. In: Sportrundschau. Organ der DTSB Bezirksorganisation Potsdam. (10) 1976.
[393]„Von dieser Warte der sozialistischen Persönlichkeitsentwicklung unserer Bürger, von dieser Warte der Würde und Allseitigkeit des Menschen werden auch auf dem Gebiete der Körperkultur und des Sports neue Aufgaben und neue Maßstäbe sichtbar." Aus: Eröffnungsansprache Walter Ulbrichts auf der 11. Sitzung des Staatsrates am 20.09.1968. In: Körperkultur und Sport bei der Gestaltung des entwickelten gesellschaftlichen Systems des Sozialismus. Materialien der 11. Sitzung des Staatsrates der DDR vom 20. 09.1968. Hg. v. Abt. Presse und Information des Staatsrates der DDR. S. 8.
[394]Schröder, Willi: Die Funktion des Leitbildes in der Traditionspflege der sozialistischen Körperkultur. In: Sport – das Leitbild in der Traditionspflege. Hg. v. Franz Block. Jena 1981. S. 27.
[395] Ringen. In: Stahlwerk im Aufbau. 02.12.1952, [o. P.].
[396] Werner Seelenbinder – unser Vorbild. In: Sportrundschau. Organ des DTSB Bezirksorganisation Potsdam. August 1974.
[397] Vortrag Martina Behrendt im Heimatmuseum Berlin-Neukölln über Werner Seelenbinder am 21.09.2004.
[398]Bernett, Hajo: Der deutsche Sport im Jahre 1933. Sonderdruck der "Woche des Sports" der Ruhrfestspiele Recklinghausen. Aus STADION, Internationale Zeitschrift für Geschichte des Sports und der Körperkultur, Bd. VII, 2 (1981), S. 236f.
[399]Folgt man Bernetts Analyse der Jahre 1933 bis 1935, so ist anzunehmen, dass diese Maßregelung eine der angekündigten systematischen Umerziehungsmaßnahmen des Reichssportführeres Tschammer war, die durch nationalsozialistische Erziehung der Massen, einen radikalen Umsturz des Sportsystems vor den Olympischen Spielen 1936 umgehen sollten. Bernett, Hajo: Der deutsche Sport im Jahre 1933. Sonderdruck der "Woche des Sports" der Ruhrfestspiele Recklinghausen. Aus STADION, Internationale Zeitschrift für Geschichte des Sports und der Körperkultur, Bd. VII, 2 (1981), S. 251f
[400] Westphal, Helmuth: Werner Seelenbinder, ein vorbildlicher deutscher Sportler und tapferer Kämpfer gegen Krieg und Faschismus. In: TPKK, Jg. 3, 11 (1954), S. 968.
[401]Mattausch, Wolf-Dieter: Werner Seelenbinder – Arbeitersportler, Olympiateilnehmer, Widerstandskämpfer. In Sozial- und Zeitgeschichte des Sports, Heft 3 (1988), S. 72-83.
[402]„Er hätte sich die Verehrung seiner Person verbeten" Michael Reinsch im Interview mit Martina Behrendt, Leiterin des Berliner Sportmuseums. In: FAZ, 31.07.2004, S. 28.
[403]Beispiele: Michael Kleins überlebensgroße Portraitbüste des jungen Werner Seelenbinder, Ullrich Hollands „Ringer" aus Beton, beides zu sehen auf der 4. Kunstausstellung „Kunst und Sport" 1977 in Leipzig. Vgl. Witt, Günter: Körperkultur und Sport in den Kunswerken. In: TPKK, Jg. 26, Heft 10 (1977), S. 736 u. 742.
[404]Radetz, W.: Der Stärkere. Berlin 1961.und ders.: Werner Seelenbinder. Leben, Haltung, Wirkung. Berlin 1969./ Schirm, Friedel: 33 Monate. Erinnerungen an Werner Seelenbinder. Berlin 1984./ Kautz, Bodo: Seelenbinder. (Gedicht). Aus: Forbrig, Siegfried: Wir pflegen Traditionen: Werner Seelenbinder – Ringer, Kommunist, Antifaschist. In: Körpererziehung Jg. 23, Heft 8/9 1973. S. 399-410.
[405] Die Grundsteinlegung war am 21.07.1959. Das Wohngebiet wuchs bis 1973 auf 5256 Wohnungen mit etwa 16 400 Einwohnern an. Vgl. hierzu Heß, Klaus: Besatzungszeit und SED-Herrschaft (1945-1989). In: Stahl und Brennabor. Hg. v. Gerd Heinrich, Klaus Heß, Winfried Schich u. Wolfgang Schößler. Potsdam 1998. S. 166f.
[406] Es handelt sich hierbei um eine übergroße, aufrechte, sportliche Figur, deren Hände überkreuzt gefesselt sind. Die gefesselten Hände werden hier zum Symbol für die zum Tode Verurteilten, da sie bis zu ihrer Hinrichtung genau in dieser Weise gefesselt ihre letzten Tage verbrachten. Diesen Hinweis verdanke ich Volker Kluge.
[407] Anton Saefkow, geb. 22.07.1903 in Berlin, Mitglied der KPD, 1933 -1939 Gefängnis u. KZ, Widerstandsgruppe Saefkow-Jacob, 1944 erneute Verhaftung, am 05.09.1944 durch Volksgerichtshof zum Tode verurteilt, am 18.09.1944 gemeinsam mit Bernhard Bästlein und Franz Jacob im Zuchthaus Brandenburg-Görden hingerichtet.
Internet: www.luise-berlin.de. Vgl. auch Greulich, Emil Rudolf: Keiner wird als Held geboren. Berlin 1961./ Hochmuth, Ursel: Illegale KPD und Bewegung "Freies Deutschland" in Berlin und Brandenburg 1942-1945. Berlin 1998.
[408] Dr. phil. Theodor Neubauer, geb. 12.12.1890 in Ermschwerd (Hessen), KPD-Funktionär im Thüringer Landtag und Reichstag, wurde am 05.02.1945 im Zuchthaus Brandenburg-Görden hingerichtet. Siehe Müller, Sonja: Theodor Neubauer. Berlin 1969.
[409] Bernhard Bästlein, geb. 03.12.1894 in Hamburg, Funktionär der KPD, 1933 in den Reichstag gewählt, 1933-1940 Haft, 1942 erneute Verhaftung, Flucht aus Plötzensee bei Luftangriff, wieder verhaftet Mai 1944, am 05.09.1944 durch Volksgerichtshof zum Tode verurteilt, Hinrichtung am 18.09.1944. Siehe Puls, Ursula: Die Bästlein-Jacob-Abshagen-Gruppe. Bericht über den antifaschistischen Widerstandskampf in Hamburg und an der Wasserkante während des zweiten Weltkrieges. Berlin 1959./ Nitzsche, Gerhard: Die Saefkow-Jacob-Bästlein-Gruppe. Dokumente und Materialien des illegalen antifaschistischen Kampfes. Berlin 1957.
[410] Klaedtke, Uta: Werner-Seelenbinder-Straße, Mahnmal, Büste Werner Seelenbinders. Siehe Fotos im Anhang.
[411] Erich Honecker war am 08.06.1937 zu zehn Jahren Zuchthaus verurteilt worden.
www.bundesarchiv.de/ aktuelles/pressemitteilungen00032/
[412] Honecker, Erich: Aus meinem Leben. Berlin 1982. S. 202.
[413] Dessen Inhalt u.a. aus Gestapoakten besteht, die dies belegen wahrscheinlich.
Vgl. 00032/
[414]„Zu Rekorden und Medaillen hat es nicht gereicht, danach stand mir nicht so sehr der Sinn." Honecker, Erich: Mit dem Sport verbunden. In: Ders.: Aus meinem Leben. Berlin 1982. S. 313
[415] Honecker, Erich: Mit dem Sport verbunden. In: Ders.: Aus meinem Leben. Berlin 1982. S. 312-332.
[416] Westphal, Helmuth: Werner Seelenbinder, ein vorbildlicher deutscher Sportler und tapferer Kämpfer gegen Krieg und Faschismus. Auszug aus seiner Diplomarbeit DHfK Leipzig 1952. Veröffentlicht in: TPKK, Jg. 3, Heft 11(1954), S. 968.
[417]Ehemalige Arbeitersportler waren durch ihre sowohl sportlichen als auch politischen Aktivitäten beglaubigte Führungskader der SED. Wie z.B. Alfred Neumann – einst Zehnkämpfer im ATV Fichte, später Sekretär des Zentralkomitees der SED (1957-1961) u. stellv. Vors. d. Ministerrates (1968), sowie Karl Maron – einst Ringer und Spartenleiter des ATV Fichte, nach Gründung der DDR Chef der VP (1950), Mitglied des ZK der SED (seit 1954) und Minister des Innern im Rang eines Generaloberst (1955-1963). Siehe Bernett,

Hajo: Ehemalige Arbeitersportler in der Führung der DDR. In: Sozial- und Zeitgeschichte des Sports, Heft 1 (1993), S. 122f. Auch: Wer war wer in der DDR? Ein biographisches Lexikon. Hg. v. Helmut Müller-Enbergs. Jan Wielgohs u. Dieter Hoffmann. Berlin 2001. S. 619 u. 554.

[418]Der Sozialismus ist das Gute – für das Gute kämpft! Deutsches Sportecho,28.10.1957, [o. P.].

[419]Vortrag Martina Behrendt im Heimatmuseum Neukölln über Werner Seelenbinder am 21.09.2004. Siehe auch Reinsch, Michael: "Er hätte sich die Verehrung seiner Person verbeten". Martina Behrendt über den DDR-Sportheroen Werner Seelenbinder, der am Montag 100 Jahre alt würde. In: FAZ vom 31.07.2004, S. 28.

[420] Westphal, Helmuth: Werner Seelenbinder, ein vorbildlicher deutscher Sportler und tapferer Kämpfer gegen Krieg und Faschismus. Auszug aus seiner Diplomarbeit DHfK Leipzig 1952. Veröffentlicht in: TPKK, Jg. 3, Heft 11 (1954), S. 962.

[421] Radetz, W.: Der Stärkere. Berlin 1982. S. 153. Zitiert nach: Erbach, Günter: 8. Mai 1945 – Historische Wende und Chance für Neubeginn. In: TPKK, Jg. 34, Heft 4 (1985). S. 325.

[422]"Am 4. Dezember 1928 trat Werner Seelenbinder in die Kommunistische Partei Deutschlands (KPD) ein"– Arbeitersportler, Olympiateilnehmer, Widerstandskämpfer. In: Sozial- und Zeitgeschichte des Sports, Heft 3 (1988). S. 73.

[423] Korrektur des Vereinsnamens nach Adreß-Buch 1938/39. Stadtarchiv Brandenburg H 61.

[424] Interview des Sektionsleiters Ringen der BSG Stahl Brandenburg, Christian Schmidt, mit den Brandenburger Ringerveteranen Woischke und Frigge. [o. Datum]. Erwähnt in: Festschrift "40 Jahre Sektion Ringen SG Stahl Brandenburg". Brandenburg 1990.

[425] Lebendiges Erbe. In: Deutsches Sportecho, 31.10.1988, S. 8.

[426]Forbrig, Siegfried: Wir pflegen Traditionen. Werner Seelenbinder – Ringer, Kommunist, Antifaschist. In: Körpererziehung. Jg. 23, Heft 8/9 (1973), S. 406.

[427] Radetz, Walter: Der Stärkere. Berlin 1961.

[428] Einer von uns. Hg. v. Bundesvorstand des DTSB, Abt. Kultur und Bildung. Berlin 1962.

[429] Einer von uns. DEFA-Film, Regie: Helmut Spiess, Hauptdarsteller: Günter Simon. Vgl. Werbung in: Deutsches Sportecho, 02.05.1960, [o. P.].

[430]Forbrig, Siegfried: Wir pflegen Traditionen. Werner Seelenbinder – Ringer, Kommunist, Antifaschist. In: Körpererziehung. Jg. 23, Heft 8/9 (1973), S. 406.

[431] Forbrig, Siegfried: Traditionskalender 1979. In: Körpererziehung. Heft 1 (1979), S. 56f.

[432] Stahl für den Frieden, 25.10.1979.

[433] So z.B. führten die BSG Stahl Tischtennisspieler ein Werner-Seelenbinder-Gedenkturnier mit polnischen Gästen durch. In: Stahl im Aufbau, 19.09.1969, [o. P.]. Auch: Seelenbinder-Leichtathletik-Sportfest. Roter Stahl, 25.10.1957, [o. P.].

[434] Stahl für den Frieden, 25.10.1974, [o. P.].

[435] DTSB-Sportrundschau. Bezirksorganisation Potsdam, August 1974.

[436] DTSB-Sportrundschau. Bezirksorganisation Potsdam, Oktober 1976.

[437] DTSB-Sportrundschau. Bezirksorganisation Potsdam, November 1982 und Dezember 1982.

[438]Im Rahmen der „Pionierexpedition Rote Fahne" erforschten Pioniere der Arbeitsgemeinschaft "Junge Journalisten" des Pionierpalastes "Ernst-Thälmann" Leben und Kampf Werner Seelenbinders. Vgl. hierzu: Leder, Günter: Schüler erschließen sich Leben und Kampf Werner Seelenbinders. In: Körpererziehung, Heft 10 (1984), S. 417f.

[439]Vgl. Forbrig, Siegfried: Wir pflegen Traditionen: Werner Seelenbinder – Ringer, Kommunist, Antifaschist. In: Körpererziehung, Jg. 23, 8/9 (1973), S. 399-410. / Leder, Günter: Schüler erschließen sich Leben und Kampf Werner Seelenbinders. In: Körpererziehung, Heft 10 (1984), S. 417f.

[440] Die Regattastrecke ist übergeben. MV, 17.07.1969. Vgl. Schäfer, Jeanette: Die Entwicklung des Wasserfahrsports in Brandenburg Havel. Unveröffentlichte Diplomarbeit. Potsdam 2001.

[441] Seit 1963 am 17. April in Oranienburg stattfindender Volkssportlauf. Vgl. DTSB-Sportrundschau. Bezirksorganisation Potsdam, Juni 1977. Wurde in Abstimmung zum Thälmann-Gedenklauf auf den 25. April verschoben. In: Entwurf zum Sportplan 1982 der Bezirksorganisation Potsdam des DTSB. In: DTSB-Sportrundschau. Bezirksorganisation Potsdam, Dezember 1981.

[442] Nov. 1977 in Rathenow. DTSB-Sportrundschau. Bezirksorganisation Potsdam, Juni 1977 und DTSB-Sportrundschau. Bezirksorganisation Potsdam, Dezember 1981.

[443] 17. April 1982 in Ziegenhals (Kreis Königswusterhausen). In: Entwurf zum Sportplan 1982 der Bezirksorganisation Potsdam des DTSB. DTSB-Sportrundschau. Bezirksorganisation Potsdam, Dezember 1981. 1986 auch in Neuruppin. DTSB-Sportrundschau. Bezirksorganisation Potsdam, November 1986.

[444] Seit 1977 am 9. September stattfindender Gedächtnislauf des Kreises Gransee. DTSB-Sportrundschau. Bezirksorganisation Potsdam, September 1986.

[445] U.a. DTSB-Sportrundschau. Bezirksorganisation Potsdam, November 1976. / DTSB-Sportrundschau. Bezirksorganisation Potsdam, Februar 1980.

[446] DTSB-Sportrundschau. Bezirksorganisation Potsdam, November 1982.

[447] DTSB-Sportrundschau. Bezirksorganisation Potsdam, Dezember 1983.

[448]Klaedtke, Uta: Wer sich aktiv erholt ist seltener krank. Historische Betrachtung zum DDR-Betriebs- und Behindertensport. In: Stuttgarter Rundschreiben. Deutscher Verband für Physiotherapie. Landesverband Baden-Württemberg e.V., 6 (2003), S. 32f. Vgl. auch Kapitel "Gesundheitsvorsorge statt Integration – Behindertensport am Beispiel der Stahl-Sportlerin Martina Willing".

[449]Mattausch, Wolf-Dieter: Werner Seelenbinder – Arbeitersportler, Olympiateilnehmer, Widerstandskämpfer. In: Sozial- und Zeitgeschichte des Sports, Heft 3 (1988), S. 82.

[450] www.berlin-ehrungen.de

[451] Heinz, Andreas: Wieder Seelenbinder-Stadion. nd-online, 03.08.2004. / HYPERLINK http://www.ringerforum.de (05.09.2004).

[452] Lehnert, Gerda; Wonneberger, Ingeburg: Vergleichende Betrachtung des Sportabzeichens in sozialistischen Ländern. TPKK, Jg. 24, Heft 5 (1975). S. 403.

[453] Ehrler, Wilfried; Dickwach, Frigga: Das Sportabzeichen der DDR: Zwischen Absicht und Wirklichkeit. In: Alltagssport in der DDR. Hg. v. Jochen Hinsching. Aachen 1998. S. 97.

[454] Wonneberger, Günther: In: TPKK, Jg. 38, 1 (1989). S. 87.

[455] Entschließung des IV. Turn- und Sporttages des DTSB 1970. Perspektivplan des DTSB. In: TPKK, Jg. 19, Heft 9 (1970), S. 809.

[456] Statut der Sportvereinigung „Stahl". S. 12.

[457] Rechenschaftsbericht 1974 der BSG Stahl Brandenburg.

[458] Stahlwerk im Aufbau, 29.06.1951.

[459] Stahlwerk im Aufbau, 29.06.1951.

[460] Die Phase nach dem Volksaufstand des 17.06.1953 war durch hohe Flüchtlingszahlen gekennzeichnet. Um moderatere Politik besonders in der Jugendarbeit bemüht, wurden militärische Komponenten des Sportabzeichens korrigiert. Siehe: Ehrler, Wilfried; Dickwach, Frigga: Das Sportabzeichen der DDR: Zwischen Absicht und Wirklichkeit. In: Alltagssport in der DDR. Hg. v. Jochen Hinsching. Aachen 1998. S. 101.

[461] Ehrler, Wilfried; Dickwach, Frigga: Das Sportabzeichen der DDR: Zwischen Absicht und Wirklichkeit. In: Alltagssport in der DDR. Hg. v. Jochen Hinsching. Aachen 1998. S. 97.

[462] Z.B. In Sachen Sportabzeichen. Deutsches Sportecho, 18./19.10.1957, [o. P.].

[463] Kluge, Volker: Sportbuch DDR. Berlin 2004. S. 34.

[465] Hillmann, Karl-Heinz: Wörterbuch der Soziologie. Stuttgart 1994. S. 327.

[466] Bereit zur Arbeit und zur Verteidigung des Friedens. Stahlwerk im Aufbau, 13.04.1951.

[467] Erwerbt das Sportleistungsabzeichen. Stahlwerk im Aufbau, 13.04.1951.

[468] Die Sportbewegung in unserem Stahlwerk. Stahlwerk im Aufbau, 18.05.1951.

[469] Mit den Bezeichnungen Sportabzeichenkomplex oder Sportabzeichenprogramm wird offenkundig, dass das Sportabzeichen als politisches Instrument genutzt wurde und jeweils an weitere politische Interessen geknüpft war. Vgl. hierzu Ehrler, Wilfried; Dickwach, Frigga: Das Sportabzeichen der DDR: Zwischen Absicht und Wirklichkeit. In: Alltagssport in der DDR. Hg. v. Jochen Hinsching. Aachen 1998. S. 97.

[470] Die Aufgaben auf dem Gebiet der Körperkultur und des Sports. Stahlwerk im Aufbau, 29.06.1951.
[471] Wie wird unser Betriebskollektivvertrag realisiert? Stahl für den Frieden, 05.09.1951.
[472] In der Festschrift „35 Jahre Betriebssportgemeinschaft Stahl Brandenburg" geht Horst Menzel, Vors. der BSG Stahl Brandenburg, von 120 Mitgliedern zur Zeit der Gründung der BSG aus.
[473] Sportfreund Böhme in: Hier spricht die BSG Stahl. Stahlwerk im Aufbau, 21.09.1951. Vgl. auch: Sport am Wochenende. Stahl für den Frieden, 14.10.1951.
[474] Wir Sportler kämpfen für die Einheit Deutschlands. Stahl für den Frieden, 15.11.1951.
[475] Der Erwerb des Sportleistungsabzeichens – eine Aufgabe aller Werktätigen! Stahl für den Frieden, 13.12.1951.
[476] Vorwärts im Kampf um die Einheit und Freiheit im deutschen Sport. Stahl für den Frieden, 14.10.1951.
[477] Stahl für den Frieden, 26.10.1951.
[478] Anmerkung der Verfasserin: Es ist anzunehmen, dass die BSG-Statistik nicht sorgfältig geführt wurde, ab 1960 stimmen Zahlen der Rechenschaftsberichte mit der vorliegenden BSG-Statistik über abgelegte
Sportabzeichen teilweise nicht überein.
[479] Gewerkschaftsstatistik 1986. SAPMO DY 34/ 13315.
[480] Vgl. Rechenschaftsbericht der BSG Stahl Brandenburg 1968/69.
[481] Rechenschaftslegung der BSG Stahl Brandenburg über das Sportjahr 1972.
[482] Schäfer, Jeanette: Die Entwicklung des Wasserfahrsports in Brandenburg Havel. Unveröffentlichte Diplomarbeit Potsdam 2001. S. 42.
[483] Schäfer, Jeanette: Die Entwicklung des Wasserfahrsports in Brandenburg Havel. Unveröffentlichte Diplomarbeit Universität Potsdam 2001. S. 42.
[484] Beschluß über staatliche Maßnahmen zur weiteren Gestaltung von Körperkultur und Sport vom 25.10.1984. SAPMO DY 34/ 13315.
[485] Die Verpflichtung der BSG, 50 Sportabzeichen abzulegen und die Mitgliederzahl der BSG Stahl zu verdoppeln, wurde bereits am 26.07.1951 erfüllt. Bereits im September 1951 konnte auf 56 Sportabzeichen verwiesen werden. Vgl. hierzu: Stahlwerk im Aufbau, 11.08.1951 u. 05.09.1951.
[486] Wie wird der Betriebskollektivvertrag realisiert? In: Stahl für den Frieden, 05.09.1951, [o. P.].
[487] Stahlwerk für den Frieden, 21.12.1951, [o. P.].
[488] Stahlwerk für den Aufbau des Sozialismus, 18.04.1953, [o. P.].
[489] Wie zum Beispiel: „Mach mit, bleib fit!" oder „Lauf Dich gesund!"..
[490] Organ des FDGB der DDR.
[491] Illustrierte Wochenzeitschrift.
[492] DTSB-Sportrundschau. Bezirksorganisation Potsdam. Februar 1980.
[493] Vgl. Der FDGB von A – Z . Kleines Lexikon zum Gewerkschaftswesen in der DDR. Hg. V. d. Friedrich-Ebert- Stiftung. Bonn 1987. S. 14. / Roesler, Jörg: Die Produktionsbrigaden in der Industrie der DDR. Zentrum der Arbeitswelt? In: Sozialgeschichte der DDR. Hg. v. Hartmut Kaelble, Jürgen Kocka u. Hartmut Zwar. Stuttgart 1994. S. 144ff.
[494] Schüle, Annegret: „Weiberwirtschaft". Brigadealltag im VEB Leipziger Baumwollspinnerei. In: Unter dem Deckel der Diktatur. Soziale und kulturelle Aspekte des DDR-Alltags. Hg. V. Lothar Mertens. Berlin 2003. S. 66.
[495] Begründer der Aktivistenbewegung (1905-1975). Übererfüllte am 13.10.1948 mit 387% seine Norm im VVB Kohle nach sowjetischem Vorbild (Stachanow-Methode). Aus: Wer war wer in der DDR? Ein biographisches Lexikon. Hg. v. Helmut Müller-Enbergs, Jan Wielgohs und Dieter Hoffmann. Berlin 2001. S. 336f.
[496] Götze, Hans-Georg: Die geschichtliche Entwicklung der Betriebssportgemeinschaft Stahl Brandenburg von 1950 bis 1983. Unveröffentlichte Diplomarbeit DHfK Leipzig 1984. S. 14.
[497] Götze, Hans-Georg: Die geschichtliche Entwicklung der Betriebssportgemeinschaft Stahl Brandenburg von 1950 bis 1983. Unveröffentlichte Diplomarbeit DHfK Leipzig 1984. S. 14.
[498] Vgl. Kultur- und Bildungsplan 1981 der Komplexbrigade Werkstoffprüfung / QSE. Industriemuseum Brandenburg. Siehe Anhang.
[499] Anschaulich wurde dieses Phänomen des DDR-Alltags in dem Roman "Spur der Steine" gestaltet. Neutsch, Erik: Spur der Steine. Berlin 1964. Verfilmt DEFA 1965/66, Regie: Frank Beyer. Hauptrolle des Balla: Manfred Krug, Sohn des damaligen Werkdirektors des SWB.
[500] SAPMO DY 34/ 14483 Beschlüsse des Bundesvorstandes des FDGB, seines Präsidiums und Sekretariats. Zusammengestellt v. Hans Degebrodt. S. 11.
[501] Allerdings hielt sich hier die Begeisterung in Grenzen, denn nur einzelne Brigademitglieder legten das Sportabzeichen ab, wie z.B. das Kollektiv der Normalschicht G5 (1988), hier legten die beiden in der BSG Stahl organisierten Gymnastinnen das Sportabzeichen ab. Brigadetagebuch Normalschicht G5 (1988). Industriemuseum Brandenburg.
[502] Der Internationale Frauentag am 8. März wurde in der DDR zumeist ausgelassen von den Frauen gefeiert.
[503] Russ. Bezeichnung für freiwillige Arbeitseinsätze am Samstag.
[504] Auswahl Brigadetagebücher (SWB). Industriemuseum Brandenburg.
[505] Z.B. hatte die Jugendbrigade der Ofenschlosser Schicht IV 1965 nur einen Kulturobmann, der das Preisangeln mitorganisierte und die Abt. TH 30 zum Fußballspiel herausforderte. Brigadetagebuch Jugendbrigade d. Ofenschlosser Schicht IV (1965). Industriemuseum Brandenburg.
[506] Brigadetagebuch der Brigade der Polytechnik (1965-1966). Industriemuseum Brandenburg.
[507] Brigadetagebuch der Brigade „Hans Marchwitza" 1978. Industriemuseum Brandenburg.
[508] Kultur- und Bildungsplan 1981 der Komplexbrigade Werkstoffprüfung / QSE. Siehe Anhang.
[509] Zum Thema: Für und Wider. Deutsches Sportecho, 29./30.11.1957, [o. P.].
[510] Zum Thema: Für und Wider. Deutsches Sportecho, 29./30.11.1957, [o. P.].
[511] Für und Wider. Deutsches Sportecho, 28.10.1957, [o. P.].
[512] Prozentualer Anteil der Beitragsrücklaufgelder des FDGB für kulturelle und soziale Maßnahmen.
[513] Für und Wider. Deutsches Sportecho, 1./2.11.1957, [o. P.].
[514] Zum Thema: Für und Wider. Deutsches Sportecho, 29./30.11.1957, [o. P.].
[515] Für und Wider. Deutsches Sportecho, 11.11.1957, [o. P.].
[516] Für und Wider. Deutsches Sportecho, 11.11.1957, [o. P.].
[517] Jorra, Klaus: Die Entwicklung der Betriebssportgemeinschaft des Stahl- und Walzwerkes Brandenburg unter dem Aspekt des Zusammenwirkens aller gesellschaftlichen Kräfte des Betriebes (1962-1967). Unveröffentlichte Diplomarbeit DHfK Leipzig 1968. S. 19f.
[518] Beschluss des Sekretariats des Bundesvorstandes des FDGB vom 10.05.1957 über "Die Aufgaben der Gewerkschaften bei der weiteren Entwicklung der sozialistischen Körperkultur" und vom 02.10.1962 über die „Richtlinien zur Verleihung von Ehrenpreisen durch den Bundesvorstand des FDGB zur Entwicklung des Volkssportes". SAPMO 34/14483 Beschlüsse des Bundesvorstandes des FDGB, S. 2.
[519] Beschluss des Sekretariats des Bundesvorstandes des FDGB vom 08.03.1960 über „Die Aufgaben des FDGB bei der Entwicklung der Volkssportbewegung im Siebenjahrplan" (Information des FDGB 5/1960). SAPMO 34/14483 Beschlüsse des Bundesvorstandes des FDGB, S. 2.
[520] Die Aufgaben der Gewerkschaften bei der weiteren Entwicklung der sozialistischen Körperkultur. Beschluss d. BV d. Präsidiums d. FDGB v. 10.05.1957. SAPMO DY 34/ 14483 Beschlüsse des BV d. FDGB, seines Präsidiums und Sekretariats. Zusammengestellt v. Hans Degebrodt. S. 8 u. 9.
[521] Vereinbarung zwischen dem Bundesvorstand des DTSB und dem Bundesvorstand des FDGB v. April 1958 und August 1964. SAPMO 34/14483 Beschlüsse des Bundesvorstandes des FDGB, S. 8 u. 9.

[522] Vereinbarung zwischen dem Bundesvorstand des DTSB und dem Bundesvorstand des FDGB v. August 1964. SAPMO 34/14483 Beschlüsse des Bundesvorstandes des FDGB, S. 9.
[523] „Gemeinsames Sportprogramm von FDGB und DTSB" (1970). SAPMO 34/14483 Beschlüsse des Bundesvorstandes des FDGB, S. 3.
[524] Beschluß des Sekretariats des Bundesvorstandes des FDGB vom 23.02.1970. SAPMO DY 34/ 24900.
[525] „Gemeinsames Sportprogramm von FDGB, FDJ und DTSB" (1975-1977). SAPMO 34/14483 Beschlüsse des Bundesvorstandes des FDGB, S. 4.
[526] Gemeint ist die "Einheitliche Sichtung und Auswahl" von Schülern, die systematisch hinsichtlich ihrer Eignung für den Leistungssport überprüft wurden. Ende der 60er Jahre gab es erste Forschungsansätze, seit 1973 war die ESA überall in der DDR ein übliches Verfahren. Siehe Schlüsseldokumente zum DDR-Sport. Ein historischer Überblick in Originalquellen. Hg. v. Klaus Reinartz, Hans Joachim Teichler, Giselher Spitzer. Aachen 1998. S. 194-202. / Lickfers, Torsten: Talentauslese und [Talent]förderung in der DDR. Entstehung und Entwicklung der Einheitlichen Sichtung und Auswahl (ESA). Unveröffentlichte Diplomarbeit Universität Potsdam 2003.
[527] Vereinbarung zwischen dem Bundesvorstand des FDGB und dem Bundesvorstandes des DTSB v. 17.08.1964. SAPMO DY 34/ 14483. Beschlüsse des Bundesvorstandes des FDGB, seines Präsidiums und Sekretariats. Zusammengestellt v. Hans Degebrodt. S. 9.
[528] Sportgeschehen. Brandenburger Stahlwerker, 16.03.1956, [o. P.].
[529] Beschluss des Bundesvorstandes des FDGB über „Aufgaben und Arbeitsweise des Sportorganisators" Information des FDGB 1967. SAPMO DY 34/ 14483 Beschlüsse d. BV d. FDGB, S. 2.
[530] Jorra, Klaus: Die Entwicklung der Betriebssportgemeinschaft des Stahl- und Walzwerkes Brandenburg unter dem Aspekt des Zusammenwirkens aller gesellschaftlichen Kräfte des Betriebes (1962-1967). Unveröffentlichte Diplomarbeit DHfK Leipzig 1968. S. 19.
[531] Gensel, Georg; Heise, Peter; Wuttke, Günter: Handbuch für den Sportorganisator. Berlin 1981. S. 3f.
[532] Götze, Hans-Georg: Die geschichtliche Entwicklung der Betriebssportgemeinschaft Stahl Brandenburg von 1950 bis 1983. Unveröffentlichte Diplomarbeit DHFK Leipzig 1984. S. 68.
[533] Götze, Hans-Georg: Die geschichtliche Entwicklung der Betriebssportgemeinschaft Stahl Brandenburg von 1950 bis 1983. Unveröffentlichte Diplomarbeit DHFK Leipzig 1984. S. 74.
[534] Jorra, Klaus: Die Entwicklung der Betriebssportgemeinschaft des Stahl- und Walzwerkes Brandenburg unter dem Aspekt des Zusammenwirkens aller gesellschaftlichen Kräfte des Betriebes (1962-1967). Unveröffentlichte Diplomarbeit DHfK Leipzig 1968. S. 19.
[535] SAPMO 34/14483 Beschlüsse des Bundesvorstandes des FDGB, S. 7.
[536] Henning, Klaus u. Degebrodt, Hans: (Leitung Autorenkollektiv): Handbuch für den Sportorganisator. Berlin 1973.
[537] Henning, Klaus u. Degebrodt, Hans: (Leitung Autorenkollektiv): Handbuch für den Sportorganisator. Berlin 1973. S. 7.
[538] Jorra, Klaus: Die Entwicklung der Betriebssportgemeinschaft des Stahl- und Walzwerkes Brandenburg unter dem Aspekt des Zusammenwirkens aller gesellschaftlichen Kräfte des Betriebes (1962-1967). Unveröffentlichte Diplomarbeit DHfK Leipzig 1968. S. 20.
[539] Handbuch für den Sportorganisator. Berlin 1973. S. 5f.
[540] Der Terminus verweist auf die drei sportlichen Bereiche innerhalb der BSG: Übung, Training und Wettkampf.
[541] Henning, Klaus u. Degebrodt, Hans: (Leitung Autorenkollektiv): Handbuch für den Sportorganisator. Berlin 1973. S. 25ff.
[542] Götze, Hans-Georg: Die geschichtliche Entwicklung der Betriebssportgemeinschaft Stahl Brandenburg von 1950 bis 1983. Unveröffentlichte Diplomarbeit DHfK 1984. S. 37.
[543] Protokoll des 9. FDGB-Kongresses. Hg. v. BV d. FDGB. Berlin 1977. S. 43.
[544] Gensel, Georg; Heise, Peter; Wuttke, Günter: Handbuch für den Sportorganisator. Berlin 1981. S. 8.
[545] Bsp. Marion Rach, Kultur- und Sportobmann der Gewerkschaftsgruppe des HR-Bereichs des SWB. Brigadetagebuch HR1 (Finannzrechnung) 1985. Industriemuseum Brandenburg.
[546] Henning, Klaus u. Degebrodt, Hans: (Leitung Autorenkollektiv): Handbuch für den Sportorganisator. Berlin 1973. S. 27.
[547] Protokoll der Betriebssport-Kommission vom 05.12.1985. Brandenburgisches Landesarchiv Bornim. Rep. 502 SWB 1507.
[548] Henning, Klaus u. Degebrodt, Hans: (Leitung Autorenkollektiv): Handbuch für den Sportorganisator. Berlin 1973. S. 28.
[549] ... BSG [sic!]. In: Stahl für den Aufbau des Sozialismus. 31.01.1953, [o. P.].
[550] Stresow, Friedhelm: Die Entwicklung unseres Betriebes zu einer wichtigen ökonomischen und politischen Bastion der Arbeiterklasse. Betriebsgeschichte des VEB Stahl- und Walzwerkes Brandenburg Teil 1 / 1949 – 1955. Brandenburg [o. J.] S. 35.
[551] Tagung der Betriebssportkommission. Volkssport bei den Walzwerkern hoch im Kurs. In: Roter Stahl, 28.06.1974, [o. P.].
[552] Als Aktivisten bezeichnete man Beschäftigte, die aufgrund ihres beruflichen und/oder gesellschaftlichen Engagements ausgezeichnet wurden. In: Der Große Duden. Leipzig 1986. S. 29.
[553] Antrag auf Aktivistenauszeichnung v. 30.08.1985. Brandenburgisches Landeshauptarchiv Rep. 502 SWB 1649.
[554] Einschätzung Horst Seehawer (damals Sektion Tischtennis) und Manfred Gembries (Sektion Leichtathletik) Brandenburg 2000.
[555] Kommission für Betriebsmeisterschaft im Fußball gebildet. Brandenburger Stahlwerker, 07.04.1956, [o. P.].
[556] Welchen Namen soll unser Stadion tragen? Brandenburger Stahlwerker, 15.06.1956, [o. P.].
[557] Stresow, Friedhelm: Die Entwicklung unseres Betriebes zu einer wichtigen ökonomischen und politischen Bastion der Arbeiterklasse. Betriebsgeschichte des VEB Stahl- und Walzwerkes Brandenburg Teil 1 / 1949 – 1955. Brandenburg [o. J.] S. 70.
[558] Dicke gegen Dünne. Roter Stahl, 20.09.1957, [o. P.].
[559] Sportgeschehen. Brandenburger Stahlwerker, 09.03.1956, [o. P.]./ Betriebssportfest. Roter Stahl, 25.10.1957, [o. P.].
[560] PS Betriebsmeister im Volleyball. In: Roter Stahl, 25.04.1975, [o. P.].
[561] Volleyballturnier für SWB-Mannschaften. In: Roter Stahl, 14.11.1975, [o. P.].
[562] Die SV Wismut gab es bis 1990, sie war die BSG des deutsch-sowjetischen Unternehmens Wismut AG, das unter sowjetischer Kontrolle Uran förderte. Vgl. Karlsch, Rainer: „Ein Staat im Staate" – Der Uranbergbau der Wismut AG Sachsen und Thüringen. In: Aus Politik und Zeitgeschichte, 49/50 (1993), S. 14-23.
[563] Die SV Lok galt als international vernetzt und existierte aus diesem Grund in der DDR formal weiter.
[564] Mitgliederstatistik der BSG Stahl Brandenburg.
[565] Übernommen von Götze, Hans-Georg: Die geschichtliche Entwicklung der Betriebssportgemeinschaft Stahl Brandenburg von 1950 bis 1983. Unveröffentlichte Diplomarbeit DHfK Leipzig 1984. S. 50.
[566] Schäfer, Jeanette: Die Entwicklung des Wasserfahrsports in Brandenburg / Havel. Am Beispiel der Betriebssportgemeinschaft Stahl Brandenburg in der Zeit von 1950 bis 1989. Unveröffentlichte Diplomarbeit Universität Potsdam 2001. S. 13.
[567] Götze, Hans-Georg: Die geschichtliche Entwicklung der Betriebssportgemeinschaft Stahl Brandenburg von 1950 bis 1983. Unveröffentlichte Diplomarbeit DHfK Leipzig 1984. Siehe Anlage.
[568] Vgl. auch Schäfer, Jeanette: Die Entwicklung des Wasserfahrsports in Brandenburg /

Havel. Am Beispiel der Betriebssportgemeinschaft Stahl Brandenburg in der Zeit von 1950 bis 1989. Unveröffentlichte Diplomarbeit Universität Potsdam 2001. S. 19.

569 Vgl. Reinartz, Klaus: Die Zweiteilung des DDR-Sports auf Beschluß der SED. In: Teichler, Hans-Joachim; Reinartz, Klaus: Das Leistungssportsystem der DDR in den 80er Jahren und im Prozeß der Wende. Schorndorf 1999. S. 55-85.

570 Bezirkstrainingszentrum. Eine Klassifizierung des Trainingszentrums nach Leistung (Delegierungen) was eine höhere Bezuschussung zur Folge hatte. Diesen Hinweis verdanke ich Manfred Weiß, Sektionsleiter Boxen der SG Stahl Brandenburg e.V.

571 Körperkultur und Sport. Rechenschaftslegung über Sozialpolitische Maßnahmen im SWB [für das Halbjahr] 1979. S. 80f. Brandenburgisches Landesarchiv Bornim. Rep. 502 SWB 1659.

572 Wonneberger, Ingeburg: Zur Charakterisierung Allgemeiner Sportgruppen in der DDR. In: TPKK, Jg. 28, Heft 9 (1979), S. 830-836.

573 Siehe Kapitel I: 5. Ergänzende Begriffserklärungen.

574 Losung für den Fernwettkampf zur Ermittlung der besten Gewerkschaftsgruppen, sozialistischen Brigaden und Arbeitskollektive im Jahr des V. Deutschen Turn- und Sportfestes 1969. SAPMO DY 34/ 7933.

575 Losung aus dem gemeinsamen Sportprogramm des DTSB der DDR, des FDGB und der FDJ. Zitiert aus: Gensel, Georg; Heise, Peter; Wuttke, Günter: Handbuch für den Sportorganisator. Berlin 1981. S. 49. Ebenfalls vorangestellt der Festschrift „35 Jahre Betriebssportgemeinschaft Stahl Brandenburg" (1985).

576 Auszug aus dem Schlußwort des Mitgliedes des Rates des Bezirkes und Bezirksarzt, OMR Dr. med. Lübs, auf der 6. Tagung der Stadtverordnetenversammlung. In: Mitteilungsblatt der Stadtverordnetenversammlung Brandenburg (Havel). Hg. v. Rat der Stadt Brandenburg (Havel). 1 (1975), S. 7.

577 Auszug aus dem Schlußwort des Mitgliedes des Rates des Bezirkes und Bezirksarztes, OMR Dr. med. Lübs, auf der 6. Tagung der Stadtverordnetenversammlung. In: Mitteilungsblatt der Stadtverordnetenversammlung Brandenburg (Havel). Hg. v. Rat der Stadt Brandenburg (Havel). 1 (1975), S. 6f.

578 Auszug aus dem Referat Dr. med Küpper (Kreisarzt in Brandenburg) zur „Förderung, Erhaltung und Wiederherstellung der Gesundheit der Bürger – gemeinsame Aufgabe der ganzen Gesellschaft" auf der 6. Tagung der Stadtverordnetenversammlung. In: Mitteilungsblatt der Stadtverordnetenversammlung Brandenburg (Havel). Hg. v. Rat der Stadt Brandenburg (Havel). 1 (1975), S. 4.

579 Vgl. Auszug aus dem Referat Dr. med Küpper (Kreisarzt in Brandenburg) zur „Förderung, Erhaltung und Wiederherstellung der Gesundheit der Bürger – gemeinsame Aufgabe der ganzen Gesellschaft" auf der 6. Tagung der Stadtverordnetenversammlung. In: Mitteilungsblatt der Stadtverordnetenversammlung Brandenburg (Havel). Hg. v. Rat der Stadt Brandenburg (Havel). 1 (1975), S. 1.

580 Monatliche Rechenschaftslegung d. Direktors für Ökonomie 1982. Brandenburgisches Landesarchiv Bornim. Rep. 502 SWB 1496, S. 3.

581 Henning, Klaus u. Degebrodt, Hans: (Leitung Autorenkollektiv): Handbuch für den Sportorganisator. Berlin 1973. S. 12.

582 Auswertung der Freizeitkonferenz in Brandenburg in Thesen, bezogen auf spezifische Probleme der Körperkultur und des Sports. Berlin, 23.05.1968. SAPMO DY 34/ 7933.

583 Indirekte Kritik am DTSB, welcher die Nutzung der von den Arbeitern geschaffenen Sportstätten zu reglementieren begann.

584 Auswertung der Freizeitkonferenz in Brandenburg in Thesen, bezogen auf spezifische Probleme der Körperkultur und des Sports. Berlin, 23.05.1968. SAPMO DY 34/ 7933.

585 Auswertung der Freizeitkonferenz in Brandenburg in Thesen, bezogen auf spezifische Probleme der Körperkultur und des Sports. Berlin, 23.05.1968. SAPMO DY 34/ 7933.

586 Baumann, Wolf-Rüdiger; Eschenhagen, Wieland; Judt, Matthias; Paesler, Reinhard (Autoren): Die Fischer Chronik Deutschland 1949 – 1999. Frankfurt am Main 1999. S. 211 u. 403f. Vgl. auch Hanke, Helmut (Hg.): Kultur und Freizeit. Zu Tendenzen und Erfordernissen eines kulturvollen Freizeitverhaltens. Berlin 1971. S. 60.

587 Ulbricht, Walter: Die weitere Gestaltung des gesellschaftlichen Systems des Sozialismus. Berlin 1968. S. 20.

588 Auswertung der Freizeitkonferenz in Brandenburg in Thesen, bezogen auf spezifische Probleme der Körperkultur und des Sports. Berlin, 23.05.1968. SAPMO DY 34/ 7933.

589 Beschluss der Leitung der Grundorganisation der SV Metallurgie. Aus: Statut der Sportvereinigung Stahl. Pkt. 10. [o. J.] Siehe Abschrift.

590 Deutscher Turn- und Sportbund der DDR, gegründet am 27.04.1957.

591 Z.B. die Sportklubs Chemie-Halle, Traktor-Schwerin und Lok-Leipzig.

592 Siehe Reinartz, Klaus: Die Zweiteilung des DDR-Sports auf Beschluß der SED. In: Teichler, Hans-Joachim; Reinartz, Klaus: Das Leistungssportsystem der DDR in den 80er Jahren und im Prozeß der Wende. Schorndorf 1999. S. 55-85.

593 Gemeint ist die „Einheitliche Sichtung und Auswahl" von Schülern, die systematisch hinsichtlich ihrer Eignung für den Leistungssport überprüft wurden. Schlüsseldokumente zum DDR-Sport. Ein historischer Überblick in Originalquellen. Hg. v. Klaus Reinartz, Hans Joachim Teichler, Giselher Spitzer. Aachen 1998. S. 194-202. / Lickfers, Torsten: Talentauslese und [Talent]förderung in der DDR. Entstehung und Entwicklung der Einheitlichen Sichtung und Auswahl (ESA). Unveröffentlichte Diplomarbeit Universität Potsdam 2003.

594 In der DDR-Sportwissenschaft übliche Abkürzung für Übungs-, Trainings- und Wettkampfbetrieb.

595 SAPMO DY 34/ 14483 Beschlüsse d. BV d. FDGB, S. 3.

596 Neubauer, Uwe: Der FDGB – Triebkraft bei der Heranführung der Werktätigen an Körperkultur und Sport in der DDR. Unveröffentlichte Diplomarbeit an der Pädagogischen Hochschule „Erich Weinert" Magdeburg 1980. S. 29.

597 Die „allgemeinen Sportgruppen" waren zumeist an BSGen angegliedert, eine BSG-Mitgliedschaft war jedoch nicht Voraussetzung. Vgl. Wonneberger, Ingeburg: Zur Charakterisierung Allgemeiner Sportgruppen in der DDR. In: TPKK, Jg. 28, Heft 9 (1979), S. 830-836.

598 Theweleit, Klaus: Tor zur Welt. Köln 2004. S. 111.

599 Klaedtke, Uta: "Stahl Feuer!!!" – Die Fußballer des Stahl- und Walzwerkes Brandenburg zwischen politischer Anpassung und betrieblichem Eigensinn. In: Sport in der DDR. Hg. v. Hans Joachim Teichler. Köln 2003. S. 268.

600 20.07.1950 in Berlin.

601 Beschlüsse [der Betriebsparteileitung] zur Verbesserung der Kulturarbeit im Stahl- und Walzwerk Brandenburg. In: Stahl für den Frieden, 26.10.1951, [o. P.].

602 Jorra, Klaus: Die Entwicklung der Betriebssportgemeinschaft des Stahl- und Walzwerkes Brandenburg unter dem Aspekt des Zusammenwirkens aller gesellschaftlichen Kräfte des Betriebes (1962-1967). Unveröffentlichte Diplomarbeit DHfK Leipzig 1968. S. 2.

603 Götze, Hans-Georg: Die geschichtliche Entwicklung der Betriebssportgemeinschaft Stahl Brandenburg von 1950 bis 1983. Unveröffentlichte Diplomarbeit DHfK Leipzig 1984. S. 58. Und Jorra, Klaus: Die Entwicklung der Betriebssportgemeinschaft des Stahl- und Walzwerkes Brandenburg unter dem Aspekt des Zusammenwirkens aller gesellschaftlichen Kräfte des Betriebes (1962-1967). Unveröffentlichte Diplomarbeit DHfK Leipzig 1968. S. 13.

604 Gegen Motors erfolgreichen Pokalstil fand Hansa nie die richtigen Mittel. FuWo, 03.05.1967, S. 3.

605 Vgl. Die BSG Stahl Eisenhüttenstadt e.V. auf einen Blick. Eisenhüttenstadt 1995. S. 24.

606 Festschrift zum 35. Jahrestag der BSG Stahl Brandenburg. S. 7. Auch Götze, Hans-Georg: Die geschichtliche Entwicklung der Betriebssportgemeinschaft Stahl Brandenburg von 1950 bis 1983. Unveröffentlichte Diplomarbeit DHfK Leipzig 1984. Anlage: Mitgliederentwicklung.

607 1960 waren ca. 1001 Mitglieder in der BSG Stahl organisiert. Nach Götze, Hans-Georg:

Die geschichtliche Entwicklung der Betriebssportgemeinschaft Stahl Brandenburg von 1950 bis 1983. Unveröffentlichte Diplomarbeit DHfK Leipzig 1984. Anlage: Mitgliederentwicklung.

[608]Vgl. Baumann, Wolf-Rüdiger; Eschenhagen, Wieland; Judt, Matthias; Paesler, Reinhard (Autoren): Die Fischer Chronik Deutschland 1949 – 1999. Frankfurt am Main 1999. S. 367ff.

[609]U.a. wird der Film „Spur der Steine" unter Strafandrohung für Regisseur Frank Beyer und Hauptdarsteller Manfred Krug verboten, Robert Havemann wird aus der Akademie der Wissenschaften ausgeschlossen, Kulturminister Hans Bentzien wird von Klaus Gysi ersetzt. Siehe: Baumann, Wolf-Rüdiger; Eschenhagen, Wieland; Judt, Matthias; Paesler, Reinhard (Autoren): Die Fischer Chronik Deutschland 1949 – 1999. Frankfurt am Main 1999. S. 385ff.

[610]Baumann, Wolf-Rüdiger; Eschenhagen, Wieland; Judt, Matthias; Paesler, Reinhard (Autoren): Die Fischer Chronik Deutschland 1949 – 1999. Frankfurt am Main 1999. S. 404.

[611] BSG Stahl berichtet! In: Stahlwerk im Aufbau. 03.03.1951, [o. P.].

[612] BSG Stahl berichtet! In: Stahlwerk im Aufbau. 03.03.1951, [o. P.].

[613] Verantwortlich für die Kokillen (Metallform zum Gießen von Blöcken oder Formstücken) In: Der Große Duden. Leipzig 1986. S. 255. Ein Kokillenmann wartete diese, führte Buch und musste diese mittels Kran bewegen, was eine körperlich schwere Arbeit war. Nach Auskunft des Industriemuseums Stahl- und Walzwerk Brandenburg.

[614] Vorstellung in: Roter Stahl, 13.11.1965, [o. P.].

[615] Spieler wurden vorgestellt in: Roter Stahl, 18.09.1965, 02.10.1965, 09.10.1965, 16.10.1965, 23.10.1965, 30.10.1965, 13.11.1965 u. 20.11.1965.

[616] 280 Sektionsmitglieder.

[617] Jorra, Klaus: Die Entwicklung der Betriebssportgemeinschaft des Stahl- und Walzwerkes Brandenburg unter dem Aspekt des Zusammenwirkens aller gesellschaftlichen Kräfte des Betriebes (1962-1967). Unveröffentlichte Diplomarbeit DHfK Leipzig 1968. S. 16.

[618] FuWo, 10.07.1984, S. 8.

[619] Als Sohn eines Arbeiters lernte er Betriebsschlosser, besuchte die Ingenieurschule für Walzwerktechnik in Riesa, qualifizierte sich im Fernstudium zum Diplomingenieur für Metallformung, trat 1963 in die SED ein, arbeitete im SWB als Assistent des Produktionsdirektors, besuchte die SED-Parteihochschule und promovierte an der Bergakademie Freiberg. 1986 wurde er zum Minister für Schwermaschinen- und Anlagenbau berufen und verließ die Havelstadt. Aus: Wer war wer in der DDR? Ein biographisches Lexikon. Hg. v. Helmut Müller-Enbergs, Jan Wielgohs u. Dieter Hoffmann. Berlin 2001. S. 505.

[620] Von Treskow, Sieglinde; Wolfgang, Sponholz: Stahlstandort am Silokanal. In: Stahl und Brennabor. Die Stadt Brandenburg im 19. und 20. Jahrhundert. Hg. v. Gerd Heinrich u.a.. Potsdam 1998. S. 429.

[621]Vgl. Alheit, Peter: Biographische Forschung und Milieuanalyse – die unterschiedlichen „Karrieren" zweier Nachkriegsarbeitermilieus. In: BzG 3/2000, S. 38ff.

[622] Hradil, Stefan: Soziale Ungleichheit in Deutschland. Opladen 1999. S. 121. Hradil bezieht sich auf Goldthorp, J.: Social Mobility and Class Strukture in Modern Britain. Oxford 1980.

[623] In der DDR wurde Leistungssport nur in Sportklubs gefördert. Alle anderen SGen und BSGen galten als Sportlerreservoir für die Sportklubs.

[624] Ausnahmen bildeten hier z.B. FC Hansa Rostock (Abstieg 1986) oder der 1. FC Union Berlin (Wiederaufstieg 1985). Siehe: Unübersehbar mit Glück im Unglück. FuWo, 27.05.1986, S. 6. / Union schaffte es endgültig. FuWo, 14.05.1985, S. 10.

[625] Randnotiz auf dem Redepapier des GD zur volkswirtschaftlichen Bedeutung des Kombinates 1983. S. 15. Brandenburgisches Landeshauptarchiv Rep. 502 SWB 1486.

[626] Nach Selbstaussage Hans-Joachim Laucks. Berlin, 04.08.2003.

[627] Brandis, Peter: Jubel um Stahl Brandenburg. In: MV, 18.06.1984, S. 5.

[628] Zentrale Betriebsparteiorganisation.

[629] Schreiben des zweiten Sekretärs der SED-Bezirksleitung, Ulrich Schlaak, an den Vorsitzenden des Rates des Bezirkes, Herbert Tzschoppe, vom 27.12.1984. Anlage: Maßnahmeplan zur Unterstützung der BSG Stahl Brandenburg, Sektion Fußball, zum Klassenerhalt in der Fußball-Oberliga der DDR im Spieljahr 1984, Danksagung an die Bezirksparteileitung Potsdam und Einladung zu den Oberligaspielen. Brandenburgisches Landeshauptarchiv Rep. 530 SWB 7236.

[630] Begleitschreiben zum Maßnahmeplan zur Unterstützung der BSG Stahl Brandenburg, Sektion Fußball, 1984/85. Brandenburgisches LHA Rep. 530 SWB 7236.

[631] Spiel und Gegner total im Griff. FuWo, 08.10.1986, S. 8. / Wuchtiger IFK-Stil später entschärft. FuWo, 28.10.1986, S. 7.

[632] Rat für gegenseitige Wirtschaftshilfe

[633] Anforderungsbild für einen im Bereich der Fußball-Oberligamannschaft der BSG „Stahl Brandenburg" zu werbenden IM. BStU Potsdam 2251/88, S. 20-27.

[634] Abschrift eines IM-Berichts aus der OPK-Akte „Elektronik" vom 27.03.1986. BStU Potsdam AOPK 1188/87-BStU 000005, Auszug aus der Abschrift eines Zeugenvernehmungsprotokolls vom 04.09.1986. BStU Potsdam AOPK 1188/87-BStU 000009.

[635]IM-Bericht. BStU-Potsdam AOPK 1188/87. Vgl. auch Klaedtke, Uta: „Stahl Feuer!!!" – die Fußballer des Stahl- und Walzwerkes Brandenburg zwischen politischer Anpassung und betrieblichem Eigensinn. In: Sport in der DDR. Eigensinn, Konflikte, Trends. Hg. v. Hans Joachim Teichler. Köln 2003. S. 266ff.

[636]Information des ehemaligen Stahl-Fußballers Christoph Ringk. Bestätigt wird dies durch biographische Angaben zu Spielern der BSG Stahl Brandenburg. Einleitungsbericht zur Durchführung der Operativen Personenkontrolle „Läufer" vom 26.02.1986. BStU Potsdam AOPK 2997/87- BStU 000007.

[637] Aus Richtlinie des DFV der DDR zur Führung und zur Gewährleistung des leistungssportlich orientierten Trainings und Wettkampfes in der II. Fußball-Leistungsklasse Liga. SAPMO DY 30 IV2/ 2.039. S. 221.

[638]BSG Stahl Brandenburg Fußballprogramm / Stadionkurier 1984 –1988. Sowie Fragebogen „Stahl Brandenburg Fußball-Oberliga" Brandenburg/ Havel 2000.

[639]Tarif/Gehalt, Vergütung bzw. Prämien – Zeitraum 01.07.1987-30.06.1988 der OL-Fußballer Stahl Brandenburg. SAPMO DY 30 IV 2/ 2.039/ 251. Als Anlage in: Kersten, Sven: Die Entwicklung des bezahlten Fußballs in den letzten Jahren der DDR und im Prozeß der Vereinigung unter besonderer Berücksichtigung der Trainer. (Wiss. Arbeit zum Staatsexamen) Universität Potsdam 1997.

[640] Deutscher-Fußball-Verband der DDR.

[641] Begründung zur Einführung eines Gehalts- und Prämienregulativs für Sportler der Fußballoberliga. SAPMO DY 30 IV 2/ 2.039. S. 224.

[642] Vgl. auch Spitzer, Giselher: Spitzenfußball in der DDR. Kontinuitäten und Entwicklungsbrüche zwischen Selbstbestimmung und (innen-)politischer Funktionalisierung. In: Quo vadis Fußball. Hg. v. Ludwig W. Tegelbeckers und Dietrich Milles. Göttingen 2000. S. 187.

[643] Aus Richtlinie des DFV der DDR zur Führung und zur Gewährleistung des leistungssportlich orientierten Trainings und Wettkampfes in der II. Fußball-Leistungsklasse Liga. SAPMO DY 30 IV 2/ 2.039. S. 221.

[644] Maßnahmeplan zur Unterstützung der BSG Stahl Brandenburg, Sektion Fußball, 1984/85.
Brandenburgisches LHA Rep. 530 SWB 7236. Siehe Anhang.

[645] Stadion-Kurier, 01.03.1986.

[646] Stadion-Kurier, 10.05.1986.

[647] Zwischenzeitig hatte er für Schwedt gespielt.

[648] Fragebogen der Autorin für die ehemaligen Stahl-Spieler Brandenburgs in der Fußball-Oberliga von Christoph Ringk, Jan Voß, Gerhard Kraschina, Ingolf Pfahl und Timo Lange, Andreas Lindner und Winfried Kräuter Juni 2000. (Siehe Anlage).

[649] Deckblatt zum Ermittlungsbericht des Spielers vom 21.09.1983. BStU Potsdam AOPK 1188/87 Teil I. BStU Potsdam 000027.
[650] In Zusammenarbeit mit IM erarbeitete Stimmungen/ Meinungen vom 13.03.1986. BStU Potsdam AIM 2251/88 Teil I, BStU Potsdam 000029.
[651] Weitergegebene Information eines IM vom 16.04.1986. BStU Potsdam AIM 2251/88 Teil I, BStU Potsdam 000036.
[652] SAPMO DY 30 IV 2/ 2.039 Nr. 251; Stadion-Kurier, 13.04.1985; MV, 15.04.1985, S. 5.
[653] Eckhaus Rosa Luxemburg-Rudolf-Breitscheid-Straße. Ihr Traum ist verwirklicht. Ein Blick auf 90 Jahre Arbeitersport in Brandenburg. DTSB-Sportrundschau der Bezirksorganisation Potsdam. Mai 1982. S. 3. / Zimmermann, Rüdiger: Daten und Ergebnisse zum Arbeitersport. In: Illustrierte Geschichte des Arbeitersports. Hg. v. Hans Joachim Teichler und Gerhard Hauk. Bonn 1987. S. 252. [Gründungsjahr ist hier allerdings 1903]
[654] Zimmermann, Rüdiger: Daten und Ergebnisse zum Arbeitersport. In: Illustrierte Geschichte des Arbeitersports. Hg. v. Hans Joachim Teichler und Gerhard Hauk. Bonn 1987. S. 252.
[655] Vgl. Kleine Enzyklopädie Körperkultur und Sport. Leipzig 1961. S. 551f. / Neuhaus, Christel: Sportbeziehungen der DDR zu kapitalistischen Ländern Europas im Kampf um die Durchsetzung der Politik der friedlichen Koexistenz Anfang der siebziger Jahre bis 1976. Leipzig 1982 (Diss. an der DHfK Leipzig). S. 91. Zitiert nach Götze, Hans-Georg: Die geschichtliche Entwicklung der Betriebssportgemeinschaft Stahl Brandenburg von 1950 bis 1983. Unveröffentlichte Diplomarbeit DHfK Leipzig 1984.
[656] Hier spricht die BSG Stahl. In: Stahlwerk im Aufbau, 16.02.1951, [o. P.].
[657] Muß das so sein? Stahlwerk im Aufbau, 27.04.1951.
[658] Die Partie wird eröffnet. In: Stahl für den Frieden, 20.10.1953, [o. P.]. Liebe Schachfreunde! In: Stahl für den Frieden 17.11.1953, [o. P.].
[659] Liebe Schachfreunde! In: Stahl für den Frieden, 17.11.1953, [o. P.].
[660] Liebe Schachfreunde! In: Roter Stahl, 14.01.1954; Sektion Schach. In: Roter Stahl, 12.02.1954, [o. P.].
[661] Vom Sport an den Osterfeiertagen. In: Brandenburger Stahlwerker, 01.05.1954, [o. P.].
[662] Wir gratulieren. In: Brandenburger Stahlwerk, 28.08.1954 , [o. P.].
[663] Schach für Schüler. In: Brandenburger Stahlwerker, 29.03.1956, [o. P.].
[664] Jorra, Klaus: Die Entwicklung der Betriebssportgemeinschaft des Stahl- und Walzwerkes Brandenburg unter dem Aspekt des Zusammenwirkens aller gesellschaftlichen Kräfte des Betriebes (1962-1967). Unveröffentlichte Diplomarbeit DHfK Leipzig 1968. S. 22.
[665] Jorra, Klaus: Die Entwicklung der Betriebssportgemeinschaft des Stahl- und Walzwerkes Brandenburg unter dem Aspekt des Zusammenwirkens aller gesellschaftlichen Kräfte des Betriebes (1962-1967). Unveröffentlichte Diplomarbeit DHfK Leipzig 1968. S. 29; Götze, Hans-Georg: Die geschichtliche Entwicklung der Betriebssportgemeinschaft Stahl Brandenburg von 1950 bis 1983. Unveröffentlichte Diplomarbeit Leipzig 1984. Siehe Anhang.
[666] Chronik des Spielmannszug der Freien Tambourvereinigung der SG Stahl Brandenburg. www.spielmannszug-brandenburg.de/geschi.html
[667] Die Brandenburger Teilnehmer an den Weltfestspielen wurden verabschiedet. In: Stahlwerk im Aufbau, 21.08.1951, [o. P.].
[668] Die ersten Brandenburger Teilnehmer an den Weltfestspielen wurden verabschiedet. In: Stahl für den Frieden, 21.08.1951, [o. P.]./ Ein schönes Erlebnis in Berlin. In: Stahl für den Frieden, 01.09.1951, [o. P.].
[669] Pseudonym des Dichters und Sekretärs des Schriftstellerverbands der DDR, Kurt Bartel (1914-1967). Vgl. Wer war wer in der DDR? Ein biographisches Lexikon. Hg. v. Helmut Müller-Enbergs. Jan Wielgohs u. Dieter Hoffmann. Berlin 2001. S.43.
[670] Wo bleibt der Spielmannszug? In: Stahl für den Frieden, 04.01.1952, [o. P.].
[671] Unser Kuba-Ensemble. 1. Landessieger – 3. Sieger bei den Festspielen der Deutschen Volkskunst 1952 in Berlin. In: Stahl für den Frieden, 16.07.1952, [o. P.].
[672] Ich war im Walter-Ulbricht-Stadion. In: Roter Stahl, 26.06.1954, [o. P.].
[673] Rechenschaftsbericht der BSG Stahl für die Jahre 1968 und 1969 vom 10.01.1970, S. 8. Material der BSG Stahl Brandenburg.
[674] 07.02.1964 Brand in der Sporthalle an der Gördenbrücke. Vgl. Götze, Hans-Georg: Die geschichtliche Entwicklung der Betriebssportgemeinschaft Stahl Brandenburg von 1950 bis 1983. Unveröffentlichte Diplomarbeit an der DHFK Leipzig 1984. S. 51.
[675] Rechenschaftsbericht der BSG Stahl für die Jahre 1968 und 1969 vom 10.01.1970, S. 9. Material der BSG Stahl Brandenburg.
[676] Diesen Hinweis verdanke ich dem ehem. Vorsitzenden des Spielmannzuges, Rolf Rohr. Brandenburg 26.04.2003.
[677] Erringung des Europapokals, 1996-1999 Landesmeister von Berlin/Brandenburg. Siehe „Ein Verein feiert Geburtstag! Die SG Stahl Brandenburg e.V. im 50.ten Jahr". Material der SG Stahl Brandenburg.
[678] Manfred Weiß war lange Jahre in der Leitung der Betriebssportgruppe Angeln des SWB und im KFA-Angeln aktiv.
[679] Fellner, August: Der Angelsport. Leipzig 1905. S. 13.
[680] Fellner, August: Der Angelsport. Leipzig 1905. S. 9f.
[681] Arlinghaus, Robert: A human dimensions approach towards sustainable recreational fisheriesmanagement. London 2004. Zitiert nach Deutschland Radio (www.dradio.de/dir/sendungen/kompass/281287), vgl. auch Forschungsverbund Berlin e.V. (www.fv-berlin.de/pm archiv/2004/15-bscher.html.)
[682] Der einsichtsvolle Amateurangler beachtete Schonung, Hege und Maßnahmen der Fischvermehrung. Vgl. Fellner, August: Der Angelsport. Leipzig 1905. S. 17.
[683] Der Angelschein wurde in der Regel von Fischwasserbesitzern, Fischereipächtern oder der Fischerinnung ausgestellt und von der Ortsbehörde unterschrieben. Vgl. hierzu: Fellner, S. 19.
[684] Vgl hierzu: Fellner, S. 20f.
[685] Kleine Enzyklopädie Körperkultur und Sport. Leipzig 1963. Hg. v. Günter Erbach, Günter Borrmann, Hugo Döbler u. Günther Wonneberger. S. 466.
[686] Summe der durchschnittlichen Investitionen der Angler pro Jahr. Nach: Arlinghaus, Robert: A human dimensions approach towards sustainable recreational fisheriesmanagement. London 2004. Zitiert nach Deutschland Radio (www.dradio.de/dir/sendungen/kompass/281287).
[687] Turniersportler des DAV, Betriebsgruppe SWB. In: Roter Stahl, 03.04.1958, [o. P.].
[688] Gespräch der Autorin mit Manfred u. Ursula Weiß am 23.05.2002 in Brandenburg.
[689] Im Jahre 1984 zählte die Sektion Fußball der BSG Stahl Brandenburg 396 Mitglieder. Angabe nach Festschrift: 35 Jahre Betriebssportgemeinschaft Stahl Brandenburg. Brandenburg 1985, S. 7.
[690] Gespräch der Autorin mit Manfred u. Ursula Weiß am 23.05.2002 in Brandenburg.
[691] Spinnerweitwerfen, Spinnerskiskish, Spinnerzielwerfen, Fliegeweitwerfen, Fliegezielwerfen sowie Fliegeskish. Weiterführende Literatur: Kleine Enzyklopädie Körperkultur und Sport. Hg. v. Günter Erbach, Günter Borrmann, Hugo Döbler u. Günther Wonneberger. Leipzig 1963. S. 467-470.
[692] Zweifacher Deutscher Jugendmeister. In: Roter Stahl, 26.08.1960, [o. P.].
[693] Stadtteil Brandenburgs.
[694] Die Vergleichskämpfe fanden im Raubfischangeln und im Nachtangeln statt. Der Freundschaftsvertrag hat sogar heute noch Bestand. Gespräch der Autorin mit Manfred u. Ursula Weiß am 23.05.2002 in Brandenburg.
[695] Gespräch der Autorin mit Manfred u. Ursula Weiß am 23.05.2002 in Brandenburg.
[696] Gespräch der Autorin mit Manfred u. Ursula Weiß am 23.05.2002 in Brandenburg.
[697] Unsere Gewässer in guter Obhut. Die Aufgaben bei der Betreuung der DAV-Gewässer. In: Sportrundschau des DTSB Bezirksorganisation Potsdam. November 1982.
[698] Gespräch der Autorin mit Manfred u. Ursula Weiß am 23.05.2002 in Brandenburg.
[699] Brigadetagebücher der im sozialistischen Wettbewerb befindlichen Brigaden.

Industriemuseum Brandenburg.
[700] Am 25. September 1883 wurde der Brandenburger Ruderklub E.V. gegründet. Nach Materialien des Stadtmuseums Brandenburg /Havel.
[701] Kleine Enzyklopädie Körperkultur und Sport. Hg. v. Günter Erbach, Günter Borrmann, Hugo Döbler u. Günther Wonneberger. Leipzig 1963. S. 572.
[702] Zimmermann, Rüdiger: Daten und Ereignisse zum Arbeitersport. In: Illustrierte Geschichte des Arbeitersports. Hg. v. Hans Joachim Teichler u. Gerhard Hauk. Bonn 1987. S. 251.
[703]Siehe Kapitel „Zur Rolle des FDGB und der FDJ für die Erneuerung des Sports".
[704]Siehe Kapitel „Wehrsport im Betrieb".
[705] Rückblick auf das Sportjahr 1954/55. In: Brandenburger Stahlwerker, 15.07.1955, [o. P.].
[706] Sektion Segeln berichtet. In: Brandenburger Stahlwerker, 01.09.1955, [o. P.].
[707] Kanuten erstmals vor der Öffentlichkeit. In: Brandenburger Stahlwerker, 24.06.1955, [o. P.].
[708] Kanuten arbeiten für das Nationale Aufbauwerk. In: Roter Stahl, 14.11.1958, [o. P.].
[709] Sektion Segeln berichtet. In: Brandenburger Stahlwerker, 01.09.1955, [o. P.].
[710] Stahlsegler mischten bei der Frühjahrsregatta kräftig mit. In: Roter Stahl, 24.05.1057, [o. P.].
[711] Sportler wurden ausgezeichnet. In: Roter Stahl, 05.05.1962, [o. P.].
[712] Dem voran gegangen war die vom DTSB eingeführte Einteilung des Sports in Sportarten I u. II, wobei die Sportarten I besonders zu fördern waren, um hier olympisches Medaillen zu erringen. Siehe: Reinartz, Klaus: Die Zweiteilung des DDR-Sports auf Beschluß der SED. In: Teichler, Hans-Joachim; Reinartz, Klaus: Das Leistungs-sportsystem der DDR in den 80er Jahren und im Prozeß der Wende. Schorndorf 1999. S. 55-85.
[713] Warum Leistungsstützpunkte im Sport? In: Roter Stahl, 27.07.1963, [o. P.].
[714] Warum Leistungsstützpunkte im Sport? In: Roter Stahl, 27.07.1963, [o. P.].
[715]Dankesbrief des BSG-Vorsitzenden Menzel an den amtierenden Generaldirektor Ewert für die „großzügige Unterstützung des Kombinates bei der Errichtung des Bezirks-trainingszentrums Kanu-Rennsport an der Regattastrecke" vom 04.12.1986. Bran-denburgisches Landeshauptarchiv Rep. 502 SWB 1507.
[716] Schäfer, Jeanette: Die Entwicklung des Wassersports in Brandenburg/Havel. Am Beispiel der Betriebssportgemeinschaft Stahl Brandenburg in der Zeit von 1950 bis 1989. Unveröffentlichte Diplomarbeit Universität Potsdam 2001. S. 19-25.
[717] Kanuten erfolgreich. In: Roter Stahl, 05.07.1974, [o. P.].
[718] Feuertaufe. In: Roter Stahl, 09.08.1974, [o. P.].
[719]Büro für Wettbewerb im SWB. Vorschläge für den Titel „Aktivist der sozialistischen Arbeit" zum 35-jährigen Bestehen der BSG Stahl Brandenburg. Brandenburgisches Landesarchiv, Rep 502 Nr. 1649.
[720] Vgl. info@birgit-fischer.de.
[721] Olympisches Gold in Moskau 1980 im Zweier o. Steuermann. Spiele der XXII. Olympiade Moskau 1980. Berlin 1980. S. 292.
[722] Energieversorgung Brandenburg, Bau- und Montagekombinat Ost, Betonwerk Brandenburg etc. Nach: Schäfer, Jeanette: Die Entwicklung des Wasserfahrsports in Brandenburg / Havel. Am Beispiel der Betriebssportgemeinschaft Stahl Brandenburg in der Zeit von 1950 bis 1989. Unveröffentlichte Diplomarbeit Universität Potsdam 2001. S. 51.
[723] Féderation Internationale des Sociétes d´ Aviron.
[724]Brief der FISA an den Deutschen Ruder-Sport-Verband der DDR vom 03.11.1969. Schäfer, Jeanette: Die Entwicklung des Wasserfahrsports in Brandenburg/Havel. Am Beispiel der BSG Stahl in der Zeit von 1950 – 1989. Unveröffentlichte Diplomarbeit Universität Potsdam 2001. Anhang.
[725] Einladung zur Ruder-Junioren-WM 1985 für Dr. Lauck vom Generalsekretär des Deutschen Ruder-Sport-Verbands der DDR vom 18.07.1985. Brandenburgisches Landesarchiv Rep 502 SWB Nr. 1504.
[726] Vgl. www.jwm2005.de
[727] Weissig, Roland: Zu den Aufgaben der Räte der Bezirke und Kreise auf dem Gebiet von Körperkultur und Sport im Perspektivplanzeitraum von 1971 bis 1975. In: TPKK, Jg. 20, Heft 4 (1971), S. 333.
[728] Protokoll des 2. Kolloquiums des IfK Potsdam zum Thema: Situation und Perspektiven der Körpererziehung an den Berufsschulen der Deutschen Demokratischen Republik. Potsdam 1972.
[729] Heym, Rolf: Jugend in der DDR. Darmstadt 1972. S. 99.
[730]Klawohn, Waldemar: Zur Einheit von Sportunterricht und ausserunterrichtlichem Sport im Prozess der körperlichen Bildung und Erziehung der Lehrlinge. Unveröffentlichte Diplomarbeit PH „Karl Liebknecht" Potsdam 1974. S. 28.
[731] Harmel, S.; Wille, U.: Zur gegenwärtigen Situation des ausserunterrichtlichen Lehrlingssports in den Vereinigungen Volkseigener Betriebe sowie in den Kombinaten und Betrieben – unter besonderer Berücksichtigung der Wettkämpfe. In: Körpererziehung 22 (1972) 2, S. 65ff.
[732]Klawohn, Waldemar: Zur Einheit von Sportunterricht und außerunterrichtlichem Sport im Prozess der körperlichen Bildung und Erziehung der Lehrlinge. Unveröffentlichte Diplomarbeit PH „Karl Liebknecht" Potsdam 1974. S. 32.
[733] Seit September 1961 wurde jährlich in jedem Kreis an die beste allgemeinbildende oder berufsbildende Schule des Kreises sowie an die zehn besten Schüler und Lehrlinge des Kreises die Urkunde des Vorsitzenden des Staatsrates der DDR für die erzielten Ergebnisse eines leichtathletischen Dreikampfes verliehen. Erlaß des Staatsrates der DDR über die Stiftung einer Urkunde des Vorsitzenden des Staatsrates für Sport-wettkämpfe der Schüler und Lehrlinge vom 07.09.1961, unterzeichnet von W. Ulbricht und O. Gotsche. Zitiert nach Gesetzblattder DDR, Berlin 1961, Teil 1, Nr. 16, 16.09.1961, S. 170.
[734]Titel „Stärkster Lehrling" 1971 zum ersten Mal in Dresden vergeben. Vgl. Deutsches Sportecho, 26.03.1984, S. 2.
[735] Premiere mit Rekord. In: MV, 31.01.1974. S. 4.
[736] Wierling, Dorothee: Die Jugend als innerer Feind. Konflikte in der Erziehungsdiktatur der sechziger Jahre. In: Sozialgeschichte der DDR. Hg. v. Hartmut Zwar, Jürgen Kocka u. Hartmut Kaelble. Stuttgart 1994. S. 412.
[737] Auszug aus Paragraph 2 des Jugendgesetzes der DDR 1974. In: MV, 31.01.1974, S. 3.
[738] Vgl. hierzu Wierling, Dorothee: Die Jugend als innerer Feind. Konflikte in der Erziehungsdiktatur der sechziger Jahre. In: Sozialgeschichte der DDR. Hg. v. Hartmut Kaelble, Jürgen Kocka u. Hartmut Zwahr. Stuttgart 1994. S. 404 – 425.
[739]„Auf diesen Nachwuchs, auf diese künftigen sozialistischen Facharbeiter nimmt die Arbeiterklasse ständig und unmittelbar Einfluß." Zitat: Erich Honecker. In: Bericht des Zentralkomitees an den VIII. Parteitag der SED. Berlin 1971.
[740] Jarausch, Konrad H.: Realer Sozialismus als Fürsorgediktatur. Zur begrifflichen Einordnung der DDR. In: Aus Politik und Zeitgeschichte, 20 (1998), S. 33-46.
[741] Heym, Rolf: Jugend in der DDR. Darmstadt 1972. S. 111.
[742] „Die regelmäßige sportliche Betätigung ist Anliegen und Aufgabe jedes jungen Menschen für seine Persönlichkeitsentwicklung." Zitiert aus dem Jugendgesetz (1974). Aus: MV, 31.01.1974, S. 3.
[743] Wierling, Dorothee: Die Jugend als innerer Feind. Konflikte in der Erziehungsdiktatur der sechziger Jahre. In: Sozialgeschichte der DDR. Hg. v. Hartmut Kaelble, Jürgen Kocka u. Hartmut Zwahr. Stuttgart 1994. S. 411.
[744]Baumann, Wolf-Rüdiger; Eschenhagen, Wieland; Judt, Matthias; Paesler, Reinhard (Autoren): Die Fischer Chronik Deutschland 1949 – 1999. Frankfurt am Main 1999. S. 483. / Stellungnahme gegen das Tragen von langen Haaren im Unterricht und in der Produktion (UTP). Brigadetagebuch der Brigade Polytechnik im SWB1965-1966. Industriemuseum Brandenburg.

[745] Z.B. Jugendgesetz der DDR [Auszug]. VII. Die Gestaltung der Arbeits- und Lebensbedingungen der Jugend. Paragraph 39. u. IV. Das Recht und die Ehrenpflicht der Jugend zum Schutz des Sozialismus. Auszug aus Paragraph 24. In: MV, 31.01.1974, S. 3.
[746] Austermühle, Theo: Konflikte und Konfliktlösungen. In: Alltagssport in der DDR. Hg. v. Jochen Hinsching. Aachen 1998. S. 141f.
[747] Bürger, Hilmar; Weidt, Klaus: Kraftproben. Berlin 1985. S. 198.
[748] Hartmann, Jürgen u. Tünnemann, Harold: Krafttraining für jedermann. Berlin 1984. S. 5.
[749] Bürger, Hilmar; Weidt, Klaus: Kraftproben. Berlin 1985. S. 2, 47-58.
[750] Vor 1984 eingereichte Manuskripte Jürgen Hartmanns wurden vom Sportverlag der DDR abgelehnt.
[751] Diesen Hinweis verdanke ich Hans Joachim Teichler.
[752] Vgl. Huster, Ronald; Wiese, René: Brettsegeln in der DDR. In: Sport in der DDR. Eigensinn, Konflikte, Trends. Hg. v. Hans Joachim Teichler. Köln 2003. S. 423-500. / Pfister, Gertrud: Frauen und Sport in der DDR. Köln 2002. / Spitzer, Giselher: Fußball und Triathlon. Sportentwicklung in der DDR. Aachen 2004.
[753] Premiere mit Rekord. In: MV, 31.01.1974, S. 4.
[754] Sektion Lehrlingssport. In: Roter Stahl, 03.01.1975, [o. P.].
[755] Gespräch mit Detlef Fritsche am 19.09.2003 in Potsdam-Rehbrücke.
[756] Jahressportplan 1977 der Bezirksorganisation des DTSB der DDR. Aus: DTSB-Sportrundschau Bezirksorganisation Potsdam. Januar 1977. [o. P.]
[757] Jahressportplan 1978 der Bezirksorganisation des DTSB der DDR. Aus: DTSB-Sportrundschau Bezirksorganisation Potsdam. Februar 1978. [o. P.]
[758] Kotterba, Jörg: Das hätte Hannes nicht ahnen können. In: Deutsches Sportecho, 26.03.1984, S. 2.
[759] Jugendgesetz der DDR. [Auszug]. IV. Das Recht und die Ehrenpflicht der Jugend zum Schutz des Sozialismus. Auszug aus Paragraph 24. In: MV, 31.01.1974, S. 3.
[760] Brief von Kurt Zahn, Mitglied des Präsidiums und Sekretär des FDGB Bundesvorstandes, an Weidemann, Staatssekretär für Berufsbildung vom 16.12.1986. SAPMO DY 34/ 14426.
[761] Harmel, S.; Wille, U.: Zur gegenwärtigen Situation des außerunterrichtlichen Lehrlingssports in den Vereinigungen Volkseigener Betriebe sowie in den Kombinaten und Betrieben – unter besonderer Berücksichtigung der Wettkämpfe. In: Körpererziehung 22 (1972) 2. S. 65ff.
[762] Kotterba, Jörg: Das hätte Hannes nicht ahnen können. In: Deutsches Sportecho, 26.03.1984, S. 2.
[763] Information des Staatsekretariats für Berufsbildung Abt. Erziehung vom 27.03.1989 über die Durchführung und Ergebnisse des XVIII. Fernwettkampfes „Stärkster Lehrling und Sportlichstes Mädchen gesucht". SAPMO DY 34/ 14441.
[764] Zu Beginn der 80er Jahre wurden für die Jungen der 8. bis 10. Klassen Wehrlager in den Schulen eingeführt. Hinzu kam der Tag der Wehrbereitschaft für die Jüngeren, die Manöver „Freundschaft" und „Schneeflocke" für die Unterstufe. Bei beiden letztgenannten Schulereignissen wurden auch Mädchen mit einbezogen. Vgl. Junge Generation, 7 (1976), S. 22f u. 51f .
[765] Erfolgreiche Teilnahme unserer Lehrlinge am Kreisausscheid. In: Roter Stahl, 19.01.1984, [o. P.].
[766] Deutsches Sportecho, 26.03.1984, S. 5.
[767] 5. Finale im Kraftsport „Superboy und Supergirl". In: Preußenspiegel, 19.01.2005, S. 5.
[768] Gespräch mit Detlef Fritsche am 19.09.03.2003, Potsdam-Rehbrücke.
[769] Gespräch mit Detlef Fritsche am 19.09.03.2003, Potsdam-Rehbrücke.
[770] Gespräch mit Detlef Fritsche am 19.09.03.2003, Potsdam-Rehbrücke.
[771] Deutsches Sportecho, 26.03.1984, S. 2.
[772] Von der FDJ organisierte Reise in Anerkennung besonderer Leistungen.
[773] Gespräch mit Detlef Fritsche am 19.09.03.2003, Potsdam-Rehbrücke.
[774] VfL Brandenburg.
[775] Gespräch mit Detlef Fritsche am 19.09.2003 in Potsdam-Rehbrücke.
[776] „. In: Preußenspiegel, 19.01.2005, S. 5.
[777] Beispiel Berufsschule-Technik in Schwerin. Internet: www.bs-technik-schwerin.de/profil/projekte/sport.
[778] „Kniebeuge mit Sandsack war immer so Kwatsch für Wettkampf ‚Stärkster Lehrling', den wir idiotischerweise an der EOS (DDR für Gymnasium) mitmachen mußten. Kniebeugen m. S. wurde dann sogar abgeschafft wg. Knie kaputt machen." Erinnerung v. unbekannt 07.05.2004 im Internet unter http://kompetenzteam.antville.org/stories/780896 zum Wort „Rumpfbeuge"
[779] Internet: http://dresden.opusforum.org.
[780] Zeittafel zur Geschichte der GST 1952 – 1979. Leiter des Herausgeberkollektivs Werner Eltze. Berlin 1982. S. 7.
[781] Protokoll der 26. Sitzung d. Betriebsparteileitung v. 20.01.1952. BPA/SED IV – 7/055/155. In: Stresow, Friedhelm: Die Entwicklung unseres Betriebes zu einer wichtigen ökonomischen und politischen Bastion der Arbeiterklasse. Betriebsgeschichte des VEB Stahl- und Walzwerk Brandenburg. Teil 1, 1949 / 55. Hg. v. d. Zentralen Betriebsparteileitung der SED. [o. J.] S. 52.
[782] Vgl. im Text Werbung für die Volkspolizei als Wettbewerbskriterium (1952). In: Kapitel Sport in der Brigade und „sozialistischer Wettbewerb".
[783] Wir werden unsere Deutsche Demokratische Republik zu verteidigen wissen. In: Stahl für den Frieden, 30.06.1952, [o. P.].
[784] Wir sind bereit!. In: Stahl für den Frieden, 30.06.1952, [o. P.].
[785] Lehrlinge und Volkspolizisten schließen Freundschaft. In: Stahl für den Frieden, 23.07.1952, [o. P.].
[786] Werbeanzeige in : Stahl für den Aufbau. 08.11.1952, [o. P.].
[787] Zeittafel zur Geschichte der GST 1952 – 1979. Leiter des Herausgeberkollektivs Werner Eltze. Berlin 1982. S. 18-20.
[788] Zeittafel zur Geschichte der GST. Leiter des Herausgeberkollektivs Werner Eltze. Berlin 1982. S. 14.
[789] Baumann, Wolf-Rüdiger; Eschenhagen, Wieland; Judt, Matthias; Paesler, Reinhard (Autoren): Die Fischer Chronik Deutschland 1949 – 1999. Frankfurt am Main 1999. S. 109f u. 119ff.
[790] Lehrlinge und Volkspolizisten schließen Freundschaft. In: Stahl für den Frieden, 23.07.1952, [o. P.].
[791] Beschluß des Ministerrates der UdSSR. In: Roter Stahl, 11.06.1953, [o. P.].
[792] Zeittafel zur Geschichte der GST. Leiter des Herausgeberkollektivs Werner Eltze. Berlin 1982. S. 14.
[793] 2. Parteikonferenz der SED vom 09.-12.07.1952 „beschließt die Grenzen der DDR wirksamer zu sichern und Streitkräfte aufzustellen". Vgl. Zeittafel zur Geschichte der GST1952 - 1979. Leiter des Herausgeberkollektivs Werner Eltze. Berlin 1982. S. 20.
[794] Bericht der Gesellschaft für Sport- und Technik, Grundorganisation „Etgar André" im VEB Qualitäts- und Edelstahlkombinat Stahl- und Walzwerk Brandenburg 1986. Brandenburgisches Landesarchiv Rep. 502 SWB 1508.
[795] Beschluß über die Verbesserung der propagandistischen Arbeit der GST. In: Zeittafel zur Geschichte der GST 1952 - 1979. Leiter des Herausgeberkollektivs Werner Eltze. Berlin 1982. S. 26.
[796] Beschluß der 3. Tagung des Büros des Zentralrats der FDJ vom 13.10.1952. In: Zeittafel zur Geschichte der GST 1952 - 1979. Leiter des Herausgeberkollektivs Werner Eltze. Berlin 1982. S. 23.
[797] Vgl. Wir wünschen gute Fahrt! In: Stahl für den Frieden, 29.03.1952, [o. P.]. / Vorwärts zum IV. Parlament! In: Stahl für den Frieden, 10.04.1952, [o. P.].
[798] Vgl. Bessere Anleitung fordern die Kameraden der Leitung der GST. In: Stahl für den Aufbau des Sozialismus, 13.04.1953, [o. P.].

[799] Bessere Anleitung fordern die Kameraden der Leitung der GST. In: Stahl für den Aufbau des Sozialismus, 13.04.1953, [o. P.].
[800] Bessere Anleitung fordern die Kameraden der Leitung der GST. In: Stahl für den Aufbau des Sozialismus, 13.04.1953, [o. P.].
[801] [Ohne Überschrift] In: Stahl für den Aufbau des Sozialismus, 18.07.1953, [o. P.]./ Phillipp Müller, geb. 1931 in München, aus dem Hinterhalt am 11.05.1952 bei einer Demonstration gegen die Remilitarisierung mit Nazigenerälen (Essener Friedenskarawane / Essener Blutsonntag) von der Polizei erschossen. Internet: www.dkp-essen-bezirkv.de.
[802] Neues vom Seesport. In: Stahl für den Frieden, 18.09.1954, [o. P.].
[803] Beschluss des Politbüros des ZK der SED zu den Aufgaben der GST (1955). In: Zeittafel zur Geschichte der GST 1952 - 1979. Leiter des Herausgeberkollektivs Werner Eltze. Berlin 1982. S. 28.
[804] Gründung am 10.01.1954. Siehe: Ein Jahr Flugsport in unserem Betrieb. Brandenburger Stahlwerker, 28.01.1955, [o. P.].
[805] Segelflieger, die zukünftigen Piloten der Lufthansa. Brandenburger Stahlwerker, 05.05.1956 , [o. P.]./ Ein Jahr Flugsport in unserem Betrieb. Brandenburger Stahlwerker, 28.01.1955, [o. P.].
[806] Verordnung über die Bildung der Gesellschaft für Sport und Technik vom 07.08.1952. In: Gesetzblatt der DDR Nr. 108, 14.08.1952, § 4. Aus: Heider, Paul: Die Gesellschaft für Sport und Technik. Berlin 2002. S. 268.
[807] Z.B. auf dem IV. Parlament der FDJ vom 27.-30.05. 1952 in Leipzig, der 2. Tagung des Zentralrats der FDJ am 14.-16.08.1952. Vgl. Zeittafel zur Geschichte der GST 1952 - 1979. Leiter des Herausgeberkollektivs Werner Eltze. Berlin 1982. S. 18 u. 21.
[808] Diesen Hinweis verdanke ich Heinz Schollbach, der für die vormilitärische Ausbildung im SWB zuständig war.
[809] Zeittafel zur Geschichte der GST1952 - 1979 . Leiter des Herausgeberkollektivs Werner Eltze. Berlin 1982. S. 28.
[810] Dokumente des I. Kongresses der GST. Berlin 1956. S. 56. Zitiert nach Zeittafel zur Geschichte der GST 1952 - 1979. Leiter des Herausgeberkollektivs Werner Eltze. Berlin 1982. S. 16.
[811]Siehe Hauptausschuß für Volksbefragung gegen die Remilitarisierung in der Bundesrepublik. In: Baumann, Wolf-Rüdiger; Eschenhagen, Wieland; Judt, Matthias; Paesler, Reinhard (Autoren): Die Fischer Chronik Deutschland 1949 – 1999. Frankfurt am Main 1999. S. 112.
[812] Am 18.01.1956 erlässt die Volkskammer der DDR auf ihrer 10. Tagung das Gesetz zur Schaffung der NVA und des Ministeriums für Nationale Verteidigung. In: Zeittafel zur Geschichte der GST 1952 - 1979. Leiter des Herausgeberkollektivs Werner Eltze. Berlin 1982. S. 29f.
[813] Welche Möglichkeiten bietet die GST in unserem Betrieb. In: Roter Stahl, 21.02.1958, [o. P.].
[814] Sozialistische Brigaden bilden Schützengruppe. In: Roter Stahl, 13.05.1960, [o. P.].
[815] Unsere Sportschützen brauchen Hilfe. In: Roter Stahl, 26.08.1960, [o. P.].
[816] Heider, Paul: Gesellschaft für Sport und Technik. Berlin 2002. S. 15.
[817] Heinz Schollbach am 23.09.2003 in Brandenburg/Havel.
[818] Etkar André, geb. 17.01.1894 in Aachen, ermordet 04.11.1936 in Hamburg, war KPD-Mitglied und Bürgerschaftsabgeordneter in Hamburg und galt als Kampfgefährte Ernst Thälmanns. Bei meiner Recherche stieß ich darauf, dass es neben der Namensgebung für Schulen und Straßen insbesondere eine militärische Traditionslinie für den Ehrennamen Etkar André gab. Zum ersten Mal tauchte sein Name bei der XI. Brigade der spanischen Volksarmee auf, deren Kampflosung "Rache für Etkar André" lautete. Seit dem 01.03.1965 trugen u.a. eine Kaserne der Luftverteidigungsdivision in Parchim (im heutigen Mecklenburg-Vorpommern) und seit 1972 das dazu gehörige Raketenregiment seinen Namen. Siehe: Priewe, Joachim: Begegnung mit Etkar André. Berlin 1986. / Günter, Hartmut; Keute, Burghard; Wolf, Rudolf: FRR-13. Die Chronik des Fla-Raketen-Regiments 13 "Etgar André" Parchim/ Dargelütz. [o. Jahr] / Internet: http://home.snafu.de/veith/frr-13.htm#Etkar.
[819]Bericht der Gesellschaft für Sport und Technik Grundorganisation „Etkar André" im VEB Qualitäts- und Edelstahlkombinat Stahl- und Walzwerk Brandenburg 1986, S. 15. Brandenburgisches Landesarchiv Rep. 502 SWB 1508.
[820] Allein im Berichtszeitraum 1985/86 zählten 710 Pioniere und FDJler aus vier Patenschulen und 369 Lehrlinge der Betriebsberufsschule mit 39 Ausbildern zur Grundorganisation der GST im SWB. Siehe Edelstahlkombinat Stahl- und Walzwerk Brandenburg 1986, Anlage. Brandenburgisches Landesarchiv Rep. 502 SWB 1508.
[821]Bericht der Gesellschaft für Sport und Technik Grundorganisation „Etkar André" im VEB Qualitäts- und Edelstahlkombinat Stahl- und Walzwerk Brandenburg 1986, Anlage. Brandenburgisches Landesarchiv Rep. 502 SWB 1508.
[822] Geb. 02.04.1899 in Feuerbach (Stuttgart), gest. 23.03.1961 (Berlin), u.a. 1928-33 Abgeordneter des Preußischen Landtags, KPD-Mitglied, 1935 Zuchthaus, Emigration, Spanienkämpfer, KZ Le Vernet, 1943-45 KZ Mauthausen. In der DDR Vorsitzender der Staatlichen Plankommission, Minister für Maschinenbau (1953-1955) und Außen- und Innerdeutschen Handel (1955-1961). Aus: Wer war wer in der DDR? Ein biographisches Lexikon. Hg. v. Helmut Müller-Enbergs, Jan Wielgohs u. Dieter Hoffmann. Berlin 2001. S. 682ff.
[823] Der Schießstand befand sich hinter dem Hauptbahnhof am sogenannten „Schützenwort", geübt wurde aber auch an den alten Schießständen im Gördenwald.
[824] Am Quenz.
[825] GST-Objekt am Quenz bzw. Nutzung des Freibades auf dem Marienberg.
[826] Vgl. Teichler, Hans Joachim; Reinartz, Klaus: Das Leistungssportsystem der DDR in den 80er Jahren und im Prozeß der Wende. Schorndorf 1999. S. 202.
[827] Dargestellte Strukturen der Grundorganisation der GST im SWB geht auf die Beschreibung Heinz Schollbachs zurück.
[828] Der Allgemeine Deutsche Motorsportverband wurde am 02.06.1957 gegründet.
[829] Artur Becker, geb. 12.05.1905 in Remscheid, erschossen 16.05.1938 in Burgos (Spanien) durch Franco-Truppen, seit 1922 in der KPD, Leiter der Kommunistischen Jugend Niederrhein, 1933 Emigration, 1937 Spanienkämpfer (Politkommissar), Gefangenschaft. Internet: www.luise-berlin.de.
[830] Zeittafel zur Geschichte der GST 1952 - 1979. Leiter des Herausgeberkollektivs Werner Eltze. Berlin 1982. S. 89 u. 122f.
[831] Ausbildung in Zivilverteidigung.
[832] Beschluß über die Aufgaben der Wehrerziehung sowie zur Zusammenarbeit mit der GST vom 25.05.1965. In: Zeittafel zur Geschichte der GST 1952 - 1979. Leiter des Herausgeberkollektivs Werner Eltze. Berlin 1982. S. 75.
[833] Manöverspiel „Roter Stern" mit Überraschung. In: Roter Stern, 25.04.1975.
[834]" Bericht der Gesellschaft für Sport- und Technik, Grundorganisation „Etgar André" im VEB Qualitäts- und Edelstahlkombinat Stahl- und Walzwerk Brandenburg 1986, S. 15. Brandenburgisches Landesarchiv Rep. 502 SWB 1508.
[835]Bericht der Gesellschaft für Sport- und Technik, Grundorganisation „Etgar André" im VEB Qualitäts- und Edelstahlkombinat Stahl- und Walzwerk Brandenburg 1986, S. 7. Brandenburgisches Landesarchiv Rep. 502 SWB 1508.
[836] Einschätzung nach Heinz Schollbach.
[837] Zimmermann, Rüdiger: Daten und Ereignisse zum Arbeitersport. In: Illustrierte Geschichte des Arbeitersports. Hg. v. Hans Joachim Teichler u. Gerhard Hauk. Bonn 1987. S. 251.
[838] Kleine Enzyklopädie Körperkultur und Sport. Hg. v. Günter Erbach, Günter Borrmann, Hugo Döbler u. Günther Wonneberger. Leipzig 1963. S. 476.
[839] Teller, Günter: Die Bedeutung von Körperkultur und Sport bei der Erhöhung der Wehrfähigkeit unserer Bürger. In: TPKK, Jg. 18, Heft 10 (1969), S. 905.
[840] Unsere junge Segelgruppe erfolgreich. In: Brandenburger Stahlwerker, 11.05.1954, [o.

P.].
[841] Nach Aussage Heinz Schollbachs (23.09.2003).
[842]Ehrentage für Berufsgruppen wurden 1951 in der DDR eingeführt, z.B. Tag des Lehrers erstmals am 12.06.1951. usw. Vgl. Baumann, Wolf-Rüdiger; Eschenhagen, Wieland; Judt, Matthias; Paesler, Reinhard (Autoren): Die Fischer Chronik Deutschland 1949 – 1999. Frankfurt am Main 1999. S. 104.
[843] Bericht der Gesellschaft für Sport- und Technik, Grundorganisation „Etgar André" im VEB Qualitäts- und Edelstahlkombinat Stahl- und Walzwerk Brandenburg 1986, S. 19, 15 u. 20. Brandenburgisches Landesarchiv Rep. 502 SWB 1508.
[844] Vgl. Zeittafel zur Geschichte der GST 1952 - 1979. Leiter des Herausgeberkollektivs Werner Eltze. Berlin 1982. S. 67. / Schneller, Ernst: Arbeiterklasse und Wehrpolitik. Berlin 1960.
[845] Zeittafel zur Geschichte der GST 1952 - 1979. Leiter des Herausgeberkollektivs Werner Eltze. Berlin 1982. S. 23 u. 28.
[846]Bericht der Gesellschaft für Sport- und Technik, Grundorganisation „Etgar André" im VEB Qualitäts- und Edelstahlkombinat Stahl- und Walzwerk Brandenburg 1986, Anlage. Brandenburgisches Landesarchiv Rep. 502 SWB 1508
[847] Nach Aussage Heinz Schollbachs (23.09.2003).
[848] Zeittafel zur Geschichte der GST 1952 - 1979. Leiter des Herausgeberkollektivs Werner Eltze. Berlin 1982. S. 86.
[849] Zeittafel zur Geschichte der GST 1952 - 1979. Leiter des Herausgeberkollektivs Werner Eltze. Berlin 1982. S. 34.
[850] Zeittafel zur Geschichte der GST1952 - 1979. Leiter des Herausgeberkollektivs Werner Eltze. Berlin 1982. S. 73, 75 u. 76.
[851] Wer trifft die meisten Ringe? In: Roter Stahl, 26.08.1961, [o. P.].
[852] Zeittafel zur Geschichte der GST 1952 - 1979. Leiter des Herausgeberkollektivs Werner Eltze. Berlin 1982. S. 46 u. 69.
[853] Sportgeschehen. In: Roter Stahl, 23.11.1963, [o. P.].
[854] Europameisterschaftskader. In: Roter Stahl, 14.03.1964, [o. P.].
[855] Bericht der Gesellschaft für Sport- und Technik, Grundorganisation „Etgar André" im VEB Qualitäts- und Edelstahlkombinat Stahl- und Walzwerk Brandenburg 1986, Anlage. Brandenburgisches Landesarchiv Rep. 502 SWB 1508.
[856]In vielen VMI-Stunden erschaffenes Ferienobjekt des SWB, in Betrieb seit 1953. Vgl. ... und in diesem Jahr geht's nach Bollmannsruh! [sic!] In: Stahl für den Aufbau des Sozialismus, 30.05.1953 , [o. P.]. Für das Wehrlager wurde das Ferienobjekt des SWB Bollmannsruh genutzt. Das Wehrlager in Bollmannsruh trug den Namen Ullrich Steinhauer. Der im Jahre 1956 geborene Grenzsoldat wurde 1980 von einem flüchtenden Kameraden an der deutsch-deutschen Grenze erschossen. Steinhauers Tod wurde von Seiten der DDR zum Errichten von Feindbildern instrumentalisiert und benutzt. Bericht des Fernsehsenders mdr, 07.09.2004. Autor des Films: Dirk Simon.
[857] Bericht der Gesellschaft für Sport- und Technik, Grundorganisation „Etgar André" im VEB Qualitäts- und Edelstahlkombinat Stahl- und Walzwerk Brandenburg 1986, S. 9. Brandenburgisches Landesarchiv Rep. 502 SWB 1508
[858]Bericht der Gesellschaft für Sport- und Technik, Grundorganisation „Etgar André" im VEB Qualitäts- und Edelstahlkombinat Stahl- und Walzwerk Brandenburg 1986, S. 14. Brandenburgisches Landesarchiv Rep. 502 SWB 1508.
[859]Bericht der Gesellschaft für Sport- und Technik, Grundorganisation „Etgar André" im VEB Qualitäts- und Edelstahlkombinat Stahl- und Walzwerk Brandenburg 1986, Anlage. Brandenburgisches Landesarchiv Rep. 502 SWB 1508.
[860] 86 Kameraden bestanden die Prüfung. In: Roter Stahl, 11.01.1964, [o. P.].
[861] 86 Kameraden bestanden die Prüfung. In: Roter Stahl, 11.01.1964, [o. P.].
[862] Teller, Günter: Die Bedeutung von Körperkultur und Sport bei der Erhöhung der Wehrfähigkeit unserer Bürger. In: TPKK, Jg. 18, Heft 10 (1969), S. 906.
[863]Bericht der Gesellschaft für Sport- und Technik, Grundorganisation „Etgar André" im VEB Qualitäts- und Edelstahlkombinat Stahl- und Walzwerk Brandenburg 1986. Brandenburgisches Landesarchiv Rep. 502 SWB 1508.
[864] Maximilian Maddalena, Mitglied der KPD und Reichstagsabgeordneter, geb. 17.01.1895 in Riedheim bei Konstanz, ermordet 19.10.1943 im Zuchthaus Brandenburg/ Görden. Gedenktafel für die ermordeten Reichstagsmitglieder Scheidemannstr./Platz der Republik in Berlin.
[865] Diese Details verdanke ich Detlef Fritsche (19.09.2003).
[866] Heinz Schollbach über Probleme in der GST (23.09.2003).
[867] Zeittafel zur Geschichte der GST 1952 - 1979. Leiter des Herausgeberkollektivs Werner Eltze. Berlin 1982. S. 24.
[868] Bericht der Gesellschaft für Sport- und Technik, Grundorganisation „Etgar André" im VEB Qualitäts- und Edelstahlkombinat Stahl- und Walzwerk Brandenburg 1986, S. 12. Brandenburgisches Landesarchiv Rep. 502 SWB 1508.
[869] Zeittafel zur Geschichte der GST 1952 - 1979. Leiter des Herausgeberkollektivs Werner Eltze. Berlin 1982. S. 76.
[870] Zeittafel zur Geschichte der GST 1952 - 1979. Leiter des Herausgeberkollektivs Werner Eltze. Berlin 1982. S. 76.
[871] Seit 1970 gibt es Wehrspartakiaden (auf Betriebs-, Kreis-, Bezirks- und DDR-Ebene). Vgl. Zeittafel zur Geschichte der GST 1952 - 1979. Leiter des Herausgeberkollektivs Werner Eltze. Berlin 1982. S. 93.
[872] Zuarbeit GST [Sekretariat des BV d. FDGB, Abt. Sport, o. J.] SAPMO DY 34/ 14486.
[873] Probleme auf dem Gebiet des Freizeit- und Erholungssports im Jahr 1983. [Sekretariat d. BV d. FDGB, Abt. Sport] SAPMO DY 34/ 14486.
[874] Bericht der Gesellschaft für Sport- und Technik, Grundorganisation „Etgar André" im VEB Qualitäts- und Edelstahlkombinat Stahl- und Walzwerk Brandenburg 1986, Anhang. Brandenburgisches Landesarchiv Rep. 502 SWB 1508.
[875] Zuarbeit GST [Sekretariat des BV d. FDGB, Abt. Sport, o. J.] SAPMO DY 34/ 14486.
[876] Zuarbeit GST [Sekretariat des BV d. FDGB, Abt. Sport, o. J.] SAPMO DY 34/ 14486.
[877] Dokumente 11. FDGB-Kongreß 22. bis 25. April 1987. Berlin 1987.
[878] Dokumente 11. FDGB-Kongreß 22. bis 25. April 1987. Berlin 1987. S. 39.
[879] Müller, Fred-Günter: Gewerkschaften und sozialistische Wehrerziehung. Anregungen und Erfahrungen. Berlin 1989. S. 7.
[880] Nach einer Anekdote v. Heinz Schollbach (23.09.2003).
[881] Am 24.01.1962 verabschiedete die Volkskammer der DDR das Gesetz über die allgemeine Wehrpflicht. Vgl. Zeittafel zur Geschichte der GST 1952 - 1979. Leiter des Herausgeberkollektivs Werner Eltze. Berlin 1982. S. 65.
[882] Teller, Günter: Die Bedeutung von Körperkultur und Sport bei der Erhöhung der Wehrfähigkeit unserer Bürger. In: TPKK, Jg. 18, Heft 10 (1969), S. 907.
[883] Das Kegelspiel findet zum ersten Mal in der Rothenburger Chronik von 1157 Erwähnung. Siehe: Kleine Enzyklopädie Körperkultur und Sport. Hg. v. Günter Erbach, Günter Borrmann, Hugo Döbler u. Günther Wonneberger. Leipzig 1963. S. 395.
[884] Kleine Enzyklopädie Körperkultur und Sport. Hg. v. Günter Erbach, Günter Borrmann, Hugo Döbler u. Günther Wonneberger. Leipzig 1963. S. 395.
[885] Zimmermann, Rüdiger: Daten und Ereignisse zum Arbeitersport. In: Illustrierte Geschichte des Arbeitersports. Hg. v. Hans Joachim Teichler u. Gerhard Hauk. Bonn 1987. S. 254.
[886] Kleine Enzyklopädie Körperkultur und Sport. Hg. v. Günter Erbach, Günter Borrmann, Hugo Döbler u. Günther Wonneberger. Leipzig 1963. S. 395.
[887]Wonneberger, Günther: Studie zur Struktur und Leitung der Sportbewegung in der SBZ/DDR (1945-1961). In: Der Sport in der SBZ und frühen DDR: Genese – Strukturen – Bedingungen. Hg. v. Wolfgang Buss u. Christian Becker. Schorndorf 2001. S. 201f.
[888] Gut Holz! In: Stahlwerk im Aufbau, 15.12.1950, [o. P.].
[889] Festschrift zum 35. Jahrestag der Betriebssportgemeinschaft Stahl Brandenburg 1985, S. 11.

[890] Götze, Hans-Georg: Die geschichtliche Entwicklung der Betriebssportgemeinschaft Stahl Brandenburg von 1950 bis 1983. Unveröffentlichte Diplomarbeit DHfK Leipzig 1984. S. 25.
[891] Sport am Wochenende. In: Stahl für den Frieden, 03.03.1952, [o. P.].
[892] Kolleginnen, die Sektion Kegeln ruft Euch. In: Stahl für den Aufbau des Sozialismus, 10.12.1952, [o. P.].
[893] Keglernachwuchs. In: Stahl für den Aufbau des Sozialismus, 23.12.1952, [o. P.].
[894] Auch Kegeln ist Massensport. In: Brandenburger Stahlwerker, 29.04.1955, [o. P.].
[895] Kegler erkämpften Aufstieg zur Bezirksklasse. In: Brandenburger Stahlwerker, 28.05.1955, [o. P.].
[896] Kleine Enzyklopädie Körperkultur und Sport. Hg. v. Günter Erbach, Günter Borrmann, Hugo Döbler u. Günther Wonneberger. Leipzig 1963. S. 384ff [Bildunterschrift].
[897] Sektion Kegeln stellt DDR-Meisterin. In: Brandenburger Stahlwerker, 27.07.1956, [o. P.].
[898] Kleine Enzyklopädie Körperkultur und Sport. Hg. v. Günter Erbach, Günter Borrmann, Hugo Döbler u. Günther Wonneberger. Leipzig 1963. S. 395.
[899] Festschrift: 35 Jahre Betriebssportgemeinschaft Stahl Brandenburg. Brandenburg 1985, S. 11. / Seehawer, Rudolf: Ein Verein feiert Geburtstag! Festschrift zum 50. Bestehen der SG Stahl Brandenburg. Brandenburg 2000.
[900] Statistische Angaben nach Götze, Hans-Georg: Die geschichtliche Entwicklung der Betriebssportgemeinschaft Stahl Brandenburg von 1950 bis 1983. Unveröffentlichte Diplomarbeit DHfK Leipzig 1984. Anhang.
[901] Betriebssportfest. Roter Stahl, 25.10.1957, [o. P.].
[902] Brigadetagebuch der Gewerkschaftsgruppe S/ S 3 (1988). Industriemuseum Brandenburg.
[903] Brigadetagebuch der Komplexbrigade Werkstoffprüfung/ QSE (1981). Industriemuseum Brandenburg.
[904] Kultur- und Bildungsplan der Gewerkschaftsgruppe S (1985). Industriemuseum Brandenburg.
[905] Brigadetagebuch Komplexkollektiv D, D1, DP, DP1 u. DP2 (1985). Industriemuseum Brandenburg.
[906] Vgl. Geschichtliche Entwicklung. In: Kleine Enzyklopädie Körperkultur und Sport. Hg. v. Günter Erbach, Günter Borrmann, Hugo Döbler u. Günther Wonneberger. Leipzig 1963. S. 389.
[907]Z.B. findet sich die Billard-Motivik bei Johann Wolfgang Goethe im „Ur-Faust" u. im „West-östlichen Divan", bei Jacob Michael Reinhold Lenz im Schauspiel „Die Soldaten"..
[908]Festschrift 40 Jahre Stahl Brandenburg 1950 – 1990.
[909] Statistische Angaben der BSG Stahl nach Götze, Hans-Georg: Die geschichtliche Entwicklung der Betriebssportgemeinschaft Stahl Brandenburg von 1950 bis 1983. Unveröffentlichte Diplomarbeit DHfK Leipzig 1984. Anhang.
[910] Poschidajew, Elfriede: Einführung. In: Kurth, Elke u. Wildgrube, Karin: Pop-Gymnastik. Berlin 1985. S.7.
[911] Vgl. Infopedia 3.0 © 1998 The Learning Company, Inc.
[912] Seifert, Manfred: Schlager für heiße Rhythmen. In: Deutsches Sportecho, 14.09.1983, S. 2.
[913] Vgl. Hinsching, Jochen: Der Bereich „Freizeit- und Erholungssport" im „ausdifferenzierten" Sport der DDR. In: Alltagssport in der DDR. Hg. v. Jochen Hinsching. Aachen 1998. S. 22.
[914] Rosenmeyer Bernd: Aerobic ein neuer Weg zu einer neuen Lebensqualität. In: Enorm in Form. (Buch zur ZDF-Serie). München 1983. S. 5.
[915] Schlagzeile auf dem Titelblatt des Deutschen Sportechos, 2./3.11.1984.
[916] Deutsches Sportecho, 2./3.11.1984, S. 3.
[917] Bezirksfachausschuss des DTSB.
[918] Kreisfachausschuss des DTSB.
[919] Deutsches Sportecho, 2./3.11.1984, S. 3.
[920] Deutsches Sportecho, 2./3.11.1984, S. 3.
[921] Mehr Frauen im DTSB. In: Deutsches Sportecho, 23.11. 1984, S. 2. / Im Bezirk Potsdam bestehen (durch den DFD gefördert) 566 Allgemeine Sportgruppen, in denen sich 14650 Frauen sportlich betätigen. Dawel, Norbert: Sportfreudige Damen. In: DTSB-Sportrundschau Bezirksorganisation Potsdam. März 1989, S. 3.
[922] Sport für alle. Pop-Gymnastik. Hg. v. DTSB der DDR Bezirksvorstand Dresden. Dresden 1986. S. 2.
[923] Bernd Deike, Vorsitzender des Bezirksvorstandes Dresden des DTSB der DDR. In: Sport für alle. Pop-Gymnastik. Hg. v. DTSB der DDR Bezirksvorstand Dresden. Dresden 1986.
[924] Z.B. Viel Spaß in Rathenow beim Solidor-Betriebssportfest. In: DTSB-Sportrundschau Bezirksorganisation Potsdam, August 1989, S. 8.
[925] Aus: Stahl für den Frieden, 07.11.1951.
[926]Kollegin Grothe und ihre Gymnastik-Frauen. In: Roter Stahl, 10.10.1958, [o. P.].
[927]Kollegin Grothe und ihre Gymnastik-Frauen. In: Roter Stahl, 10.10.1958, [o. P.].
[928]Kollegin Grothe und ihre Gymnastik-Frauen. In: Roter Stahl, 10.10.1958, [o. P.].
[929] Statistische Angaben nach Götze, Hans-Georg: Die geschichtliche Entwicklung der Betriebssportgemeinschaft Stahl Brandenburg von 1950 bis 1983. Unveröffentlichte Diplomarbeit DHfK Leipzig 1984.
[930] 1988 waren von 9051 Arbeitern und Angestellten 2525 Frauen. Aus: Von Treskow, Sieglinde; Sponholz, Wolfgang: Stahlstandort am Silokanal. In: Stahl- und Brennabor. Die Stadt Brandenburg im 19. und 20. Jahrhundert. Hg. v. Gerd Heinrich, Klaus Heß, Winfried Schich und Wolfgang Schößler. Potsdam 1998. S. 429.
[931] Übungs-, Trainings- und Wettkampfbetrieb.
[932] Gespräch mit Ursula Schober am 03.10.2003 in Brandenburg/Havel.
[933] Gespräch mit Ursula Schober am 03.10.2003 in Brandenburg/Havel.
[934] Schmidt, Christian: 40 Jahre Sektion Ringen SG Stahl Brandenburg. Büro des Nachfolgeverein der BSG Stahl.
[935] Zweiter der ersten Ostzonenmeisterschaften im Ringen in Leipzig 1949.
[936] Übungsabende der BSG Stahl. In: Stahlwerk im Aufbau, 13.04.1951, [o. P.].
[937] Kontrollratsdirektive Nr. 23 des SMAD vom 17.12.1945 bis zur Gründung des Deutschen Sportausschuss 01.10.1948. Vgl. Gallinat, Klaus: Der Aufbau und die Entwicklung von Körperkultur und Sport in der SBZ/DDR am Beispiel regionaler Entwicklungen im Land Brandenburg (Mai 1945-Juli 1952). Diss., Potsdam 1997. S. 20 u. 28-32./ Wonneberger, Günther u.a.: Geschichte der Körperkultur in Deutschland Bd. IV. Berlin 1967. S. 23.
[938] Verpflichtung! In: Stahlwerk im Aufbau, 07.05.1951, [o. P.].
[939] Hier spricht die BSG Stahl. In: Stahlwerk im Aufbau, 21.07.1951, [o. P.].
[940] Verpflichtung wurde realisiert. In : Stahlwerk im Aufbau, 11.08.1951.
[941]"Unserem Werner zum Gedenken"– Tradition versus Installation von Gedenkkultur.
[942] Sparte Volleyball. In: Stahlwerk im Aufbau, 13.07.1951, [o. P.].
[943] 1950 - 01.08.1951 Werkleiter im SWB.
[944] Stahlwerk im Aufbau vom 24.08.1953, [o. P.].
[945] Deutsche Meisterschaft der Ringer. In: Roter Stahl, 23.07.1962, [o. P.].
[946] Schmidt, Christian: Zum Geleit. 40 Jahre Sektion Ringen SG Stahl Brandenburg. Büro des Nachfolgeverein der BSG Stahl.
[947] Brandenburger Osterprogramm, 04.04.1947. Boxchronik des ABC Stahl Brandenburg. Material zusammengetragen v. Manfred Weiß.
[948]Vgl. Poll, Nele: Die Entwicklung des Boxsports im Land Brandenburg von 1945 – 1961. Unveröffentlichte Diplomarbeit Universität Potsdam 2000. S. 12f.
[949]Poll, Nele: Die Entwicklung des Boxsports im Land Brandenburg von 1945 – 1961. Unveröffentlichte Diplomarbeit Universität Potsdam 2000. S. 11f u. 25.
[950] 1200 Zuschauer bei den SV Meisterschaften. Siehe: Brandenburger Stahlboxer bei den DDR-Meisterschaften der Sportvereinigung Stahl erfolgreich. In: Stahl für den Frieden, 18.08.1953, [o. P.]. In Staffelkämpfen etwa 1000 Zuschauer. Siehe: Ein stolzer Erfolg der Stahl-Boxer gegen die kampfstarke Staffel von Einheit Wanzleben. In: Stahl für den Frieden, 05.09.1953, [o. P.].

[951] 33 Runden Boxen. Trainer Beyers come back gelungen (k.o.-Sieg). In: Stahl für den Aufbau des Sozialismus, 02.12.1952, [o. P.].
[952] Unsere Boxer boxen um den Meister. In: Stahl für den Aufbau des Sozialismus, 18.07.1953, [o. P.]./ Wiczorek, Ziem und Czaja boxten sich durch. In: Stahl für den Aufbau des Sozialismus, 03.08.1953, [o. P.].
[953] Jorra, Klaus: Die Entwicklung der Betriebssportgemeinschaft des Stahl- und Walzwerkes Brandenburg unter dem Aspekt des Zusammenwirkens aller gesellschaftlichen Kräfte des Betriebes (1962-1967). Unveröffentlichte Diplomarbeit DHfK Leipzig 1968. S. 4.
[954] Angaben: Manfred Weiß, SG Stahl Brandenburg, 09.08.2004.
[955] Sport vom Wochenende. In: Stahl für den Frieden, 31.08.1953, [o. P.].
[956] Poll, Nele: Die Entwicklung des Boxsports im Land Brandenburg von 1945 – 1961. Unveröffentlichte Diplomarbeit Universität Potsdam 2000. S. 27.
[957] Chronik des ABC Stahl Brandenburg.
[958] Die Einweihung der Mehrzweckhalle erfolgte mit einer Boxveranstaltung vor 1100 Zuschauern am 23.07.1965. Siehe: Sportlicher Höhepunkt. In: Roter Stahl, 31.07.1965, [o. P.].
[959] Kartenvorverkauf für Boxländerkampf. In: Roter Stahl, 06.10.1966, [o. P.].
[960] Nationalmannschaft DDR gegen Niederlanden 16:4. In: Roter Stahl, 23.12.1966, [o. P.].
[961] Boxkombinat Stahl Brandenburg. In: Brandenburger Stahlwerker, 01.04.1955, [o. P.].
[962] Rückblick auf das Sportjahr 1954/55. In: Brandenburger Stahlwerker, 15.07.1955, [o. P.].
[963] Der Sport hat das Wort. In: Brandenburger Stahlwerker, 18.11.1955, [o. P.].
[964] Sportgeschehen. Brandenburger Stahlwerker, 29.03.1956, [o. P.].
[965] Nationale Boxveranstaltung. In: Brandenburger Stahlwerker, 20.07.1956, [o. P.].
[966]Balbier, Uta Andrea: Instrument oder Freiraum? – Innerdeutscher Sportverkehr 1952-1965. / Braun, Jutta: Klassenkampf im Flutlicht – Innerdeutscher Sportverkehr 1974-1989. In: Sport in der DDR. Eigensinn, Konflikte, Trends. Hg. v. Hans Joachim Teichler. Köln 2003, S. 21-132.
[967] Götze, Hans-Georg: Die geschichtliche Entwicklung der Betriebssportgemeinschaft Stahl Brandenburg von 1950 bis 1983. Unveröffentlichte Diplomarbeit DHfK Leipzig 1984. Anlage: Mitgliederentwicklung.
[968] Z.B. René Müller zuvor TSC Berlin u. Stahl Henningsdorf.
[970] U.a. 1988 Box-Olympiasieger im Mittelgewicht, seine Profikarriere beendete er 1996.
[971] Klee, Ernst: „Euthanasie" im NS-Staat. Die „Vernichtung lebensunwerten Lebens". Frankfurt am Main 1994. S. 109-112.
[972] Gedenkstätte Brandenburg/Havel am Nicolaiplatz.
[973] Historiker rehabilitiert NS-Verbrecher. Der Spiegel, 23.08.2004, S. 20.
[974] Zeugnis hierfür ist der Erfolg des Buches „Die Last, die Du nicht trägst" von R. Geppert. Leipzig 1978. Vgl.
[975] Versehrtensportschwimmen. In: Roter Stahl, 10.02.1962, [o. P.].
[976] Interessenten Sektion Bogenschießen. In: Roter Stahl, 25.04.1964, [o. P.].
[977] Jahressportplan der BSG Stahl Brandenburg 1965. S. 3.
[978] Jorra, Klaus: Die Entwicklung der Betriebssportgemeinschaft des Stahl- und Walzwerkes Brandenburg unter dem Aspekt des Zusammenwirkens aller gesellschaftlichen Kräfte des Betriebes (1962-1967). Unveröffentlichte Diplomarbeit DHfK Leipzig 1968. S. 24.
[979] Vgl. hierzu Brinkmann, W.; Rühmann, R.; Kabisch, D.: Körperkultur und Sport – integrierter Bestandteil im Lebensvollzug geschädigter Bürger in der DDR. In: Medizin und Sport, (12)1981, S. 355.
[980] Leutelt, Christine; Hinsching, Jochen: Behinderte im Sport – eine vergessene Zielgruppe im Sportland DDR? In: Sozial und Zeitgeschichte des Sports (19) Heft 1, 1999. S. 48.
[981] So wurden zum Bsp. eigene Kriterien zur Erlangung des Sportleistungsabzeichens erarbeitet. Das Sportleistungsabzeichen wurde zur Voraussetzung für die Teilnahme an Bezirksspartakiaden u. Meisterschaften. Vgl. hierzu: S. 356
[982] Leutelt, Christine; Hinsching, Jochen: Behinderte im Sport – eine vergessene Zielgruppe im Sportland DDR? In: Sozial und Zeitgeschichte des Sports (19) Heft 1, 1999. S. 48f.
[983] Gespräch mit der Autorin mit Martina Willing am 22.05.2002 in Brandenburg.
[984] Von 10.000 Kindern waren vier gehörlos, sechs schwerhörig, eins blind – aber fünfzig körperbehindert. Aus: Brinkmann, W.; Rühmann, R.; Kabisch, D.: Körperkultur und Sport – integrierter Bestandteil im Lebensvollzug geschädigter Bürger in der DDR. In: Medizin und Sport, (12)1981, S. 356.
[985]Leutelt, Christine; Hinsching, Jochen: Behinderte im Sport – eine vergessene Zielgruppe im Sportland DDR? In: Sozial und Zeitgeschichte des Sports (19) Heft 1, 1999. S. 55 u. 60.
[986] An der DHfK Leipzig wurde in den 80er Jahren eine begrenzte Zahl an Rehabilitationssportlehrern ausgebildet. Diese reichten jedoch nicht aus, um den Bedarf an Spezialisten abzudecken. Die wesentliche Arbeit mit Behindertensportlern sollte weiterhin im Rahmen des Ehrenamtes erfolgen. (Aus eigener Erfahrung der Autorin)
[987] Gespräch mit der Autorin mit Martina Willing am 22.05.2002 in Brandenburg.
[988]Leutelt, Christine; Hinsching, Jochen: Behinderte im Sport – eine vergessene Zielgruppe im Sportland DDR? In: Sozial und Zeitgeschichte des Sports (19) Heft 1, 1999. S. 59.
[989]Leutelt, Christine; Hinsching, Jochen: Behinderte im Sport – eine vergessene Zielgruppe im Sportland DDR? In: Sozial und Zeitgeschichte des Sports (19) Heft 1, 1999. S. 50.
Internet-Seiten zuletzt aufgerufen am 26.11.2004. g.